O ANJO
DA VINGANÇA

Tradução de
DINAH AZEVEDO

1ª edição

EDITORA RECORD
RIO DE JANEIRO • SÃO PAULO
2013

CIP-BRASIL. CATALOGAÇÃO NA FONTE
SINDICATO NACIONAL DOS EDITORES DE LIVROS, RJ

S576a
Siljak, Ana, 1967-
O anjo da vingança / Ana Siljak; tradução de Dinah Azevedo. – 1.ed. – Rio de Janeiro: Record, 2013.

Tradução de: Angel of Vengeance
Inclui índice
ISBN 978-85-01-08426-2

1. Zasulich, Vera Ivanovna, 1849-1919. 2. Socialistas – Rússia – Biografia. 3. Revolucionárias – Rússia – Biografia. 4. Rússia – História – 1801-1917. I. Título.

12-4428

CDD: 920.932242
CDU: 929:323.22

Título original em inglês:
ANGEL OF VENGEANCE

Copyright © Ana Siljak, 2008

Todos os direitos reservados. Proibida a reprodução, armazenamento ou transmissão de partes deste livro através de quaisquer meios, sem prévia autorização por escrito. Proibida a venda desta edição em Portugal e resto da Europa.

Texto revisado segundo o novo Acordo Ortográfico da Língua Portuguesa.

Direitos exclusivos de publicação em língua portuguesa para o Brasil adquiridos pela
EDITORA RECORD LTDA.
Rua Argentina, 171 – 20921-380 – Rio de Janeiro, RJ – Tel.: 2585-2000, que se reserva a propriedade literária desta tradução.

Impresso no Brasil

ISBN 978-85-01-08426-2

Seja um leitor preferencial Record.
Cadastre-se e receba informações sobre nossos lançamentos e nossas promoções.

Atendimento direto ao leitor:
mdireto@record.com.br ou (21) 2585-2002.

A meus pais,
Dragoslav e Dragana Siljak

Sumário

Agradecimentos   9
Nota sobre transliteração e datas   11

CAPÍTULO 1: A assassina   13
CAPÍTULO 2: Sonhos de martírio   27
CAPÍTULO 3: Os niilistas   51
CAPÍTULO 4: A nova humanidade   77
CAPÍTULO 5: Os demônios   103
CAPÍTULO 6: A fortaleza   133
CAPÍTULO 7: Em direção ao povo   167
CAPÍTULO 8: A prisão europeia   205
CAPÍTULO 9: A justiça   233
CAPÍTULO 10: O julgamento   263
CAPÍTULO 11: A guinada para o terrorismo   303
CAPÍTULO 12: Os niilistas no exterior   339

Epílogo   371
Notas   381
Índice   429

Agradecimentos

Comecei a trabalhar neste livro nos recessos da Biblioteca Widener, da Universidade de Harvard, quando quis saber mais sobre a enigmática Vera Zasulich e a história inacreditável de seu julgamento, agora esquecida. Desde então, minha pesquisa levou-me a São Petersburgo e a Moscou, bem como aos documentos fornecidos pelos profissionais responsáveis pelo Arquivo Histórico do Estado Russo e à coletânea da Casa Plekhanov, da Divisão de Manuscritos da Biblioteca Nacional Russa de História Sociopolítica. Mais tarde, as coletâneas da Biblioteca Regenstein, da Universidade de Chicago, e da Biblioteca e Arquivos da Instituição Hoover, da Universidade de Stanford, mostraram-se essenciais. A equipe da divisão de Empréstimos Interbibliotecas da Queen's University, de Ontário, deu o melhor de si em inúmeras ocasiões. E também foi a Queen's University que ofereceu um apoio generoso para a finalização do livro sob a forma de bolsa do Fundo para o Desenvolvimento Acadêmico e Profissional.

Em cada passo deste longo projeto, fui abençoada com a ajuda e conselhos de amigos e colegas. O Workshop de Estudos Russos da Universidade de Chicago organizou um fórum no qual pude testar minhas ideias, e a Série de Seminários do Departamento de História da Queen's University fez o mesmo. Richard Pipes, meu orientador da Universidade de Harvard, incentivou o projeto nos seus primeiros estágios. Leonid Trofimov foi um assistente de pesquisa de grande valor. Henry Dunow, meu agente literário, foi um entusiasta desde o início, e os editores da St. Martin's Press — Michael Flamini, Vicki Lame, India Cooper e Julie Gutin — acompanharam o manuscrito do começo ao fim, colaborando com seus valiosos conhecimentos especializados. Sou muito grata pelas ideias, inspiração e compreensão de muitas pessoas, entre as quais Jessie Cheney, Janelle Ciraulo, Jonathan Daly, Ben Frommer, Mark Kramer, Erick Lohr, Rebecca Manley, Tom Sanders, Jennifer Siegel e Andrew Wachtel.

    Minha mais profunda gratidão à minha família por suas reservas inesgotáveis de amor e paciência. Meu marido, Jeffrey Collins, sacrificou inúmeras horas para uma leitura incansável dos manuscritos. Meu irmão Matija acreditou que eu estava à altura desta empreitada. Tanto quanto são capazes de se lembrar, meus filhos Theodore e Natalia sempre se portaram da melhor maneira possível. Por fim, agradeço de coração a meus pais por sua fé e apoio inabaláveis. É com grande prazer que lhes dedico este livro.

NOTA SOBRE TRANSLITERAÇÃO E DATAS

Em sua maior parte, a transliteração das palavras russas do texto foi feita de acordo com o sistema da Biblioteca do Congresso, com umas poucas modificações. Não incluí sinais de fonemas sibilantes, nem diacríticos, e mantive a grafia consagrada de nomes próprios e de nomes de políticos conhecidos e figuras literárias, como Fiódor Dostoiévski e o tsar Alexandre II.

Exceto no Capítulo 12 e no Epílogo, as datas seguem o calendário juliano, que foi usado na Rússia até 1918 e tem aproximadamente 13 dias a menos em relação ao calendário gregoriano.

CAPÍTULO 1

A assassina

Zasulich não foi uma terrorista. Foi o anjo da vingança, e não do terror. Foi uma vítima que se atirou voluntariamente nas mandíbulas do monstro a fim de lavar a honra do partido, que sofrera uma afronta moral. Mas esse acontecimento deu ao terrorismo um impulso fortíssimo. Iluminou-o com uma auréola divina e deu-lhe a sanção do sacrifício e da opinião pública.

— Sergei Kravchinskii, *A Rússia subterrânea*[1]

Na tarde de 23 de janeiro de 1878, alguns amigos íntimos reuniram-se espontaneamente no apartamentinho de três cômodos de Evtikhii Karpov, que ficava na rua Rizhhkii, em São Petersburgo. Embora tivesse poucos móveis, como era típico do estilo revolucionário nômade, com cadeiras desconjuntadas todas diferentes umas das outras e alguns estrados de madeira que serviam de cama, a moradia de Karpov atraía com sua hospitalidade inesgotável. Todas as noites havia alguém de visita — tomando chá, discutindo ideias ou ficando para dormir no chão da sala. Sempre havia alguma coisa sendo preparada no fogão a gás, e a água do samovar estava sempre fervendo.

Mas, naquela noite, a melancolia e o desânimo sentaram-se à mesa da cozinha. Reunidas em torno de suas xícaras de chá, as visitas de Karpov descobriram que tinham pouco a dizer. Vera Zasulich estava particularmente silenciosa e retraída. Só Masha Kolenkina, como sempre cheia de vida, fazia uma brincadeira ou um comentário ocasional, embora ninguém respondesse. Finalmente, para dispersar a tristeza, Nikolai Shevyrev serviu cerveja a todos e fez um brinde a Vera e a Masha, desejando-lhes toda a sorte do mundo. Sem uma única palavra, todos os copos se tocaram, fazendo tim-tim.

Para romper o silêncio, Vera pediu a Nikolai para cantar "Montanha alta", uma canção nostálgica do folclore da Ucrânia. Shevyrev começou imediatamente com sua voz suave de tenor, "Bem longe, uma montanha alta...", e logo foi acompanhado pelo barítono melodioso de Sergei Chubarov. Vera encostou a cabeça no ombro de Masha e fechou os olhos. As lágrimas correram em muitos rostos naquela sala.

Só Masha recusou-se a sucumbir à melancolia generalizada. Para melhorar o estado de ânimo de seus companheiros, pediu-lhes para cantarem em uníssono "Ela continua viva, nossa Ucrânia", o hino patriótico desse país, que evocava para o grupo muitas lembranças de dias passados nas estepes do Sudeste, pregando a revolução para os camponeses. Seu estratagema deu certo. A conversa passou para as reminiscências daqueles tempos mais promissores, quando a Rússia parecia prestes a se revoltar. E logo muitos começaram a rir, pois Sergei Chubarov alegrou a reunião com histórias cômicas sobre a vida aldeã da Ucrânia.

Nenhum deles ousou falar sobre o que os aguardava no dia seguinte, embora essa ideia pesasse muito sobre todos. No dia 24 de janeiro de 1878, Vera e Masha planejavam matar duas autoridades governamentais. Por isso, muito provavelmente, pagariam o preço máximo.[2]

A conspiração fora planejada durante meses. Vera Zasulich iria ao gabinete do prefeito de São Petersburgo, o general Fedor Trepov, de manhã, quando era concedida uma audiência aos peticionários. Esse era o melhor momento: enquanto o prefeito estivesse "recebendo", praticamente qualquer um poderia entrar, vindo da rua, e ficar na fila para lhe entregar uma petição. E os peticionários eram invariavelmente gente tímida, humilhada. Uma mulher em apuros não levantaria suspeitas no meio de um grupo assim.

Sua "petição" era simples. Devia se apresentar como Elizaveta Kozlova, candidata a preceptora, e levaria o pedido de um certificado de conduta, um documento exigido daqueles que pretendiam educar crianças. Ela comprou um vestido novo simples, mas respeitável, e um chapéu. Nas costuras de suas roupas havia bordado cuidadosamente as iniciais EK, para que fossem descobertas quando a polícia as examinasse. O acessório mais importante que adquiriu foi um volumoso manto cinza, apropriado para as temperaturas geladas do inverno e suficientemente grande para esconder uma arma. Por intermédio de um companheiro, conseguira um revólver inglês Bulldog de seis balas, muito potente, mas fácil de usar, e cujo tamanho lhe permitia ficar oculto nas dobras das roupas. Vera Zasulich disse à sua senhoria que estava se mudando para Moscou e deu-lhe instruções para onde enviar qualquer objeto pessoal que tivesse ficado para trás.[3]

O plano de Masha era mais simples ainda: devia visitar o promotor Vladislav Zhelekhovskii no mesmo dia. Semanas de observação revelaram que o promotor não tinha hora certa para receber, de modo que Masha teria de subornar uma de suas empregadas para que a deixasse entrar no gabinete na hora combinada. Como Vera, ela pretendia esconder um revólver embaixo do casaco, mas resolveu não levar petição alguma: planejava atirar em Zhelekhovskii assim que o visse.[4]

Dois tiros simultâneos, dirigidos contra autoridades do governo, seriam dados no mesmo dia. As mulheres não tinham dúvida: 24 de janeiro de 1878 seria um dia lembrado na história russa.

Na noite de 23 de janeiro, depois da confraternização, Vera e Masha voltaram para o minúsculo apartamento de Vera, que só tinha um quarto de dormir, e fizeram os arranjos finais em silêncio. Vera sentou-se e escreveu cuidadosamente a petição formal que entregaria ao prefeito. Ambas as mulheres separaram as roupas que usariam no dia seguinte. Depois foram dormir.[5]

Até o momento em que pôs a cabeça no travesseiro, Vera estava extraordinariamente calma. Este não era um impulso de última hora, e sim uma decisão tomada depois de longa deliberação, e ela não se arrependia de nada. Não estava com medo. Tinha certeza de que as piores consequências se seguiriam a seu ato: prisão, exílio, até morte. Muito antes dessa noite, renunciara a tudo em sua vida. Seu único desejo era passar por esse "estado de transição" e entregar-se à sua sorte.

Mas a excitação não poderia ser afastada para sempre. O sono fugiu de Vera naquela noite fatal, enquanto ela lutava contra um grande peso espiritual que parecia estar esmagando o seu peito. Foi assaltada por imagens que não evocara: o prefeito se aproximaria dela, talvez a olhasse nos olhos. Poucos centímetros os separavam. E então ela sacaria a arma, apontaria para ele e puxaria o gatilho. Apesar da raiva e do ódio, apesar de sua determinação inabalável, de repente aquele único ato parecia "mortalmente difícil". Era como se ela tivesse se dado conta, pela primeira vez, de que estava prestes a matar um ser humano.

Quando finalmente caiu no sono, foi arrastada para um pesadelo recorrente. Sonhava que estava deitada na cama, como se estivesse acordada, inteiramente consciente de estar caindo no sono. No sonho, algo a puxava, algo a arrastava para um corredor escuro e a fazia gritar com todas as suas forças; a aflição foi tão grande que ela saiu correndo do quarto e começou a gritar sem parar. Masha acordou-a: Vera tinha gritado enquanto dormia. Ela fechou os olhos de novo, mas o sonho reapareceu, envolvendo-a, arrastando-a de volta ao corredor.

Só teve algum alívio com o primeiro raio cinzento da aurora. As duas mulheres levantaram-se rapidamente e começaram a se vestir. Agora os pensamentos e movimentos de Vera pareciam mecânicos, como se tivessem sido ensaiados de antemão. Vestiu suas roupas antigas, para que as novas não despertassem a curiosidade da senhoria. O grande manto cinza era particularmente chamativo, e a senhoria, que estava de pé a qualquer hora do dia, certamente o teria notado e se lembraria quando as notícias aparecessem nos jornais. Masha acompanhou Vera até a estação ferroviária, onde a ajudou a mudar de roupa. As duas mulheres abraçaram-se por um momento e depois Vera pegou o trem para São Petersburgo. Masha iria depois. Elas não sabiam quando se veriam de novo, se é que isso ainda ia acontecer algum dia.

Agora os pensamentos de Vera haviam silenciado, exceto pela única observação de que as ruas da cidade pareciam vazias, frias e escuras naquela manhã de janeiro de 1878.

Os viajantes que iam para São Petersburgo no século XIX encontravam uma mistura curiosa de comum e exótico. A cidade nascera na imaginação do tsar Pedro, o Grande, nos primeiros anos do século XVIII, quando aquele governante indômito decidiu pegar um pântano e transformá-lo em nada menos que uma "janela para a Europa Ocidental". Pedro queria que essa nova cidade fosse inteiramente europeia — mandou desenhar suas ruas e canais seguindo o traçado de Amsterdã — e os tsares que o sucederam mantiveram-se fiéis a esse projeto, importando arquitetos e pedreiros da Itália e de outras partes da Europa para criar e construir belas mansões, palácios e jardins. Em 1712, quando Pedro declarou pura e simplesmente que São Petersburgo era a nova capital da Rússia e ordenou sumariamente a milhares de aristocratas que se mudassem para lá, a cidade foi considerada por muitos um charco infecto. Mas, no final do século XIX, era comum os visitantes compararem São Petersburgo a Paris e Londres.[6]

Em 1878, a cidade havia se tornado uma capital europeia de primeira. Russos e europeus em busca de oportunidades iam para lá aos magotes. As ruas formigavam com gente de todas as classes sociais e grupos étnicos. Modestos escriturários misturavam-se com aristocratas; oficiais de alta patente e miseráveis trabalhadores migrantes viviam frequentemente em andares diferentes do mesmo prédio. De todas as partes do crescente Império Russo, representantes de nacionalidades subjugadas chegavam à capital para fazer negócios.[7]

A Nevskii Prospekt, a principal via pública de São Petersburgo, era devidamente grandiosa e opulenta, indo em linha reta do mosteiro Alexandre Nevskii, numa das pontas, ao prédio do Almirantado, na outra. Até o mais sofisticado dos europeus comentava a magnificência "fulgurante" dessa rua. Imensamente larga, a Nevskii era flanqueada de ambos os lados por fileiras de prédios bem construídos com estuque claro. Letras douradas num fundo azul-celeste ou rubro decoravam a fachada das lojas, e, dentro delas, fregueses exigentes encontravam de tudo: joias caras e tapetes persas, armas de prata do Extremo Oriente, botas de couro e obras de arte europeias. A comida era importada do mundo todo e as lojas procuravam tentar os transeuntes com suas frutas exóticas e caviar de vários tipos formando pilhas altas nas vitrines.[8]

A Nevskii era o principal ponto de encontro de São Petersburgo, o centro da vida social da cidade. Ao meio-dia dos dias de inverno, estava sempre apinhada de gente, como se todos os habitantes da cidade tivessem resolvido ir a uma só rua. Damas elegantes passavam em carruagens abertas, o colo protegido por montes de peles quentes, enquanto gente mais modesta andava em minúsculos cabriolés puxados por um cavalo só, que transitavam incessantemente no meio da multidão. Babás russas, com suas toucas vermelhas tradicionais, empurravam carrinhos com bebês bem aquecidos por suas roupas e mantas. Meninos vestidos com roupas empoeiradas vendiam pãezinhos e *pirogi* que tiravam de cestas postas nas calçadas. Classe, nacionalidade e hierarquia eram todas indicadas por roupas próprias: casacos cinza para os oficiais da guarda, verde-escuro para os funcionários públicos, cafetãs azuis para os comerciantes, gloriosas zibelinas ou raposas negras para as mulheres ricas e simples lenços de algodão para os menos bem-nascidos.[9]

Mas, no começo daquela manhã de janeiro, enquanto Vera dirigia-se para o centro da cidade, a Nevskii Prospekt estava praticamente deserta. No meio do inverno, quando as noites são intermináveis e melancólicas, os habitantes de São Petersburgo levantavam-se tarde. Para compensar o frio e a escuridão, a cidade tinha uma vida noturna vibrante e colorida. Quem podia se dar esse luxo, jantava em restaurantes e jogava cartas em clubes iluminados por candelabros. Quem não podia, ficava na rua para se divertir patinando ou deslizando de tobogã em enormes montes artificiais de gelo, com o acompanhamento de bandas estridentes que tocavam músicas populares. Mas, como o sol do inverno só se levanta depois das nove da manhã, a cidade fazia o mesmo. Os estrangeiros queixavam-se de que era difícil conseguir qualquer coisa, até mesmo um jornal, antes das onze horas.[10]

Bem-vestida, com seu gorro novo de pele e o grosso manto cinza, Vera teria sido uma visão estranha àquela hora. Mulheres respeitáveis raramente se aventuravam a sair tão cedo e não andavam a pé. Mas havia pouca gente para reparar nela. Os porteiros varriam a neve das calçadas em meio a bocejos, e os mujiques — servos que usavam suas características botas pretas de cano alto e camisas longas — levavam cestas de pinho até as padarias para pegar pão fresco para o desjejum. Em seus minúsculos cabriolés, os *izvoshchiks* curvavam-se sobre as rédeas, à espera dos primeiros fregueses. Todos os outros estavam abrigados atrás de janelas de folhas duplas cobertas de gelo, tomando o chá da manhã.[11]

Os apartamentos do prefeito ficavam situados bem em frente à torre dourada do Almirantado, que ficava no topo da Nevskii Prospekt e marcava o centro de São Petersburgo. Ele vivia e trabalhava no coração do governo russo, bem perto do Prédio do Senado, dos edifícios dos vários ministérios e do vasto Palácio de Inverno do tsar. Era um bairro de gente rica, onde ficavam os cafés e clubes mais chiques da cidade. Em tardes claras de inverno, os habitantes da área desfilavam toda a sua elegância — os homens em uniformes de galões dourados e as mulheres com mantos de veludo com debruns de pele de raposa.[12]

Quando Vera chegou à porta do prefeito, as pessoas que estavam à espera na entrada eram de um tipo muito diferente. Havia se formado ali um grupo heterogêneo de peticionários: alguns escriturários pobres com sobretudos puídos, soldados em uniformes militares desbotados e mulheres encurvadas embaixo de mantos esfarrapados. Tiveram o cuidado de ser extremamente pontuais — o horário em que o prefeito dava audiências começava às dez da manhã em ponto.[13]

As dificuldades do peticionário da Rússia do século XIX eram quase medievais. Embora a burocratização tivesse introduzido há muito tempo procedimentos formais para a obtenção de um documento assinado ou de um passaporte carimbado, muita coisa ainda era feita da forma consagrada pelo tempo: apresentava-se pessoalmente um pedido a uma pessoa importante. Quer fosse algo relativamente insignificante, como substituir um passaporte ou encontrar uma carta perdida, ou algo de importância crucial, como resolver uma disputa de propriedade ou localizar um membro da família que havia sido preso, em geral os canais burocráticos formais eram inúteis. Por isso, a rotina das petições arrastou-se durante séculos a fio.

As horas de audiência na casa de um alto funcionário pareciam-se muito com uma intrincada cerimônia da corte. Na sua condição de peticionário, você podia ser obrigado a esperar horas e horas até a autoridade aparecer. Enquanto esperava, era aconselhável escolher muito cuidadosamente as palavras usadas em sua petição, principalmente se era um pedido complicado. As autoridades russas eram célebres por cortar a fala dos peticionários e mandá-los embora sem mais nem menos ou ofender-se com pequenos erros de formulação. E era uma boa medida falar num tom da maior humildade, com a cabeça e os olhos baixos, uma vez que qualquer indício de arrogância poderia levar uma autoridade a arrancar lágrimas de um peticionário.[14] Quando interrogados mais tarde pela polícia, os peticionários que esperavam no gabinete de Trepov no dia 24 de janeiro não se lembravam de nada a respeito de Vera Zasulich. Um escriturário recordou-se de que não havia sequer olhado para as outras pessoas que estavam na sala, tal era a concentração com que ensaiava sua fala.[15]

Mas Vera estava absolutamente calma. De pé, em silêncio ao lado dos outros peticionários na sala de espera reservada especialmente para esse fim, ela sentia-se tão confiante que chegou a ajudar uma pessoa, uma velha pobre e chorosa que lhe pediu para ler até o fim um documento manchado de lágrimas. Testando os nervos, Vera acompanhou a velha até o guarda que estava de serviço, pedindo-lhe para confirmar que estava tudo em ordem. Sua voz não tremeu, e ela não deu o mínimo sinal de agitação. Sua confiança aumentou.[16]

Depois do que pareceu um longo tempo, um assistente surgiu por uma porta e introduziu os peticionários na magnífica sala de recepção do prefeito, toda revestida de madeira. Os peticionários mal tiveram tempo de fazer fila contra a parede dos fundos, pois as grandes portas duplas decoradas que levavam à sala particular de Trepov escancararam-se e o prefeito entrou com seu séquito de oficiais militares. Estava regiamente vestido, com um uniforme azul-marinho de general. Entre as fileiras de medalhas estava a Cruz de Santa Ana, pendurada bem embaixo do queixo. Trepov era conhecido por um ar de importância meticulosamente cultivado, e franzia a testa constantemente como se estivesse imerso em pensamentos profundos. Infelizmente, seus retratos mostram uma aparência ligeiramente cômica, com bigodes longos e grossos e uma cabecinha redonda empoleirada em cima de um pescoço fino.[17]

Naquele momento, um probleminha quase estragou os planos de Vera. Ela pretendia apertar o gatilho da arma quando o prefeito se aproximasse da pessoa à sua frente, mas acabou sendo a primeira da fila. Por um momento, ficou paralisada. A atenção dos oficiais e do prefeito concentrou-se imediatamente sobre ela, e suas mãos seguravam a petição. Ela não sabia o que fazer para pôr a mão dentro do manto sem que ninguém notasse. Quase perdeu a calma.[18]

Respirando fundo, Vera acalmou-se e improvisou. Resolveu entregar a petição ao prefeito primeiro e depois esperar até ele se voltar para a pessoa seguinte. Assim que ela tomou essa decisão, o prefeito já estava bem na sua frente, perguntando com impaciência:

— Qual é a sua petição?

Ela murmurou baixinho:

— É sobre um certificado de conduta.

Sem uma palavra, o prefeito pegou o pedido formal da jovem, fez uma marcação a lápis e virou-se para o peticionário seguinte.

Quando ele estava de costas, Vera puxou o revólver das dobras de seu manto pesado. Apertou o gatilho duas vezes e depois deixou a arma cair no chão. Uma pausa silenciosa envolveu a sala enquanto todos ficaram imóveis por alguns segundos. E então, à medida que o prefeito gritava e começava a cair, a sala passou a girar com uma atividade febril. Dois guardas correram na direção de Trepov, pegando-o nos braços enquanto uma mancha escura espalhava-se em seu uniforme. Os outros peticionários fugiram. Alguns funcionários de Trepov correram a chamar a polícia e o médico. Um dos guardas do prefeito lançou-se enfurecido sobre Vera e a jogou no chão com um tremendo soco no rosto.

— A arma, a arma, onde está a arma? — gritou alguém.

Algum tempo se passou antes que os outros finalmente arrancassem o guarda de cima de Vera e a pusessem de pé.

— Tudo aconteceu como eu esperava — foi tudo quanto Vera lembrou-se da cena. — Mas o que foi completamente inesperado foi o fato de eu não sentir nenhuma dor.

Vera foi levada a uma sala próxima para ser interrogada. As testemunhas ficaram surpresas com sua calma extraordinária: ela não parecia estar com raiva, nem fora de si, e não tentou fugir, nem justificar seus atos. Cooperou com a polícia e foi invariavelmente bem-educada com os guardas e inspetores. Manteve sempre o controle dos nervos, respondendo somente às perguntas que queria responder e, quando não queria, fechava-se num silêncio impenetrável.

— E onde foi que aprendeu a atirar assim? — perguntou-lhe um dos guardas.

— Pratiquei sozinha — respondeu ela friamente. — Não é uma ciência difícil.

O primeiro inspetor a aparecer em cena foi Alexander Kabat. Vera se lembraria mais tarde de que *ele* parecia nervoso — aproximou-se dela hesitante e falou baixo, como se tivesse medo de fazê-la perder a calma. Pálido e pequeno, tinha acabado de se recuperar de uma doença, e ela notou que as mãos dele tremiam. Ele disse a Vera, num tom de desculpas, que ela teria de se submeter a uma revista completa.

— Vai ter de encontrar uma mulher para fazer isso — disse-lhe Vera.

Perplexo, Kabat ficou em silêncio por um momento. Vera instruiu-o no sentido de usar uma parteira oficial; em geral, era possível encontrar uma delas na delegacia de polícia local. Mas o jovem inspetor ainda estava sem saber o que fazer. E se ela tivesse outra arma escondida? E se desse um tiro em outra pessoa naquele ínterim?

— Se é disso que está com medo — disse Vera secamente —, então talvez seja melhor me amarrar.

A insolência do comentário passou despercebida a Kabat. Ele só estava desconcertado. Seguiu-se um momento cômico; ele especulou com o que poderia amarrá-la, e ela sugeriu um lenço comum.

Enquanto remexia os bolsos à procura de um lenço, ele conseguiu fazer sua primeira pergunta.

— Por que atirou nele? — indagou de repente.

Vera pronunciou as únicas palavras de explicação que diria antes de seu julgamento:

— Por Bogoliubov.

A notícia do crime de Vera espalhou-se depressa pela Nevskii Prospekt que, a essa altura, estava no auge de seu frenesi diário. Uma grande multidão reunira-se rapidamente em frente à residência do prefeito para espiar por cima dos ombros do guarda toda vez que a porta se abria. Nos fundos do prédio estava havendo um desfile de carruagens elegantes à medida que os aristocratas e autoridades da cidade vinham apresentar suas condolências ao prefeito — e, claro está, ter um vislumbre da moça que havia sacado um revólver de um grande manto cinza.

Militares e autoridades enchiam a sala de recepção da residência. O promotor público e o ministro do Interior chegaram e não conseguiram resistir a espiar, junto com os outros, a sala adjacente onde Vera estava sendo interrogada. Nesse ínterim, no quarto de dormir de Trepov, os melhores médicos da cidade consultavam-se sombriamente a respeito dos ferimentos. Uma bala alojara-se na frente do quadril esquerdo e seria difícil retirá-la.[19]

De repente, houve uma comoção no vestíbulo. A multidão abriu caminho com dificuldade e a comitiva do soberano do Império Russo entrou no *foyer*. Mesmo vestido regiamente com o uniforme militar completo, o tsar Alexandre II parecia um velho cansado. Quase vinte anos antes, assumira o trono acompanhado pelo otimismo e gritos de aplauso das melhores e mais intelectualizadas classes da sociedade. Fora sagrado como "o tsar-reformista", o homem que tinha libertado os servos da Rússia, e era o autor de reformas liberalizantes no sistema militar, judiciário e educacional. Mas, nos últimos anos, tinha se tornado alvo da ira da *intelligentsia* russa. Movimentos revolucionários flagelavam seu império; houve insurreições em Varsóvia, Moscou e São Petersburgo. Ele deve ter tido uma premonição de que o atentado contra Trepov não era um crime aleatório. Os observadores lembraram-se de uma expressão vazia e exaurida nos seus olhos.[20]

Trepov, embora temesse pela vida, não conseguiu resistir à oportunidade de bajular o soberano.

— Essa bala talvez fosse para o senhor —, disse ele ofegante, com a voz fraca — e me sinto feliz de tê-la recebido em seu lugar.

Dizem que Alexandre, irritadíssimo com esse melodrama, nunca mais visitou Trepov.[21]

Poucos dias depois, todos os jornais importantes da Rússia e da Europa publicaram a notícia do atentado. Em Moscou, São Petersburgo, Nova York, Londres, Berlim e Paris, a história foi acompanhada com interesse. Logo foi revelada a identidade da quase assassina — era a aristocrata Vera Zasulich, filha do falecido capitão Ivan Zasulich. O misterioso comentário que ela fizera sobre o motivo do atentado também foi explicado: seis meses antes, acontecera um incidente cruel na Casa de Detenção Preliminar de São Petersburgo. O general Trepov dera ordens para açoitar um jovem prisioneiro chamado Arkhip Bogoliubov com varas de vidoeiro, por ele não ter tirado o gorro na presença do prefeito. Vera, ao que parecia, tinha procurado vingar a humilhação de Bogoliubov.[22]

Inicialmente, uma onda de choque e confusão varreu a Rússia, e as repercussões foram sentidas no exterior. O incidente indicava uma crise russa ainda indefinida. O periódico *St. Petersburg Register* declarou que a cidade estava agitada pelo "incidente inusitado e hediondo" que "enfatizava a insatisfação doméstica". O *New York Times* considerou a cidade de São Petersburgo "excitadíssima" com a notícia, e *The Times* de Londres afirmou que o ato causou uma "sensação profunda e extremamente penosa" na Rússia. O francês *Le Temps* proclamou que o incidente era "tão extraordinário quanto deplorável".[23]

Mas logo a desaprovação formal deu lugar à curiosidade e ao fascínio. Os jornais alimentaram o interesse pela moça que tinha se dado tanto trabalho para esconder sua identidade e conseguira ocultar uma pistola embaixo do manto. E também houve boatos de que ela tinha feito aquilo por outro, um homem desconhecido. Na Rússia, os jornalistas falaram da longa e ostensiva carreira revolucionária de Vera, de inquietantes ameaças anônimas enviadas pelo correio e dos esforços concentrados da polícia para descobrir todos os cúmplices do crime. No exterior, os jornais publicaram especulações sobre essa "mulher jovem e instruída" que, apesar disso, era "emissária de uma sociedade secreta" e — mais interessante ainda — era uma "niilista".[24]

As reportagens dos jornais jogaram lenha na fogueira dos boatos. Na Rússia, nos círculos sociais mais elevados, até os amigos de Trepov ficaram morbidamente interessados pela jovem "vilã". A tentativa de assassinato tornou-se o principal assunto daquele inverno. Em toda a cidade, nas casas mais ricas, em jantares e bailes elegantes, as mulheres e homens da sociedade conversavam sobre a história que parecia ter todos os elementos do primeiro capítulo de um folhetim de Dostoiévski. Bogoliubov tinha sido amante de Vera, era o que todos supunham, e essa história devia ter mais coisas além dos açoites recebidos por um prisioneiro e a vingança de uma mulher enraivecida. Por que Vera chegou a esse ato desesperado? Por que Bogoliubov foi preso?

A condessa Palen, esposa do ministro da Justiça Konstantin Palen, aproveitou ao máximo o acesso do marido aos arquivos do caso, e com resultados muito bons. No salão de baile dos Palen (reformado recentemente pela quantia de 18 mil rublos), ela causou uma trepidação deliciosa ao distribuir cópias da fotografia oficial de Vera nos documentos policiais, tirada quando a moça ainda estava coberta por seu famoso manto. Vera parecia ser em tudo a assassina misteriosa. A fotografia fez um sucesso tremendo no baile, conforme admitiram posteriormente os convidados.[25] Num jantar dado pela rica aristocrata Maria Shubina, a conversa girou em torno de Trepov e dos boatos de que ele torturava habitualmente os prisioneiros. Para choque e deleite da mesa, um velho general declarou que Vera Zasulich era nada menos que um modelo de coragem e abnegação feminina.[26]

Entre os russos comuns, a simpatia por Vera foi maior ainda. Sua juventude e ar de inocência encantaram o público russo. Ela tornou-se, em certos lugares, uma heroína do povo. Sua vítima era nada mais que uma autoridade do governo, muito provavelmente um "ladrão" e um "sanguessuga". Segundo as palavras de um russo, escrevendo de Genebra, na Suíça, a um amigo em São Petersburgo, a tentativa de assassinato talvez tivesse sido um gesto inútil. Afinal de contas, declarou ele: "Mate um idiota que logo dois tomam o seu lugar."[27]

À medida que a história do açoitamento de Bogoliubov espalhava-se, os detalhes foram incrivelmente exagerados: que Bogoliubov fora flagelado até perder os sentidos, que o castigo fora público, no pátio da prisão, e que Trepov golpeara pessoalmente as costas de Bogoliubov com as varas de vidoeiro.[28] Surgiram até alguns poemetos populares compostos em homenagem a Vera; um deles começava assim:

O tiro da vingança foi dado
O chicote de Deus desceu estalando[29]

Na periferia de São Petersburgo, onde acabavam as ruas pavimentadas e as avenidas largas transformavam-se em estradas lamacentas, havia um mundo muito diferente do centro fulgurante da capital. Aqui residia a horda crescente de operários das usinas e fábricas de São Petersburgo. Filas e filas de cortiços de madeira, todos deteriorados, lembravam algumas das favelas mais miseráveis da Inglaterra de Dickens. Apartamentos e até simples quartos eram subdivididos para acomodar várias famílias, que muitas vezes tinham quatro ou mais de seus membros dormindo numa cama. Não havia água corrente; o esgoto corria a céu aberto pelos quintais e entrava nos cômodos dos andares mais baixos. Mesmo em meio a essa imundície, os aluguéis eram tão caros que doze, quinze dias de trabalho mal davam para pagá-los. Alguns operários viviam semanas alimentando-se de nada mais que pão preto, sopa de repolho cozido e todo e qualquer resto de carne estragada que conseguissem encontrar nos mercados locais.[30]

No fim de janeiro, donos de fábricas entregaram à polícia panfletos que encontraram no chão de seus estabelecimentos e nos dormitórios dos operários. Tendo apenas a marca da "Imprensa Russa Livre", que o governo tornara ilegal, esses panfletos anônimos dirigiam-se aos trabalhadores da cidade, dizendo-lhes que Vera Zasulich dera o primeiro tiro da batalha por "direitos humanos e pela instituição da paz e da humanidade na terra". Ao vingar o açoitamento de um prisioneiro, Vera mostrara que "os tiranos não são onipotentes". Que outros recursos tinha ela, perguntavam os panfletos, numa sociedade "abjetamente silenciosa e oprimida"? Vera não agira por causa de um homem; agira em nome de todos os pobres e humilhados. Era nada menos que uma santa: "Seu caminho não vai ser coberto de rosas, corajosa heroína russa! Seu caminho já está coberto com o sangue dos mártires."[31]

No dia da tentativa de assassinato, Evtikhii Karpov chegou a seu apartamento e encontrou Masha Kolenkina chorando inconsolavelmente nos braços de um de seus camaradas. Parece que seu suborno não dera resultado e ela não conseguira entrar na residência de Zhelekhovskii. Quando chegou, às onze da manhã, a empregada do promotor disse a Masha que ele não estava em casa. Sua tentativa de assassinato fracassara.[32]

Vera deve ter ficado aflita com a falta de notícias da amiga. Agora estava sozinha sob a luz dos holofotes, a primeira mulher assassina da Rússia.

CAPÍTULO 2

Sonhos de martírio

Em todo o leque da história, seria difícil e talvez impossível encontrar um nome que, de repente, tenha chegado a ser uma celebridade tão universal e inquestionável.(...)
— Quem é essa criatura fascinante e misteriosa? — perguntavam-se seus numerosos admiradores. E cada qual a pintava de acordo com sua imaginação.
Aqueles que tinham disposição delicada e sentimental pintavam-na como uma jovem poética, meiga e extática como uma mártir cristã, toda abnegação e amor.
Aqueles que, ao contrário, inclinavam-se pelo radicalismo, pintavam-na como a Nêmesis dos dias modernos, com um revólver numa das mãos e a bandeira vermelha na outra e expressões enfáticas na boca, terrível e altiva — a Revolução personificada.
Ambos os lados estavam profundamente errados.

— Sergei Kravchinskii, *A Rússia subterrânea*[1]

Vera Zasulich não tinha a beleza convencional. O nariz era um pouco largo demais e a boca, fina demais. Era magra, mas de ombros largos, e desengonçada como uma adolescente. E recusava-se sistematicamente a realçar seus traços mais bonitos. Em vez de arrumar os cabelos com bom gosto para emoldurar o rosto, como era comum as mulheres da época fazerem, deixava-os soltos em volta dos ombros ou os punha atrás das orelhas. Como lhe faltavam os movimentos graciosos da aristocrata ideal, era considerada desajeitada e deselegante. Sua maneira de vestir era célebre. Era comum receber convidados desarrumada, com os cabelos despenteados, um vestido manchado e botas puídas de operário. Um admirador sempre se lembraria da primeira vez que a viu. A heroína revolucionária estava vestida como uma andarilha miserável, usando o que só poderia ser descrito como "um pedaço de pano com um buraco cortado no meio para a cabeça e dois buracos de cada lado para os braços".[2]

Apesar disso, todos que a conheciam achavam-na surpreendentemente sedutora. Havia algo fascinante na sua personalidade esquiva e enigmática. Por um lado, era humilde, quase penosamente tímida. Fugia dos eventos sociais e das reuniões públicas; não gostava das conversas comuns com estranhos, e muitos verificavam que ela não os olhava nos olhos. Mais tarde, já na condição de uma das mulheres mais famosas da Europa, escondia-se do olhar público, preferindo levar uma vida isolada na qual passava horas perambulando pela zona rural ou enterrando-se em densas leituras de obras socialistas. Nas palavras de um amigo, parecia que ela queria "passar tão despercebida quanto possível".[3]

Por outro lado, seus grandes olhos cinzentos eram inteligentes, escuros e quase misteriosos, e alguns viam neles um calor profundo. Seus amigos e admiradores sentiam-se atraídos por ela exatamente porque seu silêncio parecia esconder uma mulher passional; a voz era estridente demais, os gestos eram dramáticos demais; suas experiências de vida eram tão extraordinárias que suas histórias mantinham o público cativo. Depois dos tiros em Trepov, aqueles que falavam com ela sentiam a trepidação de estar na presença de um paradoxo vivo: uma assassina humilde, delicada.

No dia seguinte ao atentado, o tsar Alexandre II recebeu um extenso relatório sobre o passado de Vera. Depois de ler sobre sua longa carreira de detenções, prisão e exílio, ele ficou absolutamente perplexo com a biografia dessa aristocrata calada e humilde que se transformara em terrorista. À margem do relatório policial, rabiscou uma única pergunta, uma pergunta estranha: "Que tipo de mulher é sua mãe?"[4]

A vida de Vera começou na sossegada província de Smolensk, na Rússia ocidental, num dos distritos setentrionais, perto da cidade de Gzhatsk.[5] Mesmo para os padrões do século XIX, a região era pobre e atrasada. Gzhatsk já havia sido uma importante cidade comercial. Seu cais no rio Gzhat fora um centro do comércio fluvial russo. Mas, em 1860, tudo quanto restava da antiga glória da região podia ser encontrado nas ruínas das residências de dois e três andares — que já tinham sido elegantes — ao longo do rio, agora com as janelas desconjuntadas e os telhados apodrecidos. A cidade em si era diminuta e parecia quase abandonada, com ruas largas que levavam a duas igrejinhas e a um mercado.[6] Todo o esplendor da região estava reservado para a zona rural circundante, que estava quase virgem e tinha uma beleza tipicamente russa. A planície estendia-se infinitamente até o horizonte como um mar calmo, com umas raras manchas prateadas de vidoeiros irrompendo naquela imensidão. Propriedades rurais da nobreza pontilhavam a paisagem, cercadas por aldeias organizadas em graciosos aglomeradozinhos de casas cobertas de sapé.[7]

Mil e seiscentos quilômetros de estrada de posta estendiam-se entre Gzhatsk e Moscou. Em termos do século XIX, essas cidades eram mundos à parte. Mesmo nos melhores dias de inverno, quando as estradas estavam congeladas e podiam ser atravessadas rapidamente, 30 km podiam consumir um dia inteiro de viagem. Nos meses de primavera e verão, quando os raios súbitos criavam torrentes traiçoeiras e malcheirosas de água e lama, a viagem era impossível. O mais decisivo de tudo era que Gzhatsk era parte da vida rural pacata e vagarosa da Rússia.[8]

O avô materno de Vera, Mikhail Alexandrov, tinha sido um aristocrata bem-sucedido, dono de uma propriedade rural próspera e bem administrada. Sua mãe, Feoktista, vivia sob a proteção dos recessos confortáveis de um grande solar russo e passou a infância dominando os refinamentos das artes, da poesia francesa e do bordado. Não precisava de outros conhecimentos. As duas irmãs mais velhas foram jovens damas muito requisitadas, excelentes partidos com belos dotes, e Feoktista tinha todos os motivos para esperar o mesmo destino.[9]

Mas a catástrofe destruiu todas essas expectativas. Mikhail Alexandrov morreu e, segundo o costume russo, suas extensas propriedades foram divididas igualmente entre os seis filhos homens. Feoktista e a irmã mais nova não herdaram praticamente nada, só um pedacinho de terra e quarenta servos. Para se manter, tiveram de construir um chalé modesto, contratar alguns servos, plantar hortas e supervisionar o trabalho de seus camponeses. Aquelas duas mulheres privilegiadas e resguardadas foram lançadas de repente na camada mais baixa da nobreza russa.[10] Os proprietários de terra mais pobres labutavam incessantemente só para pôr comida na mesa: levantavam-se ao nascer do sol para inspecionar os estábulos e depois se arrastavam pelos campos lamacentos até as aldeias dos camponeses, onde iam de cabana em cabana, ouvindo queixas, visitando doentes e dando comida e outros bens de consumo aos miseráveis. Alguns dos nobres russos mais necessitados eram indistinguíveis dos camponeses e colhiam o cereal lado a lado com os servos. No fim do dia, sentavam-se à luz das velas para fazer as contas da família e redigir listas cuidadosas dos itens indispensáveis à casa. No pouco tempo livre que lhes restava, as mulheres cerziam e lavavam roupa, inclusive de cama. Nos tempos difíceis, era preciso renunciar ao luxo da farinha e do açúcar brancos ou vender massas e bolos caseiros, e lenços também, para conseguir um dinheirinho extra.[11]

A infância mimada de Feoktista não a havia preparado para esse trabalho estafante. Algumas enérgicas mulheres solteiras ou viúvas eram capazes de superar barreiras de gênero e educação e assumir com fervor as responsabilidades da independência. Mas Feoktista não tinha essa força de vontade. Uma de suas filhas lembrava-se dela como boa pessoa, mas "fraca e sem caráter". Quando a irmã morreu, Feoktista não tinha mais a quem recorrer. Acima de qualquer outra coisa, desejava um marido que cuidasse dela.[12]

Esperança, se não amor, surgiu na forma do capitão Ivan Zasulich, um oficial do exército nascido numa aldeia vizinha. Nos dias da juventude de Feoktista, Zasulich teria sido um mau partido. Chegou a Gzhatsk com uma reputação duvidosa, e poucos conheciam seu passado. Já servira em São Petersburgo e fazia alusões a gloriosas campanhas militares e façanhas ousadas em batalhas das quais não citava o nome. Tempos depois, Feoktista mostrava as medalhas dele aos filhos, vangloriando-se de sua coragem. Mas, quando Ivan chegou a Gzhatsk, tinha sido rebaixado e era um guarda comum da estrada de posta que atravessava a cidade. Os boatos culpavam o alcoolismo. Apesar disso, Feoktista tinha só uma pequena propriedade e não havia dote — o capitão Zasulich era o máximo a que poderia aspirar. Era inteligente, cheio de energia e disposto a cuidar dela. Casaram-se.[13]

Durante algum tempo, Feoktista parecia satisfeita. Ivan Zasulich retirou-se do serviço militar e extravasou sua energia administrando a propriedade dela. Feoktista dedicou-se a criar a família, tendo quatro filhos em rápida sucessão: um menino e três meninas. Mas, aos poucos, os demônios de Ivan retornaram. Recaiu no alcoolismo e logo submeteu toda a família a terríveis ataques de raiva. Embora adorasse o filho, não gostava das meninas e batia com tanta frequência em Ekaterina, a mais velha, que Feoktista mandou-a discretamente viver com parentes. O casamento cobrara um preço alto.[14]

Mas nem essa frágil estabilidade estava fadada a durar. Como era tão comum naqueles tempos, Ivan pegou um simples resfriado que logo se tornou uma doença fatal. Na época de sua morte, os quatro filhos de Feoktista tinham entre 3 e 9 anos de idade, e ela estava grávida do quinto. Se antes de Ivan sua vida tinha sido difícil, agora era desesperada. Como administrar uma propriedade rural e alimentar os cinco filhos? Fez a única coisa que poderia fazer: implorou aos parentes para que adotassem suas filhas, que cuidassem delas e lhes dessem uma boa educação.[15]

Vera Zasulich, nascida em 1849, tinha só 3 anos quando o pai morreu e, muito provavelmente, não guardou nenhuma lembrança dele. Em 1853, foi levada para Biakolovo, uma propriedade rural que pertencia a primas de sua mãe, a cerca de 10 km de distância. Nunca mais voltaria a viver em casa. Para Feoktista, era para o bem da menina, mas Vera nunca perdoou a mãe. Sempre sentiria que havia sido abandonada, entregue aos cuidados de gente que nunca a amou.[16]

Na decadente casa cinzenta, com um mezanino e quartos revestidos com papel de parede salpicado de estrelas douradas, tudo lembrava a França. Havia uma rachadura na porta da sala de visitas que, diz a lenda, foi feita pelo golpe de rifle de um oficial francês em 1812, quando uma divisão do exército inimigo parou ali para descansar em sua marcha para Moscou, "e", como sempre foi acrescentado com indignação, "usaram a sala de visitas como estábulo". Os móveis eram igualmente velhos, embora o estofado tivesse sido trocado e os soldados franceses provavelmente tenham se sentado neles também. Eu sempre quis visualizar aquela propriedade sossegada e nobre com cavalos na sala de visitas e soldados franceses na sala de estar, mas não conseguia, não tinha imaginação suficiente. Na frente da casa havia um jardim com lilases, peônias e rosas. Depois

> *vinha um lago com gansos e patos e, ao longo de suas margens, a larga estrada de posta para Moscou, flanqueada por duas fileiras de vidoeiros frondosos. Atrás da casa havia uma horta tão antiga e tão grande que sua fama espalhou-se por toda a região, embora todas as propriedades rurais tivessem uma horta grande. As filas intermináveis de tílias eram tão densas que nem o sol nem a chuva conseguiam penetrar nelas, e as próprias árvores eram tão grandes que era raro alguém conseguir contê-las entre os braços.*
>
> — Vera Zasulich, "Masha"[17]

Entre os volumosos papéis pessoais de Vera, entre os textos impenetráveis de teoria socialista, notas ilegíveis sobre Marx e Hegel e a extensa correspondência com importantes socialistas russos, só foi encontrada uma obra de ficção substanciosa. Intitulada simplesmente "Masha", é um conto inacabado, escrito muito provavelmente em 1880, alguns anos depois que o nome de Vera se tornou conhecido em toda a Europa. O surpreendente é que conta a história de uma menina órfã, criada por parentes numa propriedade de uma província russa. Dependendo da caridade alheia, Masha é condenada a uma existência humilde no mundo arrogante da nobreza. Em função de certas passagens da autobiografia de Vera e dos detalhes penosos do próprio conto, fica claro que a história é muitíssimo parecida com a dela.

Em "Masha", é muito provável que tenhamos vislumbres do lar adotivo de Vera. Era uma bela propriedade, principalmente os pomares cultivados com esmero e as florestas circundantes, mais agrestes. Como tantas propriedades rurais, o solar propriamente dito estava ligeiramente decadente; os anexos foram acrescentados quase como correções, e os interiores eram decorados a esmo com móveis gastos do século XVIII, misturados a peças mais novas compradas recentemente em Moscou. Tudo, das árvores altas dos pomares aos aglomerados das salas, pretendia dar a impressão de uma vida doméstica sossegada e de conforto informal.[18]

Biakolovo era administrada por duas parentas distantes de Vera, mulheres que eram vistas como pilares do bom-senso e da sabedoria. Consideravam um dever receber Vera em casa e dar-lhe uma boa educação. Estavam determinadas a não deixar que Vera nunca passasse privações nem que jamais soubesse o que era a ansiedade que sua mãe sentira na luta pela sobrevivência. Ela se tornaria uma aristocrata respeitável, equipada com todos os devidos refinamentos. Seria feliz.

"Oh, dias da infância, felizes, felizes, que nunca devem ser lembrados!" É o que diz a primeira frase da autobiografia romanceada de Leon Tolstoi, *Childhood, Boyhood, Youth* [Infância, adolescência, juventude]. No fim do século XIX, quando as propriedades rurais da Rússia e seu modo de vida estavam desaparecendo, a nobreza lembrava a infância com amor e nostalgia. A propriedade rural russa era evocada como uma espécie de paraíso perdido, um mundo maravilhoso cercado pelo esplendor da natureza e cheio do calor do afeto da família.[19]

Os nobres das províncias da Rússia não tinham o modo de vida extravagante e decadente da aristocracia urbana. O seu não era um mundo povoado por centenas de servos, onde refeições exóticas eram servidas em pratos de ouro e os convidados divertiam-se com espetáculos teatrais realizados com atores-servos. As províncias continuavam sendo lugares mais modestos, lugares em que os jardins eram menores e mais agrestes, os solares tinham teto baixo e poucos cômodos e os servos viviam como parte da família. Em vez de elegância, a propriedade rural procurava o conforto. Os cômodos eram mobiliados com cadeiras velhas e surradas, estofadas com cascas secas de nozes e cobertas de chita. Longos tapetes eram estendidos sobre os assoalhos de parquete desgastado, e as salas eram cheias de plantas vivas e conjuntos irregulares de bugigangas, como armas antigas, moedas, cristais e estatuetas de porcelana. Lareiras de tijolos ou ladrilhos geravam um calor aconchegante, principalmente quando os servos cuidavam diligentemente do fogo.[20]

As refeições eram lembradas com um afeto particular, pois eram o centro da vida da família. Todos deviam se reunir em volta de uma mesa repleta de alimentos feitos em casa. Queijos, pães e carnes eram todos oriundos da propriedade, e, em geral, os vastos jardins tinham ao menos um pomar bem cuidado onde cresciam maçãs, peras e, em certas latitudes, até laranjas. Os solares costumavam ser famosos por produzir uma determinada iguaria: *nougat* de pistache, bolos de mel ou compota de ameixa.[21]

Em sua maior parte, as crianças nobres eram ostensivamente mimadas. Babás, servos e pais cobriam-nas de afeto ou, no pior dos casos, deixavam-nas em paz para fazerem o que bem entendessem. Poucas tarefas eram exigidas das crianças de um solar, além das lições matutinas dadas por um tutor ou preceptora. As crianças eram claramente incentivadas a não se deixarem humilhar. Os livros de memórias falam de horas e horas sem fazer praticamente nada além de piqueniques em campinas perfumadas e observação ociosa de borboletas, olhar pelas janelas as pilhas cada vez maiores de neve do inverno, brincar de esconde-esconde em porões espaçosos e corredores sinuosos. Tolstoi recorda as longas noites de inverno de sua juventude, quando se enroscava numa poltrona grande da sala de estar e ficava ali sentado em silêncio até cair no sono, embalado pelo som murmurante da voz de sua mãe. O tempo parecia estender-se ao infinito.[22]

Os nobres que deixavam a propriedade rural para estudar ou trabalhar tendiam a levar consigo as lembranças desse Éden perdido. A rígida disciplina da escola, a trepidação da vida urbana ou as pressões dos negócios eram contrastadas com a simplicidade e o sossego do campo. Muitas vezes, uma visita ao lar recapturava a inocência da infância. No fim do século XIX e começo do século XX, nobres como Vladimir Glinskii publicaram volumosas autobiografias com histórias nostálgicas dos tempos de antigamente. Glinskii lembra que uma volta ao lar significava o desaparecimento de todas as preocupações e ansiedades da vida real: "O ar do campo dispersava todos os pesadelos, curava todas as dores e acalmava os nervos." As refeições, como de costume, reconfortavam a alma. "Um murmúrio aconchegante vem do samovar, e pãezinhos, manteiga e leite e outros alimentos feitos em casa são arrumados na mesa com o maior bom gosto. Todos sentem uma espécie de deleite, uma sensação de contentamento, saúde e paz no campo." Em "Masha", Vera escreveu o que significava, em retrospectiva, voltar para casa: "Parece-lhe que você foi embora ontem mesmo (...) parece que os anos não passaram e, em seu lugar, um único e mesmo dia longo, ocioso e comum estende-se desde tempos imemoriais até um futuro que não tem fim."[23]

O modo de vida sossegado, vagaroso e despreocupado da província não era para todos. Para algumas pessoas, esse mundo era tedioso, sufocante e monotonamente convencional. A pequena nobreza russa insistia em seu papel arrogante de guardiã dos valores tradicionais do país. Entre seus membros, os que mais se sentiam donos da verdade afirmavam ser os pilares da sociedade provinciana e administravam suas propriedades como modelos de ordem e perfeição. Um nobre próspero despejava recursos nos campos, hortas, jardins e na casa, para ser considerado impecável pela comunidade local. Esperava-se que as mulheres e homens da nobreza desempenhassem seus papéis diligentemente. Os homens eram os patriarcas e líderes da família; as mulheres eram administradoras da casa e condutoras morais.[24]

O decoro era o fundamento da vida da pequena nobreza e era rigidamente observado. De acordo com o figurino, uma dama russa do século XIX dominava graças sociais distintas: sentava-se ereta, com a cabeça bem erguida; falava polida e suavemente; tinha muito asseio com os colarinhos e as mangas, mantinha os cabelos penteados e as unhas limpas. Sabia recitar poemas e salpicava liberalmente a conversa com frases francesas. Era infalivelmente educada com todos, mas só tinha intimidade com seus iguais. Se era esposa e mãe, era delicada e carinhosa com a família e firme com os servos e criadas.

Era um mundo rigidamente hierárquico. As famílias nobres mais ricas torciam o nariz para seus congêneres mais pobres e sentiam-se no direito de tratá-los com desrespeito. A pobreza, a sujeira e a desordem de uma casa nobre decadente eram condenadas como traição aos padrões da classe. Os nobres mais pobres eram castigados por não conseguirem disciplinar os servos, por negligenciarem a poeira em cima dos móveis, por ignorarem os refinamentos da música e das artes plásticas e, pior de tudo, por posarem de iguais a seus vizinhos. "Nobres de segunda", escreveu uma aristocrata, "embora talvez sejam boas pessoas, em termos de seus atributos espirituais não contavam como sociedade."[25]

Em seu lar adotivo, Vera sentiu imediatamente sua condição de pessoa de segunda classe. A mãe era uma viúva empobrecida que tinha se casado com um homem que não estava à sua altura, e Vera foi estigmatizada como o produto desse casamento desigual. As parentas ricas de Vera acolheram-na por um sentimento de caridade e até por acharem que era seu dever "salvar" a menina do escândalo da nobreza pobre. Queriam transformar essa menina "selvagem" numa verdadeira dama. Vera capta isso num trecho pungente de seu conto: Masha tem uma consciência aguda de sua posição no novo lar e da expectativa de que seja humilde e agradecida pela benevolência de sua família adotiva.[26]

Praticamente desde o dia em que chegou ao novo lar, Vera insurgiu-se contra essas convenções. Como a Masha ficcional, Vera parecia um cruzamento de "camponesa e garota masculinizada". Seus vestidos estavam invariavelmente rasgados ou manchados, e os brinquedos e pratos quebravam-se ou sumiam. Até roupas elegantes pendiam desajeitadas em seu corpo magro. E seus cabelos castanhos, grossos e rebeldes estavam sempre desgrenhados, por mais que fosse lembrada de penteá-los. Ela recusava-se a fazer as lições de francês; ignorava os refinamentos da etiqueta. Chegou a ponto de tentar solapar a educação dos primos, levando-os a fazer loucas travessuras no jardim e incitando-os a se rebelar contra os pais.[27]

O sossego da propriedade acabou com a chegada dessa criança intransigente que se recusava a se tornar uma dama como era de praxe. Era repreendida; era mandada para a cama sem jantar. As tias de Vera lembravam-na incessantemente que sua família era pobre e que ela não devia esperar dispor de uma renda ou de um casamento que a sustentasse para o resto da vida. Para uma moça de sua condição, saber se comportar era essencial para a sobrevivência social. "Eu simplesmente não sei o que vai ser dela", lamenta-se uma das tias na história de Vera, e é de suspeitar que a menina tenha ouvido essas palavras muitas e muitas vezes.[28]

Era inevitável que Vera se tornasse uma criança amarga. Sua família adotiva dava-lhe comida e roupas, e ofereceu-lhe instrução, mas nunca fez com que se sentisse bem-vinda. Esperava que ela mostrasse gratidão por ter sido salva de uma vida de pobreza. Não podia exigir nada além disso. Afastada da família, Vera acabou assumindo uma postura taciturna, recusava-se a olhar os adultos nos olhos e mantinha silêncio, a não ser que falassem com ela. "Quanto mais eu crescia", recorda-se mais tarde em suas memórias, "tanto mais ficava convencida de que eu era realmente uma estranha: não fazia parte da família. Ninguém jamais era afetuoso comigo, ninguém me beijava, nem me sentava no colo, ninguém me chamava com nomes carinhosos."[29]

Ao longo de toda a sua infância, Vera procurou refúgios onde pudesse escapar das repreensões incessantes e do frio desprezo de sua família adotiva. Seu primeiro amor foi o pomar cheio de árvores dos fundos da propriedade. Assim que era liberada de suas lições diárias, Vera corria para o ar livre, e só a mais inclemente das temperaturas conseguia mantê-la dentro de casa. Em todas as propriedades rurais, quer pequenas, quer grandes, os imensos jardins atraíam. As crianças patinavam e andavam de trenó no auge do inverno, nadavam e subiam em árvores no verão. Nos dias particularmente quentes, as crianças russas saíam de casa de manhã e só voltavam à noite, para o jantar.[30]

A estação predileta de Vera era o verão. Durante umas breves semanas, todo ano, ela voltava para a casa da mãe. Alexandra, irmã de Vera, recordava o prazer dessas reuniões. As duas irmãs faziam pouco mais que perambular pela zona rural de Gzhatsk. Depois de embrulhar fatias de pão fresco em guardanapos, saíam bem cedo de manhã para explorar os matagais das proximidades, nadar nos lagos da região ou subir em árvores. Quando sentiam fome, comiam amoras-pretas e framboesas que cresciam espontaneamente por toda parte. De vez em quando, voltavam para casa com enormes buquês de flores silvestres colhidas nas campinas.[31]

Ao passearem pela zona rural, as crianças nobres acabavam inevitavelmente entrando em aldeias e passavam horas brincando com os camponeses. Numa sociedade de distinções hierárquicas rígidas, era feita uma exceção para os jovens. Os pais da nobreza raramente procuravam saber do paradeiro dos filhos e, mesmo quando queriam saber, faziam vista grossa para as brincadeiras e travessuras que seus filhos aprendiam com as crianças camponesas. Muitas vezes eram os camponeses que ensinavam os meninos e meninas nobres a subir em árvores, pescar, nadar e colher morangos, amoras, framboesas e cogumelos.

Vera sentia-se mais à vontade com os meninos camponeses rudes e francos, mas de bom coração, do que com os próprios primos. Os olhos jovens de Vera viam a pobreza da aldeia como algo liberador — os camponeses pareciam inteiramente liberados das convenções que governavam a vida da classe alta. Os filhos dos servos contavam-lhe tudo, faziam fofocas sobre a vida da propriedade e tratavam-na como a um companheiro. Mais tarde, as lembranças de seus amigos camponeses levariam a sentimentos de solidariedade para com sua situação difícil. "Sempre me considerei um dos pobres", escreveria ela em suas memórias, "no início a contragosto, com um ressentimento profundo, e depois, mais tarde, quase com orgulho."[32]

Durante esses anos agitados de perambulações solitárias pela zona rural e pelas aldeias de camponeses, Vera ansiava cada vez mais por se libertar da monotonia da vida provinciana. Irritava-se com o sossego e a estabilidade que tantos membros de sua classe achavam reconfortante. Buscava uma vida mais significativa, uma vida além dos apropriados punhos limpos e colarinhos engomados. Incapaz de encontrar um lugar no seio da nobreza russa, ela acreditava estar destinada a uma outra existência, a um objetivo mais elevado.

> *Eu via homens já velhos deitados em cima da palha, sem amigos e famintos, enquanto toda a população com forças para trabalhar estava nos campos nos longos dias de verão, onde labutaria até a noite cair. As criancinhas sujas e magricelas estariam brigando na lama e na poeira, comendo no mesmo prato que os cães e até junto com os porcos. Todo domingo eu via os camponeses indo para nossa igreja, rezando com fervor, derramando lágrimas e dando seu último copeque em nome de Deus, para que houvesse uma vida melhor no outro mundo, uma vez que essa era sua única esperança de felicidade.*
>
> — EKATERINA BRESHKO-BRESHKOVSKAIA,
> "Memórias da prisão e dos anos seguintes"[33]

Quando perguntaram por que uma aristocrata rica se tornaria uma revolucionária, Ekaterina Breshko-Breshkovskaia, uma radical russa famosa nos Estados Unidos, explicou que simplesmente não conseguia suportar o contraste entre sua vida de conforto e aquela dos miseráveis servos do campo que labutavam na propriedade de sua família. De um lado estava o mundo despreocupado e cheio de comodidades onde a comida era farta, as camas eram quentes e as roupas luxuosas, e o trabalho árduo era desconhecido. Do outro lado estava um mundo de trabalho extenuante e interminável, de bocas famintas, sujeira e doença e das cabanas minúsculas e fumacentas dos camponeses em que famílias inteiras acotovelavam-se em busca de calor.[34]

Não havia dúvida — a idílica propriedade rural era uma parasita da aldeia de camponeses russos. Antes de a servidão ser abolida em 1861, as propriedades rurais do país dependiam inteiramente do trabalho dos servos. Como os escravos das *plantations* do Sul dos Estados Unidos, os servos russos eram propriedades, eram comprados e vendidos ao bel-prazer de seus senhores. A riqueza dos proprietários de terras era avaliada em parte pelo número de "almas" que um nobre possuía. Embora os senhores de escravos norte-americanos raramente tivessem mais de dezenove escravos, os proprietários de terras da Rússia, cuja riqueza estava na faixa média, chegavam a ter quinhentos servos. Alguns dos aristocratas mais abastados vangloriavam-se de serem donos de quase cem mil almas.[35]

Quer comprados, vendidos ou dados de presente, os servos trabalhavam arduamente na terra ou serviam a seus senhores na casa da família. Na maioria das regiões, os servos que não eram domésticos trabalhavam na gleba de seus senhores e, em troca, recebiam terras para cultivar para si. Em geral, os servos passavam três dias da semana nas plantações de seu senhor, seguidos de três dias de trabalho em suas próprias terras. Os servos que tinham mais sorte simplesmente pagavam um aluguel anual, em bens ou em dinheiro.[36]

A servidão também supria os exércitos de criados que os nobres mantinham frequentemente em suas propriedades. Os servos eram jardineiros, cozinheiros, faxineiras, açougueiros, amas de leite e babás. As famílias mais ricas empregavam mais de duzentos servos como empregados domésticos. A maioria cozinhava e lavava, mas as propriedades mais extensas tinham coros e orquestras de servos, e até teatros. Criancinhas camponesas eram pegas em tenra idade e depois instruídas, às vezes por professores estrangeiros, numa determinada arte. Nikolai Sheremetev, um dos nobres mais ricos da Rússia, era famoso pelo teatro que havia em sua propriedade rural, que se vangloriava de ter solistas treinados em óperas, desenhistas de cenários, figurinistas e até diretores, todos oriundos de suas aldeias nas regiões próximas. Artesãos e artistas plásticos servos também eram comuns, e, às vezes, aldeias inteiras aprendiam as artes da carpintaria, da pintura, da douradura, da escultura ou da metalurgia. As propriedades rurais expunham com orgulho as pinturas, os vasos e as tapeçarias desses artistas.[37]

Mas, para a vasta maioria dos servos, a vida era uma luta incessante pela sobrevivência. Da sacada de uma propriedade rural, muitas vezes era possível enxergar, do outro lado das terras circundantes, o aglomerado de cabanas das aldeias onde viviam os camponeses. Era um mundo completamente diferente. Os membros de uma família camponesa típica (que normalmente consistia em oito ou nove pessoas) em geral acotovelavam-se dentro de uma única cabana coberta de sapé, uma moradia pobre que tinha pouco mais que um chão de terra batida, uma mesa e alguns bancos e esteiras de palha que serviam de cama (quando havia realmente uma cama). No centro da cabana ficava o enorme fogão de madeira para fornecer calor e para cozinhar. Como a maioria das cabanas não tinha chaminé, a fumaça enchia seu interior e enegrecia as paredes: o único remédio era abrir a porta periodicamente para deixar sair uma parte da fumaça.

No inverno, a vida na cabana de camponeses era sufocante. As temperaturas inclementes obrigavam não só toda a família, mas também o gado, a ficarem lá dentro, em busca de calor. O chão gelado de terra batida, agora lamacenta, ficava coberto de excrementos de animais, e o mau cheiro dos bichos e da fumaça era insuportável. As baratas enchiam o interior e eram tão comuns que alguns camponeses até as consideravam símbolo de boa sorte. As refeições dos camponeses consistiam em mingau ou pão e alguns legumes cultivados numa horta. Raramente comiam carne mais de duas vezes por semana. A labuta diária era difícil e incessante, seis dias por semana. Nos meses de verão, em geral os camponeses trabalhavam do primeiro raio da aurora até as nove, dez horas da noite. Durante a época da colheita, os servos também trabalhavam aos domingos.[38]

Como no caso da escravidão nos Estados Unidos, o horror público à servidão era alimentado com histórias de abusos terríveis por parte de proprietários de terras sádicos. Os espancamentos eram comuns, e os servos podiam ser legalmente açoitados em razão de um grande número de delitos, entre os quais roubo, fuga e simples preguiça. Muitos proprietários de terras achavam que os castigos corporais eram a única língua que os camponeses entendiam. O chicote era considerado o método mais seguro para garantir a produtividade.[39]

Na verdade, em princípio, os servos não se opunham necessariamente aos castigos corporais. Principalmente em casos de roubo ou assalto, os camponeses bem que gostavam de ver os transgressores açoitados, e esse castigo podia arruinar uma família de servos. Em geral, os servos estavam acostumados a uma certa brutalidade; o horror do castigo corporal era sentido mais agudamente por nobres mais humanitários, que viam os espancamentos e açoites como uma degradação da dignidade humana. Lev Obolenskii, um liberal russo comum, cujo avô fora administrador de uma propriedade rural abastada, lembrava um incidente no qual o avô supervisionara pessoalmente o açoitamento de um servo. Nunca se esqueceu das súplicas: "Tenha pena de mim, tenha pena de mim, nunca mais vou fazer isso!", nem dos "gritos animalescos" do homem surrado. A repugnância de Obolenskii foi agravada pela surpresa, pois seu avô era um homem instruído, que adorava poesia e nunca tinha levantado a mão contra os próprios filhos. Como um homem desses podia tratar os servos daquela forma?[40]

Para a maioria dos oponentes da servidão, os piores abusos eram, de longe, os estupros e a exploração sexual das servas. É impossível saber com que frequência as servas sofreram abusos, pois as provas são raras. Mas as histórias que vinham à tona eram estarrecedoras. O administrador de uma propriedade rural em Saratov, um tal de Osip Vetvitskii, era, segundo as histórias contadas por seus vizinhos, um membro jovem, charmoso e bem-nascido da nobreza. Assumira uma propriedade dilapidada e a transformara num negócio produtivo. Os servos, antes desnutridos e vestidos com trapos imundos, agora estavam prosperando sob a nova administração. Por seus esforços incansáveis, Vetvitskii foi recompensado com a popularidade, chegando até a chamar a atenção das autoridades de São Petersburgo. Só muito mais tarde, depois que os servos foram emancipados, é que ele foi acusado de ter seduzido e estuprado bem mais de duzentas mulheres adultas e moças que viviam na propriedade. Ex-servos acusaram-no de ter mandado uma elevada porcentagem de homens para servir no exército, de modo a ter acesso mais fácil a suas esposas.[41] Histórias sobre haréns de servas também eram muito numerosas. Um rico proprietário de terras, P. A. Koshkarov, não só mantinha um harém pessoal de doze a quinze servas jovens, como também trazia moças de fora para entreter seus hóspedes do sexo masculino.[42]

Os servos nem sempre toleravam bem esses abusos. Tumultos e revoltas ocorriam de quando em quando e muitas vezes foi preciso usar de força considerável para acabar com eles. A fuga também era comum, e, às vezes, aldeias inteiras conspiravam para fugir de uma determinada propriedade rural.[43] E, mais raramente, alguns dos proprietários de terras mais abusivos tornavam-se vítimas de violência e até de assassinato. Uma proprietária que gostava particularmente de chicotear seus servos foi atacada quando estava em sua carruagem e espancada brutalmente. Na província de Saratov, pelo menos três proprietários de terras foram mortos por seus servos na década de 1840, um deles pelos irmãos de uma mulher que o tal proprietário havia seduzido.[44]

Mas não se devem exagerar os abusos físicos propriamente ditos sofridos pelos servos. Ao contrário dos escravos norte-americanos, os servos eram em geral administrados a uma grande distância. Era comum os proprietários que possuíam duas ou mais grandes aldeias de servos acharem impossível administrar suas terras sem intendentes para supervisionar a colheita e transportar os produtos até o mercado, bem como para coletar os impostos. Portanto, muitos servos levavam uma vida relativamente independente do controle de seu senhor. Em muitos sentidos, viviam como camponeses tradicionais. Iam regularmente à igreja, casavam-se e tinham famílias grandes. Mesmo quando eram vendidos, a maioria era vendida como aldeias inteiras, com as terras intactas. Muitas vezes tinham autonomia suficiente para cuidar de seus negócios, resolver disputas internas e distribuir terras cultiváveis.[45]

Quanto aos camponeses, a pobreza, o trabalho árduo e os abusos não eram, em si, os maiores males da servidão. A humilhação de viver à mercê dos caprichos dos nobres era muito pior. Mesmo quando eram bem tratados, estavam sempre conscientes do chicote que os mantinha na linha. O anseio de liberdade podia ser torturante. Como lembrava Alexander Nikitenko, um servo liberto que acabou se tornando funcionário do governo, "às vezes eu era tomado a tal ponto pelo desejo de liberdade e de adquirir conhecimentos, assim como de expandir o leque de minhas atividades, que sentia dor física".[46]

Revolucionários como Ekaterina e Vera, que vinham de famílias nobres, mais tarde sentiram uma culpa tremenda por terem usufruído os privilégios da nobreza. Os que se lembravam com saudades da infância não conseguiam reconciliar suas lembranças maravilhosas com o sofrimento que elas devem ter causado. Para muitos, o socialismo tornou-se um meio de expiação pessoal pelos pecados cometidos em criança. O sofrimento do camponês transformou-se em cruzada pessoal.

Mas, ao contrário de Ekaterina, muito poucos radicais tomaram a decisão de se tornarem revolucionários *por causa* de sua percepção da vida difícil dos camponeses. Quando crianças pequenas, a maioria dos nobres nunca entendeu realmente os males da servidão ou da desigualdade dos camponeses, mesmo que as propriedades rurais que foram o seu lar tivessem multidões deles. Tinham boas lembranças de seus cozinheiros, arrumadeiras e babás, e adoravam brincar com os servos de sua idade. Muitas vezes, seus pais eram pessoas atenciosas que faziam de tudo para alimentar, vestir e até educar os servos de suas propriedades.[47] A própria Vera foi honesta — admitia francamente que não se tornou socialista por "simpatia pelas massas sofredoras". Quando criança, simplesmente não tinha consciência da injustiça da vida na propriedade rural. Não soube de nenhum caso de servos que tenham sofrido abusos em Biakolovo. Foram precisos anos de instrução e imersão profunda na literatura socialista para Vera entender os males ocultos da desigualdade de classes e do sofrimento humano que a pobreza causava.[48]

Como ela mesma reconhecia, o primeiro impulso de Vera no sentido da política radical veio de uma fonte aparentemente improvável. Como muitos radicais do século XIX, ela não tentou libertar os oprimidos por causa de um entendimento pessoal da injustiça econômica ou social. Vera e seus companheiros procuravam ajudar os pobres e libertar os cativos porque foram inspirados pelo Novo Testamento.[49]

> *Olhem para o Cristo, meus amigos, que sofreu tanto, que não teve sequer o prazer de ser inteiramente compreendido pelos que o rodeavam e, no entanto, foi feliz, porque era o filho de Deus, porque sua vida foi impregnada de divindade, cheia de abnegação, pois ele fez de tudo pela humanidade e achou toda a sua felicidade, todo o seu prazer na dissolução de seu eu material e na salvação de todos os homens.*
>
> — MIKHAIL BAKUNIN, carta a Alexandra Beier, abril de 1836[50]

Essas foram as palavras de Mikhail Bakunin a uma amiga, aos 22 anos de idade, muito antes de se tornar um dos anarquistas mais famosos do mundo. Paradoxalmente, o homem que mais tarde condenaria Deus como o principal obstáculo à revolução passou os primeiros anos da mocidade imerso no cristianismo ortodoxo oriental. Na década de 1830, quando era jovem, ele acreditava que seu destino era servir a Cristo. O apóstolo da Europa revolucionária começou como profeta da família, criando uma espécie de mosteiro nas terras de sua propriedade rural. Procurou ter um controle absoluto da vida cotidiana dos que viviam ali para poder levá-los ao divino. "Sinto Deus em mim", dizia aos amigos. "Sinto o paraíso em mim."[51]

Bakunin nunca fez nada pela metade. O compositor Richard Wagner, ele próprio nada insignificante, fez a Bakunin o elogio supremo: "Tudo nele era colossal." A profunda insatisfação e a energia inesgotável tornaram-se seus traços característicos. Ele parecia ter nascido, nas palavras de um contemporâneo, "não sob os auspícios de uma estrela comum, mas sim de um cometa". Mas Bakunin, como Vera, passou os primeiros anos de sua vida no sossego das províncias russas, numa propriedade rural bela e muito bem-cuidada, que tinha de tudo, inclusive jardins exuberantes, um solar enorme e uma biblioteca bem-suprida.[52]

Não houve indícios de rebelião na infância de Bakunin. Não havia motivos para ele se rebelar. O pai de Bakunin adotou as teorias educacionais de Rousseau e estava convencido de que as crianças precisavam de total liberdade para desenvolver a personalidade e os talentos. Bakunin nunca sofreu a insistência permanente no decoro que caracterizou a infância de Vera. Quase sempre, o menino era tratado com condescendência. Choveram sobre ele todas as oportunidades. Cada criança da família de Bakunin aprendia a tocar um instrumento musical, e as visitas ouviam frequentemente os sons de concertos improvisados ressoando pelo solar. Bakunin também mostrou talento precoce para o desenho e dominou facilmente várias línguas estrangeiras, inclusive os indispensáveis alemão e francês.[53]

Mais que qualquer outra coisa, a família de Bakunin mantinha sua coesão por meio de um envolvimento profundo com a fé ortodoxa. Muitas famílias provincianas nobres viviam rigorosamente de acordo com um calendário religioso quase medieval. Dias de jejum e dias santos eram escrupulosamente observados. Havia ícones, pintados ou com douradura, nos cantos proeminentes da casa, e as famílias reuniam-se à sua volta para as orações diárias. Era comum esses ícones permanecerem nas famílias durante gerações, e tinham fama de terem feito milagres no passado: curado agonizantes, protegido a família de incêndios ou, num caso, desviado a faca de um assassino. Bakunin recordava-se de que, durante a Quaresma, a casa era envolvida por um clima de reflexão melancólica e sombria — tudo "tão silencioso, tão santo, tão admirável"... A fé dava à sua vida familiar uma unidade harmoniosa e bela que era indescritível e, no entanto, profundamente sentida. O pai de Bakunin, que tinha inclinações pelo romantismo, incentivava os filhos a buscar os transportes do êxtase religioso.[54]

Esse envolvimento passional com a religião marcou Bakunin para o resto da vida. A existência cotidiana, as pequenas preocupações dos russos comuns, eram coisas que não conseguiam prender sua atenção. "Danças, bailes", escreveu ele, "estes que são os pináculos do prazer de nossa juventude, o ideal mais elevado que se possa imaginar, entediavam-me mortalmente." Ele queria muito mais que isso; aspirava pela felicidade sobrenatural que sentira quando criança. À medida que foi crescendo, esses anseios tornaram-se tão ardentes que ele se surpreendeu dilacerado por paixões profundas. "Forças emocionais fervem e exigem alimento", lamentava ele, "mas tudo isso continua inativo, limitado a sonhos, que não conseguem, por si só, encher o vazio do meu coração."[55]

Bakunin não estava sozinho. Muitos dos revolucionários mais ateus, que não sentiam nada além de desprezo pela religião, vinham de famílias extremamente devotas e passaram por períodos de intenso fervor religioso. Alguns radicais lembravam-se afetuosamente dos pais beatos que faziam jejuns rigorosos, rezavam diariamente e serviram de modelo de abnegação aos filhos, chegando até a ensinar-lhes o exemplo dos mártires cristãos. A própria Ekaterina Breshko-Breshkovskaia foi criada numa atmosfera religiosa e escolheu Santa Bárbara, que foi perseguida por sua fé, como sua santa padroeira.[56] Muitos revolucionários judeus tiveram uma trajetória semelhante. A radical Fanni Moreinis recordava-se com carinho de seu pai "fanático", e a revolucionária socialista Genrieta Dubroskina considerava o pai um modelo que "sonhava com Jerusalém" romanticamente e acabou morrendo na Palestina.[57]

Os radicais russos não negaram a religiosidade do começo de sua vida, muito ao contrário — muitos estavam prontos a admitir que a fé lhes havia ensinado o valor de amar, de servir e, em última instância, de se sacrificar por um bem maior. Vera Figner, uma figura-chave da conspiração para matar Alexandre II em 1881, declarou que o Novo Testamento despertou nela os valores revolucionários. Certa vez imaginara a si mesma como a Virgem Mãe, abrindo os braços para as massas sofredoras e dando-lhes esperança. Nadezhda Golovina foi mais longe ainda, lembrando que, quando criança, ficou muito triste ao saber que os cristãos não eram mais martirizados e que, por isso, ela havia sido privada da chance de morrer pela verdade. "Não me ocorreu na época", escreveu ela, "que dali a dez anos eu estaria disposta a morrer por um outro tipo de 'verdade'."[58] Sacrifício, abnegação que se estendia aos outros, martírio — os valores da mensagem fundamental do cristianismo impregnaram jovens corações revolucionários.

Acima de tudo, a religião deu a esses primeiros radicais o anseio por um sentido de vida: aspiravam libertar-se das exigências superficiais da vida cotidiana e viver num mundo mais puro, mais elevado. No começo, a religião satisfez seus anseios por uma vocação mais alta, e muitos desejaram se tornar monges ou freiras. Só mais tarde é que o socialismo revolucionário surgiu como uma fé mais verdadeira, mais imediata que aquela que deixariam para trás.[59]

Vera não era exceção. Em sua infância, os ritmos e rituais da religião russa governaram sua vida cotidiana. Ensinaram-lhe a rezar toda noite e a usar uma cruz em volta do pescoço como proteção contra demônios malignos. Mas a família de Vera, ao contrário da de Bakunin, reduziu a religião a mais um símbolo de bom comportamento. Os parentes de Vera preservaram só as formas da piedade: ir à igreja, recitar orações, observar jejuns. Os rituais eram pura rotina, mecânicos ou então tinham raízes na superstição. A preceptora de Vera, uma velha intratável, contava-lhe histórias aterrorizantes do mundo espiritual, com Deus como seu governante implacável, para fazer com que a menina a obedecesse por puro medo. Vera via a ortodoxia tradicional como mais um conjunto de regras para as damas jovens. Nada daquilo tocou seu coração. O máximo que se poderia dizer é que ela gostava vagamente da exótica iconografia bizantina e do incenso, que se erguia na direção de janelas com vitrais e "mostrava cores lindíssimas quando a luz batia nele".

Mas Vera também sentiria o profundo turbilhão emocional da experiência religiosa extática. Era só uma criança, com apenas 11 anos de idade, quando passou por uma conversão profunda e impressionante. Durante a Quaresma de 1860, Vera, como era a criança mais velha da casa, recebeu a incumbência solene de ler passagens do Evangelho em voz alta. Com a família reunida na sala de estar toda noite, envolvida pelo brilho quente da luz das velas, no início Vera assumiu essa tarefa de mau humor. Mas, depois de algumas noites, foi seduzida pela beleza sublime do texto. Com o tempo, Cristo ganhou vida para ela, e Vera começou a viver com Ele em sua imaginação. Anos depois, ela ainda se lembrava claramente da experiência: "Vivi com Ele em minhas fantasias durante várias semanas", escreveu ela. "Eu O via em minha imaginação e murmurava coisas sobre Ele quando estava sozinha em meu quarto."

À medida que a vida de Cristo desdobrava-se à sua frente, noite após noite, ela se sentia cada vez mais atraída por Ele — Ele era profundamente nobre e, no entanto, real e humano. Era perfeito, belo e, mesmo assim, bom e compassivo. Amava as crianças, os oprimidos, os humilhados. Na última semana da Quaresma, Vera descobriu que amava Cristo com um "amor apaixonado".

Naquele ano, durante a Semana Santa da Páscoa, Vera foi dilacerada por emoções contrárias de tristeza, veneração e felicidade. A traição de Judas, a falta de fé dos discípulos, a crueldade do sumo sacerdote — Vera sentiu tudo aquilo com uma intimidade dolorosa. Como um homem tão bom poderia sofrer essas coisas? Ela se imaginava salvando o Cristo, corrigindo a injustiça de sua morte e proclamando o verdadeiro espírito de sua mensagem. Em sua cama, sonhava em reunir as crianças de Jerusalém, fazendo com que se juntassem à sua causa. "Escutem só o que vão fazer com Ele!", diria ela à multidão. "Eles vão matá-Lo! E não há ninguém melhor que Ele na Terra!" Mas, em última instância, Vera encheu-se de profunda reverência por Sua morte voluntária na cruz. Passou a ver a Sua aceitação da morte como a perfeição de Sua benevolência e o ato supremo de Sua natureza amorosa. Cheia de reverência e adoração, ela não conseguia mais rezar a Cristo pedindo Sua intercessão, pedindo a Ele coisas que eram insignificantes e triviais. Só uma coisa importava: "Quero servi-Lo, salvá-Lo."

Esse foi o primeiro encontro de Vera com a fascinação do martírio. A imagem de Cristo na cruz permaneceu com ela para sempre. Como tantos outros políticos radicais do século XIX, Vera tornou-se ateia depois. Mas "Cristo continuou comigo", escreveu mais tarde, "gravado no meu coração. Na verdade, é como se eu estivesse mais amarrada a Ele do que nunca." Como no caso de Bakunin, a intensidade da emoção religiosa inspirou o anseio por uma experiência passional, sobrenatural. Ela começou a sonhar com devoção, sacrifício e martírio. "Não há amor maior que esse", proclama o Evangelho de João, "que um homem que dá a vida por seus amigos." Estas palavras impregnaram a vida de Vera com um novo significado e um senso exaltado de propósito.[60]

Na monótona rotina diária de Biakolovo, Vera adorava histórias de heroísmo e abnegação. Nas prateleiras da modesta biblioteca do solar, ela encontrava poemas românticos e contos revolucionários que alimentavam suas aspirações.

No seu coração, Cristo logo foi suplementado por Kondratii Ryleev, o primeiro revolucionário russo, enforcado por sua participação na insurreição contra o tsar em dezembro de 1825. Ryleev, uma personalidade romântica que namorou o perigo durante toda a sua vida, tornou-se conhecido como o poeta da insurreição. Na noite anterior à revolta, Ryleev, numa passagem célebre de sua vida, levantou-se diante dos companheiros e declarou ousadamente que os conspiradores estavam caminhando para a morte certa. Mas esse, disse-lhes, era seu momento de glória. Um ato só seria heroico se acabasse em martírio. Muito antes da rebelião, ele escreveu estes versos:

> *Meu fim próximo eu sinto e sei*
> *E abençoo o golpe que me abate*
> *Pai, agora com alegria vou*
> *Para a morte, que me é doce.*[61]

Para Vera, as imagens gêmeas do Cristo na cruz e de Ryleev na forca inspiraram a convicção de que, nas palavras deste último, "há eras inteiras quando nada é mais desejável que uma coroa de espinhos." Ela seguiria os passos deles de algum modo, procurando "heroísmo, luta e revolta", mesmo que essa busca levasse ao sofrimento e à morte.[62]

Portanto, na tenra idade de 17 anos, Vera tinha se tornado uma socialista devotada. Do momento de sua conversão até o dia em que morreu, levou uma vida dedicada a libertar as massas oprimidas e a garantir a sobrevivência econômica dos desesperados. Mas a essência de sua fé não residia na mera erradicação da injustiça. Como ela escreveria muitos anos depois, o verdadeiro significado da revolução é o autossacrifício. Acima de tudo o mais, a busca de toda a sua vida de radical foi, segundo suas próprias palavras, "engrossar as fileiras dos mártires".[63]

Mas, nesse ínterim, a vida conspirava contra seus sonhos. As damas provincianas tinham poucos canais de expressão para esse tipo de anseio, e as mulheres pobres da nobreza tinham preocupações mais urgentes. Seu desejo de heroísmo parecia destinado a morrer no universo sufocante da propriedade rural de sua classe, a menos que ela saísse de casa para encontrar seu caminho.

> *Tias, crianças, servos e toda uma miríade de filhos dos servos nos seguiram até a estrada principal; os abraços e as lágrimas não tinham fim. Enquanto Nikolaevka era visível, Masha não tirou os olhos dela, e chorou amargamente. Na estação, despediu-se várias vezes do cocheiro e chegou até a dizer adeus aos cavalos. Pediu ao cocheiro para beijar Lida e Vasia e todas as crianças, todas, todas.*
>
> — Vera Zasulich, "Masha"[64]

As tias de Vera determinaram o que ela seria desde tenra idade: preceptora. Era uma profissão respeitável para filhas empobrecidas da nobreza. Ofereceram-se para mandá-la a uma escola barata para moças, de aperfeiçoamento e preparo para a vida social, perfeita para futuras governantas e professoras. Alexandra, a irmã mais velha de Vera, já estava frequentando a escola, que parecia um estabelecimento absolutamente respeitável, embora modesto.

Tudo em Vera rebelou-se contra esse destino lúgubre. Passar o resto da vida como subordinada em alguma propriedade rural abastada, cuidando de algumas criancinhas mimadas! "Eu faria qualquer coisa, menos isso!", escreveu ela. No entanto, mais que qualquer outra coisa, ela queria sair de casa. A escola pelo menos oferecia uma válvula de escape da "existência estagnante" e opressiva da vida provinciana. Assim que estivesse no mundo lá de fora, ela abriria o próprio caminho e traçaria seu próprio futuro. Em 1866, aos 17 anos de idade, Vera deixou Gzhatsk para sempre.[65]

Na época em que foi embora de Biakolovo, Vera tinha passado anos de sua vida sonhando com a liberdade. "A vida chamava-me", escreveu tempos depois, "a vida em toda a sua imensidão." Portanto, estava despreparada para a tristeza que se apossou dela no dia da partida. Vera, como tantos outros de sua classe, nunca escapou da nostalgia de sua infância no interior. Aos 60 anos, escreveu em sua autobiografia, com certo espanto: "Nunca pensei que me lembraria dela durante toda a minha vida, que nunca me esqueceria sequer de um arbustozinho do jardim da frente, do guarda-louça velho do corredor, nem que o perfil das árvores antigas, visível da sacada, me apareceria em sonhos nos anos seguintes."[66]

CAPÍTULO 3

Os niilistas

No dia 23 de setembro de 1861, mais de mil estudantes da Universidade de São Petersburgo arrombaram um salão de conferências que estava trancado e entraram aos magotes no imenso auditório. Estavam enfurecidos por causa de um novo folheto que a administração da universidade fizera circular, um manual cheio de restrições às atividades dos alunos. A universidade decretara que todas as associações e reuniões deviam ter permissão oficial das autoridades do estabelecimento. Para piorarem as coisas, os estudantes seriam obrigados a assinar os novos livros, indicando seu consentimento, antes de poderem se matricular nos cursos.[1]

A multidão reunida no anfiteatro estava fervendo de raiva. Com os cabelos ostensivamente desgrenhados como forma de rebelião e sobretudos puídos e mal-ajambrados, alguns estudantes marcharam até o pódio para exigir um protesto universal e público contra essa investida autoritária contra seus direitos. Foi decidido que nenhum estudante obedeceria às novas regras e que qualquer um surpreendido obedecendo-as seria isolado. Foram feitos planos até de queimar os folhetos numa grande fogueira, à vista de todos.

Como resposta, o general F. I. Filipson, reitor da universidade, trancou as portas do edifício principal e recusou-se a abri-las no dia da matrícula. Naquele dia claro de setembro, os estudantes ficaram andando lentamente na frente dos prédios, sem saber o que fazer. Finalmente alguém teve a ideia de atravessar a cidade até a casa do reitor e exigir que ele abrisse as portas da universidade. Os estudantes formaram colunas espontaneamente e começaram a marcha que passaria pelo centro da cidade até a residência do reitor.

A temperatura elevada deu à procissão um tom alegre, e multidões flanquearam as ruas e puseram a cabeça para fora das janelas para assistir à primeira manifestação estudantil da Rússia. Logo apareceram os capacetes brilhantes da polícia militar de São Petersburgo, mas ela fez pouco mais que seguir a cavalo as fileiras de estudantes. Quando os manifestantes entraram na Nevskii Prospekt, as multidões foram engrossadas por barbeiros franceses, que saíram correndo de seus estabelecimentos e gritavam destemidamente: "Revolução! Revolução!"

Quando os estudantes chegaram à casa de Filipson, fizeram suas exigências em tom agressivo. Para evitar um confronto, Filipson concordou resignadamente em abrir as portas da universidade. E então os habitantes de São Petersburgo tiveram outra visão espantosa: os estudantes que estavam fazendo protesto desfilaram novamente pela cidade, dirigidos agora pelo próprio Filipson e seguidos de perto pelas tropas policiais. Quando um professor abordou os estudantes, pedindo-lhes para não prejudicar "a causa da educação", um deles respondeu: "Não damos a mínima para a educação!"

Naquela noite, vários estudantes foram presos para interrogatório. Outros se vingaram com mais protestos e manifestações. Quando os radicais começaram a hostilizar os colegas e professores que tentaram comparecer às aulas, as autoridades de São Petersburgo decidiram fechar as portas da universidade por tempo indeterminado. Ela só reabriria dali a dois anos.

Mas, a essa altura, o que havia começado como um protesto estudantil havia se transformado num movimento revolucionário. Em 1862, uma nova era de radicalismo russo tinha nascido, povoada por aqueles que se chamavam orgulhosamente de *shestidesiatniki* ou "a geração dos anos sessenta".

O tsar Alexandre II, que assumiu o trono russo em 1855, nunca entendeu por que atraíra o ódio persistente e violento da juventude russa. Não tinha nenhuma das tendências reacionárias do pai, Nicolau I. Nicolau adorava tudo o que era militar. Pensava no país como se fosse um regimento e considerava-se basicamente o comandante-em-chefe da nação. Era um adepto fervoroso da censura e aumentou a esfera de atividades da polícia secreta da Rússia. A dissensão era intolerável, naturalmente, mas até mesmo o apoio declarado e veemente ao Estado era desencorajado. O lema de Nicolau era: "Obedeça e guarde seus pensamentos para si mesmo."[2]

Nicolau acreditava que a Rússia precisava de um pulso forte para governá-la. Fez de tudo para inculcar hábitos militares em seu filho e herdeiro. Foi uma estranha ironia que, numa terra onde a maioria das crianças nobres tinha liberdade para fazer o que bem entendesse, a mais poderosa de todas elas fosse submetida ao mais draconiano dos regimes. Alexandre acordava às seis da manhã e só ia de novo para a cama às onze da noite. Entre esses dois horários, suportava sete horas de aulas, inclusive lições de russo e línguas estrangeiras, matemática e ciências naturais, além de praticar esportes, como a esgrima e a ginástica. Quase todas as horas de seu dia estavam ocupadas. Acima de tudo, o militarismo do pai governava sua educação. Devia passar tropas em revista, primar nos estudos militares e aprender a amar um uniforme. Quando era um menino de 10 anos, Alexandre foi mandado para o Corpo de Cadetes para ter uma formação militar.[3]

Infelizmente, como costuma ser o caso nessas famílias patriarcais, o filho acabou sendo uma decepção para o pai. Alexandre parecia curiosamente feminino, inclinado demais a se debulhar em lágrimas. Era profundamente apegado à mãe, que era, ela própria, um espírito sensível e romântico. Sua emotividade também era alimentada pelo tutor, Vasilii Zhukovskii, um famoso poeta que partilhava do gosto do menino pela melancolia e pelo sentimentalismo. Certa vez, Nicolau perguntou a Alexandre o que teria feito com os rebeldes que haviam conspirado contra o tsar na Revolução Dezembrista de 1825. Para horror de Nicolau, Alexandre respondeu:

— Eu os teria perdoado![4]

Em 1855, o tsar Nicolau morreu. Os intelectuais russos soltaram um suspiro coletivo de alívio, mas porque não acreditavam que as coisas podiam ficar piores, e não porque Alexandre lhes desse qualquer esperança. O príncipe coroado não dera sinais de inclinações reformistas. Não fez nenhuma declaração ousada de renovação: não revelava o que pensava sobre o sistema político da Rússia, nem sobre sua ordem social ou sobre a economia baseada no trabalho dos servos.

Na verdade, era difícil saber se Alexandre pensava realmente alguma coisa. Prometia ser o menos talentoso e até o menos inteligente dos soberanos da Rússia. Exteriormente, era simpático, charmoso até — um homem bonito com uma postura ereta e belos olhos azuis. Mas era um enigma: nunca expressava opiniões e tinha uma aversão quase física a discussões e debates, quer com conservadores, quer com reformistas. "Quando o imperador conversa com um intelectual", declarou um observador, "dá a impressão de alguém com reumatismo enfrentando uma correnteza."[5]

Mas Alexandre intuía que o Império Russo estava prestes a passar por uma crise. Seis meses depois da morte do seu pai, os militares russos sofreram uma derrota histórica terrivelmente humilhante. Tropas inglesas e francesas os haviam cercado e depois atacaram Sebastopol, o porto da Crimeia. A Rússia foi derrotada em seu próprio território, o final vergonhoso da Guerra da Crimeia, que havia começado em 1853. Em março de 1856, Alexandre reconheceu a derrota na Paz de Paris e foi obrigado a destruir a célebre frota do mar Negro, obra de Pedro, o Grande. A humilhação galvanizou a opinião pública, e observadores perspicazes deram-se conta de que o significado da Guerra da Crimeia ia além da questão militar. Surgiu lentamente um consenso de que o verdadeiro motivo da derrota foi a desordem doméstica da Rússia. Vista de fora, a Rússia parecia uma das superpotências da Europa. Mas, por dentro, estava atolada na corrupção, na estagnação e na incompetência. Trinta anos de reação sob Nicolau tinham cobrado seu tributo.[6]

Alexandre, sempre ambivalente, sempre torturantemente lento, resolveu fazer uma experiência com algumas ideias de reforma. Mas a prudência superficial do tsar às vezes mascarava uma ousadia quase compulsiva. Como a reforma implicava riscos, concluiu Alexandre, devia ser estudada de todos os ângulos. E que forma melhor de testar novas ideias do que submetê-las ao debate público? Sem fazer caso das previsões, Alexandre tornou-se o primeiro tsar a cortejar a opinião pública. Essa nova abordagem logo recebeu um nome: *glasnost*.[7]

Em 1858, Alexandre marcou seu afastamento da tradição com um ato extremamente simbólico. Certo dia, quando estava passeando pelos jardins do palácio, como de costume, ele foi abordado pelo impetuoso Nikolai Serno-Solovievich, cuja energia inesgotável o levaria mais tarde para a conspiração revolucionária. Antes de os guardas de Alexandre conseguirem impedi-lo, Serno-Solovievich aproximou-se do tsar e obrigou-o a pegar um rolo de papel — um volumoso memorando sobre o sofrimento dos servos russos. Irritado, Alexandre pegou o documento sem dizer palavra. No dia seguinte, o príncipe

Aleksei Orlov, comandante da polícia militar, convocou Serno-Solovievich para um interrogatório. O jovem radical tinha certeza de que sua vida de liberdade terminara. Numa voz solene, o comandante declarou:

— O imperador Nicolau teria banido você para um lugar tão remoto que até os seus ossos jamais seriam encontrados.

E, em seguida, deixando Serno-Solovievich mudo de assombro, acrescentou:

— Mas nosso atual soberano é tão bom que me ordenou que o beijasse. Por favor — disse ele — abrace-me.[8]

Houve outros indícios de mudança e atos de clemência menos teatrais. Alexandre concedeu anistia a vários presos políticos e declarou que a censura seria atenuada. O debate público surgiu cautelosamente do ostracismo imposto por Nicolau. "O ouvido russo", lembrou mais tarde Alexander Herzen, "desacostumado à livre expressão, reconciliou-se com ela e procurou ansiosamente sua solidez masculina, sua franqueza destemida."[9]

Uma questão dominava o debate civil: a servidão. O extraordinário é que toda a sociedade russa reconhecia unanimemente que a servidão tinha de acabar. O fato puro e simples de que quase metade da população russa era propriedade física da elite rica parecia cada vez mais intolerável. Se a escravidão levara os Estados Unidos ao extremo de uma das guerras civis mais sangrentas da história, a nobreza russa resignou-se a renunciar a seu acalentado privilégio de possuir outros seres humanos.[10] O incrível é que os proprietários de terras que participaram da campanha contra a servidão foram os que falaram em mais alto e bom som. Um aristocrata declarou francamente a verdade nua e crua: "A abolição do direito de dispor de pessoas como se fossem objetos ou gado é libertação tanto para elas quanto para nós."[11]

Em 1856, Alexandre deu a entender que a servidão estava fadada a ser desmantelada. Naquele ano, fez um discurso que declarava surpreendentemente que "o sistema atual de posse dos servos não pode continuar como está. É melhor começar abolindo a servidão de cima que esperar que ela comece a se abolir por baixo". A imprensa nascente do país, encorajada pela *glasnost*, começou a bater na tecla da emancipação. Mas Alexandre recusou-se a se deixar apressar. Durante cinco anos, uma comissão secreta trabalhou para criar uma forma de libertação que equilibrasse os interesses de classe libertando os servos, concedendo-lhes terras e compensando seus antigos senhores.[12]

A Lei da Emancipação que acabou sendo promulgada refletiu a dificuldade de se chegar a um acordo. Com espantosas 361 páginas, detalhava meticulosamente todos os aspectos do processo de emancipação. Os servos seriam libertados, mas obrigados a trabalhar temporariamente nas terras de seus ex-donos enquanto se faziam as negociações do preço de venda das terras. O governo faria um empréstimo aos camponeses a ser amortizado em quarenta e nove anos a uma taxa de juros de 6% ao ano. Era uma solução complicada.

Apesar disso, no dia 19 de fevereiro de 1861, 43 milhões de pessoas foram libertadas de sua servidão e foi-lhes garantida proteção igual perante a lei russa. Foi o começo marcante da tumultuada década de 1860.[13]

O governo russo tinha promulgado o documento da emancipação com apreensão, temendo que ele alimentasse as esperanças dos camponeses e acabasse com elas assim que o sentido daquele texto complicado se tornasse de conhecimento geral. Enquanto o documento era distribuído pelas províncias e lido em voz alta para grupos de camponeses nas aldeias, os militares preparavam-se para violentas rebeliões camponesas e puseram os soldados em estado de alerta em todas as províncias russas. A capital do país estava particularmente bem vigiada — as ruas eram patrulhadas por soldados armados, e Alexandre II passou a noite de 19 de fevereiro em local desconhecido.[14]

As revoltas ocorreram de fato. Na província de Kazan, na aldeia de Bezdna, Anton Petrov, um camponês que declarava ser profeta, disse que os nobres estavam enganando o povo. O tsar tinha concedido liberdade total e imediata com terras para todos os camponeses, mas os nobres estavam tentando disfarçar isso com a linguagem impenetrável do decreto de emancipação. Hipnotizados pela autoconfiança de Petrov, os camponeses reuniam-se para ouvir seus delírios conspiratórios. Temendo uma rebelião, o governador da província de Kazan mandou tropas à aldeia. Os soldados atiraram à queima-roupa nos manifestantes, armados apenas com lanças, e mataram quarenta e uma pessoas. O próprio Petrov foi enforcado. Parecia um péssimo augúrio de coisas por vir.[15]

Mas, no fim, os acontecimentos mostraram que a ansiedade do governo havia sido exagerada. Depois de cerca de um ano de agitação, a insatisfação evaporou-se. Muitos camponeses continuaram com seus antigos senhores e passaram a trabalhar em troca de um salário. Outros se beneficiaram da apatia de ex-antigos donos, pois alguns nobres desistiram, venderam tudo o que tinham e se mudaram para as cidades. A Rússia tinha evitado o tipo de conflito cataclísmico que logo tomaria conta dos Estados Unidos por causa da escravidão.[16]

Curiosamente, uma oposição sistemática e veemente à Lei da Emancipação surgiu só em um outro grupo social — a *intelligentsia* radical. O decreto de emancipação foi alvo dos ataques dos radicais, que o consideravam fraude pura e simples. Como os servos deviam ter recebido terras e liberdade imediatamente, as 361 páginas do complicado texto de Alexandre não passavam de uma farsa. A imprensa radical concordava com a lógica de Anton Petrov; como declarou um editorial irritado, em tipo itálico: "*O povo foi enganado pelo tsar.*"

Muitas das vozes iradas eram de estudantes universitários. Para eles, o tsar não tinha o menor crédito, só recebia deles insultos e injúrias incessantes. Declaravam que era "incompetente", um mentiroso e um tirano, e que a Rússia precisava de um novo governo, direitos iguais e uma redistribuição da propriedade. Precisava de uma revolução. Estava mais que na hora de o tsar ir embora. Um estudante declarou abertamente que ansiava pelo dia em que o tsar e seus ministros fossem simplesmente mortos, "sem dó".[17]

Alexandre II ficou particularmente desconcertado com a hostilidade dos estudantes: um de seus primeiros projetos de reforma fora o sistema universitário russo. Aboliu o odiado uniforme universitário, permitiu que as publicações dos alunos florescessem e, acima de tudo, abriu a universidade para um círculo mais amplo de russos, inclusive operários, judeus e até mulheres (como alunas ouvintes). Os professores passaram a ter um controle maior sobre o currículo e podiam ensinar um leque maior de disciplinas.[18]

Em vez de dar a Alexandre o crédito das reformas, os estudantes as usaram como trampolim para mais ativismo. Criaram cantinas para ajudar a alimentar os alunos mais pobres, e também bibliotecas improvisadas onde livros, jornais e revistas radicais podiam ser lidos de graça. As questões políticas e sociais mais candentes do momento eram debatidas em assembleias semiespontâneas conhecidas como *skhodki*. Quer fossem realizadas em exíguos apartamentos estudantis, quer em grandes salões de banquete franqueados por pais progressistas, as *skhodki* atraíram centenas deles muitas vezes. Quem quer que desejasse falar podia subir ao "pódio" (em geral, apenas uma cadeira comum) e ficar encarapitado ali para fazer seu discurso.[19]

No início da década de 1860, os administradores temiam perder o controle sobre as universidades da Rússia. Os estudantes estavam cada vez mais ousados: recusavam-se a frequentar as aulas, protestavam contra os professores que consideravam ruins e organizavam manifestações furiosas ao menor indício de uma suposta "infração" aos seus direitos. *Skhodki* eram feitas toda semana, tornando-se reuniões ingovernáveis em que os críticos fustigavam não só a universidade, mas o próprio tsar. O ministro da Educação decidiu reagir. Novas regulamentações foram promulgadas. Alguns estudantes foram expulsos, outros presos.[20] Mas não adiantou nada.

Alexandre nunca entendeu a geração dos anos sessenta. Ficou realmente furioso com sua rebeldia ingrata. Fizera mais para reformar a Rússia que qualquer outro governante, com a possível exceção de Pedro, o Grande. Ele é quem dera à juventude russa mais oportunidades de aprender, de ler, de escrever. A livre expressão florescia por toda parte. Mas, perversamente, os estudantes pareciam odiar mais Alexandre que seu pai brutalmente autoritário.

Como outros membros de seu governo, Alexandre não conseguiu perceber que não era mais uma questão do que seu regime fazia ou deixava de fazer. A geração dos anos sessenta não tinha interesse em reformas e via o Estado russo apenas como um obstáculo a seus planos dramáticos. Não queria nada menos que refazer o mundo.

> *O internato está deserto de novo. As férias de verão chegaram, a quarta temporada que Masha passa inteiramente sozinha nos grandes quartos solitários.*
>
> *(...) Ela até que está vivendo bem. É a primeira da classe, todo mundo a admira e há muito tempo pararam de fazer comentários irritantes sobre seu comportamento, mesmo que ela tenha feito pouco esforço para mudar. Agora ela se senta sozinha numa grande sala de aula banhada pela luz do sol, concentrada em terminar uma faixa mais longa do bordado. A faxineira da escola prometera vender seus bordados. Com o dinheiro, Masha queria se inscrever numa biblioteca e ter férias de verão mais interessantes.*
>
> — VERA ZASULICH, "Masha"[21]

Em geral, quem vinha das províncias para frequentar as várias universidades de São Petersburgo e outras cidades trazia pouca coisa. Sem ter como trabalhar e não dispondo de uma renda familiar com a qual viver, esses jovens viviam praticamente de brisa nas cidades proibitivamente caras. A ajuda aos estudantes significava muitas vezes simplesmente uma redução nas taxas escolares. Para conseguirem algum dinheiro, os estudantes eram obrigados a ser preceptores de crianças ou fazer revisão ou leitura de provas tipográficas nas horas vagas. Para aqueles com poucos recursos, era uma vida triste. Trabalho constante significava impossibilidade de estudar, e só quem tinha boas notas podia se candidatar a uma bolsa. Não podiam se dar ao luxo de boa alimentação e eram obrigados a morar em minúsculos cômodos alugados, perpetuamente gelados porque não tinham dinheiro para o aquecimento. Eram facilmente reconhecíveis por causa de suas luvas e casacos puídos — impossível conseguir coisa melhor.[22]

A polícia não demorou para acusar esse "proletariado semi-instruído" pela atmosfera de rebeldia entre os estudantes, uma vez que provavelmente os pobres não sentiam nada além de "ódio pela ordem política e social existente". Os radicais russos concordaram em número, gênero e grau, acreditando firmemente que o sangue fresco das classes mais baixas dava ao radicalismo sua energia potente. Mas nem a polícia nem os estudantes conseguiam admitir os fatos: entre os anos de 1855 e 1869, os radicais russos oriundos de famílias nobres correspondiam a inacreditáveis 64%. Reles 8% eram uma combinação da classe média baixa, das classes inferiores e do campesinato. A pobreza não servia de combustível ao ativismo, e, em geral, os estudantes mais carentes viravam-se ao avesso só para sobreviver. Somente o privilégio dava aos jovens tempo e energia para se dedicarem a causas radicais.[23]

O radicalismo dos anos 1860 não nasceu da opressão; foi alimentado pelo privilégio. Desenvolveu-se em lugares do regime dos quais ninguém jamais poderia suspeitar: nos internatos da elite e escolas secundárias particulares, nas academias militares e nos seminários clericais. Ali, os filhos e filhas dos cidadãos que constituíam a elite russa tornaram-se ativistas passionais contra o Estado, desprezando a própria classe que os originara.

Para muitos membros da nobreza russa, a escola era uma transição abrupta e penosa para a vida adulta — o fim de uma existência ociosa na propriedade rural da família. Se os pais russos deixavam os filhos fazerem o que bem entendessem, os professores eram disciplinadores rigorosos. Regras rígidas controlavam o comportamento, e os castigos eram físicos e violentos. Nos internatos, o currículo era formal e exigia muita memorização: grego e latim para os meninos e, frequentemente, alemão, francês, música e dança para as meninas. As academias militares eram piores ainda, com suas demandas físicas extremas e aulas intermináveis sobre tediosos estudos militares. Até os seminários da Igreja Ortodoxa pareciam fazer de tudo para tornar seus alunos tão incapazes de pensar quanto possível, obrigando os futuros padres a ler enfadonhos tratados teológicos protestantes no original alemão. Em toda parte, a ênfase era sobre boas maneiras, obediência cega e aprendizado maquinal. Poucos professores faziam um mínimo de esforço que fosse para estimular a inteligência de seus alunos.[24]

Para alguns, a transição para a escola desencadeava uma profunda crise espiritual. Mikhail Bakunin saiu de casa para a academia militar aos 14 anos de idade, e, para ele, a nova vida foi um pesadelo interminável. Sua mente criativa rebelou-se contra a rotina mecanizada que prevalecia ali. Seus colegas pareciam-lhe completamente alienados, interessados somente em jogos de cartas, vinho e mulheres. Bakunin deu-se conta de que nunca participaria dessas atividades "melancólicas, imundas e vis" e, por isso, era incapaz para uma existência normal numa sociedade bem-educada. Sentia-se cada vez mais isolado: "Silêncio permanente, sofrimento permanente, angústia permanente — estes são os companheiros de minha reclusão!" Retraiu-se e passou a sonhar com um mundo diferente, um mundo que poderia encher com a harmonia e o êxtase maravilhosos de sua meninice.[25]

Se tomarmos "Masha" como referência, Vera sentia coisas parecidas em sua nova escola, que ficava num subúrbio isolado de Moscou. O estabelecimento devia educar "moças nobres"; mas, dado o preço baixo das taxas cobradas, era frequentado principalmente pelas filhas de clérigos e comerciantes ricos. Era administrado por duas alemãs, que insistiam para suas pupilas falarem somente em francês ou alemão. O russo era proibido. Para Vera, cujo francês era precário, e o alemão mais ainda, isso significava estar quase sempre em silêncio. As regras de comportamento eram igualmente rigorosas: nada de correr pelos corredores, pular, rir ou conversar em voz alta. As professoras puniam as alunas puxando-lhes as orelhas e os cabelos ou dando-lhes cascudos. A atmosfera rígida era complementada por um currículo absurdamente enfadonho: línguas, história, noções de música e intermináveis lições de etiqueta.[26]

Dentro das fronteiras da escola, Vera sentia saudades de casa. Apesar de todas as suas limitações, a propriedade rural permitia que ela escapasse para os vastos jardins arborizados e para os campos circundantes ou para cantos escondidos do velho solar. Na escola, não havia onde se refugiar. Como Bakunin, Vera não sentia nada além de desprezo pelas colegas: os interesses delas giravam em torno de melosas histórias de amor e sonhos de serem apresentadas à corte real. Ela mantinha distância de suas companheiras, recusando-se a participar das fofocas ou das travessuras bem-intencionadas, e até faltava às aulas de dança obrigatórias, descartando-as desafiadoramente como "inúteis".[27]

Para Vera, Bakunin e tantos outros como eles, a escola era tediosa, tirânica e cansativa. Mas também continha um mundo secreto: o mundo das ideias, da atividade, do engajamento — o mundo dos livros.

Foi um dos períodos mais extraordinários da história da cultura russa: em nenhum outro momento a literatura exerceu uma influência tão explosiva sobre a vida de tanta gente. Na Rússia das décadas de 1860 e 1870, literatura e vida eram indistinguíveis. Para a geração dos anos sessenta da Rússia, a personagem de uma história tinha muitas vezes mais importância que qualquer pessoa viva, e as pessoas vivas eram rapidamente transformadas em personagens da literatura. A vida imitava a literatura, que, por sua vez, imitava a vida.

Tudo começou em casa. Nas propriedades rurais e nas províncias russas, as bibliotecas eram as fontes de um dos poucos meios de entretenimento, e os jovens nobres viviam no mundo dos livros, adotando autores e personagens como amigos, mestres e modelos. Histórias de heroísmo e ativismo inspiraram muitos jovens a buscar uma vida de excitação e aventura.[28]

O trauma da vida escolar não só inspirava um anseio ainda maior pelo extraordinário, como também reunia estudantes com ideias parecidas, que procuravam uma educação que fosse além do enfadonho currículo escolar. Surgiram grupos clandestinos de leitura em todos os tipos de estabelecimentos educacionais, e seus membros passavam literatura ilícita de mão em mão. Livros e ensaios eram trocados sub-repticiamente nos corredores das escolas e por baixo das carteiras das salas de aula. Alguns ficavam acordados até tarde da noite, lendo enquanto todos os outros dormiam; outros passavam seu tempo de folga lendo nas bibliotecas, escondendo um livro embaixo de outro. Toda uma geração de estudantes recebeu uma educação completamente desautorizada bem ali, dentro dos muros escolares.

As leituras eram muitas vezes complicadas, às vezes em língua estrangeira; a maioria era revolucionária. Continham discussões das questões candentes do momento — filosofia, política e socialismo. E prometiam uma transformação completa da sociedade. Poucos radicais souberam por experiência própria o que eram pobreza ou injustiça. Mas sabiam que elas existiam porque tinham lido a respeito em seus livros.[29]

Para os estudantes alienados e descontentes, essa leitura pessoal ofereceu o que consideravam ser a verdadeira educação. A literatura radical falava diretamente àqueles que aspiravam por algo além do carreirismo mundano e do arrivismo social. Levava os jovens a pensar nos menos privilegiados, que precisavam de assistência, de consolo e sobretudo de conhecimento. E prometia uma vida com sentido e propósito, uma vida vivida para o futuro. Enquanto estavam na escola, os rapazes russos comuns sonhavam com honras militares e posições lucrativas na burocracia, e as moças russas comuns sonhavam com bailes elegantes e bons partidos como pretendentes. Completamente hipnotizados pela leitura ilícita, Vera e outros como ela sonhavam com algo muito diferente. Ansiavam por se tornar "niilistas".

— Hum! — Pavel Petrovich puxou os bigodes. — Bom, e esse *Monsieur* Bazárov, quem é ele exatamente?

— Quem é Bazárov? — repetiu Arkady com um sorriso. — Gostaria que eu lhe dissesse, tio, quem é ele exatamente?

— Por favor, sobrinho.

— É um niilista!

— Um o quê? — perguntou Nikolai Petrovich, enquanto o irmão erguia a faca no ar com um pouquinho de manteiga na ponta e ficava imóvel.

— É um niilista — repetiu Arkady.

— Um niilista — disse Nikolai Petrovich. — Essa palavra vem do termo latino nihil — nada, imagino; deve significar um homem que... não reconhece nada?

> — *Digamos: que não respeita nada* — intercalou Pavel Petrovich, e voltou a trabalhar com a manteiga de novo.
> — *Que vê tudo com um olhar crítico* — observou Arkady.
> — *Isso não é exatamente a mesma coisa?* — perguntou Pavel Petrovich.
> — *Não, não é a mesma coisa. Um niilista é alguém que não toma nenhuma ideia como ponto pacífico, por mais que essa ideia seja respeitada.*
> — *E isso é uma coisa boa?* — interrompeu Pavel Petrovich.
> — *Depende do indivíduo, meu caro tio. É bom em certos casos e muito ruim em outros.*
>
> — Ivan Turguêniev, *Pais e filhos*[30]

Sem vestígio de ironia, Ivan Turguêniev confessou ingenuamente certa vez que a ideia de escrever sobre a nova geração de radicais russos ocorreu-lhe durante umas férias de verão, quando estava "nos banhos de mar" da ilha de Wight, na Inglaterra, em agosto de 1860. Por algum motivo, o sol e o mar inspiraram um romance sobre um rebelde empobrecido, mas bem-educado, cuja ideologia tanto inspira quanto assusta os que o rodeiam. Foi assim que nasceu *Pais e filhos*, a mais famosa obra literária de Turguêniev.[31]

Turguêniev não foi pobre, nem radical; mas, durante toda a vida, sentiu fascínio por quem era ambas as coisas. Herdeiro de um aristocrata rico, Turguêniev foi criado numa propriedade rural extraordinária que dava bailes suntuosos num imenso salão de banquetes e concertos onde os instrumentistas da orquestra eram servos. Sua infância foi desfigurada por uma mãe dominadora, cuja amargura era, sem dúvida, uma reação aos casos amorosos de seu marido, um homem bonito e frio.[32]

Ivan foi educado com esmero por suas preceptoras e tutores e tornou-se um leitor ávido, com uma queda particular pelos românticos do século XIX. Para completar sua formação, foi enviado para o exterior com vinte e poucos anos. Lá fora, conheceu mulheres e homens russos extraordinários, entre os quais Bakunin, e impregnou-se de algumas das ideias europeias mais em voga na época. Quando voltou à Rússia aos 25 anos, era um homem elegante, bonito e extraordinariamente refinado, o epítome da boa educação e da moda da elite. Se formos dar crédito à caricatura que Dostoiévski fez dele em *Os demônios*, Turguêniev nunca foi visto em público sem um colarinho engomado, uma gravata perfeitamente bem-ajustada e o rosto escanhoado e perfumado.[33]

Turguêniev nunca foi rebelde por natureza — desejava a aprovação pública acima de qualquer outra coisa. Mas o destino frustrou seu gosto pelo convencional. No dia 1º de novembro de 1843, um dia do qual sempre se lembraria, conheceu a cantora Pauline Viardot, de fama internacional. Naquele instante, com um ardor que nunca imaginara possível, apaixonou-se desesperadamente. Viardot era casada, mas nunca desencorajou as atenções de Turguêniev. Pelo resto da vida, Turguêniev seguiu sua amada para onde quer que ela fosse. Ele nunca se casou e nunca amou outra mulher. Esse amor não correspondido levou-o a escrever e tornou-se um tema recorrente em todas as suas obras.

Esse novo modo de vida escandaloso também contribuiu em parte para a breve experiência de Turguêniev como rebelde social. A mãe deserdou-o em 1849, e, durante dois anos difíceis, ele lutou para sobreviver. Recuperou a fortuna quando a mãe morreu, mas depois foi preso e confinado por algum tempo à sua propriedade rural por causa de textos considerados suspeitos pelo regime. Depois disso, Turguêniev sempre adorou a trepidação de rebelar-se contra a convenção. Ou melhor, adorava essa inconvencionalidade da mesma forma que adorava sua Mme. Viardot — em segurança, a distância, na vida de sua imaginação.[34]

Em muitos sentidos, Turguêniev foi um homem de seu tempo, um membro da geração que — como tributo a seu romance mais célebre — acabaria sendo conhecida como a geração dos "pais". Os pais dos anos 1840 eram russos de famílias nobres, bem-educados, imersos nos escritos de Schelling e na poesia de Goethe, e que se sentiam em casa nas universidades e salões intelectuais da Europa. Eram cheios de uma paixão quase tóxica por ideias. Passavam horas, muitas vezes até tarde da noite, discutindo conceitos filosóficos difíceis. Alexander Herzen foi quem melhor captou o espírito de sua época: "Pessoas que se adoravam ficavam com raiva umas das outras durante semanas inteiras por não conseguirem chegar a um acordo sobre a 'personalidade absoluta' ou o 'ser-em-si'."[35]

Herzen, um dos amigos que Turguêniev manteve por toda a vida, tornou-se o homem mais famoso de sua geração, um verdadeiro arquétipo dos anos 1840. Nascido como filho bastardo de um nobre russo, Herzen sempre se opôs àquela classe que nunca o aceitou inteiramente. Desde tenra idade, ouvira histórias de abusos extraordinários cometidos por membros da nobreza. Seu tio foi um homem devasso e violento que quase foi assassinado por manter um harém de servas, onde mulheres jovens eram estupradas e viam seus filhos vendidos impiedosamente a outros proprietários de terras. O pai de Herzen foi menos dissoluto; mesmo assim, foi um déspota patriarcal. Nunca se casou com a mãe de Herzen, uma mulher de origem alemã, e manteve-a num estado de servidão. Portanto, Herzen era visto como o produto de uma casta corrupta e decadente que não fazia mais nada além de mal aos outros. Dedicou a vida a transformar uma ordem social que parecia alimentar apenas a deterioração e a opressão.[36]

Para Herzen, Turguêniev e o resto dos pais, a Rússia era um país atrasado e despótico. Em suas viagens ao Ocidente, eles ficaram pasmos com a liberalidade da sociedade francesa e inglesa e tiveram boa impressão da vida cosmopolita da Alemanha. Às vezes, por causa de um sentimento de orgulho russo ferido, fustigavam a arrogância burguesa da cultura europeia. Mas tentaram preservar muito pouco do que era tradicionalmente russo, só elogiando sua terra natal pelo fato de ser verdadeiramente revolucionária por "não ter nada a perder". Em síntese, não queriam nada mais, nada menos que a Rússia se tornasse mais europeia que a própria Europa. No jargão russo, os pais eram "ocidentalizadores" que acreditavam que a salvação da Rússia estava na adoção dos valores "ocidentais" de individualismo, tolerância e democracia.[37]

Suas armas eram as ideias. Pegavam suas penas e escreviam artigos passionais sobre a necessidade de introduzir o iluminismo cultural, abolir a censura e eliminar a mazela odiada da servidão. Uma das primeiras iniciativas literárias de Turguêniev foi uma coletânea de ensaios que ele intitulou inocentemente *Esboços do álbum de um caçador*. Na verdade, os *Esboços* eram uma série de vinhetas sobre a vida difícil dos camponeses russos. Dizem que sua humanização dos servos da Rússia foi tão eloquente que o futuro Alexandre II foi levado a abolir a servidão depois de ler o livro de Turguêniev.[38]

Infelizmente, aconteceu de esses retóricos reformistas viverem sob um dos regimes mais despóticos da Rússia. Durante os anos 1840, Nicolau I estava no auge de seu poder, e seus censores sufocavam toda e qualquer crítica declarada ao regime. Os homens da década de quarenta foram banidos da vida política russa e perseguidos por suas ideias. Chamavam a si mesmos de "homens supérfluos", homens cuja educação e talentos teriam sido reconhecidos em qualquer sociedade europeia, mas que foram rejeitados como rebeldes pela Rússia de Nicolau.[39]

Porém, a vida de um rebelde não era tão repugnante assim para Herzen e Turguêniev, principalmente pelo fato de poderem ser rebeldes românticos — homens orgulhosos e solitários, gênios isolados, em descompasso com seu tempo. Claro, Herzen gostava de desempenhar o papel de intelectual desprezado. Em 1847, depois de anos de perseguição por parte do regime russo, fugiu para o exterior e nunca mais voltou. Da segurança da Europa, tornou-se o flagelo do tsarismo, escrevendo artigos furiosos sobre a servidão, os castigos corporais, a censura e a corrupção. Inebriado pela própria indignação, foi ficando cada vez mais extremista. Começou a falar de "destruição" — do desmoronamento de todo o "velho mundo", inclusive Estados monárquicos, sociedades hierárquicas e igrejas moralizantes. Pregava uma "ditadura revolucionária, que não deve inventar novos códigos civis, nem criar uma nova ordem, e sim despedaçar todas as relíquias monarquistas".[40]

No fim, a rebelião viciou Herzen a tal ponto que ele a desejava por si mesma. O que aconteceria depois que o velho mundo acabasse? Herzen não sabia. "Não vamos construir", escreveu ao filho, "vamos destruir."[41]

Apesar de toda a sua retórica violenta, Herzen e sua geração nunca se tornaram revolucionários de verdade. No fundo, continuaram românticos e amavam a revolução como quem ama um sonho fugidio. Diante dos verdadeiros revolucionários, os homens dos anos 1840 tinham arrepios de aversão. O refinamento e o bom gosto dos "homens supérfluos" não tolerariam as atitudes conspiratórias, intolerantes e até vulgares dos ativistas da gema. Herzen ficava satisfeitíssimo quando era aclamado publicamente, mesmo por inimigos figadais. O período mais feliz de sua vida foi durante o auge da *glasnost*, quando as autoridades do governo russo, talvez até o próprio tsar Alexandre, liam seus artigos.[42]

Herzen era consciente dessa ambivalência. Abominava o monarquismo e o feudalismo da velha Rússia, mas nunca ficou à vontade com o socialismo. Comparava a Europa ao Império Romano agonizante, destruído pelos bárbaros e cristãos. Sabia que os bárbaros venceriam, mas não conseguia se juntar a eles. Em vez disso, considerava a si e aos amigos "os mais sábios dos romanos", que nem conseguiam defender o velho mundo, nem abraçar o novo, e que tinham desaparecido "na grandeza silenciosa de seu pesar".[43]

A descrição que Turguêniev fez de sua geração de "pais" foi muito pertinente. Seus membros ardentes, mas passivos, foram a semente de uma geração muito mais radical. A literatura dos pais era devorada nas bibliotecas de propriedades rurais nobres, ou nos dormitórios, depois que as luzes eram apagadas. Jovens cheios de energia e entusiasmo consumiam avidamente as obras de Herzen e seus contemporâneos. Ficaram hipnotizados pelo convite à revolta, a pegar em armas e a demolir as instituições existentes. Destruir o despotismo, a servidão e o sistema de classes corrupto e decadente da Rússia tornou-se o desejo de jovens inteligências idealistas. Dotados de uma força inesgotável, queriam ação.

Mas não houve ação alguma. Quando chegava a hora de agir, os pais recolhiam-se na concha de sua "dignidade pessoal" e na "grandeza silenciosa de seu pesar". Pior ainda: muitas vezes agiam como patriarcas, censurando os filhos malcomportados. Herzen confirmou sua reputação ao descrever a geração mais nova como ingênua demais, exasperada demais. "Homens biliosos" era como os chamava. Foi a gota d'água. Os filhos repudiaram os pais por considerá-los hipócritas desprezíveis. Nikolai Dobroliubov, o editor revolucionário e profeta da geração mais nova, zombava de seus predecessores: "Se o amor platônico por uma mulher é ridículo, mil vezes mais ridículo é o amor platônico pelo país, pelo povo, pela justiça."[44]

Vera Zasulich lembraria mais tarde que sua geração respeitava os pais por sua educação e "repúdio aos valores tradicionais". Mas o desejo ardente pela atividade prática tornou os filhos incapazes de abandonar discussões perigosas "à mesa do chá". Os pais preferiam deixar as coisas na teoria e tinham medo de trazer suas ideias para a "realidade viva". Os filhos viam o mundo em termos categóricos e queriam dar vida imediatamente a todas as suas fervorosas ideias novas.[45]

Em *Pais e filhos*, Turguêniev teve a coragem intelectual de parodiar os "homens supérfluos". Chegou a zombar até de si mesmo na personagem de Pavel Kirsanov, um aristocrata requintado e a quintessência do nobre russo ocidentalizado. Pavel, como Turguêniev, veste-se imaculadamente de acordo com a última moda europeia e gosta de salpicar sua fala com frases francesas e alemãs. O romance descreve até o primeiro amor de Pavel por uma misteriosa princesa R., uma mulher casada que o atormenta e o leva a abandonar a sociedade e uma carreira promissora. Seu fracasso no amor, como na vida, torna-o impotente e "supérfluo". Passa os dias nas províncias russas, fazendo pouca coisa além de ler as últimas revistas europeias liberais. Alimenta sua "dignidade pessoal", e fica tudo por isso mesmo.[46]

Como Herzen, Turguêniev sofria de uma profunda ambivalência a respeito da revolução e dos revolucionários. Reconhecia, constrangido, a própria passividade. Mas temia o fervor e a ira nascida da insatisfação dos jovens. Como escritor, procurava captar o poder das novas ideias que estavam varrendo a Rússia: ideias que eram ousadas, corajosas e, para ele, aterrorizantes. Fez o melhor que pôde com sua personagem mais autêntica, Evgenii Bazárov, o protagonista de *Pais e filhos*.[47]

Bazárov é tudo o que Turguêniev não era: um jovem pobre, batalhador e colérico que se ressentia com o modo de vida mimado e afetado da nobreza russa e rejeitava todas as suas pretensões. Em Bazárov, Turguêniev esboçou as características da geração dos anos 1860 que estava nascendo, a geração que ele batizou de "os filhos". Confessou mais tarde que estava fascinado, e talvez um pouco assustado, com sua própria criação.

Bazárov aparece no romance pela primeira vez como um jovem desgrenhado com longos cabelos negros, vestido com um surrado sobretudo preto. É inteligente, arrogante, às vezes refrescantemente anticonvencional, e muitas vezes desnecessariamente rude. Trata os mais velhos com desprezo e os ridiculariza com frequência. "Percebemos então", diz Evgenii Bazárov a Pavel Kirsanov, "que só continuar falando e falando sobre nossas mazelas sociais era perda de tempo, e só levava a uma atitude doutrinária banal."[48]

Aí está a essência da rebelião de Bazárov — um repúdio abrangente da retórica arrogante dos anos 1840. Belas ideias, insiste Bazárov, são como belos sonhos; evaporam-se em contato com a realidade. As artes plásticas, a música, a poesia, o jornalismo e a crítica, por mais progressistas que sejam, não passam de diversão para os ricos ociosos. A filosofia é um obstáculo à ação. "Você não precisa de lógica, suponho, para pôr um pedaço de pão na boca quando está com fome, precisa?", pergunta Bazárov retoricamente a Pavel.

A decisão mais fatal de Turguêniev foi dar à ideologia de Bazárov um nome: niilismo, que Turguêniev derivou da palavra latina *nihil*, ou "nada". O niilismo desejava destruir as instituições e os valores para construir algo novo. "No momento presente", explica Bazárov, "a condenação é mais útil que qualquer outra coisa; portanto, condenamos." Quando lhe perguntam o que vai construir depois dessa negação incessante, Bazárov responde: "Isso não nos diz respeito. (...) Primeiro temos de limpar o terreno." Este é um eco colérico da frase de Herzen: "Não construímos, destruímos."

Mas, em última instância, Turguêniev enganou seu público com uma palavra mal escolhida. "Niilismo" deixava implícita a ausência de crenças; mas, como o próprio Turguêniev sabia, os niilistas eram, na verdade, crentes fervorosos. Herzen escolheu um termo melhor. A nova geração, escreveu Herzen, era feita de "apóstolos — homens que combinam fé, vontade, convicção e energia".[49]

> *Pois, embora a religião afirme que o homem é um exilado do Paraíso e um descendente degenerado do primeiro pai, criado perfeito por Deus, a ciência, ao contrário, diz que esse Paraíso não está atrás de nós, e sim à nossa frente, e só pode ser alcançado por avanços constantes e lentos em meio à labuta e ao trabalho. Ensina também que não começamos grandes e acabamos pequenos, e sim que começamos pequenos e nos tornamos cada vez maiores.*
>
> — LUDWIG BUCHNER, *Força e matéria*[50]

Num momento dramático de *Pais e filhos*, Arkady retira um livro de poemas de Pushkin das mãos do pai e lhe dá, em troca, *Força e matéria*, de Ludwig Buchner. Depois de tentar ler esse volume alemão prolixo e repetitivo, Nikolai desiste, desanimado. Por muito que deseje se atualizar, não consegue trocar Pushkin pelo cientificismo alemão. E, no entanto, ao mesmo tempo, centenas de estudantes universitários estavam fazendo justamente isso. Nos anos 1860, *Força e matéria* vendeu como pão quente.[51] Para os niilistas, o livro era mais que um simples tratado, era uma declaração da nova fé.

Força e matéria tem um argumento bem simples: o universo é constituído de matéria, e somente de matéria. "Deus", "espírito" e "alma" são todas palavras sem sentido, porque não existe nada além de átomos e suas interações. Até os seres humanos nada são além da soma de seus processos químicos e biológicos. Leis naturais inflexíveis governam o cosmo; até o mais erudito de nossos pensamentos humanos nada mais é que uma combinação de impulsos físicos. Quanto à consciência e ao livre-arbítrio — nada mais são que ilusões que camuflam a realidade bruta da biologia.

Buchner não teve medo de tirar suas conclusões lógicas: a filosofia e a teologia não passam de fraudes vulgares, que lembram a alquimia, que engana os crédulos e os ignorantes. A ciência é o único caminho que leva à verdade.

Como convém a um profeta, o tom de Buchner em *Força e matéria* é alternadamente irado e esperançoso. Fustiga os hereges por se apegarem à quimera de Deus, por se recusarem a encarar a realidade. Provas da impotência da religião podem ser encontradas em toda parte. Milhares de anos de religião e filosofia não conseguiram melhorar a sorte da espécie humana. A pobreza e a opressão não diminuíram em nada. A religião é uma fraude perigosa que mantém os homens na ignorância.

Mas Buchner tinha confiança de que a verdade libertaria os homens. Oferecia a seus seguidores uma nova esperança — um novo destino para a humanidade. Destruam o velho Deus, prega Buchner, que uma nova divindade, mais poderosa ainda, surgirá dos escombros: a matéria. A matéria é eterna; a matéria é onipotente; a matéria cria tudo a partir do nada. E a ciência, a nova teologia, é de fato o "veículo de todo o poder mental, de toda a grandeza humana e terrestre". Por meio da compreensão do homem e da natureza, a ciência pode alimentar os famintos, curar os doentes e libertar os oprimidos. Derrubem o pensamento convencional, preconiza Buchner, e destruam os preconceitos acumulados, alimentados por "toda uma quadrilha de fariseus, hipócritas, místicos, jesuítas e pietistas". Depois disso virá o saber supremo.[52]

Os niilistas russos ficaram extasiados. O materialismo radical de Buchner instigava seu desejo de rebelião, e eles prestaram a maior atenção ao apelo para questionar tudo, dissolver tudo e começar do início. Cativados por esse obscuro filósofo alemão, desprezavam os sonhos românticos e todas as palavras idealistas vazias como "princípios", "valores", "democracia" e até "liberdade". "Tudo o que importa é que dois e dois são quatro", diz Bazárov a Arkady, parafraseando Buchner. "Todo o resto não passa de banalidade."[53]

Em *Pais e filhos*, Bazárov fica obcecado com a dissecação de rãs, uma metáfora potente do desejo que sua geração tinha de rasgar a natureza e expor suas partes constituintes. As artes, a música e a filosofia foram substituídas pelo bisturi e pelo microscópio. Mas a doutrina da destruição não se baseava num amor ao caos e à desordem. Baseava-se na fé, na crença de que, se o velho mundo fosse destruído, um novo poderia ser construído sobre alicerces mais sólidos, mais científicos. "A ciência", profetizava Buchner, "vai dar ao homem não só uma libertação espiritual e moral, mas também política e social."[54] Em essência, os niilistas tinha fé na *Força e matéria*.

Em *Pais e filhos*, Turguêniev procurou mostrar a superficialidade desse sistema de crenças materialistas. Um pouco injustamente, Turguêniev fez com que Bazárov encontrasse seu principal adversário não na filosofia, mas numa mulher: a fria e imperturbável Anna Odintsova. Seguindo as ideias de Buchner, Bazárov acha que o amor não passa de uma combinação de reflexos biológicos. Mas, depois de conhecer Anna, surpreende-se indefeso diante de um desejo ardente e irracional. O niilismo não lhe vale de nada, e ele é obrigado a abandonar sua fé. Bazárov, como tantas personagens de Turguêniev, é destruído pelo amor não correspondido. Morre no fim, talvez por suas próprias mãos, e suas últimas palavras são uma prova da perda de sua fé: "Agora... trevas..."[55]

Fica implícito que Turguêniev achava que o niilismo não passava de mais uma rebelião vazia, destinada a morrer de morte natural. Não poderia estar mais enganado.

> *A vida dos povos civilizados é cheia de pequenas mentiras convencionais. Ao se encontrarem na rua, pessoas que não gostam umas das outras tornam o rosto radiante com um sorriso de alegria; o niilista mantém-se impassível e sorri apenas para aqueles que realmente tem prazer em ver. Todas essas formas exteriores de polidez, que são mera hipocrisia, eram-lhe igualmente repugnantes, e ele adotou uma certa grosseria externa como protesto contra a urbanidade invariável de seus antepassados. (...)*
>
> *A moça niilista, obrigada pelos pais a ser uma boneca numa casa de bonecas e a se casar em nome das conveniências, prefere abandonar sua casa e seus vestidos de seda; usa uma roupa de lã preta do modelo mais simples possível, corta os cabelos e vai para a escola secundária, a fim de conquistar a independência. (...)*

> *O niilismo, com sua afirmação dos direitos do indivíduo e sua negação de toda e qualquer hipocrisia, foi o primeiro passo na direção de um tipo superior de homens e mulheres, que são igualmente livres, mas vivem para uma grande causa.*
>
> — PIOTR KROPOTKIN, *Memórias de um revolucionário*[56]

Em maio de 1862, logo após a publicação de *Pais e filhos*, houve incêndios misteriosos em São Petersburgo. Os prédios da cidade eram quase todos de madeira, de forma que as chamas espalharam-se rapidamente de um para outro, incinerando quarteirões inteiros do distrito central. O mais destrutivo desses incêndios devastou o mercado Apraksin, na Nevskii, onde barracas frágeis guardavam as mercadorias dos vendedores. Uma testemunha ocular daquele inferno foi Piotr Kropotkin, o futuro anarquista que, na época, fazia parte do Corpo Imperial de Pajens, uma escola militar aristocrática. Recorda a visão impressionante de peças de vestuário, livros, móveis e roupas de cama sucumbindo às chamas rodopiantes.' "Como uma serpente imensa", escreveu ele, "o fogo atirava-se em todas as direções, à direita e à esquerda, envolvendo as barracas, e, de repente, ergueu-se numa enorme coluna, lançando suas línguas sibilantes para fora, para devorar mais barracas com seu conteúdo."[57]

A súbita erupção dos incêndios e sua fúria imprevisível levaram muitos a suspeitar de crime premeditado. As teorias conspiratórias eram incontáveis, e muitas apontavam para os estudantes universitários de São Petersburgo, cujos protestos e manifestações pareciam indicar um anseio generalizado de incitar a desordem e a violência. Enquanto a fumaça acre ainda pairava sobre a cidade e havia trabalhadores tentando salvar mercadorias dos destroços fumegantes, Turguêniev passeava pela Nevskii Prospekt. Para surpresa sua, foi abordado por um conhecido nervoso, que exclamou imediatamente: "Veja o que seus niilistas estão fazendo! Estão pondo fogo em São Petersburgo!"[58]

De repente, *Pais e filhos* tornou-se o centro de um redemoinho de controvérsias. A reação ao romance foi rápida e assombrosa. "Niilismo" era a palavra que estava nos lábios de todos, à medida que as personagens de Turguêniev pareciam ganhar vida diante dos olhos de seus leitores. O romance galvanizou as disputas entre as gerações que se desenrolavam nos corredores das universidades e nas ruas de São Petersburgo. A rebeldia irreprimível da juventude russa tinha um novo nome, que lhe servia como uma luva.[59]

Nas polêmicas entre os conservadores e os radicais russos, *Pais e filhos* tornou-se uma arma. Os conservadores adotaram prontamente a nova palavra, "niilismo", como um chicote com o qual fustigar todos os inimigos do governo. Agora os ativistas podiam ser reduzidos a nada mais que "niilistas" irreverentes e destrutivos. Durante algum tempo, o termo foi considerado um insulto por todos. Só uns poucos conservadores achavam que não era tão fácil assim ridicularizar Bazárov. Mikhail Katkov, o editor de Turguêniev, um conservador de proa e amigo da corte real russa, advertiu Turguêniev numa carta de que *Pais e filhos* tornara Bazárov sedutor demais, heroico demais. "Há uma aprovação implícita escondida aqui", sugeriu ele.[60]

Inicialmente, os radicais ficaram irritados pelo que supunham ser uma paródia de suas crenças feita por Turguêniev. Bazárov era rude demais e vulgar demais para ser um herói, e "niilismo" tinha notas muito depreciativas. Turguêniev ficou arrasado com essas críticas. Como os "pais" que parodiava, não queria nada além da aprovação da geração mais nova. Em carta após carta dirigida a seus críticos, tentou em vão reabilitar-se, declarando um amor sincero por sua personagem. "Muitos dos meus leitores ficariam surpresos", lamentou-se, "se eu lhes dissesse que concordo com quase todas as convicções de Bazárov."[61]

A reputação progressista de Turguêniev foi salva finalmente por Dmitrii Pisarev, um dos principais polemistas da ala esquerda da Rússia. Numa inversão ousada, que surpreendeu tanto os conservadores quanto os revolucionários russos, Pisarev declarou que *Pais e filhos* era um retrato acurado de sua geração. Pisarev tinha orgulho em dizer que ele próprio era um niilista.

Numa resenha de *Pais e filhos* publicada em 1862, intitulada simplesmente "Bazárov", Pisarev proclamou Bazárov um herói. A arrogância de Bazárov era honestidade pura e simples; seu comportamento descortês, transparência pura e simples. Desprezava o refinamento falso, de forma muito parecida com a dos "norte-americanos" que, nas palavras de Pisarev, "põem as pernas no espaldar das cadeiras e cospem sumo de tabaco nos assoalhos de parquete de hotéis elegantes", Bazárov era um homem pobre, um homem que tinha levado uma vida difícil, e "o trabalho duro deixa as mãos ásperas, assim como as maneiras e as emoções". Não era uma bela visão, admitia Pisarev, mas os leitores tinham de reconhecer que Bazárov era franco, ousado e forte. "Se o bazarovismo é uma doença". insistia Pisarev, "então é uma doença do nosso tempo."[62]

A resenha de Pisarev empolgou a comunidade radical russa e logo se tornou tão famosa quanto o próprio romance. A geração dos anos 1860 recebeu uma permissão estrondosa para abraçar o niilismo. Num exemplo espantoso da vida imitando a crítica literária, radicais tornaram-se Bazárovs. Os rapazes, a maioria filhos de nobres, passaram a se vestir deliberadamente como operários, usando sobretudos surrados ou sujos, casacos mal cortados, como se não pudessem se dar ao luxo de coisa melhor. Deixaram o cabelo crescer, mantendo-o longo e despenteado, e usavam óculos de lentes escuras. As moças cortavam o cabelo curto e usavam vestidos simples de lã ou algodão que mais pareciam sacos de lona, e elas também passaram a usar os minúsculos óculos de lentes azuis que viraram moda. As roupas e o comportamento foram investidos de profundo significado político. Bengalas de madeira cheia de nós, unhas roídas e principalmente o emblemático manto xadrez tornaram-se indicadores facilmente reconhecíveis dos radicais chiques niilistas. Ambos os sexos renunciaram à etiqueta da época. Os homens recusavam-se a se levantar quando uma mulher entrava numa sala; as mulheres punham os pés em cima das cadeiras ou fumavam em público. Recusavam-se a sorrir e a usar cumprimentos convencionais, a agir com deferência com os pais e idosos. Ridicularizavam abertamente as crenças e rituais religiosos, consideravam a arte tradicional como absurdo romântico e riam-se das opiniões progressistas, que julgavam pura conversa fiada. Liam ostensivamente *Força e matéria* de Buchner e declaravam que só a ciência merecia ser estudada. A medicina tornou-se um tema popular nas universidades, e dissecar rãs, um passatempo igualmente popular.

A palavra que Turguêniev inventara tinha se tornado um conceito vivo. Alexander Herzen, totalmente perplexo, escreveu: "Essa interação mútua entre pessoas e livros é uma coisa estranha. (...) Pessoas reais assumem o caráter de suas sombras literárias."[63]

Nos confins melancólicos de seu internato, o niilismo pareceu a Vera um raio de luz. Ela procurava e devorava avidamente a literatura radical ilícita que tanto consumiu seus contemporâneos. Se pudermos dizer que "Masha" é um guia, ela chegou até a passar férias de verão na biblioteca da escola, estudando diligentemente os livros e revistas radicais. Não havia dúvida de que o niilismo servia como uma luva para o temperamento rebelde de Vera. Seus impulsos masculinizantes e sua desconsideração pela etiqueta convencional fez dela uma pária entre suas iguais da nobreza. Mas a literatura niilista convenceu-a de que, em algum lugar, toda uma coorte de pessoas jovens, passionais e cheias de energia a aceitaria tal como era, com o colarinho manchado, saias rasgadas, cabelos desgrenhados e tudo. No conto de Vera, Masha fala dos niilistas quase como uma obsessão, ocupando um lugar primordial "em seu mundo interior". Eles eram "seu segredo, que ela não revelava a ninguém".[64]

Mais tarde, Vera explicou que, para seu grupo, o niilismo significava simplesmente liberação. A geração dos anos sessenta não queria nada menos que a destruição "impiedosa" do mundo "sufocante e repressor" da tradição e da formalidade que a controlava firmemente. Descontentes com as vacilações de seus predecessores dos anos quarenta, os niilistas pregavam um repúdio intransigente de tudo o que era velho. Queriam respostas para as questões candentes da época — "a todas elas e imediatamente", nas palavras de Vera, "sem reservas e sem dúvidas".[65] E, embora mais tarde tenha perdido parte do idealismo ingênuo da juventude, nunca deixou de se referir a si mesma como uma das *shestidesiatnitsy*, mulheres dos anos sessenta. Na verdade, mesmo quando já estava velha, vestia-se como niilista, usando vestidos sem graça, malfeitos, chapéus e mantos grandes demais e botas surradas de operário.

Mas, no fim, para Vera e seus compatriotas, o niilismo de Bazárov significou pouco mais que pose. Pode ter inspirado a rebelião da moda, mas não tinha condições de satisfazer anseios mais profundos de crenças e ações significativas. O que poderiam originar as roupas puídas, os maneirismos bruscos e os experimentos científicos amadores? Depois que o terreno estivesse limpo, o que seria construído em seu lugar? A geração dos anos 1860 queria uma profissão de fé mais clara. Em 1863, uma resposta às suas perguntas surgiu na forma de outro romance, cujo título refletia as preocupações da época: *O que fazer?*

CAPÍTULO 4

A nova humanidade

No dia 19 de maio de 1864, Nikolai Tchernichevski foi levado a um cadafalso de madeira construído especialmente em uma das praças centrais de São Petersburgo. Apesar da chuva persistente, uma grande multidão reunira-se para assistir ao espetáculo, inclusive muitos estudantes vestidos segundo a típica moda niilista. Temendo manifestações, os policiais vigiavam rigorosamente o cadafalso e, dando-se as mãos para formar um cordão de isolamento, faziam de tudo para manter a multidão a distância. Uma carruagem da polícia entrou na praça e Tchernichevski foi tirado lá de dentro e conduzido, piscando atrás de seus óculos borrifados com gotas de chuva, ao centro do patíbulo. CULPADO DE CRIME CONTRA O ESTADO, dizia o cartaz em volta de seu pescoço. De repente, ordenaram-lhe que se ajoelhasse. Um policial pegou uma espada de madeira, segurou-a sobre a cabeça de Tchernichevski e depois a quebrou em duas. Dessa maneira, Tchernichevski foi "executado" simbolicamente — privado de seus direitos civis e entregue ao sistema penal russo.

Enquanto era levado para fora do cadafalso para começar a longa viagem para o exílio na Sibéria, flores choviam sobre a cabeça de Tchernichevski, atiradas pela multidão de homens, mulheres e até meninas. Espontaneamente, com lágrimas nos olhos, os seguidores aplaudiam seu herói. Para eles, toda aquela cerimônia não significava uma humilhação, e sim um martírio. Tchernichevski era seu salvador, sacrificando tudo para que eles pudessem viver.[1]

> *Nenhum romance de Turguêniev e nenhum livro de Tolstoi ou de qualquer outro escritor jamais teve uma influência tão grande e tão profunda sobre a sociedade russa quanto este. Tornou-se o lema da Rússia Jovem, e o alcance das ideias que propagava nunca deixou de ser evidente desde então.*
>
> — PIOTR KROPOTKIN, *Ideais e realidades na literatura russa*[2]

Em 1899, Nikolai Volskii, bolchevique e grande amigo de Vladimir Lenin, estava no apartamento de um velho socialista, um homem da geração de Vera. Enquanto o idoso consumia vários copos de vodca (com picles de cogumelos), brindava Volskii com histórias das experiências políticas de sua juventude. No fim da noite, ele, socialista, concluiu que Volskii merecia uma honraria especial. Reverentemente, ele tirou de um esconderijo um exemplar de *O que fazer?*, de Nikolai Tchernichevski. Volskii recebeu recomendações para ler o livro com cuidado e devolvê-lo em perfeitas condições. Volskii fez o melhor que pôde com o romance, mas acabou profundamente perplexo. "Eu nunca tinha lido um livro tão insípido, de tão pouco talento e tão mal escrito quanto aquele."

Volskii estava determinado a descobrir por que os socialistas da velha guarda tinham tanta veneração por esse romance tão sem graça. Cinco anos mais tarde, depois de se tornar amigo de Vera Zasulich, encostou-a na parede com a pergunta: por que Tchernichevski era considerado um ídolo? Vera quase perdeu o fôlego de tanta agitação.

— Você não entende — balbuciou ela. — Simplesmente não entende. — Afirmou então que Tchernichevski havia escrito só para os socialistas e que só eles reconheceram a grande profundidade de suas ideias. — Tchernichevski foi tolhido pela censura e teve de escrever por meio de alusões e hieróglifos. Nós conseguimos decifrá-lo, mas vocês, os jovens do século XX, não têm a chave. Leem uma passagem de Tchernichevski e acham-na insossa e vazia, mas o fato é que há uma grande ideia revolucionária oculta nela.

Insatisfeito, Volskii fez a mesma pergunta a Lenin tempos depois. Lenin quase explodiu de raiva quando Volskii caracterizou *O que fazer?* como um livro escrito "sem o menor talento, tosco e, ao mesmo tempo, pretensioso".

— Declaro que ninguém tem permissão de dizer que *O que fazer?* é tosco e sem talento —, respondeu a Volskii um Lenin furioso. — Centenas de pessoas tornaram-se revolucionárias sob sua influência. (...) Passei não dias, mas semanas lendo esse livro. Só depois é que entendi sua profundidade. Esse romance dá inspiração para toda uma vida.

Volskii finalmente caiu em si, espantado: grande parte daquilo que a Rússia e o mundo entendiam como "leninismo" não derivava só do marxismo. Muito antes de Lenin se deparar com Marx, tinha sido um seguidor fervoroso de Nikolai Tchernichevski.[3]

Os amantes da literatura russa vão ficar assombrados ao descobrir o que os eruditos sabem há algum tempo. Na segunda metade do século XIX — a época das obras mais importantes da literatura russa —, um dos livros mais populares era um tratado político praticamente ilegível. Nada escrito por Dostoiévski ou Tolstoi poderia se comparar à influência de *O que fazer?* Numa era em que os livros eram sagrados, este foi o mais sagrado de todos. O único texto comparável — e era uma comparação que o autor não teria repudiado — era a própria Bíblia.[4]

Os russos jovens e instruídos dos anos 1860 não só liam este romance. Reliam-no obsessivamente, decoravam-no, citavam passagens dele como se fosse um catecismo e levavam-no consigo por toda parte como se fosse um livro de orações. "Líamos o romance quase como se estivéssemos fazendo um culto", escreveu um contemporâneo, "com o tipo de devoção com que líamos os livros religiosos." Seu impacto foi incomensurável. Entre os mais famosos autores russos, todos escreveram sobre ele, e é possível encontrar comentários sobre o romance em *Ana Karenina* e *Crime e castigo*. Em particular, todo socialista russo que se prezasse tinha de ter uma opinião sobre ele.[5]

O autor desse fenômeno sabia que não era um gênio literário. Via-se como algo muito maior: um profeta revolucionário.

Talvez não seja de surpreender que Tchernichevski fosse filho de um padre, nascido em 1828 na cidade provinciana de Saratov. Extremamente devoto quando criança, todos esperavam que Tchernichevski seguisse a vocação do pai. Foi mandado para um seminário ortodoxo, onde desabrochou, dominando as disciplinas que estudava com uma facilidade extraordinária. Na época em que se formou, já tinha lido a maioria dos clássicos da literatura mundial, entre os quais todas as obras que mais tarde influenciariam muito a sua escrita — Sand, Rousseau e Dickens; também conseguiu dominar o francês, o italiano, o alemão, o inglês, o latim, o grego, o eslavo antigo e até um pouco de persa.[6]

Convencidos de que um futuro brilhante o aguardava, os pais e os professores de Tchernichevski incentivaram-no veementemente a estudar na universidade, e, por isso, ele foi mandado para São Petersburgo. Com apenas 18 anos, cheio de sonhos de glória, Tchernichevski entrou destemidamente na cidade. No fundo, sabia que estava destinado à grandeza. Em 1846, logo depois de sair de casa, escreveu a um primo: "Ajudar a trabalhar para a glória da pátria, não para uma glória efêmera, mas eterna, e para o bem da humanidade — o que pode ser mais elevado e mais desejável que isso?"[7]

Sonhos ilimitados são inevitavelmente frustrados. São Petersburgo, longe de se impressionar com a chegada desse talento supremo, ignorou friamente a chegada de mais um rapazinho das províncias. Em Saratov, Tchernichevski era protegido e mimado, e sua confiança só fazia aumentar com os elogios constantes. Em São Petersburgo, ele desapareceu inteiramente na multidão.

Na capital da Rússia, o filho de um clérigo provinciano era levado a conhecer seu lugar. As distinções raramente eram feitas abertamente, mas pequenas coisas marcavam o tempo todo a hierarquia social. Ao contrário de seus congêneres nobres e ricos, Tchernichevski tinha uma pronúncia ruim da língua francesa, pois nunca teve uma babá nem um tutor vindos da França. Não tinha formação musical e nenhum talento para a dança. E, para coroar, tinha pouco dinheiro, mal podendo se dar ao luxo de ter aquecimento no quarto, para não falar de comprar um caríssimo sobretudo novo. Humilhado por sua pobreza óbvia e maneiras rústicas, começou a evitar a sociedade.[8]

Portanto, como tantos de sua geração, Tchernichevski viveu a saída de casa como uma profunda crise pessoal. Sua aparência mudou por causa disso — ficou tímido e desajeitado. As fotografias mostram-no com os olhos semicerrados atrás dos óculos, às vezes com o rosto escondido atrás dos longos cabelos anelados. Só seus amigos sabiam que, por trás daquele exterior nervoso e acanhado, o brilho de Tchernichevski persistia.[9]

Retraiu-se, buscando consolo na vida mental. Intensamente autoanalítico, lutou para reconciliar sua profunda ambição de grandeza com sua óbvia insignificância social. Passou a se distanciar cada vez mais do mundo. Logo estava girando numa espiral mental viciosa: quanto mais autoanalítico tornava-se, tanto mais afastado ficava da realidade; quanto mais antissociais suas atitudes, tanto mais dilacerante sua vida interior. Começou a observar minúcias absurdas — os minutos que levava para ir de um lugar a outro, o número de lágrimas que derramara quando um amigo morreu, a localização precisa dos móveis numa festa. Chegou até a fazer diagramas elaborados de seus movimentos durante eventos sociais. Era uma tentativa desesperada de romper o isolamento, mas não deu certo. Ele começou a se queixar de um frio no coração, de falta de emoção. Poderia ter enlouquecido.[10]

A essa altura, já havia perdido toda a fé no Deus de seu pai. O amor de Deus parecia frágil, abstrato, distante. A salvação viria de um outro lugar. Para Tchernichevski, como para tantos russos daquela época, ela foi encontrada na estrada que levava ao socialismo.

Para a geração dos anos 1860, que havia sido criada dentro da religião, foi simplesmente impossível jogar no lixo tudo aquilo que tinham alimentado durante tanto tempo. Embora muitos dos seus membros tenham se convencido de que a religião, enquanto sistema de crenças sem base científica, tinha de ser descartada, não desejavam renunciar ao desejo de acreditar em algo muito maior que eles mesmos. Sonhos religiosos juvenis de martírio, autossacrifício e fé na transcendência não desaparecem com facilidade.

O bazarovismo, com sua atitude cínica e pretensiosa no tocante à tradição, ficou em moda durante um certo tempo. Mas, em seguida, os radicais voltaram-se para as obras de filosofia e literatura com o anseio de ter vislumbres de entendimento e momentos de transformação. Em relação às ideias, a sua atitude não era fria e analítica. Estavam em busca de filosofias vivas que consumissem suas almas com o poder da fé.

No socialismo, principalmente no socialismo "utópico", a geração dos anos sessenta encontrou o que procurava. O socialismo era reconfortantemente compatível com o materialismo filosófico moderno. Como o niilismo, pregava a destruição do velho: o governo, a sociedade, o próprio Deus. Defendia uma abordagem científica da igualdade e da justiça. Mas o socialismo do século XIX raramente foi mera economia política; prometeu muito mais que uma redistribuição mecânica de bens e serviços sociais. Foi também um sonho de fortalecimento do ser humano, uma profecia iluminista de esclarecimento universal e, acima de tudo, um tributo à infinitude das possibilidades humanas. Se Deus estava morto, como sugeriam muitos socialistas, o que impediria os homens de se tornarem deuses?[11]

Mikhail Bakunin foi um dos primeiros a captar o novo espírito. Lutando contra uma existência mundana, abandonou o cristianismo tradicional e, uma após outra, adotou e depois rejeitou as filosofias alemãs de Fichte, Schelling e Hegel. Ele não "lia" livros — era inteiramente consumido por eles e permitia que transformassem suas opiniões, seu comportamento e suas relações sociais. Aspirava por algo mais que simples entendimento; procurava um ideal ao qual consagrar sua vida.[12]

Em 1842, sua busca finalmente terminou. "Minha antiga fé e minha força", escreveu ele, "estão se concentrando como que para uma ressurreição." Falava em se divorciar de sua "esposa", a filosofia. Seu novo amor? "A revolução." Em 1843, suas opiniões estavam claras. "Estamos falando nada menos que de uma nova religião, uma religião da democracia, que começou sua luta, sua luta de vida e morte, sob a bandeira de 'liberdade, igualdade, fraternidade'."[13]

Da fé à alienação, e desta à revolução — para aqueles que fizeram a viagem, o socialismo chegou como uma epifania. Em suas autobiografias, os radicais lembram os livros que os colocaram no verdadeiro caminho. As *Cartas históricas* de Lavrov "consumiram" Osip Aptekman, "como os fiéis são consumidos pelo Corão ou pelo Novo Testamento". Sofia Boreisho ficou extasiada com livros que falavam de "outro tipo de vida, tão diferente do nosso". Mikhail Drei passou uma noite inteira lendo um artigo de Pisarev e recordava-se de que, "daquele dia em diante, minha vida mudou para sempre".[14]

"Naquela época, não víamos o socialismo como ciência", escreveu Alexander Pribylev, "e sim como um sistema ético, como uma fé ou uma religião." Nada era mais sublime que dedicar a vida à realização dos sonhos mais profundos e mais belos da humanidade — a criação, nas palavras de Bakunin, do "Reino de Deus na Terra".[15]

A trajetória de Tchernichevski não foi diferente. O estranho é que sua busca de esclarecimento tenha começado com os *Princípios da filosofia do futuro*, de Ludwig Feuerbach. Feuerbach era um filósofo alemão materialista que afirmava, como Buchner, que o mundo era constituído só de matéria. Mas, diferentemente de Buchner, infundiu sensualidade em seu materialismo. Para saber o que é real, escreveu Feuerbach, é preciso sentir com todos os cinco sentidos, e sentir com uma intensidade ardente. Acima de tudo, é preciso amar. Os *Princípios* falam da força do amor sensual para despertar novamente a humanidade e regenerá-la. "O amor", dizia Feuerbach, "é a prova ontológica da existência de um objeto à parte de nossa mente; não há outra prova do ser."[16]

Para Tchernichevski, o credo de Feuerbach foi uma libertação. O amor acalmaria seu turbilhão interior. Começou a memorizar passagens inteiras das obras de Feuerbach. Sua leitura começou num momento oportuno — ele estava se apaixonando profundamente por um homem que mudaria sua vida. Vasilii Lobodovskii insistia em dizer a Tchernichevski para não sofrer, e sim agir. Juntos, criticariam a sociedade, em vez de se conformarem a ela. O poder puro e simples de sua personalidade hipnotizou Tchernichevski. Logo os dois homens contavam um ao outro seus pensamentos mais recônditos, inclusive os sonhos de um futuro glorioso. "Amo você, Vasilii Petrovich, amo você!" exclamou Tchernichevski em seu diário.[17]

O amor de Tchernichevski pelo amigo era estritamente platônico, nascido de um sentimento profundo de gratidão. Apesar disso, arrancou-o de sua concha e lançou-o num mundo agora reconstruído por esse amor. Inspirado, Tchernichevski estava determinado a criar um novo mundo, no qual todo homem e toda mulher pudessem viver um amor correspondido.[18]

Assim, armado de um materialismo filosófico libertador, Tchernichevski estava pronto para o próximo passo — a conversão ao socialismo utópico. Encontrou o que procurava nas palavras do socialista francês Charles Fourier. Os textos utópicos de Fourier eram tão idiossincráticos que os leitores, se não os descartavam como lunáticos, consideravam-nos uma revelação. Para Tchernichevski, não havia dúvida: as ideias de Fourier eram a religião do futuro.[19]

> *Vocês finalmente verão que aquela atração passional, acusada por nossos filósofos de depravação e corrupção, é a mais sábia e a mais maravilhosa de todas as obras de Deus. Só ela, atuando sem nenhuma restrição e sem outra base além dos fascínios do prazer sensual, vai estabelecer a unidade universal em todo o globo e fazer com que as guerras, as revoluções, a pobreza e a injustiça desapareçam. (...)*
>
> *Sozinho, enfrentei vinte séculos de imbecilidade política, e a mim, e somente a mim, é que as gerações presentes e futuras vão dever o começo de sua imensa felicidade.*
>
> — CHARLES FOURIER, *Teoria dos quatro movimentos*[20]

Fourier, um comerciante comum que se tornou filósofo, parece ter descoberto a chave da felicidade humana nos recessos da Bibliothèque Nationale de Paris. Depois de emergir de pilhas de tratados, Fourier resolveu redigir o único livro que acabaria escrevendo, porque continha a chave do "evento mais espantoso e mais feliz possível neste ou em qualquer outro mundo, *a transição do caos social para a harmonia universal*". Era necessário ter cautela, advertia Fourier, pois nem todos os aspectos dessa descoberta maravilhosa poderiam ser revelados. Alguns detalhes seriam tão impressionantes que as almas fracas poderiam "cair mortas com a intensidade de seu êxtase".[21]

Os amantes da ciência foram tranquilizados: Fourier tinha feito cálculos precisos, matemáticos até. Era um fato científico que a história, a filosofia e a teologia tinham conspirado para perverter gravemente a espécie humana. Os antigos mestres dessas disciplinas não conseguiram reconhecer as forças supremas que governam o destino humano: as paixões. Durante tantos anos de influência maléfica, a ambição, o desejo, a inveja e o orgulho foram degradados, vistos como pecados. Uma humanidade cega não conseguiu reconhecer que, na verdade, essas paixões impulsionam tudo, dos movimentos dos planetas às mudanças de clima e às relações sociais. Reprimir as paixões levara a uma terrível infelicidade humana — pobreza, crime e tirania. Até as fomes e terremotos eram castigos da natureza, o mundo natural fustigando a humanidade por ela não conseguir liberar seu potencial.[22]

A solução era simples. Todas as instituições humanas existentes, construídas a partir de premissas falsas, deviam ser demolidas de cima a baixo: casamento, família, agricultura, indústria. Em seu lugar, Fourier propunha uma nova sociedade baseada em "associações" (também conhecidas como "falanstérios" ou comunas). As associações planejariam cientificamente as relações humanas de acordo com os ditames das paixões. O casamento, a raiz da infelicidade, daria lugar ao amor livre, liberando assim as paixões sexuais. As crianças, que em geral eram "intoleráveis", seriam criadas coletivamente. A ambição e o orgulho seriam canalizados de forma apropriada e usados como incentivo para o trabalho longo e árduo: equipes de trabalho seriam organizadas e enfeitadas com uniformes, bandeiras e brasões. As equipes competiriam para construir edifícios, colher cereais e arar o solo. Entrar para um exército industrial particular seria mais tentador ainda, pensava Fourier, se cada exército publicasse uma lista de suas "virgens" prediletas, cujos favores seriam conquistados por uma mostra excepcional de esforço e entusiasmo.[23]

Essa canalização conveniente das paixões daria origem a um novo reino de "felicidade eterna". Liberta para atingir seu pleno potencial, declarou Fourier, a espécie humana realizaria coisas inimagináveis para as gerações anteriores. O prazer sexual chegaria a novas alturas. As obras estéticas assombrariam (aproximadamente 37 milhões de poetas seriam produzidos, todos à altura de um Homero). Refeições preparadas coletivamente, com um cardápio organizado por aqueles cuja paixão era a comida, teriam um sabor melhor que qualquer coisa encontrada nos melhores restaurantes do mundo. E a própria natureza abençoaria essa nova ordem. O clima se tornaria universalmente moderado e o mar se transformaria num líquido doce potável muito parecido com a limonada.[24]

Na cabeça de Tchernichevski, o socialismo de Fourier era um casamento perfeito com a filosofia do amor de Feuerbach. Fourier construíra toda uma ordem social baseada na racionalidade e na organização adequada dos impulsos humanos mais essenciais, entre os quais o amor. Além disso, prometia nada menos que uma ordem futura harmoniosa, um êxtase permanente que parecia o céu na terra. Tchernichevski abraçou alegremente as visões de Fourier e descobriu sua vocação: profeta do socialismo utópico.

Então, na década de 1850, Tchernichevski tinha encontrado um canal de expressão. Como editor da revista radical *The Contemporary*, escrevia artigo após artigo sobre estética, artes plásticas, literatura e sociedade. Defendia incansavelmente os pobres da Rússia, principalmente os camponeses. Estava sinceramente comprometido com a causa da emancipação das mulheres e pregava a total liberdade sexual e profissional para as russas. Mas todas essas causas — a emancipação dos servos, a liberação das mulheres, a construção de uma nova ordem econômica — eram meros avanços gradativos na direção do objetivo utópico supremo de Tchernichveski.

No início, Tchernichevski admirou e cooperou com os homens dos anos 1840 — Herzen, Turguêniev e seus seguidores —, acreditando que eram companheiros de viagem na estrada que levava ao socialismo. Ficou muito constrangido ao descobrir que eles se recusavam a aceitá-lo como um igual. Sua família de classe baixa trouxe à tona o resistente esnobismo daqueles homens. O termo depreciativo mais comum dirigido a Tchernichevski era "seminarista". Tolstoi observou num tom zombeteiro que ele "cheirava a percevejos", e Herzen rejeitou Tchernichevski e sua turma com ares de superioridade, dizendo que se comportavam como "escriturários de tribunais, balconistas e serviçais da casa de um proprietário de terras". Os homens dos anos quarenta revelaram seu verdadeiro caráter — nobres esnobes convencionais. Como revolucionários, eram diletantes elitistas.[25]

A desilusão de Tchernichevski foi se transformando aos poucos numa raiva profunda, feroz. Cada vez mais agressivo e polêmico, tornou-se uma espécie de Bazárov literário. Acusou Turguêniev e Herzen de falta de caráter e coerência. Sua ira para com a hipocrisia desses homens chegou a proporções ilimitadas: "Essas são as pessoas de quem as Escrituras dizem que devem ser salvas pelo ferro. Na literatura ainda precisamos de uma ditadura do ferro para fazê-las tremer."[26]

Por uma terrível ironia, o próprio Tchernichevski sofreria a "ditadura do ferro" que tão fervorosamente desejou a outros. Seu radicalismo irado preocupou o regime tsarista. Depois dos incêndios de São Petersburgo, começaram a circular boatos estranhos, dizendo que Tchernichevski estaria na liderança de uma monstruosa conspiração revolucionária e estava coordenando pessoalmente protestos, manifestações e incêndios criminosos. Diziam também que ele poderia impedir uma manifestação estudantil com um único movimento de sua pena. Foi preso em 1862, quase inteiramente com base em provas falsas de atividade subversiva. Passou dois longos anos sendo interrogado na notória Fortaleza Pedro e Paulo de São Petersburgo.[27]

Só uma incompetência absurda impediu o regime de silenciar esse jovem agitador. Tchernichevski teve permissão de continuar escrevendo na prisão e publicando seus escritos. A direção do presídio fornecia penas, tinta e folhas de papel cuidadosamente racionadas. Como artigos inflamados sobre a situação difícil dos camponeses estavam obviamente fora de questão, Tchernichevski resolveu tentar a sorte escrevendo um romance.

Até tarde da noite, com os dedos duros de frio, escreveu *O que fazer?* Apesar das circunstâncias horríveis, achou que foi uma experiência intensamente libertadora. Soltou seus impulsos criativos represados e voltou a seus antigos sonhos de realizar os anseios mais profundos do ser humano. Derramou tudo nesse único texto — a filosofia de Feuerbach, o socialismo de Fourier, a crítica corrosiva de Turguêniev e Herzen, opiniões sobre a questão da mulher e ruminações sobre o amor. Embaixo de tudo isso havia um único propósito estonteante: inspirar as pessoas a criar uma nova ordem mundial.[28]

Publicado em capítulos na revista *The Contemporary* em 1863, o romance de Tchernichvski tinha um subtítulo: "Romance da Nova Humanidade". Até hoje é um mistério absoluto a razão pela qual os censores russos permitiram que a obra visse a luz do dia. Em seu romance *The Gift* [O presente], Vladimir Nabokov especula maliciosamente que o censor deve ter achado o livro de Tchernichevski tão cansativo, tão prolixo e tão insuportável que supôs que só inspiraria zombarias e desprezo.[29]

Nabokov estava certo — segundo todos os critérios críticos imagináveis, o romance é um desastre. O narrador do livro é presunçoso e as personagens são canhestras, antipáticas e dadas a discursos bombásticos. A trama é arquitetada de uma forma inacreditável. Mas *O que fazer?* nunca aspirou a ter estilo literário. Tchernichevski não se importava se os leitores iam gostar do seu romance ou não. Só queria que renunciassem a tudo e o seguissem.

> *E, para começar, vou até lhes contar o resultado do romance todo: vai ter um final feliz em meio a vinho e música. Não vai haver cenas impressionantes, nem ornamentação. O autor não está em condições emocionais para essas coisas, querido público, porque continua pensando na confusão que há na sua cabeça e no sofrimento inútil e desnecessário de todos nós, que resulta do desnorteamento absurdo de seus pensamentos. Acho ao mesmo tempo lamentável e engraçado olhar para vocês. São tão impotentes e desprezíveis, tudo por causa da quantidade extraordinária de disparates enfiados entre suas duas orelhas. (...)*
>
> *No entanto, há entre vocês, caros leitores, um grupo particular de pessoas — agora um grupo bem grande — que respeito. Falo com arrogância para a vasta maioria dos leitores, mas só para eles, e até aqui estive falando só para eles. Mas, com o grupo particular que acabei de mencionar, eu teria falado com humildade, com timidez até. Não há necessidade de lhe oferecer nenhuma explicação. Valorizo suas opiniões, mas sei de antemão que esse grupo está do meu lado. Gente boa, honesta, capaz — essas pessoas acabaram de surgir entre nós; já existe um bom número de vocês, e é um número que não para de crescer.*
>
> — NIKOLAI TCHERNICHEVSKI, *O que fazer?*[30]

O livro começa enganosamente com uma trama romântica convencional. Vera Pavlovna, a protagonista, é obrigada pela família a aceitar namorar um jovem vulgar, mas rico, a quem não ama. Como uma verdadeira heroína sentimental, ela acha impossível aceitar essa "situação vil, intolerável e humilhante". Mas Vera não é exatamente o que parece; até suas emoções mais penosas parecem estudadas. Num momento crítico do romance, quando Vera está mergulhada num desespero profundo, considera a possibilidade de suicídio. Mas o desespero é temperado por preocupações bem práticas:

> Bom, e daí? Todo mundo vai olhar — o crânio rachado ao meio, o rosto esmagado, ensanguentado e escurecido... Não, se ao menos fosse possível espalhar de antemão um pouco de areia limpa no lugar — mas, aqui, até a areia é suja. (...) Não, eu queria um pouco daquela areia limpíssima, branquíssima; aí sim, seria ótimo!

Felizmente, por falta de areia limpa, Vera não põe fim à vida.[31]

É salva, ao invés, como o devem ser as jovens heroínas, por um herói corajoso que desafia todos os inimigos para defendê-la. Ele aparece sob o disfarce de um tutor empobrecido, Dmitrii Lopukhov, que é um jovem bonito, mas estudioso e extraordinariamente sério. Reconhece imediatamente a situação terrível em que se encontra Vera e acaba vindo em seu socorro, casando-se com ela. Para horror da família de Vera, os dois fogem.[32]

A partir daí, Lopukhov comporta-se de forma bem diferente do protagonista apaixonado de sempre. Em sua noite de núpcias, é atormentado por um único pensamento: será que Vera pensa erroneamente que ele é uma pessoa nobre? Finalmente lhe conta a verdade — sua motivação era pura e inteiramente egoísta. Vera, por sua vez, não se deixa intimidar, ao contrário: fica profundamente impressionada com a nobreza de seu interesse pessoal e sua devoção a uma filosofia conhecida como "egoísmo racional". Logo Vera, egoisticamente, também começa a dedicar a vida a esse princípio.[33]

Lopukhov e Vera logo organizam sua vida de acordo com rigorosos princípios racional-egoístas. Dormem em quartos separados, passam o tempo dedicando-se a interesses distintos e só se encontram em momentos predeterminados. Essa formalidade pretende dar a ambos uma liberdade completa de pensamento, movimento e atividade. Sexo está fora de questão — Lopukhov não vai oprimir Vera com seus desejos masculinos. Desse modo, verdadeiramente liberada, Vera está prestes a se tornar um ser humano inteiramente independente e pleno.[34]

Tchernichevski escolheu sabiamente o nome de sua personagem principal — em russo, Vera quer dizer "fé". A fé abre o caminho que leva à sabedoria. A trajetória de Vera para o egoísmo racional é cheia de dificuldades, mas ela persiste, arrastando o leitor junto com ela. Ao longo da estrada, é auxiliada por aqueles que têm a mesma fé que ela, homens e mulheres aos quais Tchernichevski dá o nome fatal de "nova humanidade": são os radicais russos, os da geração descontente dos anos 1860, que, como Vera, ainda estão em busca da nova verdade. Adotaram o niilismo, imitaram Bazárov, e seus desejos são nobres. Mas precisam encontrar um caminho melhor.

Ao longo de todo o romance, Tchernichevski faz referências constantes a *Pais e filhos*, tanto como fonte de inspiração quanto como contraste. Como Bazárov, a "nova humanidade" tem fascínio pela medicina e pela ciência e despreza a tradição e as convenções. Lê vorazmente a filosofia materialista e disseca quantidades enormes de rãs. Mas, ao contrário de Bazárov, não repudia somente — age, decisivamente e com um êxito triunfante, guiada para o saber pelos princípios utilitários do egoísmo racional.[35]

Como explica didaticamente o romance, um egoísta racional só age de acordo com seu "interesse", fazendo a si mesmo uma única pergunta: "O que é o melhor para mim?" Vistos sob o ângulo apropriado, os atos mais nobres dos seres humanos são, na verdade, apenas "interesse pessoal entendido com clareza". Para os adoradores da ciência do tipo de Bazárov, esta era uma fórmula satisfatória. A filosofia tradicional e a moralidade religiosa causavam infelicidade por exigir dos homens uma repressão e um sacrifício impossíveis na prática. Procurar satisfazer o interesse pessoal liberava os impulsos "naturais". Em termos biológicos, sistemas éticos obsoletos como o cristianismo eram "insalubres". A saúde seria alcançada caso fossem seguidas duas máximas simples: evitar a dor e buscar o prazer.[36]

E quanto àqueles que sentiam prazer com a mentira, a violência e o assassinato? Eram ignorantes e doentes. Eram vítimas de uma sociedade que não conseguiu mostrar às pessoas onde está o seu verdadeiro interesse pessoal.

O que fazer? é um romance cheio de histórias de prostitutas, devassos e almas corruptas iludidas por caprichos e desejos efêmeros, cegas para o egoísmo racional. Isto é, até serem curadas. A teologia de Tchernichevski era inteiramente nova, uma teologia que abolia o conceito de pecado e o substituía pelo de doença. O utilitarismo era a panaceia universal.[37]

O egoísmo racional foi, em essência, o alicerce sobre o qual o socialismo russo foi construído. Uma existência vivida em total igualdade uns com os outros — igualdade de oportunidades, igualdade de recursos, igualdade de prazeres — só seria possível quando as pessoas fossem guiadas por princípios éticos adequados. Mas, segundo a biologia, as pessoas eram motivadas por apetites egoístas, materiais. Portanto, a tarefa do profeta socialista era criar uma ética do interesse pessoal, explicar como a igualdade poderia se tornar um objetivo natural, egoísta. "Considerando a estupidez do povo", escreveu Tchernichevski em sua obra-prima, "um fator que você considera um obstáculo para a criação da nova ordem, estou inteiramente de acordo com você. Mas (...) o povo fica mais inteligente bem depressa quando entende que é de seu interesse ficar mais inteligente." Essa tautologia influenciou os reformadores por incontáveis gerações.[38]

Vera Pavlovna vê a beleza dessa abordagem em seu primeiro desafio no romance: construir uma comuna operária. Ela assume um grupo de costureiras analfabetas, mas trabalhadeiras, e cria uma confecção diferente de todas as outras na Rússia — uma empresa comunal que instrui, enobrece e enriquece seus membros.[39] No livro, o projeto ocupa só algumas páginas: primeiro as costureiras recebem sua parte nos lucros da empresa; depois combinam voluntariamente seus lucros para criar um fundo comum de despesas; por fim, num piscar de olhos, juntam todos os seus recursos para comprar um apartamento comunal. Além de desfrutarem os benefícios da divisão dos trabalhos domésticos e das despesas, as mulheres conseguem encontrar tempo até para se divertir — vão em grupo ao teatro, a bailes e a piqueniques. Nas palavras de Tchernichevski, o projeto era "muito fácil, simples e natural". Tudo quanto Vera tinha a fazer era explicar minuciosamente como cada passo beneficiava cada mulher individualmente. Uma planta de engenharia para uma comuna operária socialista, baseada em princípios "racionais". Parecia incrível ninguém nunca ter pensado naquilo antes.

Mas era só o primeiro passo. Para Vera, o egoísmo racional ainda estava por demonstrar todo o seu valor. Logo ela enfrentaria um desafio muito mais difícil — tinha de resolver o problema do amor.[40]

Reduzido ao essencial, *O que fazer?* é um romance sobre o amor livre. Não foi por acaso. Como herdeiro de Feuerbach e Fourier, Tchernichevski acreditava piamente que o amor era a chave para iluminar o ser humano e a base de uma ordem social perfeita. Tornava a igualdade prazerosa e a liberdade produtiva. Mas, para o amor realizar sua tarefa de transformar os homens, primeiro ele mesmo tinha de ser transformado. Precisava ser liberto.

Em grande parte, Tchernichevski acusava os preconceitos sobre o amor pela tragédia da sociedade humana. As crenças tradicionais sobre o casamento desempenhavam seu papel, mas até visões progressistas do amor estavam envolvidas. O romantismo dilacerante da geração dos anos 1840 era tão perigoso quanto a moralidade estupidificante da Igreja tradicional. De certa forma, Tchernichevski queria salvar os aspirantes a Bazárov de se tornarem vítimas nas mãos das ilusões românticas.

Ninguém era mais culpado pela perpetuação de visões irracionais do amor que o "pai" arquetípico, Alexander Herzen. Em suas obras literárias e em sua vida pessoal, Herzen era o exemplo mais cabal dos efeitos perniciosos do romantismo equivocado. A única aventura de Herzen no gênero romance, *De quem é a culpa?*, é a história de um triângulo amoroso que acaba em tragédia, na qual intelectuais nobres são dilacerados pela divisão entre a moralidade tradicional e o amor transformador. As consequências para as três personagens envolvidas são lúgubres: desespero, alcoolismo e morte. Para Herzen, o triângulo amoroso demonstrava que os seres humanos estão destinados à tragédia. E a culpa não era de ninguém.[41]

Aplaudido pela crítica, o romance foi um presságio sinistro da própria vida de Herzen. Em 1848, um ano após sua publicação, a mulher de Herzen, Natalie, traiu-o com outro homem. Ao contrário do marido de seu romance, Herzen sabia a quem culpar, e reagiu com fúria, defendendo sua honra e exigindo um duelo. Diante da fúria do marido, Natalie, que era uma romântica mais autêntica, adoeceu e morreu. A história tornou-se um escândalo internacional, acompanhado por todos, de Richard Wagner a Karl Marx. Herzen lançou uma campanha para justificar seu comportamento, mas toda aquela história sórdida só serviu para confirmar sua condição de quintessência do homem dos anos 1840, cuja postura iluminista só mascarava um tradicionalismo aristocrático. Sua hipocrisia ficou mais visível ainda quando, seis anos depois, ele próprio se tornou amante da mulher de seu melhor amigo.[42]

Para Tchernichevski e seus seguidores, *De quem é a culpa?* e a tragicomédia da vida pessoal de Herzen ilustravam a insanidade pura e simples do amor tradicional. O amor exclusivo era uma convenção social atávica. Além disso, era uma armadilha para as mulheres, limitando suas possibilidades e impedindo-as de alcançar uma satisfação emocional plena. Os homens tinham de libertar suas mulheres para elas fazerem o que bem entendessem. O amor imposto levava à desonestidade e ao desespero. O amor livre é que era o verdadeiro amor.[43]

Tchernichevski estava determinado a acabar com a convenção, não só teoricamente, mas de fato. Em 1853, casou-se com Olga Sokratovna como manda o figurino. Olga era uma mulher despreocupada e namoradeira, sem nenhum interesse pelo radicalismo ou por questões intelectuais, fosse qual fosse o tipo. Fazia espontaneamente declarações dramáticas sobre os homens que havia seduzido bem debaixo do nariz de Tchernichevski. Ele sabia de tudo, mas estava determinado a se tornar o oposto de homens como Herzen. "Se minha mulher quiser viver com outro homem", disse certa vez com orgulho, "eu lhe direi: 'Minha amiga, se você achar que é melhor voltar, por favor, volte sem o menor constrangimento.'"[44] *O que fazer?* era a encarnação desse princípio, redimindo o sofrimento dos romances do passado. Em *Pais e filhos*, Bazárov abandona tudo em que acreditava por causa de uma mulher; em *De quem é a culpa?*, o amor destrói a vida de três pessoas nobres. Em *O que fazer?*, ao contrário, Vera escapa das garras de um triângulo amoroso literário e propõe o amor livre.

Não foi uma tarefa fácil. Entra em cena Alexander Kirsanov, um biólogo niilista e típico representante da "nova humanidade", e Vera Pavlovna apaixona-se loucamente por ele, desencadeando uma crise profunda em sua alma. Respeita enormemente o marido e tenta amá-lo, sem entender que o amor não pode ser imposto. Quando Lopukhov propõe uma solução "natural" para aquela difícil situação triangular — viver numa espécie de *ménage à trois* — ela recua horrorizada. Apegada às convenções sociais, ela está presa numa armadilha.[45]

Lopukhov, por outro lado, sabe exatamente o que fazer. Aderindo aos princípios justos do egoísmo racional, logo se dá conta de que não pode derivar nenhuma satisfação de um casamento infeliz. É "de seu interesse" deixar Vera ir embora. De forma bem egoísta, finge cometer suicídio e deixa o país. Esse ato finalmente liberta Vera de seus grilhões, tanto físicos quanto mentais. Ela compreende com alegria que a solução para seu terrível enigma pessoal é, muito simplesmente, "o interesse pessoal entendido com clareza". Logo paga o favor de Lopukhov pensando somente em si mesma.[46] Vera e Kirsanov casam-se e o triângulo amoroso dissolve-se. Os sonhos de autossacrifício nunca conseguiram realizar nem metade do que conseguiu essa história em todo o corpo da literatura russa. Até o resíduo de tragédia foi apagado cientificamente. "Nenhuma dor de parto espiritual resiste a uma dose suficiente de morfina", explica Tchernichevski. O sofrimento de Lopukhov, calculado com exatidão, só exigiu duas pílulas. "Uma pílula teria sido pouco, e três teriam sido demais."[47]

Desse modo, o egoísmo racional estabeleceu-se como a teologia suprema. Construiu oficinas comunais, resolveu crises pessoais, levou pessoas à autocompreensão. Mas a nova humanidade ainda estava condenada, em termos bíblicos, a "ver através de uma lente escura". O socialismo não era uma simples reorganização do casamento e do trabalho. Era, na verdade, a plena glorificação do homem, o Reino do Céu na Terra. Só Vera recebe a bênção suprema — a visão do mundo que está por vir.

Lá está um edifício, uma estrutura enorme como aquelas que só podem ser vistas em algumas das maiores capitais do mundo. Não, não há nenhum outro edifício como aquele! Ele está no meio de campos e prados, pomares e bosques. Os cereais crescem nos campos, mas não são como aqueles que temos agora: são opulentos e abundantes. (...)

Mas esse edifício — o que será? Que estilo de arquitetura? Não há nada como ele agora. Não, há um edifício que tem alguma semelhança com ele — o palácio de Sydenham: ferro fundido e cristal, cristal e ferro fundido — nada mais. (...)

Até as janelas são imensas, largas e chegam todas até o chão. As paredes de pedra parecem uma fileira de pilastras que formam uma estrutura para essas janelas que dão para varandas. Que tipos de assoalhos e tetos são esses? De que material são feitas essas portas e a moldura das janelas? O que é isso? Prata? Platina? Quase todos os móveis são do mesmo material. (...) Como tudo isso é elegante! Alumínio e mais alumínio. (...)

Os grupos que trabalham nos campos estão quase todos cantando. Que tipo de trabalho estão fazendo? Oh, estão colhendo o cereal. Como anda rápido! E por que não andaria? Por que não deveriam estar cantando? As máquinas estão fazendo quase todo o trabalho para eles — cortando, juntando os feixes e levando-os dali. (...)

Entram no edifício. É o mesmo tipo de salão enorme, majestoso. A noite já caiu há muito. Já faz três horas que o sol se pôs, hora de festejar. Como o salão está bem iluminado — mas como? Não há candelabros nem lampadários! Oh, é isso! Da abóbada pende um grande caixilho de vidro fosco que lança luz em todo o salão. Claro, ela é exatamente como tinha de ser: uma luz clara, suave, brilhante, exatamente como a luz do sol. Sim, de fato, é luz elétrica. (...)

É uma noite de fim de semana comum. As pessoas dançam muito e divertem-se a noite toda. Mas, quando foi que já vi tanta energia para a diversão?

Será realmente possível esquecer a tristeza e a necessidade por completo? Os desertos não cobrem tudo com areia? Os miasmas dos pântanos não contaminam até o pedacinho de terra boa e de ar puro que ficam entre o deserto e o pântano? Mas não há lembrança disso aqui, nenhum perigo de tristeza ou necessidade, só a recordação do trabalho voluntário, feito com boa vontade, só a recordação da abundância, da bondade e da alegria.

— Nikolai Tchernichevski, *O que fazer?*[48]

Vera tem um sonho. Nesse sonho aparece um edifício maravilhoso, construído em vidro e aço. É uma cópia do Palácio de Cristal, em Sydenham, na Inglaterra, onde foi realizada a Grande Exposição de 1851. Multidões de visitantes internacionais foram ao palácio naquele ano para se maravilhar com esse milagre da tecnologia moderna. O salão principal era tão monumental que foi possível árvores grandes crescerem lá dentro, com os galhos chegando ao teto. A luz transbordava de imensos caixilhos de vidro, e as vigas eram tão finas que, no meio daquela vastidão, pareciam não ter peso. Depois de visitar o Palácio de Cristal em 1854, Tchernichevski considerou-o um monumento vivo ao poder da tecnologia e da libertação do homem. Era um lugar perfeito para colocar seu novo mundo.[49]

No sonho de Vera, o palácio tem uma opulência magnífica, cercado pela natureza, uma visão da harmonia entre o natural e o tecnológico. Lá dentro, o palácio está repleto de todos os confortos da modernidade: comidas exóticas, roupas luxuosas que lembram as togas gregas, móveis confortáveis feitos de alumínio e luz elétrica cálida e onipresente. Em volta do palácio há centenas de milhares de flores, campos após campos de trigo e desertos transformados em hortas férteis. As pessoas que habitam esse palácio seguem as diretrizes de Fourier — dão rédea solta às paixões e, por conseguinte, nada conhecem da labuta e do suor do trabalho que foi a sina de Adão. Só fazem o que adoram fazer.[50]

E o amor, claro está, encontra-se no âmago dessa utopia. O amor livre reina soberano. As pessoas escolhem seus pares à vontade, entrando em quartos criados especialmente para esse fim, e saem de lá com "rostos radiosos" e "olhos faiscantes".[51] Liberta dos grilhões da moralidade tradicional, do peso morto das convenções do passado, a nova humanidade renasce. Tchernichevski nunca se livraria de sua educação cristã e, por isso, via os residentes dessa nova Jerusalém transfigurados pelo amor livre. Em seu sonho, Vera Pavlovna olha-se num espelho e se vê cercada por uma radiante luz dourada, como os santos cristãos. Tornou-se uma deusa.[52]

"E será que todos vão viver assim?", pergunta Vera no sonho. "Todos", é a resposta. "Para todos ali serão sempre primavera e verão, e a felicidade será eterna." Estas palavras foram escolhidas a dedo. Apresentam o Céu, tal como é descrito na oração para os mortos da Igreja Ortodoxa: "Um lugar de luz, um lugar de verdor, um lugar de repouso, de onde a doença, o sofrimento e o pesar desapareceram." Antes de acordar, Vera é encarregada de uma última tarefa: salvar os outros assim como foi salva. "Diga a todos que o futuro será radiante e belo." Tendo revelado o Reino, Tchernichevski precisava de apóstolos para espalhar a boa-nova, para labutar incansavelmente até todos poderem saborear os frutos de seu trabalho. "Saiam de seu submundo esquecido por Deus, meus amigos, venham!", escreveu ele. "Venham para a luz do dia, onde a vida é boa e o caminho fácil e convidativo." Era uma paráfrase das palavras de Cristo: "Meu jugo é suave e meu fardo é leve."[53]

Quando *O que fazer?* foi publicado, atraiu imediatamente o veneno do *establishment* literário. Os pais fustigaram impiedosamente essa última explosão dos filhos. Turguêniev zombou da obra-prima de Tchernichevski: "Seu estilo me desperta repugnância física, como a erva-de-santa-maria." E acrescentou: "Inadvertidamente, Tchernichevski parece-me um velho nu e desdentado que balbucia como uma criancinha." Herzen concordou em gênero, número e grau: "Bom Deus, com que vulgaridade é escrito, quanta afetação (...) que estilo! Que geração insignificante é essa cujo senso estético satisfaz-se com isso." *O que fazer?* parecia uma confirmação viva de todo o extremismo crasso da geração mais nova.[54]

Mas, entre os pares de Tchernichevski, o romance teve um êxito além da imaginação mais delirante. Se a geração mais velha achava *O que fazer?* insuportável, a geração mais nova achava o livro indispensável. Aqueles que tinham passado a juventude em fervor religioso, que tinham sonhado em sofrer pela verdade, agora tinham encontrado sua nova bíblia. Nunca antes na Rússia uma obra de ficção literária havia se tornado um guia infalível para a vida. Nas palavras de um radical, era "não só uma enciclopédia, um livro de referências, mas um códice para a aplicação do novo verbo [...] um guia completo para a reconstrução das relações sociais". Outro foi mais longe ainda: "O maná caído do céu não deu tanta felicidade aos famintos quanto esse romance deu aos jovens que antes perambulavam sem rumo por São Petersburgo. Foi exatamente isso: uma visão enviada do alto." Era considerado tudo, até sagrado — um bem valioso e o maior dos presentes. Depois que foi proibido pelos censores, alguns radicais assumiram a tarefa de copiar o romance a mão, palavra por palavra, para que outros pudessem ter seu próprio exemplar.[55]

Como no caso de qualquer texto sagrado, cada frase era meticulosamente analisada e cada palavra ficava impregnada de um significado ao mesmo tempo universal e intensamente pessoal. "Quem não leu e releu essa obra célebre?", perguntou George Plekhanov, que mais tarde se tornaria conhecido como o pai do marxismo russo. "Quem não ficou mais puro, melhor, mais corajoso e mais ousado sob sua influência filantrópica?" Lenin concordava de todo o coração, afirmando que o romance tinha lhe mostrado "como deve ser um revolucionário, quais devem ser seus princípios, como deve procurar alcançar seu objetivo e que métodos deve usar para atingi-lo".[56]

Exemplos extraordinários da vida imitando a arte seguiram-se à publicação do romance de Tchernichevski. Os homens ofereciam-se galantemente para se casar com mulheres jovens a fim de libertá-las de situações domésticas opressivas, e mulheres presas na armadilha da família patriarcal ansiavam por um Lopukhov que as salvasse. Depois das cerimônias de casamento, os casais organizavam a vida de acordo com as diretrizes do romance, com quartos separados e vidas separadas. Um dos exemplos mais famosos desse tipo de relação conjugal foi o de Sofia Kovalevskaia, que depois se tornou uma matemática célebre. Profundamente tocada pelo romance de Tchernichevski, Kovalevskaia ansiava por uma vida independente. Procurando fervorosamente um salvador, por fim descobriu que Vladimir Kovalevski estava disposto a desempenhar o papel. Depois do matrimônio, os dois passaram a viver em quartos separados e não tentaram consumar o casamento durante vários anos. Num outro caso, Sergei Sinegub apaixonou-se indesculpavelmente por sua "esposa fictícia", mas recusava-se a declarar seus sentimentos para não transgredir os princípios de seu casamento. Mais tarde, ficou imensamente aliviado ao descobrir que sua mulher também tinha se apaixonado por ele.[57]

Oficinas de confecção de roupas começaram a brotar por toda parte, organizadas de acordo com os princípios de Tchernichevski. Logo depois vieram as oficinas de encadernação de livros, lavanderias e cooperativas de tradução. Muitas vezes, aqueles que queriam fundar uma comuna usavam *O que fazer?* como planta de engenharia a ser seguida à risca. Divulgavam anúncios em busca de costureiras e lavadeiras que fossem boas profissionais ou ofereciam emprego a prostitutas na esperança de reformá-las por meio do trabalho. As comunas eram frequentemente ligadas a esses estabelecimentos, reunindo homens e mulheres em grandes apartamentos que lhes serviam de lar.[58]

O triângulo amoroso tornou-se um popular estilo de vida radical. Sofia Kovalevskaia desejava abertamente que o marido fosse muçulmano, pois assim poderia salvar sua irmã também, e os três poderiam viver, como Tchernichevski sugerira, *à trois*. *O que fazer?* convenceu muitas mulheres do vazio de seus casamentos e as instigou a abandonar os maridos, ou até a levar os amantes para viverem com a família. Nesse caso, uma generosa aquiescência era esperada dos maridos "esclarecidos". Bakunin não teve o menor problema para assumir todos os três filhos de sua mulher, apesar do fato de eles serem, na verdade, filhos de um bom amigo e benfeitor financeiro. O próprio Lenin não achava nada demais em amar duas mulheres: sua esposa, Nadezhda Krupskaia, e sua amante Inessa Armand, bela e inteligente (ela própria defensora do amor livre). A vida comunal era organizada de tal maneira que toda pessoa era livre para viver com quem bem entendesse e para mudar de parceiro quando lhe desse vontade.[59]

Mas, acima de tudo, os radicais esperavam com impaciência pela chegada do Reino. Leitores cuidadosos do texto proclamavam que o novo mundo chegaria já em 1866. Sonhos delirantes de revolução eram comuns e aceitos universalmente como profecias da nova era. O auge dos anos 1860 tinha chegado. Era uma glória estar vivo naquele momento.[60]

O que fazer? deu aos radicais uma fé profunda no poder transformador do socialismo. A própria Vera Zasulich lembrava-se de que a crença da geração dos anos sessenta na revolução iminente os fortalecera "como a fé no apocalipse iminente fortalecera os primeiros mártires cristãos". E bem antes de 1917, Lenin concebera seus próprios planos para uma utopia comunista, generosamente enfeitados com visões de campos verdejantes e vidas transformadas pela luz elétrica.[61]

O próprio Lenin formulou sucintamente a teologia radical russa: Tchernichevski era "o maior e mais talentoso representante do socialismo antes de Marx".[62]

Em 1867, Vera formou-se na escola e finalmente estava livre para encontrar seu caminho. Ainda tímida, com sua figura alta e magra não menos desajeitada, nunca perdeu completamente o ar de adolescente desengonçada. Pelo resto da vida, Vera daria a impressão de alguém pouco à vontade na própria pele. Mesmo assim, uma transformação importante acontecera nos anos de internato de Vera: finalmente escolhera um modo de vida.

Deve ter parecido coisa do destino que a heroína do romance de Tchernichevski tivesse o mesmo nome que ela, Vera. O *O que fazer?* de Tchernichevski despertara-lhe novas esperanças. Vera ficou extasiada com a descrição da "nova humanidade". Eram pessoas que haviam quebrado as convenções tradicionais e estavam completamente libertas das expectativas estupidificantes da sociedade, principalmente quando se tratava de conduta. Acima de tudo, estavam realizando coisas maravilhosas.[63]

Vera sempre se irritara com as restrições que a sociedade russa impunha a seu sexo. Quando menina, e depois no internato, a rebelião contra seu papel de gênero confinava-se a uma aversão ainda indefinida pela vida das governantas e preceptoras. Mas, mesmo então, sentia que um menino na sua situação teria sido mais livre. Com sorte e força de vontade, um jovem ambicioso poderia "dar duro" na escola, entrar na universidade e depois candidatar-se a praticamente qualquer profissão. Não seria condenado a uma vida tediosa de educar crianças mimadas. Na época de Vera, as mulheres não podiam sequer frequentar formalmente a universidade. Jovens russas ambiciosas tinham de viajar para a Europa para fazer cursos de medicina e ciências, por exemplo. As mulheres nobres com poucos recursos, como Vera, ficavam restritas a internatos, onde aprendiam a ser professoras ou a ser esposas provincianas moderadamente instruídas.[64]

Nos anos 1860, muitas mulheres jovens se rejubilaram com o radicalismo porque ele, de repente, abriu-lhes todo um novo mundo de atividade. Um dos princípios centrais do niilismo era que as mulheres eram iguais aos homens — deviam ser tratadas da mesma maneira e devia-se esperar que se comportassem da mesma maneira. Os homens radicais dispensavam os símbolos convencionais da cortesia com que se tratava o sexo "frágil" e, por sua vez, supunham que as mulheres deviam se virar sozinhas, tanto no plano intelectual quanto no plano físico. Tchernichevski estava entre os mais fervorosos paladinos da igualdade das mulheres. Acreditava sinceramente que as mulheres deviam ter acesso irrestrito às mesmas oportunidades educacionais e profissionais que os homens. Além disso, Tchernichevski dizia que as mulheres nunca desabrochariam plenamente sem uma liberação sexual total e exortava os homens a se sacrificarem por essa ideia mais elevada.[55]

Não havia exemplo melhor que Vera Pavlovna em *O que fazer?* A personagem principal de Tchernichevski tinha muita força de vontade e era uma mulher racional e competente, perfeita para liderar sua nova sociedade. Ao contrário da heroína russa estereotipada do século XIX, Vera Pavlovna é ambiciosa e decidida. Dita ao marido os termos de seu modo de vida em comum, administra uma cooperativa com muita eficiência e depois começa a estudar medicina como forma de autorrealização. O mais importante de tudo é que Vera Pavlovna consegue ter uma vida de felicidade pessoal e sexual. No fim, torna-se o novo modelo de feminilidade. Quando Vera Pavlovna se torna uma deusa em seu sonho, substitui a Virgem Maria e todas as santas cristãs como a nova visão da perfeição feminina.[66]

As russas instruídas foram cativadas por esse novo modelo de mulher. Imitando a heroína de Tchernichevski, abandonaram a casa dos pais e, em alguns casos, os maridos e filhos, na tentativa de se tornarem mulheres liberadas. Participavam de comunas e cooperativas e recusavam-se a se casar com homens que não lhes prometessem respeitar totalmente a sua liberdade. No entanto, o mais importante é que se sentiram livres para sonhar com uma vida de atividade, de realização profissional e, por fim, de ação revolucionária.[67]

Presa nos confins sufocantes da propriedade rural e tendo terminado seus estudos no internato, Vera Zasulich via o radicalismo como uma rota de fuga, o caminho para a verdadeira plenitude pessoal. As mulheres da geração dos anos 1860, escreveu Vera mais tarde, conseguiram "a felicidade historicamente rara de viver não como esposas ou mães ou inspiradoras de homens, mas sim na condição de ativistas totalmente independentes e socialmente iguais". Ou, como disse depois em suas memórias: "E, tal como as coisas se deram, o espectro distante da revolução me tornou igual a um homem."[68]

Mas Tchernichevski deu a Vera muito mais que uma planta de engenharia para a liberação. Curiosamente, validou seu impulso de autossacrifício e martírio. Sob o disfarce do egoísmo racional, como Tchernichevski havia explicado, era natural ver que "trabalhar em favor do povo é a maior alegria desta terra". Vera percebeu que havia outros como ela, que sabiam que aquilo que pessoas normais consideravam um penoso autossacrifício, "a nova humanidade considerava ventura".[69]

No conto de Vera intitulado "Masha", a conversão da personagem principal ao socialismo ocorre, num estilo verdadeiramente tchernichevskiano, quando ela se apaixona. No começo, Masha só admira de longe Alexandra Vasilevna, elegante e radical inflexível, atraída por sua "seriedade silenciosa, quase triste". E então, certa noite, Masha ouve sem querer uma conversa entre Alexandra e um estudante jovem e ambicioso. "O sofrimento", explica Alexandra a seu amigo, "vai ser redimido com um tipo de felicidade que você não pode imaginar." A vida revolucionária, acrescenta ela, é, portanto, fonte de "uma felicidade sem igual". As palavras não haviam sido dirigidas a Masha, mas elas tocam seu coração e ela é tomada imediatamente por uma exaltação estonteante. Durante dias inteiros depois disso, o coração de Masha fica cheio de um amor ardente por Alexandra, que ela agora vê como um símbolo vivo do radicalismo feminino. Num eco à transfiguração de Vera Pavlovna em *O que fazer?*, Masha imagina Alexandra envolvida por um halo brilhante. Consumida por essa paixão adolescente, Masha pede timidamente a Alexandra alguns livros para ler, e assim começa sua própria viagem pela estrada do radicalismo. Para Vera, o modelo desse incidente deve ter sido Alexandra Ivanova, uma seguidora devota de Tchernichevski, que Zasulich conheceu no internato em 1866.[70]

Em todo caso, foi Tchernichevski com sua visão do amor quem deu à geração dos anos sessenta, nas palavras de Vera, sua "fé cega" na "segunda vinda". Inebriados por suas visões gloriosas e proféticas de felicidade, os membros dessa geração fariam qualquer coisa para levar o povo a essa terra prometida.[71]

> *O que fazer com os milhões de fatos que comprovam que os homens, conscientemente, isto é, compreendendo perfeitamente o que são as vantagens reais para eles, deixaram-nas para trás e correram impetuosamente para outro caminho, para o risco, para o acaso, sem terem sido obrigados por ninguém e por nada a tomar esse caminho, e sim, por assim dizer, só por não quererem a trilha batida e teimosamente, obstinadamente, adotaram outra forma difícil, absurda de buscá-la praticamente no escuro. (...) Vantagem! O que é vantagem? (...)*
>
> *Será que a razão não está enganada a respeito da vantagem? Afinal de contas, será que o homem não gosta de algo além da prosperidade? Será que não gosta igualmente do sofrimento? Será que o sofrimento não é uma vantagem tão grande para ele quanto a prosperidade? Às vezes o homem apaixona-se medonhamente, perdidamente pelo sofrimento, e isso é um fato. Não há necessidade de apelar para a história universal para provar isso; basta você perguntar a si mesmo se é de fato um homem e se viveu realmente. No tocante à minha opinião pessoal, preocupar-se somente com a prosperidade parece-me até falta de educação. Seja bom ou ruim, às vezes também é muito bom demolir as coisas. (...)*
>
> — Fiódor Dostoiévski, *Notas do subsolo*[72]

Entre todos os críticos e personalidades literárias da Rússia, talvez o único que tenha realmente se dado conta do poder de *O que fazer?* tenha sido Fiódor Doistoiévski. No ano seguinte à publicação desse livro, o maior romancista russo sentiu-se obrigado a escrever uma resposta. O que resultou foi uma das obras curtas mais perturbadoras e potentes de Dostoiévski, *Notas do subsolo*.[73]

Embora essa novela seja vista frequentemente como a precursora do existencialismo filosófico moderno, ela nasceu de um repúdio fervoroso ao egoísmo racional e às falácias filosóficas que o acompanhavam. Até o título é uma resposta deliberada ao apelo de Tchernichevski para sair do "submundo esquecido por Deus". A personagem principal das *Notas* também se recusa enfaticamente a lhe dar ouvidos, insistindo em rebater as explosões verbais do novo homem do subsolo de Tchernichevski, através de uma "rachadura no assoalho". O homem do subsolo sente um prazer profundo em ser a mosca no mel de Tchernichevski: um homem que repudia a racionalidade, despreza sua vantagem pessoal e celebra o absurdo, o destrutivo e o sem sentido. O homem do subsolo é, portanto, a antítese da nova humanidade. É maldoso, desonesto e fraco. Admite que está "doente", mas se recusa a ser curado. Tenta "salvar" uma prostituta e acaba se perdendo. Em síntese, o homem do subsolo é o verdadeiro niilista.[74]

Esse homem não pode ser curado com a pregação dos socialistas. O anti-herói de Doistoiévski teme o Palácio de Cristal. Móveis de alumínio e luz elétrica, boa comida e amor livre parecem-lhe a isca de uma armadilha monstruosa. O homem do subsolo despreza desdenhosamente a utopia socialista, considerando-a "um galinheiro" e "um bloco de prédios de apartamentos para os pobres alugarem", como se estivesse lançando um olhar profético sobre o século seguinte. Os homens não vão ser enganados, prevê ele, e a natureza humana não vai ser confinada a essa prisão prazerosa.[75]

Além disso, nas *Notas do subsolo,* Dostoiévski teve uma fantástica premonição: previu que os socialistas descobririam que havia aqueles que amavam a desordem e a destruição por si mesmas e que achavam "muito bom demolir as coisas também". O grande escritor só não se deu conta de que provaria que estava certo muito antes do que imaginava.[76]

CAPÍTULO 5

Os demônios

Na tarde de 4 de abril de 1866, Alexandre II entrou em sua carruagem aberta depois de um passeio pelos Jardins de Verão de São Petersburgo. Como de costume, uma multidão de espectadores estava lá para ver o tsar e seu séquito prepararem-se para ir embora. De repente, um homem macilento e desgrenhado avançou com um olhar desvairado. Ao se aproximar do tsar, deu um tiro com uma pistola, errou e virou-se imediatamente para fugir. Dominado facilmente pelos guardas do tsar, pouco fez para se livrar deles, mas manteve uma das mãos dentro do casaco. Alexandre, cuja coragem era tão grande quanto sua curiosidade, dirigiu-se ao quase assassino e interrogou-o calmamente:

— O que você quer? — perguntou ele.

— Nada, nada — foi tudo quanto Dmitrii Karakozov diria, continuando a mexer em alguma coisa dentro do bolso. Mais tarde, os investigadores descobriram que ele estava carregando morfina, estricnina e ácido cianídrico, artigos que planejava usar para desfigurar o próprio rosto e depois cometer suicídio.[1]

No início, o crime parecia um ato solitário de um perturbado mental. Apesar de suas origens nobres, Karakozov alimentava há muito tempo um ódio obsessivo pela aristocracia como classe, declarando que ela não fazia nada além de "sugar o sangue dos camponeses". Participara sem muito entusiasmo de várias organizações radicais, fora expulso de duas universidades e ultimamente vinha sofrendo de depressão grave. Como explicava com grandiloquência a todos que lhe dessem ouvidos, a única coisa que o impedia de dar um tiro na cabeça era pensar que não havia feito nada para aliviar o sofrimento do povo russo.

Depois de uma tentativa de suicídio que não deu certo, ele teve a ideia inacreditável de se recolher a um mosteiro. Parece que lá teve uma revelação: devia matar o tsar e depois a si mesmo. Pouco antes do ataque, escreveu um manifesto e enviou-o ao prefeito de São Petersburgo. O tsar, declarou Karakozov, era pessoalmente responsável pelos males infligidos aos pobres e oprimidos. Por isso, o tsar tinha de morrer. "Resolvi destruir o maligno tsar e morrer por meu amado povo." Era um casamento perfeito de suicídio, terror e martírio.

Foi assim que Karakozov tornou-se o primeiro terrorista russo.

> Cerca de um ano depois de desaparecer de São Petersburgo, pela segunda e última vez, Rakhmetov disse a Kirsanov: — Dê-me uma boa quantidade de unguento para curar feridas causadas por um instrumento agudo.
>
> Kirsanov deu-lhe um pote grande, supondo que Rakhmetov queria entregá-lo a alguma cooperativa de carpinteiros ou outros operários sujeitos a lacerações frequentes. Na manhã seguinte, a senhoria de Rakhmetov desceu correndo para buscar Kirsanov, em meio a grande alarme:
>
> — Sr. doutor, não sei o que aconteceu com meu inquilino. Ele não sai de seu quarto há algum tempo. A porta está trancada. Olhei pela fresta e o vi deitado lá, coberto de sangue. Comecei a gritar, mas ele disse de lá de dentro: "Não é nada, Agrafena Antonovna." (...)
>
> Kirsanov saiu correndo. Rakhmetov destrancou a porta com um largo sorriso sinistro e o visitante teve uma visão que poderia ter deixado estarrecida uma pessoa mais calejada que Agrafena Antonovna. As costas e os lados das roupas de baixo de Rakhmetov (era tudo quanto ele estava usando) estavam empapadas de sangue; havia sangue embaixo da cama; o cobertor com o qual dormira também estava coberto de sangue. No cobertor havia centenas de preguinhos, com a cabeça para baixo e a ponta para cima, medindo mais de dois centímetros. Rakhmetov tinha passado a noite toda deitado em cima deles.
>
> — Mas que diabo é isso, Rakhmetov? — gritou Kirsanov, horrorizado.
>
> — Um teste — respondeu ele — É necessário. Absurdo, claro, mas necessário assim mesmo. Agora sei que dou conta.
>
> — Nikolai Tchernichevski, *O que fazer?*[2]

Aos poucos, veio à tona que Karakozov não agira sozinho. Investigações posteriores revelaram que seu ato terrorista fora cuidadosamente planejado por um grupo revolucionário clandestino. O mentor por trás do assassinato era, na verdade, um primo em primeiro grau e amigo de infância de Karakozov, um agitador estranhamente carismático chamado Nikolai Ishutin.

Nascido em 1840 numa família de comerciantes ricos, Ishutin ficou órfão aos 2 anos de idade. E, como Vera Zasulich, foi adotado por parentes, a família Karakozov. Embora fosse bem tratado, era uma criança fraca e desajustada, que teve muitas dificuldades na escola. Mas uma vontade férrea deu a Ishutin a determinação de ser algo na vida, e ele partiu para Moscou em 1862 para "terminar os estudos". Depois de fazer vários cursos como ouvinte na Universidade de Moscou, Ishutin concluiu que a educação formal não era apropriada a seu temperamento excitável. Precisava encontrar um outro caminho para o sucesso.[3]

Este outro caminho finalmente lhe foi revelado no ano seguinte, nas páginas de *O que fazer?* Um dos acólitos mais devotados de Tchernichevski, Ishutin declarou certa vez: "Houve três grandes homens no mundo — Jesus Cristo, o apóstolo Paulo e Tchernichevski." Depois de virar a última página do romance, Ishutin jurou solenemente dedicar sua vida a dois objetivos. O primeiro era libertar Tchernichevski da prisão. O segundo era seguir a doutrina de Tchernichevski ao pé da letra.[4]

O primeiro objetivo de Ishutin mostrou-se impossível de alcançar e logo foi abandonado. Para compensar, Ishutin fez tudo o que pôde para transformar *O que fazer?* numa filosofia prática. Procurou fervorosamente outros jovens que pensassem como ele nas várias assembleias de estudantes que floresciam na Universidade de Moscou. Esses colegas não eram difíceis de achar. Nos tempos tumultuados que se seguiram à publicação em capítulos do romance de Tchernichevski, todo aquele que se proclamasse intérprete das palavras do grande homem tornava-se um líder instantaneamente. Em poucos meses, Ishutin tinha um monte de leais seguidores radicais.[5]

Seja por falta de imaginação, seja para evitar a suspeita das autoridades, o grupo de Ishutin batizou-se de "Organização". À primeira vista, seu objetivo era tão insosso quanto seu nome: fundar uma série de cooperativas de costureiras e encadernadores de livros de acordo com a comuna de Vera Pavlovna em *O que fazer?* Logo havia membros da Organização espalhados por toda a Rússia, deixando em sua esteira uma série de empreendimentos cooperativos mambembes.[6]

No fundo, Ishutin sabia que essas atividades não levariam a nada. O próprio Tchernichevski dera a entender que essas propostas eram apenas exercícios destinados a treinar jovens radicais no egoísmo racional. Como os mais meticulosos dos intérpretes bíblicos, Ishutin leu e releu *O que fazer?* e descobriu verdades ocultas incrustadas em histórias inocentes de representantes da "nova humanidade" e suas aventuras: indícios de cataclismos que fariam a nova ordem mundial emergir do terreno da imaginação. A censura impedira Tchernichevski de apresentar detalhes da revolução. Mas lá estava ela, à espreita nas entrelinhas, apontando o caminho para o Reino que viria. Uma sugestão velada estava no sonho utópico de Vera Pavlovna. Imediatamente antes da descrição gloriosa do novo mundo havia uma passagem cortada no texto, indicada por uma série de asteriscos. Um censor do governo podia não ter entendido, mas todo radical sabia que a passagem que estava faltando era a história do apocalipse revolucionário, onde a velha ordem terminava e a nova emergia.[7] A tarefa dos leitores do romance era, portanto, preencher o trecho em branco com uma narrativa de sua própria lavra.

Em *O que fazer?*, o caminho para a revolução foi iluminado pelas personagens mais estranhas da ficção russa. Até segundo os critérios de Tchernichevski, Rakhmetov destaca-se como alguém verdadeiramente extraordinário. No romance, aparece como se tivesse saltado das páginas de uma história do folclore russo, mais mito que homem. Descendente de uma família antiga e rica, Rakhmetov, de acordo com a tradição dos santos russos, vende todos os seus bens e dá o dinheiro aos pobres. Depois adquire uma enorme força física por meio de trabalhos extenuantes, tais como puxar barcaças no rio Volga e consumir quantidades imensas de carne. Certo dia, com a idade de "dezesseis anos e meio," resolve se familiarizar com o radicalismo russo. Durante três dias e três noites, sem parar para descansar, lê os clássicos do socialismo francês e alemão. Na quarta noite, desmaia de exaustão — mas sua tarefa tinha sido concluída. Ele havia renascido na fé revolucionária.

A partir de então, ele se torna um monge da revolução, negando a si mesmo todo e qualquer prazer terreno: mulheres, açúcar, pão branco. Come somente o que os pobres têm condições de comprar. Seu colchão é um pedaço fino de feltro, e, em nome de um ascetismo extremo, ele se recusa a "dobrá-lo em dois". Seus amigos têm por ele uma admiração reverente, e ele é conhecido como "o homem extraordinário".[8]

Embora suas opções pareçam meras idiossincrasias, na verdade são exercícios de egoísmo racional calculados nos mínimos detalhes. Rakhmetov está treinando a si mesmo para liderar a revolução. Quando aparece pela primeira vez no romance, está lendo as *Observações sobre as Profecias de Daniel e o Apocalipse de São João,* de Isaac Newton. Neste livro excêntrico, o grande cientista fez previsões de que o mundo acabaria em 1866. Ao longo de todo o romance, Rakhmetov está sempre envolvido em negócios misteriosos e intrincados e em atividades conspiratórias. Conhece personagens suspeitos e desaparece durante meses a fio. Ninguém sabe quais são seus planos, mas o autor sugere o que Rakhmetov está preparando cuidadosamente para 1866, o ano do cataclismo final. Mais adiante, os leitores vão acreditar piamente que ele estava planejando atos terroristas.[9]

Para os acólitos de Ishutin, Rakhmetov era o modelo revolucionário: o terrorista que se sacrificava. Os membros mais extremos da Organização imitavam Rakhmetov de forma meticulosa. Vendiam o que possuíssem e davam tudo para a causa. Vestiam-se com trapos e dormiam em tábuas nuas (embora nenhum tenha tentado a cama de pregos). Furtivamente, sob o disfarce da Organização, tramaram uma pequena conspiração muito bem pensada, destinada a fomentar a revolução violenta. Para se distinguirem da Organização maior, esse círculo interno assumiu um outro nome e, dessa vez, sua imaginação não falhou. Chamaram sua claque secreta de "Inferno".[10]

É difícil encontrar detalhes precisos sobre o Inferno, principalmente porque, mais tarde, Ishutin declarou que não passava de mais uma obra de sua imaginação fértil. Mas está claro que o Inferno foi criado para ser uma organização terrorista. Convencido de que a ordem russa não era mantida por nada além dos pilares podres da burocracia, o Inferno tramou cuidadosamente o assassinato simultâneo de figuras-chave do governo russo. O alvo mais importante era o próprio tsar.

Como Rakhmetov, os membros do Inferno tinham dedicado todos os seus pensamentos e todos os seus atos à causa. Ishutin fez uma descrição arrepiante da personalidade de um terrorista.

> Um membro do Inferno tem de viver com um nome falso e romper todos os laços de família: não pode se casar; tem de abandonar os amigos e, em geral, tem de viver com um objetivo único, exclusivo: infinito amor e devoção por seu país e pelo bem dele. Por seu país ele tem de renunciar a toda e qualquer satisfação pessoal e, em troca, deve sentir ódio só pelo ódio, rancor só pelo rancor, concentrando essas emoções em si mesmo.

O Inferno planejou o assassinato do tsar até os mínimos detalhes. O assassino devia ser escolhido por sorteio. Uma vez selecionado, tinha de abandonar o Inferno e confundir-se com a sociedade em geral. A ação a realizar era afastar as suspeitas de sua pessoa; deveria até denunciar seus companheiros à polícia, caso fosse necessário. Depois do assassinato, devia primeiro desfigurar o rosto com ácido até ele ficar irreconhecível e depois suicidar-se tomando veneno. Assim que o tsar e as autoridades mais importantes do país estivessem mortos, o Estado russo entraria em colapso e a sociedade mergulharia num caos violento.

E depois? Depois a utopia poderia ser construída, exatamente como Tchernichevski descrevera de modo tão brilhante. Durante a confusão da violência revolucionária, o Inferno continuaria dirigindo os eventos secretamente, assegurando que todos os inimigos da nova ordem fossem descobertos e mortos. O terreno seria limpo, o solo seria preparado. Depois viria o Reino. O Inferno foi a primeira organização russa a acreditar que o caminho para o amor universal seria pavimentado pelo terrorismo.

Apesar da retórica extremista, parecia que só Karakozov levava esses planos a sério. Alguns membros do Inferno chegaram inclusive a tentar dissuadi-lo da tentativa de assassinato. Depois que Karakozov foi capturado, esses aspirantes a assassinos logo perderam o que lhes restava de coragem. Os seguidores de Ishutin foram presos e mais da metade deles confessou tudo aos investigadores. Muitos concordaram animadamente em prestar depoimento no tribunal. Seu desempenho durante o julgamento fez sua organização parecer nada mais que uma brincadeira juvenil que deu terrivelmente errado. Quando estava na prisão, Karakozov converteu-se ao cristianismo ortodoxo e pediu ao tsar que lhe poupasse a vida. Apesar da clara evidência de perturbação mental, ele foi enforcado no dia 3 de outubro de 1866. Ishutin foi exilado para a Sibéria e pouco depois enlouqueceu.

Apesar disso, o Inferno foi apenas o começo. Depois de Ishutin, gerações de radicais russos foram convencidas de que somente a destruição total e impiedosa do reino atual deste mundo faria surgir o reino glorioso do outro mundo. Não repudiaram os prazeres inocentes da vida perfeitamente organizada do egoísmo racional de Tchernichevski — as comunas, os eventos sociais, a vida amorosa. Mas, como verdadeiros discípulos do socialismo, os imitadores de Ishutin sacrificaram voluntariamente a própria felicidade para alcançar um objetivo mais elevado. As mazelas da época simplesmente exigiam uma espécie de ativismo muito diferente daquele pregado por Vera Pavlovna: exigia o terrorismo determinado, puro, ascético.

> *Lia muito, e com interesse, mas a leitura por si só não poderia satisfazê-la; o único efeito que teve sobre ela foi que seu poder de raciocínio se desenvolveu mais que suas outras faculdades mentais, e suas exigências intelectuais começaram a ser maiores até que as de seus sentimentos. (...)*
>
> *Ela queria algo maior, algo mais elevado; mas o que era, não sabia; mesmo se soubesse, não poderia começar a trabalhar para alcançá-lo. (...)*
>
> *Estava esperando, vivendo a véspera de alguma coisa. (...)*
>
> *Ela se assusta, e a necessidade de simpatia cresce, e ela anseia intensa e fervorosamente por outra alma que a compreenda, que responda a seus sentimentos mais profundos, que a ajude e lhe diga o que fazer. Surge dentro dela um desejo de se entregar a alguém, de fundir seu ser com alguém, e a independência solitária em que se encontra entre seu círculo mais íntimo começa a lhe parecer repugnante.*
>
> — Nikolai Dobroliubov, "Quando virá o dia da verdade?"[11]

Em 1868, Vera havia se dado conta de que uma vida plena não era fácil de encontrar, mesmo entre os radicais russos. No romance de Tchernichevski, tudo era descrito de maneira tão linda... Os nobres homens novos, cujo egoísmo os levara a feitos ainda maiores de coragem; as novas mulheres, que sentiam grande prazer em ajudar os outros a alcançarem a igualdade e o esclarecimento. A vida de autossacrifício puro. Mas essas pessoas e essas vidas pareciam poucas e distantes umas das outras.

Suas esperanças foram despertadas pela primeira vez por um encontro casual em Moscou, na primavera de 1868. Ali, inteiramente por acaso, Vera encontrou-se com sua irmã Alexandra. Foi um momento de alegria — as irmãs tinham perdido contato uma com a outra. Vera tinha vivido algum tempo como escrivã de um tribunal de província, mas teve de deixar o cargo quando o juiz enlouqueceu de repente. Enquanto isso, Alexandra tinha passado alguns anos dando aulas no antigo internato de Vera, mas finalmente deixara o emprego devido a uma aversão profunda pelas regras sufocantes que a restringiam. Ambas estavam na mesma situação: precisavam encontrar trabalho, mas não conseguiam suportar a ideia de conseguir um emprego tradicionalmente feminino.[12]

Alexandra tinha boas notícias: Ekaterina, a irmã mais velha, tinha encontrado uma forma de salvar todas elas de sua situação difícil. A mais desregrada das três irmãs, Ekaterina levava há muito tempo uma vida boêmia de ativismo radical. Depois do que sofrera na infância por causa do gênio terrível do pai e, mais tarde, o rancor e a amargura da velha tia rica que a adotara, Ekaterina tornou-se uma jovem descontente, irritadiça. Depois de apenas um ano num internato, simplesmente fugiu e passou a viver num grupo radical e violento, que tinha ligações com a Organização de Ishutin. Enquanto Alexandra trabalhava como professora, Ekaterina escrevia-lhe constantemente, tentando-a com sua vida de liberdade e rebelião. Alexandra finalmente sucumbiu e foi se encontrar com Ekaterina em São Petersburgo. Ali, as duas alimentaram a ideia de alugar uma casinha minúscula de dois quartos nos arredores de Moscou e, com a ajuda de uma máquina de costura e algumas costureiras, fundar uma cooperativa. Era uma forma perfeita de ganhar dinheiro e levar uma vida de liberdade radical. Para Vera, o encontro casual com sua irmã foi obra do destino. Ficou empolgadíssima — foi seu primeiro passo para as páginas de *O que fazer?*

No início, as coisas andaram exatamente como Tchernichevski prometera. Alexandra tinha alguma experiência em costurar à mão e logo conseguiu algumas clientes ricas em Moscou. E também estava ansiosa por aprender com suas costureiras profissionais as técnicas de trabalho com a máquina de costura. Durante alguns meses, a cooperativa floresceu, rendendo dinheiro suficiente para sustentar as operárias e as três irmãs Zasulich. E, nos momentos de folga, as irmãs curtiam os prazeres inocentes descritos em *O que fazer?*. Amigos de Moscou vinham visitá-las e todos juntos faziam piqueniques, caminhadas pelos campos e bosques próximos e até andavam de barco no lago das redondezas.

Apesar disso, algo naquele empreendimento decepcionou Vera profundamente. Talvez tenha sido a monotonia do trabalho — afinal, era tedioso costurar durante oito a dez horas por dia. Um pouco de senso comercial convencional também estava se fazendo cada vez mais necessário, assim como uma cabeça boa para a contabilidade, e Vera não tinha nenhuma dessas duas qualidades. Por fim, Vera perdeu completamente o interesse por negócios convencionais lucrativos. Queria transformar o mundo. E, depois que as roupas estavam todas costuradas, o dinheiro todo contado e as operações aritméticas todas feitas, sobravam pouco tempo ou energia para aqueles sonhos que estavam desbotando. Na comuna de suas irmãs, Vera encontrou um trabalho relativamente interessante. Mas não era uma vida vivida por uma causa.

Anos depois, Vera escreveria com bastante sarcasmo sobre o destino das cooperativas de costura e encadernação de livros. Parecia que os radicais haviam esquecido que o trabalho era laborioso, que requeria vigor, persistência e atenção a detalhes. Para muitas mulheres radicais, principalmente aquelas que chegaram ao radicalismo em busca de um tipo de vivência espiritual exaltada, costurar era uma atividade monótona. Não era de surpreender, escreveu Vera mais tarde, que as cooperativas deixassem de ser lucrativas e que as melhores operárias saíssem em busca de salários melhores em outro lugar. As costureiras da vida real estavam preocupadas em ganhar a vida e tinham muito pouco interesse em confirmar um romancista utópico. Em geral analfabetas e mal-educadas, não tinham paciência para as palestras intermináveis sobre egoísmo racional. Um modo de vida que Vera Pavlovna declarava ser "fácil, simples e natural", Vera Zasulich achava complicado e praticamente impossível. A amargura foi o resultado de todos os lados. Vera lembrava histórias de costureiras que abandonavam as cooperativas, levando as máquinas consigo. No tribunal, defendiam-se dizendo que aquelas próprias mulheres radicais haviam dito que "a máquina pertence ao trabalhador". Tanto quanto sabiam, as costureiras diziam ser as únicas trabalhadoras. As radicais que administravam o negócio "só sabiam falar".[13]

Vera e Ekaterina decidiram continuar sua busca do verdadeiro ativismo revolucionário. Em agosto de 1868, as duas mulheres partiram para São Petersburgo.

Para uma jovem provinciana, escreveu Vera mais tarde, São Petersburgo atraía como a gloriosa capital do niilismo. Ávidos estudantes secundários e seminaristas das províncias ouviam comentários maravilhosos sobre a energia da *intelligentsia* ativista de São Petersburgo. Circularam histórias sobre os incêndios de São Petersburgo, as manifestações estudantis e os experimentos de vida comunal. Vera lembrava a excitação que sentira ao entrar na cidade — era, acreditava ela, "o laboratório das ideias, o centro da vida, do movimento, da atividade".[14]

Era início de setembro, e os estudantes da Universidade de São Petersburgo estavam acabando de voltar para o começo do ano letivo. Vera e Ekaterina procuraram contatos com estudantes radicais imediatamente. Ekaterina tinha muitos amigos na cidade e logo as duas estavam no centro do movimento.

Mas, àquela altura, os dias empolgantes do início da década de 1860 já tinham passado. As repercussões da tentativa de assassinato do tsar por Karakozov ainda estavam reverberando nas fileiras revolucionárias. O apoio público ao tsar era o maior dos últimos anos. A tentativa de assassinato tinha chocado a todos, com exceção dos elementos mais extremistas da sociedade russa. Surgiu o consenso de que os niilistas tinham ido longe demais. A polícia russa, por seu lado, não estava mais disposta a tolerar nem mesmo as expressões mais ingênuas de atividade radical. Como muitos dos seguidores de Ishutin eram estudantes universitários, novos códigos foram impostos em todas as instituições de ensino superior: os estudantes passaram a ficar sujeitos à vigilância policial, podiam ser revistados a qualquer momento e foram rigorosamente proibidos de formar qualquer associação, mesmo as mais inócuas. Uma quietude sinistra envolveu a universidade — os estudantes ficaram com medo da prisão e do exílio.[15]

Alguns radicais audaciosos, ainda vestidos com as roupas sem graça e puídas dos niilistas, assombravam os corredores das universidades. Mas, em sua maior parte, a energia das primeiras comunas e cooperativas esgotou-se. Uma espécie de apatia impregnou o movimento. A aventura de Vera Pavlovna mostrou ser um exemplo falho, assim como as conspirações de Rakhmetov. Em 1868, escreveu Vera, "a questão — o que fazer? — causava depressão e ansiedade". Como os primeiros cristãos, que tinham esperado tão fervorosamente o fim dos tempos para dali a poucos anos, os radicais russos entraram em desespero quando a revolução não chegou. O apocalipse devia acontecer em 1866. Tanto Newton quanto Tchernichevski haviam-no previsto. Depois de 1866, os fiéis logo caíram na dúvida e na dissensão.[16]

Sem um movimento e sem uma causa, Vera sentiu-se perdida em São Petersburgo. Para ganhar dinheiro, trabalhava numa cooperativa de encadernação de livros. Começou a tomar aulas de pedagogia para o caso de decidir tornar-se professora. Mas tudo isso era só para ganhar tempo, enquanto esperava alguma coisa acontecer, alguma coisa que absorveria seu espírito.[17]

Foi então que Vera se deparou com um trabalho de crítica literária feito por um amigo e conterrâneo de Tchernichevski, Nikolai Dobroliubov. Era um ensaio enganosamente simples: uma longa resenha de um dos romances menos conhecidos de Turguêniev, *Na véspera*. Embora tenha sido publicado em 1860, parecia um epílogo, a continuação de *O que fazer?* da década de 1860.[18]

O âmago do ensaio de Dobroliubov era uma análise da personagem principal de Turguêniev, Helena, uma jovem autodidata e cheia de energia que aspira a nada menos que uma causa que a absorva por completo. Helena educa a si mesma, lê livros importantes e procura os companheiros certos. Disposta a agir, a dar a vida por algo maior que ela mesma, acha a sociedade russa inóspita para os seus sonhos. Para onde quer que se volte, vê homens fracos, sonhadores, idealistas — os mesmos homens supérfluos da geração anterior.[19]

Vera se descobre em Helena. Tem os mesmos desejos profundos e as mesmas ansiedades arrebatadoras que ela. Será que algum dia acharia um canal de expressão para suas aspirações? O ensaio de Dobroliubov dava uma esperança tênue: outra personagem do romance, um revolucionário búlgaro chamado Insarov. Completamente diferente dos outros à sua volta, Insarov é implacável, ambicioso e, às vezes, cheio de um ódio frio. Toda a sua vida é consumida por um único objetivo — instigar a revolução búlgara. Para Helena, ele é profundamente atraente. É, em resumo, seu salvador. Arranca-a de suas dúvidas e ansiedades e leva-a para um mundo de atividade pura e ousada. Não é de surpreender que Vera tenha achado esse ensaio absolutamente maravilhoso.

E não foi a única pessoa a ficar esperando ansiosamente que alguém chegasse e a levasse para a vida de seus sonhos.[20]

E então, em 1868, esse homem apareceu. Seu nome era Sergei Nechaev.

> 1. *O revolucionário é um homem condenado. Não tem interesses pessoais, nem obrigações, nem vínculos, nem propriedade, nem sequer um nome. Tudo nele é inteiramente absorvido por uma única ideia e por uma única paixão: a revolução.*
>
> — Sergei Nechaev, *Catecismo do revolucionário*[21]

Todos os que conheceram Nechaev lembravam-se de seu carisma intenso, da personalidade quase hipnótica que levava as pessoas a amá-lo ou temê-lo. Fisicamente, não tinha nada de excepcional. Era muito magro, o rosto fino, com olhos diabolicamente pequenos, amendoados. Examinando suas fotografias, é difícil perceber o seu charme. Em muitos retratos, parece muito mais jovem do que realmente é, em geral vestido com ternos que não lhe caem bem e parecem lhe ter sido emprestados. Só uma fotografia capta algo de seu poder de sedução. Tirada em 1865, quando tinha só 18 anos, mostra um jovem com cabelos pretos elegantemente penteados para trás com brilhantina, olhos claros com pupilas minúsculas e penetrantes e um leve sorriso irônico. A foto dá só uma ideia da essência do poder de Nechaev: seu charme demoníaco.

Seu controle sobre os outros era quase sobrenatural. Muitos se arriscaram a ser presos e cometeram suicídio por ordens suas. Mais tarde, tiveram dificuldade em explicar por quê. Quando lhes pediam para descrevê-lo, muitos de seus antigos conhecidos pareciam não ter palavras. Era "desagradável", declarou seu ex-colega de quarto, mas também "sedutor". Um dos companheiros de Nechaev concordou: "Um grande poder emanava dele, mas ele também tinha algo de repulsivo e demagógico." Era terrivelmente arrogante, briguento e ressentido com qualquer um que tivesse autoridade. Um das palavras que as pessoas mais usavam para descrevê-lo era "despótico".[22]

Mas ele exigia — e recebia — um respeito absoluto. Todos os que o conheciam admitiam que ele era completa e fanaticamente devotado à sua única causa: a revolução socialista. Estava determinado a ver a derrubada da monarquia russa, a abolição das classes sociais e a redistribuição da riqueza.

Permitia-se tudo a serviço desses objetivos. Centenas de radicais russos vieram a ter a mesma determinação que Nechaev só por terem fé nele.

Sua rápida ascensão até o topo do movimento revolucionário pode ser explicada em parte por seu cultivo cuidadoso da própria imagem. Ele queria dar a impressão de ter saído das páginas da literatura radical russa — uma combinação de Rakhmetov e Insarov —, o arquétipo de revolucionário implacável, dedicado, conspirador. Às vezes aparecia com o último livro revolucionário embaixo do braço; outras vezes, armado com um revólver. Como Rakhmetov, desaparecia por dias seguidos, sempre deixando implícito que alguma atividade clandestina exigia sua presença. Falava de organizações misteriosas das quais ninguém tinha ouvido falar e afirmava ter contatos com os mais importantes movimentos revolucionários da Europa. Para os estudantes ativistas jovens e imaturos, ansiosos por ação, mas sem saber por onde começar, ele parecia um veterano calejado pelas batalhas que sabia exatamente como e quando assumir as rédeas.[23]

Nunca falava sobre seu passado, mas deixava astuciosamente que os outros espalhassem boatos e histórias sobre ele. Seus companheiros mais íntimos contavam passagens fantásticas e muitas vezes contraditórias sobre sua vida: que tinha sido servo e foi analfabeto até os 16 anos, que vinha de uma família da classe operária e que passara a infância em meio a terrível pobreza e fome. Para tantos dos radicais que o conheceram, principalmente os filhos da nobreza, essa mística da classe inferior aumentava sua autoridade — ele falava dos sofrimentos dos pobres e oprimidos como se tivesse tido aquela dura experiência em primeira mão. Num mundo radical que era povoado principalmente pelos filhos do privilégio, ele oferecia autenticidade.[24]

Mas a verdade era, como sempre, mais complicada. Nechaev certamente teve uma infância mais difícil que a de seus companheiros. Sua família era considerada de classe média baixa — lojistas urbanos que viviam modestamente de seu negócio. Os avós eram todos servos libertos que tinham se mudado para a cidade a fim de se dedicar ao comércio. Os pais de Nechaev viviam como seus avós, e toda a família contribuía para o negócio.[25]

Ivanovo, onde Nechaev nasceu, foi uma das primeiras cidades industriais da Rússia. Conhecida como a Manchester russa, depois abrigou fábricas imensas e ruas tortuosas cheias de cabanas pobres de madeira enegrecida para os operários. Mas, durante a infância de Nechaev, Ivanovo era uma pequena cidade fabril. Aproximadamente metade do proletariado que vivia na cidade era de trabalhadores sazonais. Em resumo: Ivanovo era um lugar atrasado e provinciano que aspirava a ser uma cidade industrial. O verdadeiro desenvolvimento industrial só chegou a Ivanovo muito tempo depois que Nechaev a deixou. A cidade só teve uma estação ferroviária em 1868.[26]

A vida de Nechaev não era fácil. O negócio da família era uma lojinha de tintas, e o pai de Nechaev tinha vários empregos: trabalhava na loja e como garçom, além de fornecer refeições em regime de meio período. A mãe morrera quando ele tinha só 8 anos, e o pai estava ausente muitas vezes, procurando trabalho. Quando fez 10 anos, já tinha aprendido a pintar cartazes, envernizar assoalhos, atender mesas e servir grandes banquetes. A família só podia se dar ao luxo de pagar o aluguel de um apartamentinho de três quartos, abarrotado com Nechaev e os pais, os avós, suas duas irmãs e, de vez em quando, os trabalhadores empregados por seu avô. Sergei ajudava a criar as duas irmãs menores e, depois, quando o pai se casou novamente, teve de se adaptar à chegada da madrasta e, mais tarde, à chegada de dois meios-irmãos. Não havia dúvida de que sua vida estava a grande distância daquela de um nobre russo típico.[27]

Mas, para os padrões da vida russa do século XIX, a infância de Nechaev foi razoavelmente confortável. A família era relativamente unida e existia afeição real dentro dela, principalmente entre Nechaev e suas duas irmãs menores. Além disso, Nechaev, como o primogênito da família, teve todas as oportunidades de se aperfeiçoar. Quando decidiu estudar, a família compareceu, destinando seus limitados recursos para pagar professores particulares para ele.[28]

Mais tarde, Nechaev pode ter espalhado boatos sobre uma vida de pobreza asfixiante porque a verdade era infinitamente mais penosa — ele considerava humilhante vir de uma família de classe média baixa. Nechaev foi sensível a diferenças de classe desde tenra idade. Dizem que detestava trabalhar com o pai fornecendo refeições, porque não gostava de vê-lo humilhando-se na frente dos fregueses ricos. Quando o pai conseguiu lhe arranjar um emprego de menino de recados numa fábrica, ele ficou ressentido: "Não vou lamber as botas daqueles demônios."[29]

Nechaev mostrou desde muito cedo indícios de uma inteligência voraz. Na época em que saiu de Ivanovo, aos 17 anos, já tinha aprendido história russa, história mundial, poesia e retórica, álgebra, geometria, latim, alemão e francês, e tinha noções de física. Sua inteligência afiada logo fez dele o queridinho da *intelligentsia* de Ivanovo. A elite progressista da cidade via grande potencial no menino. Ele se tornou um astro local de tanto brilho que alguns começaram a prever grandes coisas para ele. Quando começou a participar do teatro amador, mostrando grande talento para representar, seus tutores logo o desencorajaram. Temiam que abandonasse os estudos pelo palco, e eles tinham planos mais ambiciosos para ele. Mais tarde, ele encontrou outros usos para seus talentos dramáticos.[30]

À medida que crescia, Nechaev foi ficando cada vez mais entediado e ressentido. Em virtude de sua educação, sentia-se infinitamente superior aos donos de fábrica, ricos mas praticamente analfabetos, que dominavam a sociedade de Ivanovo. Não queria mais ajudar o pai em empregos humildes; estava abaixo de sua dignidade trabalhar servindo refeições. Mas não podia ficar em casa sem fazer nada. Viver dos recursos da família faria com que se sentisse um "parasita". Para onde quer que se voltasse, Nechaev não via um canal de expressão para seus talentos. Ivanovo, escreveu ele a um de seus professores, não passava de um "pântano do diabo". Em 1865, foi embora da cidade.[31]

Mas parecia que, para onde quer que fosse, Nechaev não conseguiria escapar dos limites de sua classe social. Quando tinha 16 anos, sua educação era dispersa demais e informal demais para ele passar no exame de admissão do ginásio de Moscou. A educação universitária foi-lhe barrada para sempre. Voltou-se para a única outra oportunidade que parecia viável — passar no exame para professor e tornar-se instrutor de escola primária. Em 1866, já havia terminado seus estudos pedagógicos e conseguido uma nomeação como professor de estudos bíblicos numa escola paroquial de São Petersburgo. Era um bom emprego; mas, para um homem de ambição tremenda, do qual tanto fora esperado, era um retrocesso. A vida estava conspirando para mantê-lo em seu lugar.[32]

No verão de 1866, recebeu mais um golpe esmagador. Sua adorada irmã Fiona tinha sido obrigada a se casar com um amigo da família, principalmente porque os Nechaev queriam evitar pagar-lhe um dote. A história era como um capítulo tirado de *Crime e castigo*, de Dostoiévski. Durante longo tempo, Fiona resistiu aos pais, sempre contando com o apoio de Nechaev. Mas seus pais a enganaram, dizendo-lhe que Nechaev tinha mandado uma carta aprovando o casamento. Quando Nechaev voltou para casa no verão de 1866, Fiona recebeu-o com o primeiro filho nos braços. Nechaev ficou furioso. Dizem que começou a gritar: — Meu Deus! Fótia, Fótia, o que foi que você fez?

Foi mais uma confirmação dos laços que o prendiam à sua posição social.[33]

No outono de 1866, Nechaev voltou a São Petersburgo para assumir seus encargos de professor, cheio de um ressentimento profundo. Nos dois anos seguintes, ninguém poderia dizer como exatamente passou os seus dias. Ficava quieto e retraído. Cercou-se de livros e panfletos e estava sempre lendo ou com um livro nas mãos. Quando não estava lendo, estava envolvido com outras atividades estranhas, aprendendo coisas práticas, como costura, fabricação de calçados e carpintaria. Quando lhe perguntavam por quê, respondia com um lacônico "pode ser necessário", citando Rakhmetov em *O que fazer?*[34]

Na verdade, estava sendo cada vez mais consumido por Karakozov e seu legado. Durante todo o ano de 1866 e 1867, Nechaev ficou fascinado pelos detalhes da tentativa de assassinato e da conspiração. Ninguém sabe exatamente como aconteceu, mas Sergei chegou a São Petersburgo em 1866 como um jovem ressentido e ambicioso, e surgiu em 1868 como um radical ardente. Nesse meio-tempo, encontrou sua vocação: tornar-se o líder da revolução russa.

Estudou assiduamente os detalhes das organizações revolucionárias anteriores — não só a Organização e o Inferno, mas outras, entre as quais várias sociedades secretas polonesas e italianas, e a famosa "Conspiração dos Iguais", da França, liderada pelo revolucionário Gracchus Babeuf em 1795. Nechaev tirou de cada uma delas princípios úteis para um futuro trabalho conspiratório: uma hierarquia secreta de células, nomes de guerra, senhas, selos secretos e mensagens cifradas.[35]

Estava determinado a construir uma nova organização conspiratória, povoada por Karakozovs. "Há muita gente para tomar o lugar de Karakozov", explicou. E sabia exatamente onde encontrar essas pessoas — entre os estudantes universitários de São Petersburgo. Quando o ano letivo da universidade começou em setembro de 1868, Nechaev matriculou-se como ouvinte, o que lhe permitia assistir às aulas, mas não receber um diploma. Frequentava a universidade tão assiduamente que, mais tarde, muitos juraram que ele era um aluno regular — mais um boato que Nechaev provavelmente alimentava. Mas, ao frequentar as aulas, seu verdadeiro propósito era infiltrar-se no movimento estudantil e conquistar adeptos para sua causa radical.[36]

Suas táticas eram brilhantes. Fazia questão de estar em todos os encontros potencialmente radicais, inclusive reuniões estudantis e grupos de leitura. Falava pouco, só observava e esperava. Era inevitável que acabasse identificando um possível adepto: alguém que parecesse mais descontente e mais ambicioso ou mais inteligente que o resto. Depois que a reunião terminava, ele se aproximava tranquilamente do alvo e sugeria que se encontrassem em separado para discutir a "verdadeira" estratégia revolucionária. Seu carisma intenso garantia que os radicais mais exaltados e ativos de São Petersburgo logo caíssem em sua teia.[37]

No fim do outono de 1868, Nechaev descobriu Vera Zasulich. Esse encontro alteraria irrevogavelmente o destino da moça.

> *2. O revolucionário sabe que, nas profundezas de seu ser, não só em palavras, mas também em atos, rompeu todos os laços que o ligavam à ordem civil e ao mundo civilizado com todas as suas leis, moralidades e costumes e com todas as suas convenções geralmente aceitas. É seu inimigo implacável e, se continua vivendo com eles, é só para poder destruí-los mais depressa.*
>
> — Sergei Nechaev, *Catecismo do revolucionário*[38]

Certo dia, o instrutor de Vera em pedagogia aproximou-se dela depois da aula e convidou-a para ir a seu apartamento. Alguns colegas estavam se encontrando lá, explicou ele, para discutir o que os professores deviam ler para "prepará-los para seu trabalho". Vera percebeu imediatamente que se tratava de um código — ela estava sendo convidada para um grupo de leitura radical. Aceitou o convite, claro.[39]

O apartamento do professor era um ateliezinho, e as pessoas que estavam na sala acotovelavam-se em torno de uma mesa minúscula ou amontoavam-se numa cama que havia num canto. Talvez por causa do desconforto do lugar, a reunião começou de forma morna, desajeitada. Os professores eram todos jovens, e muitos tinham poucas leituras. Quando chegou a hora de sugerir livros ao grupo, um deles recomendou ingenuamente um livro sobre pedagogia. Vera sentiu-se frustrada mais uma vez. O grupo de leitura não parecia nada promissor — era difícil imaginar aqueles homens e mulheres ignorantes discutindo as ideias radicais importantes do momento.

Reconhecendo que era a pessoa mais instruída da sala, Vera superou a timidez e assumiu o controle da reunião. Perguntou aos professores o que tinham lido e aconselhou vários livros e artigos. A certa altura, disse ao grupo que eles deviam ler uma de suas obras favoritas, *Quando virá o dia da verdade?*, de Dobroliubov.

— E quando é que ele vai chegar? — perguntou um dos professores.

Vera citou Dobroliubov ousadamente:

— Quando toda uma geração tiver sido educada numa atmosfera de esperança e expectativa.

Um homem que tinha estado silenciosamente encostado na cama do canto levantou a voz:

— Isso quer dizer agora — afirmou com uma autoridade tranquila.

Depois da reunião, ele aproximou-se de Vera e apresentou-se. Era Sergei Nechaev.

Com sua perspicácia habitual, Nechaev formou uma opinião sobre Vera instantaneamente. *Quando virá o dia da verdade?* traíra a moça. Supôs que Vera fosse como Helena, uma mulher que crescera ansiando por uma vida extraordinária, uma vida que tivesse sentido e realização verdadeira. Uma mulher assim procurava, em meio a seus conhecidos, um homem que tivesse os mesmos desejos que ela e a levasse para uma vida de ação. Como Helena, ela estava esperando por um Insarov, alguém que "lutava incansavelmente por seu objetivo e carregava outros consigo".

Pediu a Vera que passasse em sua escola.

— Por quê? — perguntou ela inocentemente. — Os professores estão se reunindo lá também?

— Não — respondeu ele. — Precisamos conversar.

Em suas memórias, Vera diria mais tarde que, inicialmente, não tinha a menor intenção de aceitar o convite. Mas, em dezembro de 1868, estava inteiramente hipnotizada. Falou com a irmã sobre um jovem extraordinário que havia conhecido, um homem inteligente e cheio de energia, com um talento especial para inspirar os estudantes. No ano seguinte, emaranhou-se completamente na teia de Nechaev.[40]

Com a força pura e simples de seu carisma, Nechaev transformou um grupo heterogêneo de jovens estudantes devotados numa conspiração com todas as armadilhas de um culto. A uma jovem geração perdida, oferecia uma causa que abrangia tudo, e não esperava nada menos que o sacrifício total. Por sua vez, os membros dessa geração estavam dispostos a acreditar nele, cativados por sua determinação, por seu fervor.

Suas técnicas emprestadas de movimentos conspiratórios do passado incorporavam rituais no estilo maçônico. Quando convidava adeptos em potencial para uma reunião, preparava meticulosamente o palco. No apartamento onde se daria o encontro, fechava as cortinas e acendia um punhado de velas. Colocava sobre a mesa retratos de dois jacobinos franceses, Robespierre e St. Just. Depois que a reunião começava, Nechaev lia para seus acólitos textos que falavam de outras conspirações revolucionárias e eles debatiam as táticas de Gracchus Babeuf e outros. Ele dava a entender que era membro de uma organização revolucionária secreta da Europa e que tinha sido mandado para recrutar os melhores russos para a causa.[41]

Nechaev seduzia seus seguidores com uma retórica exaltada, uma retórica que descrevia o mundo em termos maniqueístas e convocava os fiéis para a batalha. Fez circular um manifesto radical, o "Programa de Ação Revolucionária", na qual o socialismo era explicado nos termos mais simples possíveis. O mundo atual era um mundo de pobreza, sujeição e maldade, onde os pobres usavam "trapos lamentáveis" e viviam em "porões fétidos", enquanto os ricos desfrutavam "todos os confortos e honrarias imagináveis". Qualquer um que olhasse imparcialmente para essas condições veria a sociedade russa como "o reino dos insanos". Na verdade, toda a ordem social entraria inevitavelmente em colapso sob o peso de suas próprias injustiças. A tarefa de todo revolucionário honesto era acelerar esse colapso inevitável. "Portanto, *a revolução social é nosso objetivo final, e a revolução política é o único meio de alcançar esse objetivo.*" Era hora de guerrear.[42]

Nechaev e seus seguidores deram a si mesmos o nome de "Comitê Revolucionário". A data da revolução foi marcada. Segundo as previsões de Nechaev, no dia 19 de fevereiro de 1870, o nono aniversário da abolição da servidão, haveria um tumulto generalizado entre os camponeses. A revolução devia coincidir com essa data. O comitê decidira-se por um processo em dois estágios. O primeiro era radicalizar os estudantes russos, instigando-os a fazer protestos e manifestações. Em seguida, esses estudantes radicais deviam espalhar-se pelo interior para distribuir panfletos e mobilizar o campesinato. Por fim, exatamente no dia 19 de fevereiro, um determinado terrorista mataria o tsar. O resto da organização, vestida como os camponeses, estaria a postos nas esquinas das ruas de São Petersburgo e Moscou, e gritaria: "O tsar foi morto, e querem transformar todos em servos." Essas palavras deviam desencadear uma conflagração geral, que acabaria por varrer toda a Rússia.[43]

O que aconteceria depois desses paroxismos de violência? Nechaev não tinha necessidade de explicar. Os leitores devotados de Tchernichevski sabiam que esse era finalmente o caminho para o apocalipse segundo *O que fazer?* Nechaev, como Ishutin antes dele, estava escrevendo sua versão da passagem que faltava no romance. Primeiro, a revolução: violência, derramamento de sangue, destruição implacável. Depois, a utopia. Como no Novo Testamento, a revolução separaria o joio do trigo.

Assim, Nechaev apresentava-se como a versão revolucionária da segunda vinda de Cristo. Seus seguidores estavam convencidos de que haviam encontrado um salvador. "Leiam o Novo Testamento, Lucas, capítulo 3, versículos 9 e 17", escreveu, em carta a um amigo, Evlampii Ametistov, um adepto fervoroso de Nechaev: "'O machado já está pronto para cortar a raiz das árvores; toda árvore, portanto, que não der bom fruto, será cortada e lançada ao fogo.' E 'Ele *tem* na mão a pá, a fim de joeirar sua eira e recolher o trigo em seu celeiro; mas o refugo, ele o queimará no fogo que não se extingue.'"[44]

> 6. *Tirânico consigo mesmo, ele deve ser tirânico com os outros. Todos os sentimentos delicados e enervantes de laços de sangue, amor, amizade, gratidão e até honra devem ser reprimidos nele e dar lugar a uma paixão fria e monolítica pela revolução. Para ele, existe só um único prazer, um único consolo, uma única recompensa, uma única satisfação — o êxito da revolução. Noite e dia ele deve ter um único pensamento, um único objetivo — destruição implacável. Empenhando-se calma e infatigavelmente para esse fim, ele deve estar preparado para destruir a si mesmo e para destruir com as próprias mãos tudo o que estiver no caminho da revolução.*
>
> — Sergei Nechaev, *Catecismo do revolucionário*[45]

No inverno de 1868-69, Nechaev e seus seguidores começaram a executar o primeiro estágio de sua conspiração. Para radicalizar os estudantes de São Petersburgo, Nechaev incentivou sutilmente o ressurgimento das assembleias antigas, as *skhodki* que tinham sido tão populares no início dos anos 1860. Proibidos de se reunir no terreno da universidade, os estudantes começaram a se encontrar em apartamentos privados espalhados por toda a cidade. De vez em quando, eram feitas assembleias em minúsculos apartamentos de um quarto, e aí os encontros se tornavam canhestros, pois a grande multidão tinha de se dividir por cômodos diferentes. Mas, às vezes, generosos mecenas liberais ou pais tolerantes permitiam que os estudantes fizessem uso de suas casas, e então gloriosos salões de baile iluminados com velas ficavam cheios de centenas de estudantes, radicais e simples observadores curiosos.[46]

Embora as assembleias de estudantes fossem tecnicamente ilegais, não eram secretas. Foram muitas vezes divulgadas em jornais, em linguagem ligeiramente cifrada. De quando em quando, no dia da assembleia, os estudantes iam de porta em porta para rebocar os preguiçosos ou relutantes. Dizem que havia policiais na porta de ao menos uma das reuniões, contando os estudantes enquanto eles entravam. Mas, depois que a reunião terminava, os policiais iam embora tranquilamente, e não havia repercussões. A polícia parecia ter relaxado seu controle sobre o ativismo estudantil.[47]

Vera, que participou de muitos desses encontros, foi testemunha ocular das táticas maquiavélicas de Nechaev. Nechaev raramente falava nas assembleias e nunca procurava dominar a discussão diretamente. Eram seus seguidores que falavam. Os mais radicais dos acólitos de Nechaev inflamavam-se com um fervor evangélico. Subindo numa cadeira, esses agitadores faziam discursos passionais. Levantem-se contra o aparato opressivo da universidade e exijam seus direitos! Estudantes mais moderados pediam calma, argumentando que o ativismo despertaria desnecessariamente a hostilidade do governo. Eram denunciados e afastados aos gritos, chamados de covardes. Os ativistas mais extremados logo assumiram as rédeas do movimento estudantil.[48]

O que os estudantes não sabiam, e o que até os seguidores mais íntimos de Nechaev não se davam conta, é que Nechaev estava às voltas com uma fraude muito bem arquitetada. Embora ele falasse eloquentemente sobre o cataclismo iminente, sabia que esse conjunto heterogêneo de radicais ainda não estava pronto. Ainda eram sonhadores, hipnotizados por visões de uma harmoniosa utopia futura. Precisavam livrar-se de sua ingenuidade e tornar-se revolucionários insensíveis.[49] Tinham de sentir ódio. E só havia uma forma de despertar um ódio terrível e implacável nos estudantes: a experiência direta da brutalidade da polícia russa.

E foi por isso que Nechaev montou sua conspiração mais impiedosa. Trairia os estudantes e os próprios companheiros, denunciando-os às autoridades. Confiava somente em seus amigos mais chegados, revelando seu plano para instigar até os estudantes radicais desanimados a participar de protestos e manifestações. Esses estudantes seriam detidos, presos e exilados. Essa experiência da perseguição do regime os deixaria calejados em relação ao regime russo e eles levariam esse ódio consigo para seus locais de exílio em toda a Rússia. Na verdade, um exército de revolucionários amargos incendiaria o interior, desencadeando a revolta entre os camponeses russos.[50]

No dia 28 de janeiro de 1869, Nechaev, o ator consumado, subiu ao palco de sua última assembleia estudantil. Todos ficaram em silêncio quando Nechaev subiu na cadeira e ficou de pé sobre ela. Embora fosse baixo e magro, seus olhos queimavam com uma intensidade terrível. Declarou à sala silenciosa que o tempo de discussão terminara. Chegara o momento de agir. Numa mesa à sua frente havia uma petição exigindo que a universidade desse aos estudantes plenos direitos de realizar suas assembleias onde bem entendessem. Quem teria coragem para assiná-la? "Aqueles que não temem pela própria pele", declarou Nechaev astutamente, "separem-se do resto e escrevam seu nome nessa petição."[51]

Os primeiros a assinar a petição foram os seguidores de Nechaev; depois o resto da assembleia aglomerou-se em volta da mesa. Subjugados pelo poder das palavras de Nechaev, ansiavam por fazer parte desse movimento novo e ousado. Ele conseguiu coletar quase cem assinaturas antes de alguns estudantes desconfiados começarem a questionar o verdadeiro propósito da petição. Seu silêncio provocou medo. Foram ouvidos murmúrios entre a multidão de que aquela lista poderia ser perigosa, que poderia cair nas mãos da polícia. Alguns exigiram que a petição fosse destruída. Mas era tarde demais. A lista de assinaturas já estava no bolso de Nechaev, que saiu da reunião com o destino de noventa e sete estudantes nas mãos.

No dia 30 de janeiro, Nechaev foi chamado à delegacia para ser interrogado. Provavelmente entregou às autoridades a petição daquele dia.[52]

> 7. *A natureza do verdadeiro revolucionário exclui todo e qualquer sentimentalismo, romantismo, arrebatamento e exaltação. Todo ódio e vingança particular também devem ser excluídos. A paixão revolucionária, praticada a todo momento do dia até se tornar um hábito, deve ser empregada com um calculismo frio. Em todos os momentos e em todos os lugares, o revolucionário deve obedecer não aos seus impulsos pessoais, mas somente àqueles que servem à causa da revolução.*
>
> — SERGEI NECHAEV, *Catecismo do revolucionário*[53]

Na noite seguinte, Nechaev visitou Vera no apartamento que ela dividia com outro de seus seguidores. Sentado no quartinho de dormir, Nechaev começou sua tentativa mais séria para conquistar Vera para sua causa. Estava indo para o exterior e queria que ela fosse com ele. Embora Vera não tenha conseguido se recordar das palavras exatas, lembrou-se durante muito tempo do que sentiu naquela noite. Ficou intensamente agitada e confusa, firmemente presa pelo poder dessa personalidade. Travaram uma batalha de vontades. Ele lhe falou sobre a revolução, sobre uma vida de dedicação suprema à causa. Declarou saber o que era a revolução — poderia guiá-la, ensiná-la. Queria que ela o seguisse, que o aceitasse como líder.[54]

Vera ficou com a cabeça girando. O que Nechaev queria dela? Estava falando de coisas com as quais ela tinha sonhado por tanto tempo... era como se ele conseguisse ver dentro de sua alma e discernisse todos os seus anseios mais profundos. "Servir a revolução", escreveu ela mais tarde, "essa era a felicidade suprema com a qual eu só podia sonhar." Mas as dúvidas persistiam. Algo a detinha.

— Ao menos não vai se recusar a me dar seu endereço? — perguntou Nechaev por fim, tentando dissolver as dúvidas da moça.

Ela concordou sem hesitar, assegurando-lhe que queria contribuir para a causa. Ele pareceu feliz a esse sinal de rendição.

Depois que Nechaev saiu do quarto, Vera começou a andar de um lado para o outro. Não conseguia se livrar da confusão que sentira na presença dele. Aquela fora sua primeira discussão verdadeira sobre a revolução, seus primeiros passos para uma vida dedicada à causa. Até onde estava disposta a ir? Sem aviso, Nechaev reapareceu. Retomou seu lugar e ela, nervosa, sentou-se também. E então veio uma declaração inesperada:

— Eu me apaixonei por você.

Vera levantou-se novamente de um salto. Durante longo tempo, andou de lá para cá em silêncio. Até aquele momento, Nechaev era um homem que ela tinha admirado de longe. Agora, parecia tê-la escolhido como discípula especial. Mais tarde, Vera declarou que suas palavras despertaram apenas "surpresa" e preocupação sobre a forma de enunciar sua resposta. Mas sua autobiografia sugere que algo naquela declaração de amor era profundamente tentador. Será que Nechaev poderia se tornar seu Insarov? Será que ela, como Helena, poderia finalmente dizer "que havia encontrado a palavra pela qual seu coração ansiava"? Se Vera fosse Helena, largaria tudo e o seguiria.

Mas algo dentro dela foi contra aquela proposta. Depois de um longo silêncio, ela disse simplesmente:

— Valorizo sua amizade, mas não o amo.

Muito tempo depois, Vera escreveu falando do desassossego que tomara conta dela durante a noite com Nechaev. Sentia que ele era um homem envolvido demais com a revolução para amar alguém sinceramente. Talvez, num sentido prático, Vera pudesse lhe ser útil, dando-lhe cobertura em suas viagens no exterior e ajudando-o com seus conhecimentos de francês e alemão. Mas Nechaev era um homem que exigia devoção absoluta, e sua declaração de amor era uma forma de testá-la. Não era um sentimento real: era uma estratégia calculada. Vera não sucumbiria.

Nechaev inclinou-se e saiu. Mas não tinha desistido dela, longe disso.

Alguns dias depois, Vera desempenhou seu papel no segundo ato do drama de Nechaev. Encontrou uma carta em sua caixa de correspondência, sem endereço do remetente. Dentro do envelope havia dois bilhetes, um dentro do outro. A carta externa anônima contava uma história criativa: "Enquanto passeava pela ilha de Vasilevski", dizia o autor, "encontrei uma carruagem que levava um preso. Uma mão apareceu na janela da carruagem e deixou cair um bilhete no chão. Ouvi uma voz dizer: 'Se você é um estudante, leve isso para o endereço do destinatário.'" Dobrado dentro dessa carta havia um bilhete rabiscado às pressas com a letra de Nechaev. "Estão me levando para a prisão", escreveu ele, "onde, não sei. Diga isso aos companheiros. Espero encontrar-me logo com eles: devem continuar nosso trabalho."[55]

Quando Vera mostrou o bilhete a seus amigos, as fileiras de radicais foram imediatamente tomadas pelo pânico. Anna Nechaev, a irmã mais nova de Nechaev, ficou arrasada com a notícia. Fora de si de preocupação, correu de prisão em prisão em São Petersburgo, em busca do irmão. Policiais e autoridades responsáveis pelas prisões negaram igualmente ter qualquer conhecimento de sua detenção. Perplexos e alarmados, os estudantes universitários ocuparam um grande auditório e exigiram que o reitor da universidade explicasse a prisão de Nechaev. Ficaram espantados ao saber que nenhum estudante chamado Nechaev jamais se matriculara na universidade. Todos acharam que o reitor estava mentindo. Circularam boatos de que Nechaev fora preso secretamente e estava sendo mantido em local ignorado. Em sua ausência, a lenda em torno de sua pessoa só fez aumentar, mesmo entre aqueles que nunca o conheceram pessoalmente.[56]

O desempenho teatral de Nechaev hipnotizou completamente o seu público. Não havia sido preso, claro. Tinha fugido para o exterior, como planejara há tanto tempo, para escapar à vigilância da polícia. Na Europa, procurou revolucionários russos exilados e recrutou-os para a causa. Resolveu concentrar seus esforços em Mikhail Bakunin, que, a essa altura, tinha se tornado uma das figuras revolucionárias mais veneradas da Europa. O arsenal carismático de Nechaev era muito bem suprido. Sabia exatamente qual estratagema usar para conquistar a simpatia de Bakunin. Ia se apresentar como o salvador revolucionário da Rússia, esperado há tanto tempo.

Tenho aqui um exemplo daqueles jovens fanáticos que não têm dúvidas nem medo e que concluíram que, seja qual for o número deles mortos pelo governo, não vão descansar enquanto o povo não se revoltar. São charmosos, esses jovens fanáticos, fiéis a um deus, heróis sem retórica floreada.

— MIKHAIL BAKUNIN, carta a James Guillaume, 1869[57]

Em abril de 1869, Bakunin já tinha tido uma vida extraordinária. Sua energia inesgotável o tinha levado a façanhas cada vez mais perigosas. Tendo dedicado a vida à sua "noiva" revolucionária, a partir de 1843 Bakunin tentara participar de toda e qualquer causa revolucionária da Europa. Num único ano, 1848, conseguiu estar presente em todas as revoltas europeias: em fevereiro, estava fazendo manifestações em Paris; em março, foi preso por um curto período em Berlim; e, em maio, esteve no Congresso Eslavo em Praga. O fracasso de todas essas atividades não o desanimou. Em 1849, estava nas barricadas de Dresden, instigando rebeldes hesitantes a enfrentar com coragem as tropas prussianas — para acabar vendo as barricadas esmagadas e ele mesmo detido, preso e extraditado para a Rússia. Passou os oito anos seguintes em várias prisões, e mais cinco em exílio na Sibéria. Em 1861, Bakunin finalmente escapou e fez uma viagem inacreditável de Nikolaevsk, na Rússia, para Yokohama, São Francisco, Nova York, Boston e, por fim, Londres. De Londres, começou de novo toda a sua perambulação revolucionária. Tentou participar da insurreição polonesa contra a Rússia em 1863; em 1864, conheceu Karl Marx.[58]

Um único objetivo o sustentou durante todos esses anos: sonhava com a destruição implacável de toda a ordem social e política do mundo. A dedicação de Bakunin à harmonia universal confluía estranhamente com seu amor pela violência. Embora falasse muito sobre a possibilidade de um novo mundo, falava mais ainda sobre esmagar, demolir e aniquilar. Mas, para Bakunin, o amor e a desordem não eram polos opostos. Uma coisa os ligava, um conceito que era, na cabeça dele, sinônimo de revolução e destruição. Esse conceito era a liberdade.

Bakunin, uma alma errante, via a liberdade como algo intensamente físico — era o martelo que arrebentaria os grilhões que prendiam toda a humanidade. Referia-se frequentemente ao mundo de seu tempo como "sufocante", como algo que impedia as pessoas de respirar, de aspirar o verdadeiro sopro da vida. O Estado, com sua polícia e aparato militar, era, claro está, a principal forma de impor a servidão. Mas outras instituições da ordem contemporânea também estavam envolvidas. Costumes, convenções, crenças religiosas e todo o sistema educacional conspiravam para manter os seres humanos algemados ao mundo corrupto de seu tempo.[59]

Destruição significava libertação — a demolição das prisões, tanto mentais quanto físicas. Só depois que o mundo de seu tempo fosse destruído é que os seres humanos poderiam desenvolver todo o seu potencial ou, nos termos de Bakunin, respirar profunda e verdadeiramente pela primeira vez. Só depois disso é que o amor seria possível — o amor de seres potentes dispostos a se doar. Para Bakunin, o propósito da revolução não era a democracia parlamentar, a previdência social, o dia de trabalho de oito horas ou folga nos fins de semana. Nada poderia ser salvo, nada poderia ser reformado. Reformar era aprisionar o homem com grilhões mais leves. O novo mundo só poderia nascer das cinzas do velho. "E então diremos a nossos irmãos iludidos", escreveu ele em 1842: "Arrependei-vos, arrependei-vos, o Reino do Senhor está prestes a chegar!"[60]

Em 1871, Bakunin, como tantos outros revolucionários antes dele, via a verdadeira libertação como divinização do ser humano. A revolução tomaria de assalto o próprio céu e faria dos homens deuses. "Se Deus existe, o homem é escravo", escreveu ele. "Agora o homem pode e deve ser livre. (...) Inverto a frase de Voltaire e digo que, se Deus realmente existisse, seria necessário destruí-lo." Ou, nas palavras que se tornaram sua máxima pela vida toda: "A paixão pela destruição também é uma paixão criadora."[61]

A destruição tornou-se, então, evangelismo, a palavra de ordem da nova fé.

Portanto, a chegada do jovem Nechaev pareceu a Bakunin o advento de um novo messias. Apaixonou-se literalmente por aquele jovem austero, que parecia uma versão mais pura dele mesmo mais jovem. Sem os empecilhos de tormentos filosóficos, monoliticamente devotado à causa, Nechaev era a realização do mais delirante sonho revolucionário. Sua vida era inteiramente dedicada à destruição impiedosa e, por isso, era uma força puramente negativa. Bakunin era tão devotado a Nechaev (chamava-o de "meu menino") que estava disposto a dar tudo a esse jovem "espécime" do espírito revolucionário russo. Viveram juntos por quatro meses, "no mesmo quarto", como Bakunin explicava, "passando quase todas as noites em conversas sobre toda sorte de questões".[62]

Nechaev chegara a Genebra com sua *persona* cuidadosamente preparada — e fez pleno uso de seus talentos dramáticos. Afirmava ser de família camponesa e que seus modos grosseiros eram resultado da pobreza de sua infância. Declarava, com confiança fingida, que a Rússia estava prestes a se revoltar e contava histórias fantásticas sobre fomes, rebeliões e prisões em massa e sobre a agitação generalizada. E apresentava-se como o líder de um grande movimento clandestino, que estava muito perto de dar realidade à tão sonhada revolução.[63]

As esperanças de Bakunin ganharam vida nova. Seria esse o cataclismo esperado há tanto tempo? Ansioso por ajudar, deu a Nechaev tudo do quanto ele precisava. Juntos, começaram uma campanha propagandística incansável, enviando centenas de panfletos para a Rússia a fim de provocar uma insurreição nacional. Estava na hora de abandonar as universidades, declaravam esses panfletos, pois eram apenas instituições corruptas que matavam a inteligência com informações triviais. Estava na hora de ir em direção ao povo e jogar lenha na fogueira do ódio que o governo russo abafara por tanto tempo.[64]

"A paixão pela destruição também é uma paixão criadora." Nechaev fez eco e amplificou a máxima de Bakunin, transformando a destruição numa força sagrada e pura, merecedora de todos os sacrifícios. "Veneno, punhal, corda, etc.!", escrevia ele em seus panfletos. "A revolução santifica tudo igualmente nessa luta. (...) Isso será chamado de terrorismo!" Não se devia ter nenhuma misericórdia; ninguém devia ser poupado. "É muito mais humano retalhar e estrangular centenas de pessoas odiadas do que participar, (...) dos assassinatos sistemáticos, torturas e tormentos sancionados pela lei a que são sujeitos milhões de camponeses."[65]

É claro que essa destruição serviria aos propósitos de um mundo futuro de humanidade e justiça. Mas o novo mundo ainda não devia ser levado em consideração. Aqueles que estavam vivendo agora estavam manchados demais pela imundície do mundo existente. Mas, se "as abominações da civilização contemporânea" fossem destruídas até os alicerces, então toda uma nova geração poderia surgir, saudável e pura, para "construir a estrutura do paraíso".[66]

"Não construímos. Destruímos." A genealogia de Herzen a Bazárov, de Bakunin a Nechaev era clara. Destruir era ter fé num novo futuro. Como os mais fervorosos milenaristas, os revolucionários russos podiam anunciar confiantemente o apocalipse, porque só o apocalipse levaria a um Reino do Céu na Terra. Por intermédio de Bakunin e Nechaev, os radicais convenceram-se de que a visão inebriante de Tchernichevski, de um mundo construído sobre os alicerces do amor, só se tornaria realidade depois de um período de terror incessante e implacável. O amor e o terror tornaram-se, para muitos, a face de Jano da revolução.

Alexander Herzen só viu Nechaev uma vez e imediatamente detestou tudo nele. Aos olhos de um velho dos anos 1840, Nechaev era grosseiro, fanático e afligido por uma deformidade moral interna. Herzen recusava-se a ver Nechaev como seu herdeiro intelectual. Mas Nechaev riria por último de seu "pai", em mais de um sentido.

> 8. *O revolucionário não pode ter amizades ou apegos, exceto por aqueles que provaram por seus atos que, como ele, são dedicados à revolução. O grau de amizade, devoção e dever por um companheiro assim é determinado exclusivamente por sua utilidade para a causa da destruição revolucionária total.*
>
> — Sergei Nechaev, *Catecismo do revolucionário*[67]

Exceto o próprio Bakunin, poucos perceberam até que ponto Nechaev estava disposto a ir. Além de instigar a revolta na Rússia, a campanha de panfletagem tinha a intenção de provocar uma reação violenta do governo russo. Nechaev previra que os panfletos, assim que fossem descobertos, lançariam a polícia num frenesi de perseguições. Quem fosse pego com essa literatura extremista nas mãos logo sentiria todo o poder bruto do regime russo. Ativistas moderados, radicais hesitantes e militantes ingênuos logo se dariam conta do que significava cair nas mãos da polícia secreta russa.[68]

Portanto, Nechaev escolheu cuidadosamente o alvo de sua campanha. Por meio de esforços diligentes, Nechaev tinha compilado uma lista de mais de 380 nomes antes de deixar a Rússia. Sua prática era conseguir imediatamente um nome e um endereço assim que conhecia alguém. Dessa forma, quer se encontrasse ou não de novo com aquela pessoa, ela já estava sob seu controle. Agora essa lista prestaria um bom serviço a Nechaev. Todos os nomes que constavam dela receberiam um pacote de panfletos. Às vezes, para incriminar mais ainda uma pessoa, Nechaev escrevia-lhe uma carta com detalhes de planos revolucionários, como que pressupondo uma simpatia total por seus métodos. Dezenas dessas cartas foram recuperadas pela polícia, às vezes através de indivíduos mais perspicazes que as entregavam diretamente às autoridades.[69]

Cada carta e panfleto era um pequeno manifesto de extremismo exultante. A retórica falava de "forças do mal", "inimigos" no "pântano do despotismo" que deviam ser "esmagados para que as terras do camponês russo pudessem respirar". A linguagem puramente nechaevitana dos panfletos era complementada pela retórica de Bakunin em outros, glorificando a necessidade da violência: "Muitos, muitos de seus companheiros pereceram, mas, para cada um dos mortos, dez novos guerreiros, inimigos do Estado, surgirão da terra. Isso significa que o fim do Estado está próximo."[70]

Nesse ínterim, mesmo enquanto assegurava firmemente sua posição na comunidade radical *émigrée* da Europa, Nechaev nunca se esqueceu de Vera. Escrevia insistentemente a seus antigos companheiros exigindo informações, dinheiro e notícias dela. Dizia sempre que nenhum esforço devia ser poupado para que ela lhe fosse mandada. "Eu soube que ela está se preparando para ir para o exterior", pressionava ele. "Que venha logo!" Será que esse revolucionário de vontade férrea estava realmente apaixonado pela única pessoa que o recusara na vida? Ou será que ainda a via como um instrumento particularmente útil a seus planos? Impossível saber.[71]

Uma terceira possibilidade, uma possibilidade mais insidiosa também se insinua aqui. As cartas eram escritas numa espécie de código grosseiro, que a polícia teve muito pouco trabalho para decifrar. Será que Nechaev escrevia deliberadamente o nome de Vera, muitas e muitas vezes, para garantir que ela seria implicada numa atividade revolucionária? Pode ter sido um ato primoroso de vingança pela única rejeição que ele teve na vida.

A própria Vera nunca descobriu a verdade. Mas, intencionalmente ou não, as cartas de Nechaev denunciaram-na à polícia. Graças a ele, ela passou cinco anos na prisão e no exílio, sendo uma de suas muitas vítimas.

CAPÍTULO 6

A fortaleza

Em janeiro de 1867, em sua revista *The Bell*, editada no exílio, Alexander Herzen publicou um relatório da polícia secreta russa intitulado "Terror Branco". De autor anônimo, pretendia ser a descrição definitiva da investigação da tentativa de assassinato praticada por Karakozov. O artigo pintava um quadro sombrio do regime de terror secreto da Rússia. Os policiais, como lobos, caçavam seus suspeitos à noite e agarravam qualquer um que encontrassem — velhas, mães que estavam amamentando, crianças. Depois de sujeitar suas vítimas a revistas humilhantes em que eram obrigadas a tirar a roupa e interrogatórios igualmente humilhantes, a polícia, sem a menor cerimônia, lançava essas pessoas inocentes em celas escuras da Fortaleza Pedro e Paulo. Elas definhavam ali por meses a fio, em celas impenetráveis reservadas para os piores criminosos políticos. Quando libertadas, as vítimas saíam de sua provação emagrecidas, fracas e com cicatrizes mentais. Os idosos raramente sobreviviam.[1]

E essas eram as pessoas que tiveram sorte. Os suspeitos mais perigosos eram brutalmente torturados, muitas vezes pelas próprias mãos do investigador-chefe do tsar, Mikhail Muraviev. Para muitas de suas vítimas, Muraviev era o demônio em figura de gente. "Era gordo e flácido e tinha uma expressão de ferocidade animal no rosto. Com a boca espumando, os olhos injetados de sangue, desfigurado de ódio, era repulsivo como só pode ser um homem que perdeu por completo a sua condição humana." Instigado pelo ódio que sentia por todos os radicais políticos, Muraviev ordenava aos policiais que os espancassem até perderem os sentidos caso fizessem a mais leve provocação, muitas vezes até o rosto ficar irreconhecível. Parece que Karakozov passou pelas piores técnicas de Muraviev. Era mantido numa cela acolchoada por uma semana, obrigado a ficar de pé e mantido acordado por dias e dias. Depois era chicoteado dia sim, dia não, durante oito dias, e submetido a outras torturas inomináveis criadas pelos "especialistas médicos".

Segundo esse artigo extraordinário, Karakozov mostrou uma coragem ilimitada e uma força de vontade férrea. Recusava-se a responder às perguntas, mesmo quando submetido ao tratamento mais bárbaro; teve inclusive a temeridade de enfrentar Muraviev, fazendo retinir seus grilhões, e rosnar: "Vamos ver quem vai dobrar quem." Finalmente, Karakozov estava tão determinado a resistir a uma confissão imposta que tentou cometer suicídio mordendo uma veia do braço.

Essas histórias de crimes hediondos e heroísmo incomum espalharam-se rapidamente por toda a comunidade radical da Rússia. Encaixavam-se perfeitamente bem na infâmia de Muraviev, que era conhecido até entre seus amigos como "o carrasco" por sua repressão sangrenta da revolta polonesa contra o governo russo em 1863. A sociedade russa bem-educada mantinha distância de Muraviev, e até Alexandre II, que o designou para a investigação do caso Karakozov, fazia de tudo para evitar sua companhia.[2]

Mas havia um problema com a história anônima publicada por Herzen — era fictícia em boa parte. Muraviev, apesar de seu apelido, não encarcerava as pessoas indiscriminadamente. Só 50 pessoas foram presas e só 36 foram levadas a julgamento. Além disso, Muraviev não recorria à tortura — não precisava. Quase todos os envolvidos na conspiração de Ishutin confessaram imediata e espontaneamente a sua participação. Karakozov, longe de resistir à opressão tsarista, estava tão consumido pelo remorso pelo que havia feito que encontrou nova fé em Deus e pediu perdão e clemência ao czar. O "carrasco" só conseguiu enforcar um único homem. O próprio Karakozov. Ishutin também foi condenado à morte, mas a pena foi comutada na última hora. Dez conspiradores foram condenados ao exílio e a trabalhos forçados, mas até esses homens foram libertados depois de alguns anos. O resto foi simplesmente absolvido.[3]

Mesmo assim, depois da publicação de "Terror Branco", a imagem que o radical russo tinha do Estado tsarista ficou bem definida. Entre os radicais, Alexandre II sempre foi visto como a pior espécie de reacionário, um homem que era grandiloquente ao falar sobre reforma e liberalização, mas que procurava secretamente toda e qualquer oportunidade de pôr o pé no pescoço do povo russo. As histórias sobre o "terror branco" só serviram para confirmar o que os radicais suspeitavam o tempo todo: que o menor pretexto lançaria todo o aparato da tirania russa sobre a cabeça de uma vítima inocente. Para os radicais, a polícia russa era a sinistra força oculta que conspirava para esmagar seus sonhos.

Aqueles que aspiravam a criar uma nova comunidade de amor e igualdade, aqueles que acreditavam que o Reino era iminente, viam no horizonte o vulto ameaçador de um único inimigo — o Estado russo. Para os radicais, o Estado, como o próprio Satã, só temia a promessa da harmonia e da felicidade universal. E, por isso, mandava seus agentes para hostilizar, intimidar e finalmente matar todos aqueles que pregavam a boa-nova. No sistema de crenças radical, não havia limite para o desejo insaciável do Estado de atormentar e perseguir socialistas, anarquistas e niilistas.

A bravura de Karakozov sob tortura tornou-se o modelo do comportamento revolucionário. O fracasso de sua tentativa de assassinato foi esquecido e sua atitude de mártir foi idealizada. Como Rakhmetov, seu modelo literário, Karakozov acreditava ter de se acostumar à tortura. Gerações de radicais acharam que, no fim, sofreriam o mesmo destino nas mãos dos mesmos demônios. Aspiravam, como os santos cristãos da Antiguidade, a dar testemunho de sua fé com a morte.[4]

Quando assumiu o poder em 1855, Alexandre II herdou o aparato de segurança do Estado do pai, cuja paranoia em relação a conspirações secretas era lendária. A Terceira Seção do Tribunal Especial de Sua Majestade — o intrincado nome oficial da polícia secreta russa do século XIX — era famosa nos círculos revolucionários russos e estrangeiros. Tornou-se o símbolo da tirania monárquica, o rosto feio da reação russa e a prova, se é que havia necessidade de alguma, de que o regime russo não tinha nada além de uma profunda hostilidade e medo de seu povo.

Nicolau criou a Terceira Seção em 1826, depois da primeira revolta política fracassada no país, em dezembro de 1825. Destinada explicitamente a reprimir futuras sublevações no império, a Terceira Seção mantinha a população russa sob vigilância — particularmente seus membros mais descontentes, os intelectuais — e procurava impedir a divulgação de ideias subversivas e a organização de grupos radicais. Junto com sua subsidiária, a força policial militar, o Corpo de Gendarmes, empregava um grande número de métodos policiais clássicos, a maioria emprestada de seus congêneres europeus: censura, interceptação de correspondência pessoal e coleta de dados por meio de informantes e espiões. Todos eram um alvo potencial: visitantes estrangeiros, estudantes, escritores, jornalistas e burocratas. Quando Nicolau morreu em 1855, a Terceira Seção era o símbolo mais visível de suas tendências tirânicas, a instituição destinada a assegurar que os russos obedeceriam e "guardariam os pensamentos para si mesmos".[5]

Na verdade, a Terceira Seção merecia realmente sua fama assustadora. No começo era uma instituição pequena, com pouca gente, menor que as polícias da Europa Ocidental. Durante seus primeiros dezoito anos, foi dirigida pelo general Alexander Benckendorff, um homem cujo comportamento muitas vezes despertava mais o riso que o medo. Era infalivelmente bem-educado, um cavalheiro como manda o figurino e, ao que parece, extraordinariamente distraído. Boatos sarcásticos diziam que ele se esquecia com frequência do próprio nome e lembrava-se passando rapidamente os olhos por seu cartão de visita. A maioria dos russos tinha poucos motivos para não confiar na Terceira Seção e, como prova a enorme quantidade de petições enviadas a ela durante o reinado de Nicolau, muitos a viam como um cão de guarda que vigiava os administradores locais para evitar a corrupção. Além disso, durante muitos anos, a polícia secreta da Rússia não foi exatamente "secreta". Os membros da Terceira Seção vestiam-se chamativamente com um uniforme azul-celeste de estilo militar, com espada e tudo.[6]

A fama terrível da Terceira Seção foi gerada principalmente pela elite instruída russa, que sentia com mais frequência o ferrão da perseguição policial. A Terceira Seção censurava regularmente passagens inteiras de obras literárias e poéticas, quando não proibia a publicação por completo. Além disso, para piorar as coisas, Benckendorff considerava um dever pessoal garantir que a *intelligentsia* russa se comportasse bem em praticamente todos os ambientes. Por algum estranho impulso paternalista, ou por não ter nada melhor para fazer, Benckendorff importunava os intelectuais russos com repreensões constantes. Quase levou o grande poeta Alexandre Pushkin ao desespero com suas críticas sobre ninharias. Benckendorff metralhava Pushkin com carta após carta, dizendo que o tsar Nicolau queria que Pushkin reescrevesse um de seus poemas, transformando-o num romance à Walter Scott, repreendendo o poeta por suas roupas informais num baile da embaixada e recomendando ao jovem que tomasse um cuidado especial com a noiva, "charmosa e atraente".[7]

Mesmo aqueles submetidos a castigos mais rigorosos, como o exílio, achavam que o regime era muitas vezes surpreendentemente brando no tratamento dispensado aos "criminosos políticos". Alexander Herzen foi exilado duas vezes, nas décadas de 1830 e 1840, em ambos os casos por pequenas infrações políticas. Mas seus locais de exílio eram cidades grandes das províncias. O cosmopolita Herzen foi certamente atormentado pelo tédio, mas nunca sofreu nenhum castigo físico. Em 1841, tornou-se administrador da burocracia policial local em Novgorod, encarregado, por incrível que pareça, de vigiar exilados políticos como ele. Turguêniev também foi exilado certa vez, por um ano, e passou a maior parte desse período confinado a uma vida confortável em sua propriedade rural.[8]

A Terceira Seção mostrava as garras de quando em quando. Até aquele momento, a pior perseguição política foi contra um grupo de leitura relativamente inofensivo, organizado por Mikhail Petrashevski, o mais famoso fourierista da Rússia. O círculo intelectual de Petrashevski cometera o crime de discutir ideias socialistas em 1848, um ano em que toda a Europa estava fervendo com revoluções. Um Nicolau em pânico ordenou à Terceira Seção que exterminasse todos os indícios de atividade dissidente. Em abril de 1848, os seguidores de Petrashevski foram detidos, presos em confinamento solitário na Fortaleza Pedro e Paulo e, depois de oito meses de interrogatório, condenados à morte. Em dezembro de 1849, vinte e um homens saíram da prisão marchando para enfrentar o pelotão de fuzilamento, inteiramente vestidos de branco, de acordo com o costume russo. Puseram vendas nos olhos de três deles, que foram levados ao local da execução. Os rifles foram erguidos e a ordem de atirar estava prestes a ser dada quando um oficial entrou a galope no último minuto, anunciando a comutação de todas as sentenças ao exílio e a trabalhos forçados. Nicolau I preparara pessoalmente aquele horrível ato teatral para inculcar o temor a Deus na cabeça desses subversivos potenciais e dar uma demonstração de sua misericórdia paternalista.[9]

Para os homens envolvidos, foi uma provação medonha. Um dos que haviam sido vendados enlouqueceu pouco depois. Outro, que estava esperando sua vez, lembrava-se de ter fixado o olhar no horizonte, na beleza das cúpulas douradas de São Petersburgo, perguntando-se se estava realmente nos seus últimos momentos na Terra. Esse homem era Fiódor Dostoiévski.[10]

Como parte de sua política de *glasnost* informal, Alexandre tentou reduzir o sistema de segurança do Estado russo. Começou promulgando o perdão extremamente simbólico daqueles que tinham participado da revolta de 1825 e do círculo de Petrashevski. Relaxou a censura e introduziu limites aos poderes investigativos da polícia secreta. O novo diretor da Terceira Seção, o príncipe Vladimir Dolgorukov, tentou apresentar propostas inovadoras para combater a atividade anti-Estado. Sua sugestão mais criativa foi submeter os subversivos políticos a uma palestra comedida sobre o equívoco de suas opiniões. Na base da tentativa e erro, Alexandre criou um clima relativamente liberal de discussão política, esperando introduzir uma atmosfera viva de debate na sociedade russa, mesmo que limitada.[11]

A ascensão ininterrupta do radicalismo na Rússia frustrou essas esperanças. Os tsares russos tinham uma história de desconfiança em relação a qualquer forma de dissensão política. Não era preciso muito para despertar os temores de Alexandre. Os incêndios de São Petersburgo pareciam confirmar o pior sobre o niilismo russo, e, cada vez mais, Alexandre tentou extirpar pela raiz o mal do radicalismo. Por meio de provas fabricadas e exageradas, tanto Tchernichevski quanto Pisarev foram atirados na prisão. Mesmo assim, a perseguição foi aleatória. A Terceira Seção fez tudo o que pôde para colocar Tchernichevski atrás das grades, mas muito pouco para impedir que ele publicasse *O que fazer?*. A polícia foi igualmente imprevisível em relação ao jovem Leon Tolstoi. Naquele mesmo ano, a Terceira Seção, suspeitando que Tolstoi fosse um agitador radical, arrasou sua casa, tentando encontrar material subversivo nas paredes e embaixo do assoalho. Os policiais não encontraram nada; depois, escreveram um bilhete formal ao chefe da Terceira Seção inocentando o escritor de toda e qualquer suspeita e nunca mais voltaram a incomodá-lo.[12]

O ano de 1866 mudou tudo. O tiro de pistola de Karakozov despertou no tsar Alexandre II medidas iguais de medo e raiva. Sua aspiração de viver numa sociedade tolerante, em que a oposição moderada, retórica, poderia ser ignorada ou ligeiramente reprimida, acabou. Depois de 1866, os radicais da Rússia e o regime tsarista passaram cada vez mais a travar uma guerra declarada, uma guerra que acabaria indo até o amargo fim.

Depois de 1866, o principal objetivo de Alexandre era aperfeiçoar a capacidade da polícia de coletar informações. A tentativa de assassinato perpetrada por Karakozov havia exposto falhas do serviço secreto de maneira quase cômica. Por mais bizarro que pareça, Karakozov tinha mandado um bilhete ao prefeito de São Petersburgo no qual expressava claramente suas intenções. O bilhete perdeu-se de algum modo no gabinete, não chegando nem à polícia nem à mesa do prefeito. Alexandre estava decidido a não ser pego de surpresa outra vez.[13]

Ano após ano, a Terceira Seção foi se tornando uma instituição antiterrorista cuidadosamente construída, com espiões, informantes, analistas de dados e interrogadores. A nomeação do conde Pedro Shuvalov como o novo diretor da Terceira Seção foi um sinal inequívoco de que as coisas tinham mudado. O poder e o prestígio de Shuvalov chegaram a proporções tão grandes que ele logo passou a ser conhecido como tsar Pedro IV. Jogando com os temores de Alexandre depois de 1866, Shuvalov trazia à lembrança do tsar, regularmente, o destino de Luís XVI na França. Sob Shuvalov, o alcance do braço da polícia russa expandiu-se enormemente. Ele definiu a atividade ilegal em termos abrangentes, de modo a incluir a simples participação numa organização clandestina. Criou sessenta novas delegacias em todo o império, todas elas com investigadores especiais dedicados à vigilância dos cidadãos locais. Para reprimir a agitação estudantil, Shuvalov recrutou administradores universitários como informantes e instruiu-os no sentido de denunciar toda e qualquer atividade suspeita à polícia. O uso de agentes secretos para se infiltrarem e denunciarem atividades revolucionárias passou a ser cada vez mais difundido e sofisticado.[14]

Em São Petersburgo, Alexandre nomeou um novo prefeito e chefe de polícia da cidade, o general Fedor Trepov. Essa também foi uma escolha simbólica. Trepov tinha começado a carreira na cavalaria russa e logo subira na hierarquia, tornando-se chefe de polícia de Varsóvia. Ali, em 1861, desabrochou pela primeira vez sua inclinação por táticas de linha-dura, quando deu ordem a seus homens para atirar numa multidão de manifestantes poloneses pacíficos. Embora removido temporariamente de seu posto por abuso de poder, foi reintegrado depois da insurreição polonesa de 1863, quando recebeu carta branca para esmagar os polacos rebeldes. Impiedoso, dizem que multava as polonesas por usarem roupas de luto por aqueles que morreram na insurreição.[15]

Como chefe de polícia da capital russa, Trepov só perdia para Shuvalov em termos do poder que exercia sobre Alexandre. Como Shuvalov, alimentava cuidadosamente o medo paranoico que o tsar nutria pelo movimento revolucionário na Rússia. Diziam os boatos que, quando Trepov atrasava-se para seu relatório diário, o tsar entrava em pânico imediatamente, pensando que havia tumulto nas ruas da cidade. Trepov usou sua autoridade para criar uma miríade de novas medidas de segurança na capital. Instituiu o primeiro detalhe de segurança da Rússia dedicado exclusivamente à proteção do tsar e criou mais uma divisão policial, que prestava contas somente a ele, com a tarefa de investigar crimes políticos.[16]

O ano de 1866 começou com o ciclo de terrorismo e antiterrorismo da Rússia. O Estado e os radicais encaravam-se cada vez mais com desconfiança e aversão persistentes. Cada nova descoberta de uma conspiração para derrubar o governo, por mais superficial que fosse, convencia as autoridades russas de que era necessário aumentar a segurança. Por outro lado, cada nova medida de segurança era garantia de que vítimas inocentes da perseguição do Estado tornavam-se seus inimigos figadais. À medida que a ameaça radical crescia, crescia também o aparato policial russo, até a conspiração e a contraconspiração tornarem-se uma batalha cada vez mais feroz de táticas secretas, trapaças, violência e terror.

> *Tendo escapado por pura sorte das muralhas geladas da Fortaleza Pedro e Paulo para os tormentos daquelas forças sinistras que me puseram ali, envio-lhes, caros amigos, estas linhas de outro país, onde não deixei de trabalhar em nome da grande causa que nos une. Vamos continuar com mais êxito o que começamos juntos. (...)*
>
> *(...) Acreditem na ação, meus amigos, e apresentem-se com atos e não com palavras para ganhar a confiança daqueles que produziram o pão que os alimentou, daqueles cujas mãos construíram as paredes de seus auditórios e imprimiram seus livrinhos, daqueles que ansiaram tanto tempo pela liberdade. (...)*

(...) Durante a operação, não deixem a vigilância e a prudência transformarem-se em medo do perigo que paralisa a ação. A perseguição é aquele mal que pode ser inteiramente evitado quando as pessoas dão-se firmemente as mãos. Nunca houve uma causa verdadeira sem sacrifícios.

— SERGEI NECHAEV, "Aos estudantes da Universidade, Academia e Instituto Tecnológico de São Petersburgo"[17]

Em abril de 1869, centenas de cartas começaram a inundar a Rússia, endereçadas principalmente a estudantes e ativistas políticos. Dentro dos envelopes com endereços cifrados, os destinatários encontravam entre cinco e dez panfletos e instruções para distribuí-los. Em apenas quatro meses, de abril até agosto de 1869, cerca de 560 pacotes de panfletos foram enviados a 387 pessoas, todos parte da campanha para provocar a revolta instigada por Bakunin e Nechaev. No início, os panfletos eram mandados para determinadas pessoas, provavelmente da lista de endereços de Nechaev. Quando estes se esgotaram, Nechaev começou a enviar panfletos aleatoriamente — para fábricas, bibliotecas de escolas e até para academias militares.[18]

Konstantin Filippeus, chefe do braço investigativo da Terceira Seção, estava alarmadíssimo. Só três anos haviam se passado desde a tentativa de assassinato feita por Karakozov, e ali estavam as provas de outra conspiração revolucionária. O número puro e simples dos panfletos enviados, bem como seu conteúdo revolucionário, sugeria um amplo conluio antigovernamental. Filippeus era novo no ramo e foi obrigado a experimentar as técnicas contrarrevolucionárias. Chegou à conclusão de que a Terceira Seção tinha de melhorar sua capacidade investigativa e pensar criativamente sobre a forma de enfrentar a nova ameaça. Recebeu um pouco de treinamento formal nas teorias europeias mais modernas sobre o trabalho de investigação e detecção e usou esses conhecimentos para planejar um ataque ao grupo de Nechaev em várias frentes.[19]

Percebendo que Nechaev estava mandando panfletos tanto para revolucionários empedernidos quanto para pessoas que só tinham vínculos tênues com a causa, Filippeus procurou ganhar a confiança de informantes potenciais. Aconselhou seus homens a esperar alguns dias antes de investigar os destinatários dos panfletos. Queria deixar claro que ninguém que cooperasse com a polícia seria perseguido. Só houve investigações completas nos casos em que os suspeitos guardaram os panfletos ou distribuíram-nos. Logo a Terceira Seção estava em condições de mapear com precisão os moldes da distribuição de panfletos. Estudando meticulosamente a caligrafia, a Terceira Seção também conseguiu interceptar todos os panfletos enviados pelo próprio Nechaev. Mas os endereços dos remetentes revelaram pouca coisa. As cartas vinham de toda a Europa: da Finlândia, da Alemanha, da Suíça.[20] Filippeus resolveu concentrar-se em demolir a organização de Nechaev na Rússia.

Essa demolição foi conseguida com uma velocidade espantosa. Uma carta a uma companheira muito chegada, Elizaveta Tomilova, revelava os nomes de praticamente todo o círculo íntimo de Nechaev. A carta, escrita num código desajeitado e fácil de decifrar, foi composta como se tivesse sido mandada por um "comerciante de vinhos". Na carta, a Terceira Seção leu que "o vinho verdadeiro, sem impurezas, é encontrado somente na loja de Bakurskii" e que muitos barris estavam sendo "preparados para expedição." O autor precisava de dinheiro, de "uma cópia das contas" e de informações sobre "quanto vinho estava sendo produzido". Logo ficou claro que Bakurskii era Bakunin, que a referência aos "barris" significava panfletos e que as "contas" que Nechaev queria eram nomes e endereços aos quais mandar seus panfletos.[21]

A batida policial ao apartamento de Tomilova foi no dia 13 de abril, e ela foi presa logo depois. A Terceira Seção encontrou provas que incriminavam todo o grupo de Nechaev e confiscou papéis que tinham o nome de todos os coconspiradores potenciais de Nechaev. Usando essa prova, a polícia coletou evidências contra todos os suspeitos de forma metódica. Durante os interrogatórios policiais, os investigadores tomavam notas cuidadosas, sem deixar de sublinhar cada nome mencionado. Depois a polícia comparou esses nomes com as evidências confiscadas nas residências de outros suspeitos. Por fim, os policiais chegaram a vizinhos e conhecidos de todos os acusados, fazendo-lhes perguntas sobre os movimentos e atividades de todos os suspeitos.[22]

Um dos principais suspeitos da conspiração de Nechaev era Vera Zasulich. A menção repetida de seu nome por Nechaev em várias cartas sugeria que ela era uma pessoa de extrema importância para ele. Outros suspeitos confirmaram a relevância de Vera. Tomilova admitiu que Vera a visitara em seu apartamento. Um dos companheiros mais chegados de Nechaev revelou ter recebido cartas do conspirador por intermédio de Vera. As filhas da senhoria de Vera declararam que esta estava envolvida com uma sociedade secreta, que havia conversas sobre a criação de uma república na Rússia e de mandar exilar o tsar na Sibéria.[23] As provas contra ela, embora absolutamente circunstanciais, só faziam aumentar.

Vera foi levada a interrogatório no dia 15 de abril, quando declarou não saber praticamente nada a respeito de Nechaev ou sua organização. Declarou que sua única ligação com o grupo de Nechaev era que precisava trabalhar e pedira a Tomilova para empregá-la para costurar roupa de cama. Seu apartamento foi revirado no dia seguinte, mas nada foi encontrado. Quando Vera foi levada para ser interrogada, sua mãe deixou escapar que sempre tivera muito medo de que a filha estivesse "metida naquilo".[24]

No fim de abril, o destino de Vera foi selado pelos atos imprudentes de uma amiga, Liudmilla Kolachevskaia, uma jovem devota de Nechaev que fugiu de São Petersburgo em meados de abril para evitar a investigação da polícia, levando consigo uma maleta cheia de livros ilegais e uma face tipográfica (um conjunto completo de letras do alfabeto, números e sinais de pontuação) para prensa. Ao descer do trem em Moscou, pegou um tílburi para ir à casa de um parente. Quando chegou lá, viu o primo acenando para ela da janela. "A casa está sendo revistada", gritou o primo em francês, esperando que a polícia não entendesse. Liudmilla correu de volta para o tílburi e pediu ao cocheiro que a levasse para Fili, o subúrbio de Moscou onde tinha visitado Vera Zasulich no verão anterior. Num ponto do caminho, pediu ao cocheiro para parar e caminhou um certo trecho pela floresta, arrastando uma mala pesada atrás de si. Escondeu a mala embaixo de um monte de musgo e folhas e voltou para o tílburi. Depois pediu ao cocheiro que a levasse de volta a Moscou, onde passou a noite num hotel.

Na manhã seguinte, foi visitar Alexandra Zasulich, que estava morando em Moscou naquela época. Depois de explicar toda a situação, Liudmilla pediu ajuda a Alexandra. As duas resolveram voltar à floresta, recuperar a mala e enterrá-la num lugar cuidadosamente demarcado. Com esse objetivo, compraram um grande facão de açougueiro (talvez porque fosse mais fácil escondê-lo que uma pá) e tomaram um tílburi para ir até o lugar onde Liudmilla deixara a mala. Com o pretexto de estarem procurando uma casa para alugar durante o verão, pararam em algumas aldeias ao longo do caminho. E depois foram para a floresta, encontraram a mala e enterraram-na num lugar bem fundo.

Quando o tílburi estava levando Liudmilla para o hotel, esta se voltou de repente para Alexandra e murmurou:

— A polícia, rápido!

Empurrou Alexandra para fora do tílburi, e Alexandra correu. Só depois é que ela ficou sabendo que Liudmilla tinha sido presa. O cocheiro do tílburi fora à polícia para denunciar a moça e seu comportamento estranho.[25]

A ligação de Liudmilla com as irmãs Zasulich logo veio à tona. Liudmilla era amiga de Ekaterina e Vera; seu irmão tinha sido interrogado no começo de abril sobre Nechaev e contara à polícia sobre sua amizade com as irmãs Zasulich. Vera e sua mãe foram presas em Moscou no dia 1º de maio, e documentos e livros incriminadores foram encontrados com Vera. Ekaterina foi presa alguns dias depois. Por estranho que pareça, Alexandra foi deixada em paz.[26]

A peça final das provas contra Vera foi descoberta na mala de Ekaterina, que continha uma lista de endereços, alguns livros ilegais e um passaporte. Ekaterina declarou que os objetos pertenciam a vários conhecidos diferentes e que os estava carregando para devolvê-los a seus donos. Mas a polícia estava desconfiada. Muitas peças do quebra-cabeça encaixavam-se perfeitamente bem. Havia as cartas importunas de Nechaev, pedindo a Vera que fosse para o exterior e levasse os endereços que solicitara. Havia a mala de Ekaterina, com um passaporte e uma caderneta de endereços; e havia o fato de ambas as irmãs estarem viajando de São Petersburgo para Moscou. A polícia deve ter suspeitado que alguém ia para o exterior encontrar-se com Nechaev — e, dadas as cartas deste último, o mais provável é que fosse a própria Vera.[27]

De repente, inesperadamente, ele se encontrava trancafiado, sem livros e sem amigos, a sós consigo mesmo. Sua mente agitada continuava girando dia e noite sem parar — queixou-se desde o começo de estar sofrendo de insônia —, levantando questão após questão e sem encontrar resposta alguma. Muito de vez em quando, uma revista antiga aparecia em sua cela, cheia de romances inacabados e fofocas sobre tópicos diversos; ou, pior ainda, com páginas com restos de frases, ou frases sem sentido sobre algo que não o deixaria dormir. Logo parou completamente de ler e só pensava e pensava, chegando por fim a um ceticismo absoluto. A investigação só começou quase um ano depois que tinha sido preso. Até esse momento, ele nada soube sobre o caso Nechaev, motivo pelo qual estava sendo investigado. Agora ficou sabendo de alguns fatos fragmentários, que lhe pareceram extremamente absurdos e vazios. Sob essa influência, sua depressão transformou-se em amargo desespero. Desespero consigo mesmo, com outros como ele, com tudo sem distinção.

— Vera Zasulich, "Masha"[28]

"O Castelo Lituano" era o nome extraordinário de uma das prisões mais sinistras de São Petersburgo. O nome tinha tonalidades vagamente góticas, embora os russos não tivessem uma história de cavaleiros andantes à moda europeia. O nome derivava do objetivo original dos prédios como barricadas contra as tropas do Regimento Lituano durante o século XVIII. O castelo só foi transformado em prisão em 1823. Situado nos arredores de São Petersburgo, era um edifício imenso e feio, decorado única e exclusivamente com uma estátua de dois anjos segurando uma cruz. Era um lugar horrível, descrito por um de seus moradores como "um túmulo para os vivos".[29]

Depois de passar pelos portões altíssimos do cárcere, o prisioneiro era levado através de uma série de pátios e depois por um labirinto de corredores até a minúscula cela úmida que o confinaria por meses ou anos a fio. Lev Nikiforov, um seguidor de Nechaev e mais tarde cunhado de Vera, lembrava como seu coração apertou-se ao ver pela primeira vez a única janela de sua cela — uma vidraça semicircular diminuta lá em cima, completamente fora do alcance, coberta em boa medida por uma grade de ferro. A única coisa visível por essa janela era um pedacinho do céu de São Petersburgo, e, mesmo durante o dia mais ensolarado, só alguns raios de luz penetravam no negrume de sua cela. A prisão era absurdamente suja: o fedor azedo de mofo penetrava nos corredores, e as paredes eram tão úmidas que os prisioneiros evitavam tocar nelas, para não impregnar os dedos com o bolor impregnado de água. As tábuas do assoalho estavam quase inteiramente podres, cedendo sob os pés. As visitas diziam considerar o cheiro insuportável, mesmo só depois de poucas horas.[30]

Essas condições deploráveis eram comuns em todo o sistema carcerário russo. Em 1865, uma comissão criada por Alexandre II publicou um relatório devastador sobre as prisões de toda a Rússia. O relatório descrevia prédios velhos e deteriorados, assoalhos podres, tetos desmoronando e falta de saneamento básico. Na verdade, Vera teve uma sorte relativa, porque a cela que lhe deram era só sua. Em geral, a superpopulação era endêmica, com vários prisioneiros acotovelando-se em cada cela, o que causava a rápida disseminação de doenças e mortes.[31]

Vera, como muitos prisioneiros, não via seu confinamento solitário como uma bênção, mas sim como uma maldição, o pior aspecto de sua vida na prisão. Muitos presos tinham permissão para sair de suas celas ocasionalmente para interrogatórios periódicos, algo que a maioria recebia como uma chance de algum contato com outros seres humanos, por mais modesto que fosse. Mas Vera ficou inteiramente sozinha. Mês após mês, esperou por alguma informação sobre seu caso, mas não foi interrogada nem acusada de nenhum crime. Não tinha permissão para receber nenhuma visita — sua mãe queixou-se às autoridades de que só conseguiu ver a filha uma única vez durante um ano inteiro.[32] Também não havia a única coisa que tornaria sua solidão suportável — material de leitura. A prisão tinha alguns números antigos e amarelados de revistas, e era tudo. "Imagine só", escreveu Lev Nikiforov, "você numa cripta estreita, e tudo à sua volta é inerte. (...) Em sua cela não há nada para prender sua atenção, exceto paredes amarelas. E nesse silêncio implacável, tumular, você fica emparedado não só um dia ou dois, mas por longos meses intermináveis. A única coisa que lhe resta fazer é andar de um lado para o outro, e dormir, dormir o tempo todo."[33]

Em seu conto "Masha", Vera dá uma ideia do inferno particular de seu encarceramento. Uma personagem masculina é presa por participar da conspiração de Nechaev, uma história muito parecida com a dela. Quando ele finalmente é libertado, sua saúde mental está abalada para sempre. Seu desmoronamento não é físico, nem resultado de torturas; é a consequência do isolamento constante — ele foi deixado inteiramente sozinho consigo mesmo e com seus pensamentos.[34]

O silêncio do confinamento solitário, o pânico de estar enterrado vivo eram coisas que atormentavam os prisioneiros mais que qualquer privação física.

Escrevendo tempos depois, o revolucionário Dmitrii Rogachev disse que o maior pavor dos prisioneiros era a insanidade. "De vez em quando", escreveu ele, "quando eu estava sentado na prisão, começava a rir histericamente, ou, mais frequentemente, a chorar." "Muitos começavam a ter alucinações," escreveu outro prisioneiro, "ou a perder o autocontrole. (...) De uma cela para outra, dava para ouvir soluços e gritos violentos, reprimidos a custo." Um radical sugeriu que a morte, "para a qual estava preparado há muito tempo", era menos aterrorizante para ele do que aquela espécie de loucura provocada por meses de confinamento solitário.[35]

Vera pode ter sonhado com o martírio por sua causa, mas não era esse o tipo de sacrifício que havia imaginado. Após longos anos de procura, finalmente começara sua vida de ativismo radical. E talvez logo depois de ter finalmente se decidido a juntar-se a Nechaev, a tornar-se sua assistente na luta revolucionária, o regime russo frustrou seus sonhos. Lançada subitamente numa cela minúscula, tinha horas intermináveis para refletir sobre sua decisão e o resultado dela. Deve ter passado por longos períodos de apavorante desespero.

Depois de 13 meses no castelo, sem qualquer aviso, as portas da cela de Vera abriram-se e ela viu a luz do dia por um breve momento. Sem explicação, foi transferida para a Fortaleza Pedro e Paulo, conhecida como a Bastilha russa.[36]

> *Essa era, então, a terrível fortaleza onde tanta da verdadeira força da Rússia morreu durante os dois últimos séculos e cujo nome é pronunciado em São Petersburgo com a voz abafada.*
>
> *Aqui Pedro I torturou seu filho Alexis e matou-o com as próprias mãos; aqui a princesa Tarakanova foi mantida numa cela que se encheu de água durante uma inundação — com os ratos subindo nela para se salvar do afogamento; aqui o terrível Minich torturou seus inimigos, e Catarina II enterrou vivos aqueles que fizeram objeções ao fato de ela ter assassinado o marido. E, desde a época de Pedro I, durante 170 anos, os anais dessa massa de pedra que se ergue às margens do rio Neva, em frente ao Palácio de Inverno, eram anais de assassinato e tortura, de homens enterrados vivos, condenados a uma morte lenta, ou a serem levados à insanidade na solidão dessa masmorra sombria e úmida.*
>
> — Piotr Kropotkin, *Memórias de um revolucionário*[37]

Segundo as lendas que envolviam a Fortaleza Pedro e Paulo, ela era mais uma câmara de tortura que uma prisão. Construída em 1703 como defesa contra uma possível invasão sueca vinda do norte, a fortaleza logo se tornou irrelevante com a construção da base naval de Kronstadt. Em 1721, era usada quase que exclusivamente como prisão para os mais perigosos presos políticos da Rússia.[38]

Durante os duzentos anos de sua existência, a fortaleza confinou algumas das personalidades mais célebres da Rússia: Konstantin Ryleev, o poeta da Revolução Dezembrista, que escreveu um de seus últimos versos numa placa de metal da prisão; Fiódor Dostoiévski, que esperou o simulacro de sua execução entre essas paredes; Mikhail Bakunin, que escreveu sua bajuladora "Carta ao Tsar" enquanto esperava ali a sua sentença; e Dmitrii Karakozov, que teria sido torturado por aqueles que o capturaram e que se converteu à Igreja Ortodoxa pouco antes de ser enforcado. A lista não termina aí: Nikolai Tchernichevski, Dmitrii Pisarev e até o próprio Nechaev foram todos prisioneiros da Fortaleza Pedro e Paulo.[39]

Mas, como a própria Bastilha, a lenda superava em muito os fatos. Na época em que Vera cruzou seus portões, a "masmorra sombria e úmida" tinha se tornado um dos primeiros alvos das propostas de reforma de Alexandre. Àquela altura, era uma prisão razoavelmente bem-iluminada, limpa e bem administrada. Muitas das celas tinham um tamanho suficiente para conter duas janelas altas. Os móveis eram ordinários, mas práticos. A comida era elogiada por mais de um prisioneiro. Parece que o chá era excepcionalmente bom, e, de vez em quando, os cozinheiros insistiam para que os presos experimentassem alguma invenção culinária recente e elegante.[40]

Quanto aos prisioneiros mais instruídos, a fortaleza tinha outra acomodação bem iluminada: uma biblioteca bem-suprida. Além disso, era permitido aos familiares levar material de leitura para os presos. Enquanto ainda estava atrás das grades, foi concedida a Kropotkin permissão para terminar uma pesquisa para a Sociedade Geográfica de São Petersburgo, e ele teve acesso à biblioteca da Academia Russa de Ciências. Segundo seu próprio depoimento, sua cela começou a parecer um gabinete de estudos, com montes de livros e papéis em volta de sua mesa. Depois da imundície do Castelo Lituano, as condições da fortaleza eram tão boas que, depois de ser transferido para lá, Lev Nikiforov declarou que, "se não era o céu, então era ao menos o purgatório".[41]

O ANJO DA VINGANÇA 149

Vera foi levada para a Fortaleza Pedro e Paulo em maio de 1870, na véspera de seu 21º aniversário, e foi mantida, junto com outros nechaevistas, na Torre Catarina. Para compensar o tempo perdido, ela começou a ler avidamente, às vezes devorando vários livros por semana. As anomalias do sistema criminal russo são reveladas nos escritos de Vera na prisão. Não só tinha permissão de ler, como sua escolha do material de leitura não era censurada. Por incrível que pareça, os presos políticos tinham permissão para ler livros de natureza claramente radical. Enquanto estava na prisão, Vera ficou a par da literatura socialista mais recente, inclusive a edição de *Princípios de economia política*, de John Stuart Mill, repleta de anotações de Tchernichevski, um romance intitulado *Duas gerações*, do autor alemão radical Friedrich Spielhagen, e dois livros de um radical russo, *A situação da classe operária na Rússia* e *O proletariado na França*.[42]

Paradoxalmente, quanto melhor a sua situação, tanto mais irada Vera ficava. O sofrimento não a irritou nem metade do que o conseguiu o tratamento arbitrário, imprevisível e incompreensível que recebeu. Ainda não havia sido informada das acusações contra ela. Tanto quanto sabia, o regime a tinha esquecido. Por quanto tempo seria mantida prisioneira? A exacerbação começou com uma petição que ela endereçou à Terceira Seção em maio de 1870. A maioria dos peticionários escrevia seus pedidos na linguagem mais subserviente possível, mas Vera recusou-se a implorar misericórdia. "Estou sendo mantida presa secretamente há mais de um ano", escreveu com impaciência. "Não sou interrogada desde maio de 1869 e não sei por que estou presa. Peço respeitosamente uma investigação imediata do meu caso e a minha libertação."[43]

Vera não sabia que, enquanto ela estava atrás das grades, Nechaev tinha voltado à Rússia e lançado uma conspiração frenética de terrorismo e assassinato. Sem sequer ter deixado a cela, Vera foi implicada no "caso Nechaev".

15. Esta ordem social repugnante pode ser dividida em várias categorias. A primeira categoria compreende aqueles que devem ser condenados à morte imediatamente. Os companheiros devem compilar uma lista daqueles que devem ser condenados segundo a gravidade relativa de seus crimes; e as execuções devem ser feitas de acordo com a ordem preparada de antemão (...)

> *17. O segundo grupo compreende aqueles que vão ser poupados no momento para que, através de uma série de atos monstruosos, levem o povo à revolta inevitável.*
>
> *18. A terceira categoria consiste em muitos homens cruéis em cargos elevados (...) Eles devem ser explorados de todas as maneiras possíveis; devem ser implicados e envolvidos em nossas atividades, seus segredos sórdidos devem ser revelados (...)*
>
> *19. A quarta categoria compreende profissionais liberais e funcionários públicos ambiciosos com opiniões de diversos matizes. O revolucionário deve fingir colaborar com eles, seguindo-os cegamente, ao mesmo tempo em que procura descobrir-lhes os segredos, até eles estarem totalmente sob seu poder (...)*
>
> *20. A quinta categoria consiste em doutrinadores, conspiradores e revolucionários que posam de grandes homens no papel ou em seus círculos. Devem ser constantemente levados a fazer declarações comprometedoras: por causa disso, a maioria deles será destruída, ao passo que uma minoria vai se transformar em revolucionários genuínos.*
>
> — SERGEI NECHAEV, *Catecismo do revolucionário*.[44]

Nechaev sabia que seus cúmplices na Rússia tinham sido presos. Sabia que a polícia estava de olho nele, considerando-o o único alvo remanescente. Mas essas coisas não afetaram em nada os seus planos. As prisões significavam perda de capital revolucionário, mas muitos daqueles que caíram nas mãos da polícia eram provavelmente revolucionários fracos, no melhor dos casos. Melhor assim, pois certamente seria possível encontrar revolucionários mais calejados. Nechaev não temia muito por si — sentia grande desprezo pela Terceira Seção russa, uma vez que ainda não passavam de amadores. Um nome falso, uma trajetória complicada para cruzar a fronteira russa, e Nechaev escaparia deles.

Em agosto de 1869, Nechaev voltou à Rússia viajando através da Romênia, com o pseudônimo cômico de Ivan Petrovich Pavlov (literalmente, "João Pedro, filho de Paulo"). Por acaso, seu desvio pela Romênia teria consequências extraordinárias para a península balcânica. Enquanto estava lá, encontrou-se com o mais proeminente dos revolucionários búlgaros, Christo Botev. É provável que Nechaev tenha dado orientações a Botev sobre a maneira de administrar uma organização revolucionária. Essas orientações foram usadas com grande êxito na insurreição da Bulgária contra os turcos em 1876.[45]

Depois de quase um mês viajando pelos Bálcãs e pelo sul da Rússia, Nechaev chegou a Moscou. Apareceu no apartamento de dois dos membros restantes de sua antiga organização, que de algum modo conseguiram escapar à prisão: Piotr Uspenskii, que trabalhava numa livraria do centro de Moscou, e sua mulher, Alexandra, a irmã mais velha de Vera. Alexandra lembrava-se de ter ficado impressionada com esse homem elegante e sofisticado vestido com um terno europeu.

Naquela mesma noite, enquanto tomavam chá, Nechaev fez para o casal um resumo de suas viagens, falando do sucesso que teve no exterior e de seus novos planos para a revolução ainda por vir. Dessa vez não haveria infiltração desanimada de movimentos estudantis, nem petições, nem atividades propagandísticas realizadas sem entusiasmo. Alexandra ouvia fascinada enquanto Nechaev traçava as linhas gerais da planta de engenharia de sua nova organização, desenvolvida depois de longo estudo das conspirações europeias anteriores. Havia chegado a hora, explicou Nechaev, de criar um grupo terrorista.[46]

Antes de cruzar a fronteira, Nechaev escrevera cuidadosamente, e depois codificara, dois documentos que se tornaram os produtos mais extraordinários de sua longa carreira revolucionária. Juntos, foram usados para criar uma organização terrorista perfeita — uma coorte de fanáticos ligados à causa por uma devoção religiosa.[47]

O primeiro documento tinha apenas quatro páginas. Tornou-se conhecido mais tarde como *Catecismo do revolucionário*. Criado com o maior desvelo e com a ajuda de Mikhail Bakunin, esse documento é um dos panfletos revolucionários mais impressionantes e mais influentes de todos os tempos. Descrevendo em termos quase poéticos as características do verdadeiro radical terrorista, o *Catecismo* é um retrato fascinante da dedicação total, da insensibilidade e do fervor pela violência que um "verdadeiro" radical precisa ter.[48]

"O revolucionário é um homem condenado", começa o *Catecismo*. "Não tem interesses pessoais, nem sentimentos, nem obrigações, nem vínculos, nem propriedade, nem sequer um nome." O que se segue é um apelo hipnótico por pureza, por autossacrifício, por renúncia a tudo o que for estranho à causa. O

Catecismo exige que o revolucionário viva sua vida como uma arma, destruindo impiedosamente tudo o que estiver no caminho da revolução. Nechaev dera à Rússia seu primeiro vislumbre do que se passa na cabeça de um terrorista.

Um filho perfeito de Rakhmetov, e neto de Bazárov, o revolucionário de Nechaev empregava um único cálculo: "a utilidade". Essa nova utilidade era mais pura, mais refinada — purgada de todas as considerações éticas ou sociais. Seu objetivo era a destruição implacável. Tudo o que fosse útil à destruição tinha grande valor; tudo o que fosse estranho à causa da aniquilação total devia ser descartado como inútil. Até as amadas ciências, as ferramentas de Tchernichevski para a criação de uma nova ordem, estavam agora consagradas ao terrorismo. O revolucionário devia aprender "mecânica, física, química e até medicina", mas só com um único objetivo, chegar "à forma mais segura e mais rápida de destruir a totalidade dessa ordem imunda".

Nechaev, o psicólogo consumado, sabia que o *Catecismo* era a ferramenta perfeita para recrutar os exilados e os desafetos da sociedade russa. O ponto forte de seu apelo estava em sua falta de piedade, em sua amoralidade chocante, até mesmo em sua promessa de nada além de dor e morte para o verdadeiro revolucionário. O *Catecismo* implicava perversamente que só uns poucos eleitos poderiam se gabar de possuir a agilidade mental, o vigor e a força de vontade para se tornarem verdadeiros revolucionários. Como os primeiros ascetas cristãos, que queriam provar sua fé por meio de feitos extraordinários de autossacrifício, os discípulos do *Catecismo* só queriam encarnar a personalidade do terrorista revolucionário.

Mas o brilho diabólico de Nechaev não se esgotou com o *Catecismo*, longe disso. Cintilou igualmente num documento menos conhecido, mas que teve efeitos mundiais que se mostraram muito mais fatais. Com o título insípido de *Regras gerais da organização*, descrevia a rede terrorista construída com perfeição.[49]

A unidade básica da organização de Nechaev e de praticamente todas as organizações terroristas atuantes depois dele era a célula. No topo, a célula central era o núcleo da organização. Composta de cinco membros, cada qual conhecido por um número, e não por um nome, a célula central traçava a estratégia da organização e dava ordens. Cada membro da célula central era responsável pelo recrutamento de outros cinco membros e de organizá-los numa célula subsidiária, cuja coesão era mantida pela lealdade e pelo sigilo. Nenhuma célula mantinha contato constante com nenhuma outra. Cada membro obedecia sem questionar às ordens vindas de cima e enviava ordens apropriadas para os elos de baixo da cadeia. Inversamente, exigia-se de toda célula que mandasse informações e dinheiro através dos canais competentes, subindo pela cadeia até o centro.

As células individuais recebiam tarefas específicas: infiltrar-se em instituições policiais, recrutar membros do submundo do crime, disseminar propaganda entre os militares ou extorquir dinheiro dos ricos. Com exceção daqueles da célula central, os membros da organização deviam continuar ignorando a estrutura global e os planos da organização. Trabalhavam inteiramente no escuro.

Só eram estabelecidas relações com os membros depois de um longo período de observação. Tinham de mostrar a combinação certa de força de vontade e obediência cega, lealdade e insensibilidade, amor ao povo e ódio intenso pelo Estado. Depois de um período experimental, os novatos faziam um juramento de sigilo e lealdade. Como o *Catecismo* deixava claro, a traição a esse juramento podia ser punida com a morte. Até por expressar o desejo de abandonar a organização, um membro poderia ser executado.

Era um projeto brilhante de uma estrutura conspiratória. Era ao mesmo tempo hierárquica e flexível, capaz de transmitir informações a seus membros com facilidade, ao mesmo tempo em que preservava o anonimato e o sigilo. O mais importante de tudo era que, se qualquer célula fosse destruída, não haveria nenhum dano posterior à organização, pois nenhum membro tinha condições de trair sua natureza e missão.

O objetivo final dessa organização era apresentado de forma simples: destruir todas as instituições existentes do governo e da sociedade russa, e depois apoderar-se de toda a propriedade privada e redistribuí-la entre os operários e camponeses. Como isso aconteceria e como uma sociedade futura seria organizada eram questões pouco claras. Na verdade, o *Catecismo* declarava inequivocamente que os revolucionários estavam livres de qualquer obrigação de construir uma nova sociedade. Isso seria "deixado para as gerações futuras". Era mais uma vez aquela ideia antiga, apresentada pela primeira vez por Herzen: "Não construímos, destruímos."[50]

Para a maioria, a organização de Nechaev assustava, era cheia de fanáticos. Para muitos revolucionários, era muito tentadora, a chave de uma nova vida para todos. Quanto a Nechaev, fizesse o que fizesse, nunca deixava de seguir seu próprio *Catecismo* ao pé da letra.

Uspenskii e sua mulher ficaram hipnotizados. Alexandra, talvez a menos inteligente e mais crédula das três irmãs Zasulich, deixou-se envolver particularmente pelo fascínio de Nechaev. Disposta a fazer qualquer coisa por ele, Alexandra estava limitada por suas condições — naquela época, estava no último trimestre da gravidez. Em suas memórias, recorda uma emoção que sentia perto de Nechaev: vergonha. Por causa da gravidez, não podia fazer muito pela causa. De alguma forma, a gravidez era um reconhecimento público da existência de "interesses pessoais" e da incapacidade de dedicar sua vida à revolução.[51]

Por outro lado, Piotr Uspenskii mais que compensava as limitações de sua mulher. Tornou-se o braço direito de Nechaev, um membro leal e eficiente da nova organização de Nechaev, batizada de Sociedade da Vingança do Povo. Era estruturada de acordo com os princípios das *Regras da organização* e conquistou cerca de oitenta membros em pouquíssimo tempo. Era um grupo heterogêneo, que incluía um ex-camponês que escreveu um livro intitulado *Uma história dos botequins* e cuja pesquisa levou-o a um alcoolismo incapacitante; um jovem que, embora não passasse de um adolescente, conseguira trabalhar sucessivamente como consultor de prisões, vendedor ambulante de livros e carpinteiro; e um fanático quase suicida cujo desejo de violência nascera da "amargura, amargura titânica". Todos esses homens e mulheres tinham uma coisa em comum — uma devoção irracional e inexplicável por Nechaev.[52]

No início, as tarefas da sociedade eram relativamente benignas. A direção pedia aos membros para se infiltrarem em aldeias de camponeses, grupos estudantis e fábricas para avaliar o estado de espírito geral do "povo". Um dos membros chegou inclusive a assumir a tarefa de fazer o reconhecimento do submundo e, por isso, passou noites inumeráveis na companhia de ladrões, batedores de carteiras e prostitutas de Moscou.[53]

Mas, por fim, foi revelado o verdadeiro objetivo da sociedade de Nechaev: coordenar uma série de assassinatos — ataques terroristas a figuras de proa do governo e da sociedade. Os ricos e poderosos poupados da morte seriam explorados de outras maneiras — implicados em atividades conspiratórias, explorados financeiramente ou chantageados para trabalhar para a organização. Essas ações coordenadas demoliriam as instituições russas, tijolo por tijolo. Depois disso, o apocalipse teria início.[54]

Nechaev compilou cuidadosamente uma lista de nomes daqueles condenados à morte, em ordem de prioridade. Incluía autoridades do governo, nobres, professores e até estudantes. Mais tarde, depois que foi preso, a lista completa foi descoberta em seu corpo. Tinha novecentos nomes.[55]

Em novembro de 1869, todos pareciam preparados para a data escolhida de 19 de fevereiro de 1870. O plano da revolução estava pronto. Mas surgiu um probleminha nas fileiras — um dos fiéis começou a ter dúvidas. Um jovem cético e insolente chamado Ivan Ivanov, conhecido na sociedade como Número Dois, ressentia-se da autoridade de Nechaev — exercida como um culto ao líder — e começou a expressar dúvidas sobre seus planos. Mas a atitude mais arriscada foi, durante reuniões da célula central, Ivanov começar a rir abertamente dos comentários de Nechaev. Por fim, Ivanov disse a Nechaev que, para ele, bastava. Declarou aos outros que planejava deixar a sociedade e formar sua própria organização.[56]

Sua falta de fé selaria seu destino.

No dia 20 de novembro de 1869, Nechaev convocou uma reunião extraordinária da célula central. A única pessoa ausente era Ivanov. Nechaev disse ter descoberto algumas informações devastadoras — Ivanov era informante da polícia. Só havia um curso de ação possível, declarou Nechaev solenemente. Para salvar a organização, Ivanov tinha de ser morto. No início, os presentes começaram a expressar dúvidas e fizeram objeções com murmúrios consternados. Mas a lógica de Nechaev parecia irrefutável. Até tarde da noite, os membros da célula traçaram seus planos.[57]

No meio do parque Petrovskii de Moscou havia uma gruta escura, com tamanho suficiente para acomodar várias pessoas. Ao lado da gruta ficava um laguinho já coberto com uma fina camada de gelo. Na noite frigidíssima de 21 de novembro, Nechaev e Uspenskii ficaram esperando os outros levarem Ivanov até ali, com o pretexto de que havia material revolucionário escondido na gruta e que era preciso desenterrá-lo. Enquanto os dois homens esperavam, Uspenskii amarrou algumas pedras grandes a uma corda. Ao ouvir o ruído dos passos dos outros, Uspenskii começou a tremer e encostou-se à parede da gruta.[58]

No momento em que Ivanov cruzou a entrada da gruta, o grupo atacou-o. Um dos conspiradores agarrou-lhe os braços, outro lhe agarrou as pernas. Como era um homem forte e rijo, Ivanov conseguiu livrar-se por um momento e tentou fugir, mas foi capturado rapidamente. A essa altura, Nechaev assumiu o controle. Sentado em cima de Ivanov, começou a bater a cabeça dele no chão e a estrangulá-lo. Ivanov gritou: — O que foi que eu fiz?

E tentou reagir, mordendo as mãos e os braços de Nechaev. Por fim, enlouquecido pela luta, Nechaev tirou um revólver do bolso e atirou na cabeça de Ivanov. O "traidor" finalmente estava morto.

Logo depois, quase sem pensar, os conspiradores tentaram eliminar as provas do crime. Amarraram o corpo com a corda e as pedras de Uspenskii e atiraram-no no lago, quebrando o gelo debaixo dos pés. Depois fugiram. No apartamento de um dos conspiradores, Nechaev trocou as roupas ensanguentadas e tentou lavar o sangue de suas mãos laceradas. À vista de todo aquele sangue, Ivan Pryzhov, um dos conspiradores mais relutantes, começou a tremer. Pegou uma garrafa que estava na mesa à frente de Nechaev e serviu-se de um copo inteiro de vodca. De repente, ouviu-se o barulho ensurdecedor de um tiro, e uma bala passou raspando pela orelha de Pryzhov, que ergueu os olhos horrorizado e viu Nechaev diante dele, segurando o revólver.

— Bom — disse Nechaev, com uma despreocupação sinistra —, se matarmos você, a gente pode pôr a culpa na bebida.[59]

O assassinato de Ivanov foi o primeiro verdadeiro ato terrorista de Nechaev, mas também seria o último. A Terceira Seção não precisou nem de duas semanas para decifrar o mistério. Como o peso para afundar o corpo não foi suficiente, ele foi encontrado no lago alguns dias depois. O relógio de Ivanov também foi descoberto: parara, muito convenientemente, no momento exato do ataque. Alguns recibos no bolso do casaco de Ivanov eram da livraria onde Uspenskii trabalhava. O chapéu de Nechaev caíra perto do lago.[60]

No fim de novembro, o apartamento de Piotr Uspenskii foi revistado de cima a baixo. Os sofás foram rasgados; todas as gavetas, armários e espaços onde era possível entrar foram esvaziados. A polícia descobriu tudo o que pertencia à conspiração de Nechaev: panfletos, o *Catecismo*, atas de reuniões e listas de alvos de assassinato. Uspenskii foi preso e interrogado. Confessou tudo de um jato, quase com alívio. Durante algum tempo antes de sua prisão, não conseguira sair do apartamento. Estava sendo repetidamente perseguido por visões das paredes da gruta salpicadas de sangue e por toda parte ouvia os últimos estertores de Ivanov. Graças a Uspenskii, em meados de dezembro todos os cúmplices de Nechaev estavam na prisão.[61]

No fim de novembro, Nechaev procurara Alexandra Uspenskaia pouco antes da prisão do marido e perguntara-lhe se sabia falar francês e alemão. Depois de Alexandra responder que sim, Nechaev pediu-lhe para fugir com ele para o exterior, para se juntarem a Bakunin e outros revolucionários. Ao contrário de sua irmã Vera, em circunstâncias idênticas, Alexandra encheu-se de uma alegria infinita. "Eu jamais poderia sonhar com uma felicidade dessas", lembrou-se anos depois. Concordou imediatamente. Mas, depois de pensar melhor, concluiu que era impossível. Durante um momento, esquecera-se por completo de que estava com quase nove meses de gravidez.[62]

Sem hesitar, Nechaev procurou outra cúmplice. Voltou-se para Varvara Alexandrovskaia, uma mulher com uma longa história revolucionária. Embora fosse casada e tivesse quinze anos mais que ele, Alexandroskaia concordou em abandonar marido, amante e filho para seguir Nechaev aonde quer que ele fosse.

No dia 12 de dezembro, a Terceira Seção começou a caçar Nechaev, agora suspeito de assassinato e conspiração contra o governo. O conde Piotr Shuvalov mandou instruções aos governadores de todas as províncias russas para ficarem de olho num homem "de pouca altura, cerca de 22 anos de idade, aparência jovem, com uma penugem no rosto em lugar de barba, cabelos castanhos, rosto moreno, olhos castanhos-escuros, bem vestido e inteligente". Acrescentou ainda um detalhe curioso: "Às vezes usa vestido de mulher ou uniforme de engenheiro".[63]

Era tarde demais. No dia 15 de dezembro, Nechaev e Alexandrovskaia pegaram um trem para a Europa.

Em janeiro de 1870, 152 pessoas estavam detidas por acusação de cumplicidade no caso Nechaev. Entre essas pessoas, muitas foram presas em dezembro de 1869, mas também havia aquelas que, como Vera, tinham sido encarceradas desde as primeiras prisões dos conspiradores de Nechaev. O governo tsarista, desejando uma vitória pública sobre seus inimigos potenciais, planejou julgamentos abertos para os conspiradores de Nechaev e entregou os arquivos completos de Nechaev ao Ministério da Justiça. Konstantin Filippeus entregou milhares de páginas de depoimentos, denúncias, relatórios secretos da polícia, panfletos e folhetos a um homem — Phillip Chemadurov, nomeado promotor-geral do caso. De alguma forma, Chemadurov conseguiu dar conta daquela montanha de material e instaurar um processo judicial contra os nechaevistas.[64]

Chemadurov levou mais de um ano para terminar sua investigação. Tratou do caso com uma diligência extraordinária, interrogando novamente suspeitos antigos e pedindo à Terceira Seção mais provas contra os indivíduos acusados. No começo, as evidências contra pessoas como Vera pareciam realmente inquestionáveis. Em maio de 1870, em resposta a uma petição de Vera para que seu caso fosse reconsiderado, ele escreveu que, dada a natureza das provas apresentadas pela Terceira Seção, ela devia ser mantida encarcerada até a investigação terminar. Mas, em relatórios posteriores, sua frustração com a Terceira Seção era visível. Seus pedidos impacientes de mais provas deparavam-se com uma resistência insuperável por parte da polícia.[65]

Em março de 1871, Chemadurov chegou à conclusão de que já dispunha de provas suficientes para julgar só metade dos suspeitos detidos em função do caso Nechaev. Muitos dos presos haviam ficado detidos sem acusações e sem interrogatórios posteriores por mais de um ano. As provas que antes eram circunstanciais agora também estavam obsoletas. Seu relatório ao ministro da Justiça detalhava as razões que tinha para permitir que todas as acusações fossem retiradas contra os 73 acusados restantes. No caso de Vera Zasulich, Chemadurov concluiu que seu encarceramento já longo não corroborava a confirmação das evidências originais contra ela. Além disso, escreveu ele quase com irritação, era impossível instaurar um processo sério de atividade revolucionária contra Vera baseado apenas em alguns testemunhos indiretos. As acusações contra Vera deviam ser retiradas.[66]

Sem a menor cerimônia, sem o menor aviso, as portas da prisão Pedro e Paulo abriram-se. Depois de dois longos anos na semiescuridão, Vera teve permissão para sair em liberdade, exonerada de todas as acusações contra ela. Do lado de fora dos portões da prisão, sua mãe a esperava, a essa altura muito envelhecida pela preocupação e pela tristeza. Ambas esperavam que as provações da família tivessem acabado.

Mas essa foi apenas uma brincadeira maldosa do destino. A liberdade de Vera duraria ao todo dez dias. Então, ouviu-se uma batida na porta. Havia um policial de pé do lado de fora, anunciando que tinha ordens de "detê-la novamente".[67]

> *Agora faz duas horas que cheguei a Novgorod. Só estou aqui temporariamente, eles vão me levar para alguma cidade provinciana. Estou sentada num quarto de hotel e um guarda está em guarda do lado de fora — vai ficar lá enquanto eu estiver aqui. O quarto não é de graça. Minha querida, como isso é duro, como isso pesa na minha alma! É tão difícil que não consigo suportar; daqui a alguns dias com certeza vou sentir que dou conta e então posso até me arrepender de estar escrevendo isto. Sei que é estúpido e bobo me queixar, que não é a forma de resistir a uma coisa tão banal, mas você é tão boa que não vai rir, e eu só preciso escrever. Sabe, nem mesmo na prisão, nem mesmo na fortaleza jamais me senti tão só (nem de longe!) quanto neste exato momento. É como se eu estivesse completamente só no mundo.*
>
> — Vera Zasulich, carta a Alexandra Zasulich, abril de 1871[68]

Vera chegou à delegacia de polícia de São Petersburgo sem nada mais no corpo que um vestido leve e uma echarpe de tecido fino. Acreditava que sua nova prisão não passava de um equívoco, um mal-entendido que poderia ser resolvido facilmente. A mãe de Vera prometeu procurar Chemadurov e pedir sua intervenção. Com uma inquietação crescente, Vera esperava ser libertada. Escreveu uma carta furiosa a Chemadurov, exigindo que ele investigasse os motivos de ela ser presa novamente. "Quanto às minhas transgressões, se é que existe alguma, o que ainda está por ser comprovado, já fiquei 22 meses em confinamento solitário. Não basta?"[69]

A petição chegou tarde demais. Depois de cinco dias, as portas de sua cela abriram-se. O guarda anunciou que ela seria levada para Kresttsy, uma cidadezinha da província de Novgorod.

Era abril, um mês frio na província setentrional de Novgorod. Vera estava bem enrolada em seu xale, mas completamente despreparada para as temperaturas geladas, e teve a sorte de um de seus guardas ter pena dela, dando-lhe o próprio casaco. Quando chegaram a Kresttsy, a polícia local deu-lhe ordens de comparecer ali regularmente e liberou-a. Foi assim que Vera foi exilada para uma minúscula cidadezinha desconhecida, com apenas um rublo no bolso e o casaco do guarda nas costas. Estava sem teto e sem dinheiro, uma vítima desolada da crueldade tsarista. A igreja local salvou-a. Foi adotada pelo sacristão e sua família. Durante três meses, viveu ali sem esperanças de encontrar meios de se sustentar, inteiramente dependente da bondade de estranhos.[70]

Ninguém disse nada a Vera sobre sua nova punição. Sem que soubesse, era a vítima de uma longa batalha entre o Ministério da Justiça e a polícia secreta. Os promotores treinados do ministério, preocupados com julgamentos e condenações, em geral tinham péssima opinião sobre os métodos da Terceira Seção da Rússia. Manter prisioneiros detidos sem acusação, contar com depoimentos duvidosos de informantes e provas indiretas — tudo isso era prática judicial muito ruim, segundo os promotores. Nunca daria certo num tribunal. Muitas vezes, promotores nomeados pelo Ministério da Justiça examinavam determinados processos e simplesmente retiravam as acusações contra pessoas presas pela Terceira Seção.[71]

A Terceira Seção de Shuvalov achava esse liberalismo intolerável. Ela agia no sentido de eliminar os círculos conspiratórios e impedir atos terroristas. Shuvalov considerava a liberação arbitrária de suspeitos potencialmente perigosos uma ameaça à segurança da Rússia. Convenceu o tsar de que devia resolver o assunto por conta própria. Alexandre, cada vez mais assustado, concordou. Permitiu à polícia enviar os suspeitos de crimes políticos para o exílio sem julgamento, sem uma audiência sequer. Vera foi apenas um caso entre os muitos prisioneiros liberados do caso Nechaev que depois foram sujeitos a um exílio "administrativo" arbitrário.[72]

Quando Chemadurov soube da situação em que Vera se encontrava, ficou irritadíssimo. Em seus planos de acusação dos nechaevistas, esperava contar com o depoimento de Vera. Portanto, os absurdos da Terceira Seção prejudicaram seu processo judicial. Finalmente, em junho de 1871, depois de repetidas petições de Chemadurov e da mãe de Vera, ela teve permissão para voltar para casa.[73]

Vera prestou depoimento no Tribunal de Justiça de São Petersburgo em junho de 1871. O julgamento dos nechaevistas causou furor na imprensa russa, e todos os detalhes foram publicados nos jornais. Tinha todos os componentes de um fantástico drama jurídico — um líder terrorista à moda de Svengali, seguidores crédulos e devotados e, como vítima, um jovem estudante assassinado por ter a audácia de duvidar. A sala do tribunal estava lotada, principalmente de estudantes, que ficaram em fila durante a noite toda esperando ser admitidos lá dentro. A Terceira Seção também enviou seus informantes — que notaram a preponderância de roupas de operários à moda niilista na sala de audiências do tribunal.[74]

Vera ficou em silêncio quase absoluto durante o julgamento. Não queria chamar a atenção sobre si. Quando interrogada na condição de testemunha, dava respostas curtas, concisas, do tipo "não sei" e "não lembro". Chemadurov ficou frustrado: contava com o depoimento dela para expor as ligações de Nechaev com o grupo inicial de São Petersburgo. Acusou-a de contradizer seu depoimento original. Por fim, a raiva reprimida de Vera explodiu. "As declarações que fiz durante meu depoimento eram errôneas", retrucou ela, "e não é de admirar que eu tenha dito coisas erradas. Fiquei trancafiada durante 13 meses no Castelo Lituano em confinamento solitário, sem livros (...) [e] meus nervos estavam em frangalhos."[75]

Os outros suspeitos foram muito mais loquazes. Atribuíram todas as trapaças, fraudes e violências a Nechaev. Quanto a eles, eram apenas jovens idealistas que não queriam nada além de uma vida boa para todos os russos. Konstantin Filippeus assistiu ao julgamento em depressão profunda. Depois de todo o árduo trabalho que fizera para capturar e encarcerar aqueles terroristas e assassinos, parecia que o público, os juízes e os jornalistas iam ficar do lado deles e deixá-los em liberdade. Mostraram que sabiam falar bem demais, que eram habilidosos demais para descrever as mazelas do governo russo e as supostas injustiças da sociedade. A visão que apresentaram de suas comunas, de seus casamentos tchernichevskianos e seu desejo de uma sociedade livre e justa fascinaram muitos espectadores e jornalistas. Agiam como se fossem "apóstolos do socialismo", cujo destino era aceitar "a coroa do mártir por sua fé."[76]

Filippeus enviou um relatório lúgubre ao tsar. O julgamento expusera um abismo profundo entre a sociedade e o governo tsarista. Os juízes, indiferentes aos perigos da conspiração de Nechaev, tinham assinado somente algumas sentenças rigorosas. Mais da metade dos acusados foi absolvida. Os jornais recusavam-se a apontar as ligações do grupo terrorista: nunca acharam necessário condenar o *Catecismo*, nem outros documentos igualmente apavorantes. O julgamento tinha sido virado de ponta-cabeça — com o próprio governo no banco dos réus, acusado de todos os tipos de crimes com "a eloquência de uma mente fanática". Se isso continuasse, concluiu ele, o Estado perderia sua guerra contra a revolução.[77]

O desgosto de Filippeus foi exagerado. Não há dúvida de que muitos dos cúmplices de Nechaev foram punidos rigorosamente. Piotr Uspenskii foi condenado a quinze anos de trabalhos forçados. Sua mulher Alexandra acompanhou-o no exílio com o filhinho pequeno. Quando estava na prisão, Uspenskii sofreu o mesmo destino de Ivanov. Suspeito de ser um informante da polícia, foi estrangulado em sua cela.[78]

Depois do julgamento dos conspiradores, Nechaev tornou-se uma obsessão para Konstantin Filippeus, que persuadiu o regime a fazer de tudo — nos planos judicial, investigativo e diplomático — para prender e extraditar Nechaev. Conseguiu obter um fundo especial destinado a localizar e extraditar esse arquiconspirador.

O próprio Nechaev estava começando a parecer indestrutível. Sua segunda fuga para o exterior acabou sendo mais fantástica que a primeira. Convenceu-se de que possuía poderes carismáticos sobrenaturais, que exercia uma influência especial sobre as mulheres. Levava as *Confissões* de Rousseau para onde quer que fosse, como uma espécie de guia para a arte da sedução. Tendo aprimorado seus talentos com um grande número de mulheres menos importantes (a lista inclui Vera, sua irmã Alexandra, Varvara Alexandrovskaia e uma miríade de outras), agora se propôs seduzir o prêmio máximo: Natalie Herzen, a filha mais velha do leão do radicalismo literário. Herzen estava morto a essa altura, e Nechaev queria se tornar seu herdeiro. Resolveu conquistar a filha de Herzen, seu dinheiro e, o mais importante de tudo, sua revista, *The Bell*.[79]

Natalie, como Vera e Alexandra antes dela, era uma mulher de tendências radicais, que se irritava com a compostura e o decoro esperados dela. Também era hesitante e influenciável, e seus parentes protegiam-na constantemente, temendo que ela caísse nas garras de alguém como Nechaev. A única característica que fazia dela uma presa difícil era seu puritanismo — um sedutor convencional não a conquistaria.[80]

Nechaev declarou seu amor a ela, como havia feito com Vera, e encontrou uma resistência confusa. Ora Natalie se sentia atraída por ele, ora sentia repulsa. Numa carta, concordou em encontrar-se com ele a sós apenas se ele prometesse não tentar beijá-la. Parece que ela oscilava entre ceder ao encanto dele e horrorizar-se com seu comportamento. Mas a pressão contínua da personalidade de Nechaev finalmente venceu suas defesas — na primavera de 1870, ela finalmente concordou em passar para ele o controle da revista *The Bell*. Foi a vitória final dos filhos contra os pais. Daí em diante, *The Bell* tornou-se apenas mais um órgão de publicação da propaganda nechaevista.[81]

Mas os feitos de Nechaev estavam finalmente começando a alcançá-lo. A notícia do assassinato de Ivanov espalhou-se pelo exterior, assim como as informações sobre as prisões de seus coconspiradores. Tornou-se cada vez mais claro, até para os amigos de Nechaev, que ele era um charlatão perigoso, um homem que falava de façanhas revolucionárias e atos terroristas, mas cuja única proeza era o assassinato de um dos seus próprios seguidores. Bakunin, numa carta melancólica escrita a Nechaev em junho de 1870, expressou seu horror ao ver o homem que ele acreditava ser um salvador transformado em demônio. Mas nem mesmo Bakunin conseguiu simplesmente dar as costas a Nechaev. A devoção absoluta de Nechaev à revolução elevava-o à condição de "santo". "Amei você profundamente, e ainda amo, Nechaev", escreveu Bakunin.[82]

Filippeus seguia cada passo de Nechaev. Viajou pessoalmente ao exterior para recrutar agentes e informantes que o ajudassem a capturar Nechaev. Seguiu seu rastro por toda a Europa — Londres, Paris, Genebra. Mas, em toda parte, logo que a rede caía sobre ele, Nechaev conseguia escapulir de novo. Durante algum tempo, apresentou-se como revolucionário polonês, depois como exilado sérvio. Havia até boatos de que ele passou algum tempo nos Estados Unidos.

Em agosto de 1872, foi traído por um emigrado como ele e preso. Depois de longas negociações com as autoridades suíças, Nechaev finalmente foi extraditado para a Rússia. Julgado em Moscou, vociferava furiosamente contra o tribunal, negando-lhe jurisdição sobre seu caso.

— Não reconheço o imperador, nem as leis deste país! — berrou para o juiz. — Abaixo o despotismo!

Esse comportamento estranho pôs o júri contra ele. Depois de apenas vinte minutos de deliberação, Nechaev foi considerado culpado e condenado a vinte anos de trabalhos forçados na Sibéria.

Mas o regime russo estava com medo demais dele para arriscar-se a fazê-lo cumprir sua sentença de exílio. Em vez disso, Nechaev seguiu as pegadas de seus ex-companheiros na Fortaleza Pedro e Paulo. Mas nem as paredes daquele cárcere antigo conseguiram silenciá-lo por muito tempo. Logo ele começaria a dirigir novamente a atividade revolucionária, dessa vez dos confins de sua cela.[83]

> *Tendo dedicado todas as minhas energias ao estudo da organização social da sociedade do futuro que deve substituir a que temos agora, cheguei à conclusão de que todos os inventores de sistemas sociais, dos tempos antigos até o presente ano, foram sonhadores, contadores de histórias, tolos que se contradiziam e não tinham a menor ideia do que é a ciência natural ou o estranho animal chamado homem. Platão, Rousseau, Fourier, pilares de alumínio, tudo isso serve somente para os pardais, não para a sociedade humana. Mas, como a forma futura da sociedade é de suprema importância agora que finalmente estamos todos prontos para agir, vou lhes apresentar meu próprio sistema de organização mundial de modo a tornar desnecessário qualquer pensamento posterior a respeito. [...]*
>
> *Temo ter me perdido em meio a meus próprios dados, e minha conclusão está em contradição direta com a ideia original da qual parti. Começando com a liberdade ilimitada, cheguei ao despotismo ilimitado. Mas gostaria de acrescentar que não há nenhuma outra solução para a fórmula social além da minha.*
>
> — Fiódor Dostoiévski, *Os demônios*[84]

O ANJO DA VINGANÇA 165

Quando Fiódor Dostoiévski publicou seu romance sobre o caso Nechaev em 1871, os radicais escarneceram dele, dizendo ser uma caricatura do movimento revolucionário russo. Até hoje, as personagens de *Os demônios* parecem um grupo esquisito de extremistas erráticos, extraordinários demais para serem reais. Na verdade, a trama de *Os demônios* parece muitas vezes uma descrição desbotada da verdadeira história de Nechaev e suas extravagâncias. Piotr Verkhovenski, a personagem de Dostoiévski baseada em Nechaev, nunca reflete perfeitamente a dimensão implacável, e mesmo assim hipnótica, da personalidade de Nechaev. Stavrogin, o protagonista absolutamente singular de *Os demônios*, é uma aproximação muito melhor.[85]

Os demônios, embora às vezes seja um texto mal costurado, tem comentários incisivos sobre o caráter do movimento revolucionário russo. Numa passagem extraordinária do romance, citada frequentemente, uma das personagens mais moderadas revela o paradoxo supremo do radicalismo russo. O desejo de "liberdade ilimitada" produziu, ao invés, um "despotismo ilimitado". Além disso, a natureza humana não permitia "nenhuma outra solução". Aqueles que condenavam o Estado, acusando-o de ser tirânico, criaram organizações que eram mais despóticas ainda. Aqueles que acreditavam na sociedade livre e igual do futuro obedeciam cegamente a uma organização que era hierárquica, autoritária e brutal.[86]

Mas, na cabeça dos radicais, os fins justificavam os meios. A luta contra um Estado poderoso exigia poder e determinação iguais. Os inimigos do Estado, para derrotar o próprio demônio, tinham de se tornar como ele — diabólicos, violentos e impiedosos. Se o Estado executava traidores, o mesmo fariam os terroristas anti-Estado; se o Estado empregava informantes e agentes secretos, então a organização revolucionária usaria infiltradores e espiões. O mundo futuro justificava todas as medidas. Nas palavras do filósofo Albert Camus: "O niilismo, intimamente envolvido com um movimento religioso frustrado, culmina assim no terrorismo." Esse foi o legado de Nechaev.[87]

Houve quem dissesse que, apesar de todas as seduções, ameaças, mentiras e juramentos de Nechaev, ele não conseguiu nada. O homem que desejava assassinar 900 pessoas acabou matando apenas um companheiro de fé. Depois que seus correligionários foram presos e sua organização foi dissolvida, a revolução parecia mais distante do que nunca. O messias revolucionário mostrou não ser nada além de um charlatão radical.

Essa era a opinião de Vera. Ela nunca perdoou Nechaev por seu maquiavelismo. Muito depois de se tornar uma revolucionária famosa por si mesma, ela escreveu com uma arrogância suprema sobre Nechaev e suas técnicas. Sua influência sobre o movimento revolucionário foi nula. Só conseguiu desmoralizar a geração mais nova com suas mentiras incessantes. Depois que saiu de cena, sua influência evaporou-se.[88]

Mas, quando escreveu essas palavras, Vera devia saber que eram falsas. Nechaev foi o pioneiro da organização terrorista suprema. Mesmo aqueles que foram traídos por ele e sofreram por sua causa continuaram sendo seus discípulos. Bakunin, que depois passou a chamar Nechaev de "Savonarola" e "jesuíta", nunca repudiou seu amor por esse "menino" diabólico. Em 1872, quando criou sua própria organização revolucionária, a Fraternidade Internacional, ela foi construída de acordo com princípios nechaevistas. O anarquista por excelência não teve o menor problema em estruturar uma organização com base na obediência cega. Para Bakunin, todo revolucionário "dedica irrevogavelmente, de corpo e alma, pensamento, vontade, paixão e ação, com todas as suas faculdades, sua energia e sua fortuna ao serviço da revolução social".[89]

Não há dúvida de que Vera nunca esqueceu ou perdoou o homem que tentou usá-la friamente e que permitiu que ela caísse nas mãos da polícia. Ele destruiu despreocupadamente seus sonhos ingênuos de revolução antes que pudessem ser realizados. Apesar disso, como Bakunin e tantos outros, Vera tornou-se discípula de Nechaev. Como este previra, os anos de Vera nas garras do Estado tsarista transformaram uma jovem idealista numa revolucionária calejada. Seus belos sonhos de martírio agora estavam entrelaçados com um ódio profundo pelo Estado russo. Era a matéria-prima perfeita para a criação suprema de Nechaev: o terrorista revolucionário.

CAPÍTULO 7

Em direção ao povo

Numa manhã resplandecente de junho de 1875, Lev Deich partiu da cidade ucraniana com o nome pitoresco de Ravina do Bode, numa viagem de um dia para a aldeia de Astrakhanka, a pouco mais de 30 km dali, seguindo por uma estrada reta e poeirenta. A essa altura, estava acostumado a usar as roupas de um camponês russo típico — a longa camisa branca de algodão, coberta, mesmo no calor do verão, por um grosso casaco de linho de cor escura ajustado ao corpo. Os cabelos estavam cortados de forma irregular, mais ou menos no estilo camponês, e ele era alto e bonitão, com espessas sobrancelhas escuras, olhos castanhos penetrantes e postura imponente.[1]

Era verão na estepe ucraniana. O sol lançava seus raios impiedosos sobre a estrada ressequida. Deich não carregava nada além de um bordão e um saco de linho informe com uma muda de roupa e um pouco de comida para a viagem. Mas o calor estava de matar passarinho, e Deich nunca tinha andado 30 km a pé, muito menos com calçados rasos feitos com tiras de casca de vidoeiro. À medida que o dia avançava, ele examinava desesperançada e minuciosamente a estrada à frente em busca de uma árvore ou arbusto qualquer que lhe desse sombra. À sua volta, até onde os olhos alcançavam, havia ondas e ondas de diversos tipos de capim seco, o equivalente russo da pradaria norte-americana. Nenhum abrigo à vista. Depois de algum tempo, um camponês que passou por ele apontou-lhe uma minúscula cabana de pastor a alguns metros do lado da estrada. Não era muito, mas Lev sentiu alívio ao descansar os pés no monte de feno cortado há pouco até passar o auge do calor do dia.

Sua viagem devia levá-lo aos arredores de Astrakhanka, onde ouvira dizer que uma pequena seita cristã conhecida como "os molocãs" tinha fundado uma colônia. Os molocãs eram difíceis de achar porque viviam isolados, temendo a perseguição das autoridades tsaristas. Quase protestantes em seu sistema de crenças, repudiavam ícones, relíquias, incenso e os rituais do batismo. Seu próprio nome, molocãs — gente que toma leite —, derivava de sua recusa em se abster de leite e seus derivados nas quartas e sextas-feiras e durante a Quaresma. Diziam que eles se recusavam a aceitar a autoridade do tsar e que viviam em comunidades onde existia a mais absoluta igualdade entre os membros. Deich esperava descobrir mais sobre eles simplesmente aparecendo em sua aldeia e se apresentando como um camponês à procura de trabalho.

Investigações pacientes em Astrakhanka finalmente lhe apontaram a direção certa. Não muito longe da cidade, ao longo daquela mesma estrada desolada, uma aldeiazinha cintilante e de aparência próspera surgiu no horizonte. Ao contrário da maioria dos ucranianos, os molocãs moravam em casas de pedra cobertas com telhas e decoradas com primorosos desenhos coloridos nas portas e venezianas. No início, ficaram desconfiados daquele andarilho esfarrapado que estava chegando à sua comunidade. Muitas e muitas vezes, quando Deich perguntou se havia um lugar onde pudesse ficar, deparou-se com recusas firmes. Finalmente, um velho bondoso ficou com pena dele, ofereceu-lhe um lugar onde dormir e convidou-o para jantar com a família.

Naquela noite, Lev fez perguntas sobre os costumes dos molocãs, na esperança de obter mais informações sobre suas crenças. Observou que era sexta-feira e, apesar disso, a família estava comendo carne. Ivan, o anfitrião de Deich, estava ansioso por explicar a fé molocã. Os molocãs observavam a Sagrada Escritura, afirmou Ivan, e a Sagrada Escritura dizia claramente: "Nada que entra pela boca corrompe o homem; mas aquilo que sai da boca, isso sim, corrompe o homem." Deich estruturou uma defesa da interpretação ortodoxa tradicional dos jejuns. Sua discussão acabou ficando tão acalorada que a refeição foi esquecida, e os dois homens debateram a teologia cristã até tarde da noite. Ambos foram dormir felizes: Ivan rejubilava-se por ter encontrado um verdadeiro "homem de Deus", e Lev estava contente por ter sido aceito generosamente nessa estranha comunidade fechada.

No dia seguinte, assim que o sol se levantou, Ivan acordou Lev:

— Por sua causa, meu rapaz, não juntei o feno ontem e, por isso, gostaria que me ajudasse agora.

Lev concordou com relutância. Não podia se recusar, mas temia o pior — nunca em sua vida tivera um forcado nas mãos. Quando os dois homens puseram-se diante da carroça de feno, Lev deu-se conta de que parecia um idiota perfeito. Por mais que tentasse imitar Ivan, seus esforços eram inúteis. Ou ele pegava uma quantidade de feno grande demais com o forcado, e depois mal conseguia erguê-lo, ou simplesmente pegava pouco demais. Finalmente, Ivan parou de trabalhar, olhou para Lev e começou a rir às gargalhadas.

— Que tipo de camponês é você que não sabe pegar feno com o forcado? — brincou ele.

A essa altura, o resto da família tinha entrado no celeiro e quase morreu de rir ao ver o desempenho cômico de Lev com o forcado.

A verdade era, obviamente, que Lev não era camponês algum. Era filho de um rico comerciante judeu, era um estudante universitário, um homem que havia passado toda a sua vida nas ruas apinhadas de Kiev. Não tinha vindo a Astrakhanka para se tornar um molocã; viera para fazer sua pregação entre eles. Seu "evangelho" era o socialismo, e estava convencido de que os molocãs escutariam avidamente a boa-nova: um mundo novo estava ali bem ao alcance das mãos, e seu credo era "a cada um segundo suas necessidades, de cada um segundo suas capacidades".

> *Nada parecido foi visto antes, nem depois. Mais que propaganda, foi uma revelação. No início, é possível rastrear o livro, ou o indivíduo que impeliu tal ou tal pessoa a participar do movimento; mas, depois de algum tempo, isso se torna impossível. Foi um apelo irresistível que se ouviu ninguém sabe onde e convocou as pessoas fervorosas a realizar a grande obra da redenção do país e da humanidade. E as pessoas fervorosas, ouvindo esse apelo, levantaram-se, sentindo grande sofrimento e indignação por sua vida passada e, abandonando lar, riqueza, prestígio, família, atiraram-se no movimento com uma alegria, um entusiasmo, uma fé que se sente apenas uma vez na vida e que, quando perdidos, nunca mais são encontrados de novo.*
>
> — SERGEI KRAVCHINSKII, *A Rússia subterrânea*[2]

Para os radicais russos, o movimento que mais tarde seria conhecido pelo nome desajeitado de "em direção ao povo" foi lembrado como a fase mais inocente, mais otimista e mais bela da história da causa. Mesmo como "movimento", ele era difícil de caracterizar, porque não tinha um líder isolado, nem uma organização formal, nem um local de origem. Começou mais como uma epifania coletiva — de repente, centenas de russos muito jovens (a maioria adolescentes e jovens de vinte e poucos anos) chegaram à conclusão de que para eles bastava de teorias radicais, manifestações estudantis e conspirações. Se o socialismo prometia libertação ao povo, então o socialismo devia ser pregado ao povo. Se a beleza das promessas da ordem futura cativara os filhos e filhas da nobreza russa, não deixaria de seduzir as massas empobrecidas e sofredoras. Resolveram levar suas ideias diretamente ao povo — aos camponeses e operários comuns das cidades grandes e pequenas da Rússia, e do interior também.[3]

Como todas as outras fases da história do radicalismo russo, a faísca desse impulso populista foi acesa por um livro. As *Cartas históricas* eletrizaram os radicais da década de 1870 da mesma forma que *O que fazer?* galvanizou a década de 1860. Mas o autor era um professor de matemática russo, que não tinha nada em comum com Tchernichevski. Piotr Lavrov chegou tarde ao radicalismo — quando já tinha mais de 40 anos — e, por isso, no movimento, em geral era considerado um velho. Talvez por causa da idade, talvez por causa da profissão séria, ele simplesmente não tinha talento retórico nem uma paixão revolucionária incontrolável. Sua obra mais famosa era tão insípida quanto sugeria o título.[4]

As *Cartas históricas* procuravam ser o antídoto destinado a neutralizar o nechaevismo, levando o movimento para um ativismo mais ético e paciente. Na verdade, as dezesseis "cartas" de Lavrov propunham uma revisão da moralidade socialista. Mas eram tão mal escritas, até pelos padrões da literatura radical, que poucos leitores conseguiam se obrigar a decifrar seu conteúdo. Os jovens radicais russos, sempre impacientes, encontraram passagens que os tocaram, que os emocionaram, e ignoraram o resto.[5]

Uma das declarações muito repetidas ficou gravada no seu coração: o apelo ao arrependimento. Lavrov acusava os radicais russos de se deixarem levar por seus sonhos. Brincavam de revolução, com catecismos, conspirações e visões do apocalipse iminente. Enquanto isso, os camponeses e operários russos labutavam nos campos escaldantes e nas fábricas sombrias. Em essência, os filhos do privilégio — radicais ou não — viviam como parasitas nas costas dos pobres. "Todos os confortos materiais de que desfruto", escreveu Lavrov, "todos os pensamentos que tive tempo para adquirir ou desenvolver, foram comprados com o sangue, o sofrimento e a labuta de milhões."[6]

Só havia uma solução — devolver tudo. "Só vou me livrar da responsabilidade pelo sangue que meu desenvolvimento custou", explicou Lavrov, "se utilizar esse mesmo desenvolvimento para diminuir as mazelas do presente e do futuro." As vastas reservas de conhecimentos adquiridos pelos radicais russos — as ideias de Feuerbach, Fourier e Tchernichevski — não tinham valor algum a menos que fossem divididas com aqueles que não tiveram tempo nem capacidade para lê-las. O esclarecimento era inebriante, a informação era libertadora — a civilização dependia de partilhar o progresso com os pobres.[7]

No começo, essa obra missionária não iria ser fácil, advertiu Lavrov. "Vai haver necessidade de homens vigorosos, fanáticos", declarou ele, "que arrisquem tudo e estejam preparados para sacrificar tudo. Vai haver necessidade de mártires, cuja lenda vai superar em muito seu valor e os serviços que prestarem de fato." Mas Lavrov conhecia bem seus leitores. Essas advertências não os deteriam, mas, ao contrário, os instigariam. A redenção pelo martírio era um conceito inebriante.[8]

Os radicais mostraram-se à altura do desafio. Davam a si mesmos vários nomes: *Dolgushintsy* ou *Chaikovtsy*, conforme os diferentes líderes carismáticos que seguiam. Mas seus impulsos vinham todos da mesma fonte — o modelo dos primeiros cristãos, que perambulavam pelo Mediterrâneo pregando a boa-nova. Nobres radicais renunciaram às riquezas e ao status social e abriram mão de todos os privilégios concedidos a eles. Abandonaram as roupas caras, as camas confortáveis, as carruagens, os cavalos, e foram viver entre o povo pobre, em cabanas de camponeses e cortiços urbanos, dividindo suas refeições e trabalhando com eles, lado a lado.

E então, nas horas vagas, quando sentiam que era o momento certo, tiravam seus livros, panfletos e até Bíblias gastas pelo uso e contavam a seus novos companheiros a verdade — que os homens nasciam todos livres e iguais e que um novo mundo estava surgindo, no qual a igualdade e a liberdade reinariam para sempre.

> *Uma casinha de madeira com três cômodos e uma cozinha. (...) Poucos móveis, camas espartanas. Cheiro de couro: era uma oficina de sapateiros. Três jovens estudantes estavam trabalhando ali com a maior concentração. Há uma moça à janela. Ela também está absorta em seu trabalho. Está costurando camisas para seus companheiros que há dias estão se preparando para ir em direção ao povo. Apressar-se é essencial. Os rostos são jovens, sérios, decididos e serenos: falam pouco porque não há tempo. E sobre o que falariam? Tudo já está decidido. Tudo está claro como o dia.*
>
> — Osip Aptekman, O movimento *Terra e Liberdade na década de 1870*[9]

Segundo algumas versões, esse movimento começou quase como um trote estudantil. Num certo dia de 1873, sem muita preparação, dois jovens radicais, Sergei Kravchinskii e Dmitrii Rogachev, usando roupas de camponeses, saíram a pé de Moscou e começaram a perambular pelas aldeias próximas. Ficaram surpresos com o que encontraram. Eram cumprimentados com interesse e curiosidade em toda parte. Os camponeses queriam saber de onde vinham, o que estavam fazendo e que novidades tinham para contar. À noite, nas pequenas cabanas enfumaçadas, homens, mulheres e crianças acotovelavam-se em torno daqueles desconhecidos e ouviam suas histórias com verdadeiro fascínio. Kravchinskii, que conhecia o Novo Testamento de cor, citava passagens da Bíblia para convencer os camponeses de que era seu dever cristão rebelar-se contra o Estado. Aquela aventura terminou de repente com uma breve estada na cadeia local; mas, depois de subornar os guardas com cerveja, Sergei e Dmitrii conseguiram escapar. Fugiram para Moscou e anunciaram aos quatro ventos o êxito que haviam tido. Lavrov estava certo! O povo estava faminto de ideias novas e da possibilidade de um outro modo de vida.[10]

A história dessa aventura maluca espalhou-se rapidamente pelas cidades grandes e pequenas da Rússia. Durante o "verão louco" de 1874, estudantes de todo o país abandonaram seus apartamentos e dormitórios, seus livros e panfletos. Viajaram para toda parte, por todo o vasto território russo, esperando encontrar revolucionários nos lugares mais improváveis. Foram para as fábricas das cidades grandes e pequenas, para aldeias de camponeses e para comunidades de camponeses migrantes. Estenderam a mão a todos os tipos de párias russos: membros de seitas cristãs, andarilhos, ex-presidiários.[11]

Compravam ou faziam roupas de camponeses e operários. Para os homens, a norma eram camisas longas de algodão e casacos de linho; para as mulheres, lenços e sarafãs — uma espécie de batas de algodão usadas sobre camisas bordadas. Procuravam esconder a pele e as mãos brancas com poeira, fuligem e bronzeado do sol. Praskovia Ivanovskaia, viajando num barco a vapor para uma aldeia do norte da Rússia, lembrava-se de que sua amiga Galina "mantinha as mãos dentro da água durante a viagem, banhando o rosto e oferecendo sua pele fresca aos ferozes raios do sol sulista na tentativa de esconder a brancura e a delicadeza de sua pele". Os que trabalhavam nas fábricas usavam sobretudos puídos e desbotados, ou grosseiros vestidos de lã. Piotr Kropotkin, um aristocrata do mais alto escalão, vangloriava-se de sair frequentemente de um jantar elegante, mudar de roupa, vestindo um simples casaco camponês de lã de carneiro e botas, e perambular pela periferia de São Petersburgo. Às vezes, os radicais ficavam ansiosos demais para se disfarçar e acabavam se vestindo muito mais pobremente do que o camponês médio. Vladimir Debagorii-Mokrievich ficou surpreso ao descobrir que os camponeses de sua aldeia na verdade desconfiavam dele por andar esfarrapado demais. Ele e seus companheiros, fazendo-se passar por pintores, salpicavam tinta tão exageradamente nas roupas e no rosto que tinham de conter as gargalhadas toda vez que olhavam uns para os outros. "Em todo lugar onde íamos, as pessoas ficavam desconfiadas de nós", escreveu ele, "aparentemente por medo de virmos a roubar alguma coisa."[12]

Em certos casos, os radicais preparavam-se de antemão, aprendendo um ofício como curtume, pintura de paredes ou o trabalho de parteira. Instalavam oficinas em apartamentos alugados, e operários comuns eram contratados para ensinar aos estudantes as artes da carpintaria ou do fabrico de calçados. Em outros casos, os estudantes simplesmente iam para as aldeias e fábricas e, já empregados, faziam de tudo para aprender a ceifar e juntar o feno em molhos, a tosar carneiros, a fabricar tijolos e a tecer. Alguns compravam cabanas em aldeias de camponeses ou apartamentos em distritos operários e tentavam viver como seus vizinhos. Outros ficavam onde quer que lhes oferecessem alojamento, dormindo em vestíbulos e no chão das cozinhas. Faziam o que podiam para sobreviver com refeições pobres — sopas sem carne, bolinhos duros, pão preto, legumes em conserva e chá fraco com pouco açúcar.[13]

O que viam em suas viagens confirmava aquilo em que acreditavam há muito tempo. Mais de uma década depois do edito de emancipação, os russos mais pobres não estavam melhor de vida do que durante a servidão. Sua vida diária era uma história impiedosa de pobreza, sujeira e sofrimento. Os minúsculos pedaços de terra dados aos servos emancipados não tinham condições de lhes prover a subsistência. Terras pobres e técnicas agrícolas antiquadas mantinham em baixo nível a produção de cereais; os camponeses raramente usavam fertilizantes e não podiam se dar ao luxo de instrumentos mecânicos de agricultura. Os camponeses que não conseguiam produzir o suficiente em suas terras eram obrigados a migrar para as cidades grandes e pequenas, trabalhando doze horas por dia só para pagar o aluguel de choupanas diminutas. Alguns eram forçados a ficar oscilando entre a cidade e o campo, ganhando alguns rublos nas fábricas durante o inverno e depois voltando para a família durante as temporadas de plantio e colheita.[14]

Ekaterina Breshko-Brehskovskaia lembra vividamente a cidade de Smela, a primeira parada em sua viagem "em direção ao povo". A cidadezinha era povoada por operários-camponeses que suplementavam o trabalho massacrante na usina de açúcar local com a renda conseguida com pedaços de terra arenosa. Os habitantes mais pobres da cidade moravam no que só podia ser descrito como choupanas de pau a pique que se erguiam do chão como tocas de animais. Viviam, como se recordava Breshko-Breshkovskaia, mais como bichos que como gente. Um velho que morava numa dessas cabanas ofereceu a ela um lugar para passar a noite, cedendo-lhe generosamente a própria cama enquanto ele dormia no chão, perto da porta de entrada. Não tinha nada, lembrava ela com tristeza, além de uma tigela de madeira, uma colher de madeira e as roupas que estava usando. Alimentava-se mal e mal. Tinha uma história pessoal trágica. Quinze anos antes, participara de uma insurreição de servos reprimida violentamente e tinha sido brutalmente castigado: "Um soldado pegou um dos meus braços, outro pegou o outro, e mais dois pegaram as duas pernas. Bateram em mim, bateram em mim até a terra ficar empapada de sangue."[15]

A pobreza e a fome eram coroadas pela doença. Vera Figner, mais tarde uma das terroristas mais célebres da Rússia, começou sua carreira de radical como assistente de médico numa cidadezinha da província de Samara.

Ficou simplesmente arrasada com a quantidade de doenças incuráveis que encontrou ali, "catarros no estômago e nos intestinos, peitos cujo chiado se ouvia a distância, sífilis que não poupava nenhuma faixa etária, inumeráveis machucados e feridas". Ela também se perguntava se essa vida podia ser considerada realmente humana.[16]

As condições do proletariado urbano não eram melhores, talvez fossem até piores. A classe operária russa, embora ainda em pequeno número comparada a suas congêneres europeias, tinha o mesmo destino lamentável. Longas horas de trabalho todos os dias significavam cruzar pesadamente os portões da fábrica antes da aurora e só sair de lá bem depois que o sol havia se posto. Durante muitos meses do ano, os operários nunca viam a luz do dia. Praskovia Ivanovskaia começou sua aventura entre os trabalhadores de uma fábrica de cordas e ficou chocada com a imundície do lugar. Por toda parte havia rolos de uma corda oleosa e coberta de poeira. Seus colegas de trabalho primeiro torciam os fios cobertos de resina com as mãos nuas e depois tomavam suas refeições e até tiravam uma soneca em cima daqueles rolos grudentos. A resina tinha um cheiro tão forte que impregnou os cabelos e a pele de Ivanovskaia, e até o seu apartamento minúsculo. O ritmo frenético do trabalho no chão da maioria das fábricas foi captado por outra radical, Natalia Iurgenson, que ficou espantada com a velocidade com que as mulheres de uma fábrica de tule produziam grandes rolos de tecido com o fio de bobinas gigantes. Chegavam a correr quando iam tomar chá — engolindo-o em goles sôfregos antes de voltarem apressadas a seus postos. Encaloradas com seu ritmo furioso, muitas vezes trabalhavam vestidas só com as anáguas curtas e camisas sem mangas. Depois de um longo dia passado nesse esforço tremendo, comiam seu pão grosseiro e tomavam uma sopa sem carne e depois desmaiavam durante algumas horas em suas choupanas até começar um outro dia.[17]

Quanto aos que deixaram tudo para trás a fim de ajudar o povo, essas condições trágicas e muitas vezes simplesmente revoltantes não eram repulsivas, muito pelo contrário. Eram a prova de que os radicais tinham finalmente encontrado o povo de carne e osso, cujos sofrimentos, exaustão e opressão eram tangíveis e mais importantes que a vida. Haviam tocado a verdadeira essência do socialismo. "Imagine que você conhece uma mulher há muito tempo, encontra-se com ela frequentemente, passa o tempo em sua companhia", escreveu alegoricamente Vladimir Debagorii-Mokrievich a respeito de suas experiências, "e que ela lhe parece uma pessoa comum. Mas, certo dia, acontece algo que chama sua atenção; e aquele mesmo sorriso, que antes parecia trivial e que você já tinha visto no rosto dela centenas de vezes, de repente lhe parece lindo." Para Debagorii-Mokrievich, os "camponeses" sempre tinham sido uma designação coletiva, uma abstração ideológica. Ele e outros radicais como ele só tinham ideias vagas a seu respeito — a respeito de sua vida, seus desejos, seus sonhos. Durante suas perambulações pelas cidades e aldeias russas, os corações radicais finalmente foram tocados pela presença física do povo comum. A miséria e a exaustão física davam aos russos pobres uma espécie de auréola de santidade — eram trabalhadores-mártires, labutando e sofrendo pelo bem de todos. Debagorii-Mokrievich percebeu isso com o choque de uma epifania súbita. Era como se apaixonar — "um sentimento de êxtase começou a tomar conta de mim, até me dominar por completo".[18]

O trabalho árduo exigido daqueles que estavam vivendo entre o povo transformou-se em trabalho sagrado, uma expiação dos pecados de suas vidas antes privilegiadas. Para aqueles cujo trabalho anterior era feito somente com a cabeça, a dimensão puramente física do trabalho nos campos ou nas fábricas parecia uma espécie de exercício ritual, destinado a purificar todo o ser. Leon Tolstoi defendeu a necessidade do trabalho físico para a alma humana.[19]

Os radicais populistas esperavam que os camponeses e operários sentissem as mesmas coisas que eles. Ao trabalhar lado a lado com o povo, os radicais desejavam ganhar a confiança e a fé necessárias para conquistar adeptos. Ansiavam por falar com os operários e camponeses, não como superiores, mas como gente que sofria como eles, que lhes desejava boa sorte, que simpatizava com eles. À noite e durante os fins de semana, durante as pausas para o almoço e depois do jantar, eles faziam de tudo para levantar questões relativas a pobreza e riqueza, a desigualdade e injustiça. Levavam consigo alguns panfletos socialistas bem concisos, talvez um livro ou dois com passagens sublinhadas ou só um exemplar do Novo Testamento. Às vezes, liam em voz alta "contos folclóricos" escritos por outros radicais com o maior cuidado, como se fossem fábulas socialistas, com títulos capciosos, como "Sobre o Mártir Nicolau, ou Como viver de acordo com as leis da verdade e da natureza".[20]

Nas fábricas, falavam sobre os movimentos emergentes da classe operária no exterior, sobre greves e sobre partidos políticos socialistas. No campo, eram eloquentes quanto ao tópico mais caro aos camponeses — terra, terra suficiente para plantar e colher e alimentar a família. Todo camponês sonhava em ter mais terras para trabalhar, e muitos acreditavam que veriam o dia em que todas as terras cultiváveis da Rússia seriam apropriadas pelo tsar e redistribuídas a todos os camponeses, a cada um de acordo com suas necessidades. "Exigimos", dizia um panfleto socialista aos camponeses, "uma redistribuição geral de todas as terras dos camponeses, dos nobres e dos proprietários particulares. Elas devem ser divididas entre todos, de acordo com a justiça, de modo que cada um receba tanto quanto precisa."[21]

Mas essas não eram palestras sóbrias e secas sobre os princípios econômicos da exploração do trabalho e da propriedade da terra. Apesar dos conselhos de Lavrov, esse socialismo estava longe de ser "científico". Nenhum daqueles jovens radicais e entusiasmados que participaram do movimento acreditava que seria possível influenciar camponeses ou operários com fatos ou propostas concretas de reforma. Não esperavam convencer, esperavam converter. A injustiça da ordem presente e a retidão do mundo futuro eram descritas em termos religiosos, quase místicos.

Em parte, foi uma decisão tática — os revolucionários compreendiam a religiosidade dos russos comuns e esperavam que a retórica religiosa os atraísse. Muitos dos russos mais pobres só tinham lido um único livro, a Bíblia. Os radicais que foram em direção ao povo sabiam disso e, como o pioneiro do movimento Sergei Kravchinskii, preparavam-se decorando passagens inteiras do Novo Testamento. Breshko-Breshkovskaia viu a utilidade de tal procedimento quando, durante uma discussão em Smela, conseguiu citar a frase de Cristo sobre amar o próximo. Esse tipo de amor, disse Breshko-Breshkovskaia aos camponeses, exigia o fim da injustiça e, por isso, uma insurreição contra o Estado. Havia necessidade de "pessoas que não só glorificavam o Filho de Deus com palavras, mas que também seguiam seu exemplo de lutar pela verdade na face da terra".[22] Os panfletos produzidos pelo movimento "em direção ao povo" eram liberalmente salpicados com motivos semirreligiosos e citações da Bíblia. "Portanto, todas as pessoas são iguais", explicava um deles, "como ensinava nosso mestre celestial, Jesus

Cristo." Um populista teve a esperteza de fabricar um selo falso com o qual marcava os textos como "Aprovados pelo Santo Sínodo".[23]

Mas a religiosidade era só parcialmente uma estratégia. Também era a expressão de uma fé profunda no socialismo. Muitos populistas assumiram inteiramente o misticismo que pregavam. A cabana camponesa de Alexandre Dolgushin era decorada com símbolos religiosos, entre os quais uma cruz onde estavam inscritas as palavras "em nome de Jesus Cristo" e "liberdade, igualdade e fraternidade". Osip Aptekman ficava perplexo ao ver ateus contumazes chorando ao lerem passagens do Novo Testamento. Muitas vezes, depois de longas sessões de propaganda em choupanas enfumaçadas de camponeses, alguém pedia aos presentes para se levantarem e cantarem juntos "hinos revolucionários". Momentos como esses, lembrou um radical, "traziam à mente cenas dos primeiros séculos do cristianismo". Outro declarou abertamente que era "uma espécie de cruzada".[24]

Por mais surpreendente que pareça, esse impulso socialista intensamente cristianizado foi o primeiro a atrair um grande número de judeus russos para as fileiras radicais. Os jovens judeus radicais não eram repelidos por esse *ethos* claramente cristão. Ao contrário, eram atraídos por ele. Como Deich, muitos judeus que haviam sido criados no seio de famílias urbanas e que tinham passado seus primeiros anos de vida em comunidades judaicas renunciavam alegremente à sua identidade e adotavam a roupa e a maneira de ser dos camponeses cristãos. Para se misturarem a eles de maneira mais convincente ainda, aprendiam o Novo Testamento, desconhecido para eles. Quando estavam nas aldeias, debatiam a teologia da Igreja Ortodoxa e iam à missa. Um ou dois chegaram até a se batizar como cristãos para completar sua transformação.[25]

Vinham de um grande número de famílias judaicas. Alguns nasceram e foram criados em famílias tradicionais devotas e passaram seus primeiros anos como fiéis fervorosos. Esse foi o caso de Aron Zundulevich, um dos primeiros membros do movimento "em direção ao povo". Sua família era de classe média, tradicional e intensamente religiosa. Quando criança, achava que sua vocação era tornar-se rabino — e foi na *yeshiva* (a academia de estudos avançados de textos judaicos, principalmente o Talmude) que, paradoxalmente, ele se deparou com as primeiras ideias radicais.[26] Um número igual de revolucionários judeus foi criado em lares inteiramente seculares e educação à moda europeia. Deich tinha orgulho das tendências humanistas de sua família e era grato ao pai por ter-lhe dado o que era chamado na época de "educação cristã". Leu obras filosóficas e literárias europeias desde tenra idade, e, quando tinha 13 anos, suas irmãs mais velhas apresentaram-lhe *O que fazer?*, de Tchernichevski. No seu primeiro ano do curso secundário, já tinha orgulho de ser ateu. Certa vez, surpreendido comendo salsichas no almoço, horrorizou seus colegas judeus ao declarar num tom de grande seriedade que Deus não existia e que ele ia comer o que bem entendesse.[27]

Fossem quais fossem suas atitudes em relação à religião quando jovens, a maioria dos radicais judeus chegou ao socialismo através de uma forma judaica do Iluminismo secular, conhecida como Haskalah. A Haskalah originou-se nos Estados alemães do século XVIII e pregava a europeização da vida judaica, enfatizando a ciência, o pensamento crítico e, na verdade, a assimilação. Na década de 1840, a tradição da Haskalah tinha migrado para as comunidades judaicas russas, onde promoveu a criação de um grande número de intelectuais liberais europeizados. Esses judeus instruídos desempenharam o mesmo papel que a geração russa mais ampla dos anos 1840, criticando o que consideravam ser atraso, ignorância e patriarcado sufocante na vida judaica ortodoxa tradicional.[28]

Talvez previsivelmente, esses "pais" da Haskalah logo geraram toda uma nova geração de "filhos" judeus niilistas nos anos 1860. Assim como os estudantes russos cristãos conheceram o radicalismo nas escolas secundárias, nos seminários ortodoxos e nas academias militares, os jovens judeus encontraram Tchernichevski e Dobroliubov nas escolas rabínicas, *yeshivas* e cursos secundários urbanos. O niilismo judeu tornou-se tão atraente e poderoso quanto seu congênere cristão. No início, os dois grupos distintos de niilistas não se fundiram, e os judeus, durante certo tempo, mantiveram distância das formas mais extremas de radicalismo. É notável o fato de haver poucos judeus na Organização de Ishutin ou nas conspirações de Nechaev.[29]

O ano de 1871 mudou tudo. No dia da Páscoa daquele ano, a comunidade de judeus russos levou um choque terrível — o primeiro grande *pogrom* arrasou a cidade sulista de Odessa. Num pálido prenúncio do que aconteceria muitos anos depois, multidões enfurecidas de russos comuns invadiram lojas e lares judeus da cidade, vandalizando e destruindo tudo o que havia dentro delas. Qualquer pessoa que parecesse judia, por mais remotos que fossem seus vínculos, estava correndo um perigo mortal — todos os judeus, ricos ou pobres, eram alvo de espancamentos arbitrários e brutais. Não houve mortes, mas era um indício da selvageria do antissemitismo.[30]

Depois do *pogrom* de Odessa, tanto os liberais quanto os radicais judeus foram obrigados a revisitar a natureza da identidade judaica. Para grande pesar de muitos assimilacionistas, até mesmo as tentativas mais sinceras de fundir-se inteiramente à sociedade russa não evitaram ataques antissemitas. A condição de judeu não podia mais ser ignorada, em parte porque os outros se recusavam a ignorá-la. Para muitos judeus, surgiu um dilema: o que significava ser um judeu europeizado, secular, antitradicional?

Para muitos dos judeus mais radicais, voltar à tradição cultural ou ao judaísmo religioso estava fora de questão. Tinham passado anos vivendo de uma forma radical, europeizada, e desprezavam o que consideravam a estreiteza das tradições e costumes judaicos. Alguns, na tentativa perversa de autodefesa, chegaram até a acusar o judaísmo tradicional e tacanho de ser o verdadeiro provocador dos *pogroms*. O próprio Deich foi de uma dureza chocante com sua etnia, afirmando: "Os membros de nossa tribo deram muitas razões para as atitudes hostis em relação a eles, sendo a principal sua preferência por ocupações improdutivas e lucrativas." Osip Aptekman declarou abertamente em suas memórias que acreditava que sua condição de judeu era um problema a ser resolvido. "Eu era um judeu", escreveu ele, "e essa circunstância constrangia-me enormemente." Mas, se ser judeu não era a solução, qual seria?[31]

Para alguns judeus russos, o fervoroso socialismo russo populista dos anos 1870 era a válvula de escape perfeita para os dilemas de identidade. Radicais que haviam sido cristãos tinham repudiado a tradição e a ortodoxia e criado um mundo alternativo no qual os impulsos religiosos poderiam ser satisfeitos numa igreja do mundo presente, ecumênica e sem sectarismos. Os radicais judeus foram recebidos no movimento de braços abertos. Para os revolucionários, imersos em sonhos utópicos, não havia, nas palavras do Novo Testamento, "nem judeus, nem gregos". Pavel Axelrod lembrava-se de ter abraçado o novo socialismo como a solução para seus problemas de identidade: "Só existe uma única questão: a libertação das massas trabalhadoras de todos os países, inclusive os judeus", escreveu ele. "Junto com o triunfo do socialismo, que está se aproximando, a chamada questão judaica também vai ser resolvida."[32] Como Vera e outras mulheres radicais, que viam o radicalismo como o martelo que romperia os grilhões de gênero, os judeus viam o socialismo como um movimento no qual seriam considerados iguais. Muitos se converteram facilmente.

O caso mais extraordinário desse tipo de experiência de "renascimento" foi o de Osip Aptekman. Durante suas perambulações "em direção ao povo", Aptekman trabalhou durante algum tempo como médico num hospital mantido pelo convento de Santa Madalena. Assombrado com a benevolência etérea das freiras, começou a participar de seus serviços religiosos. Uma delas se destacava — uma jovem camponesa conhecida como Parasha. Logo os dois tornaram-se amigos. Aptekman, sempre o propagandista entusiasmado, começou a ensinar a Parasha os princípios do socialismo. Para neutralizar sua influência, ela começou a citar o Novo Testamento. Depois de noites longas e sossegadas ouvindo passagens da Bíblia, Aptekman, num surto de exaltação, converteu-se ao cristianismo. Foi a São Petersburgo para ser batizado. Depois de entrar na Igreja Russa Ortodoxa, Aptekman, embora ainda fosse um ateu contumaz, sentiu-se "renovado". "Vou em direção ao povo", disse a si mesmo, "não como judeu, e sim como cristão. Agora posso fundir-me com o povo!" Mais tarde, teria o prazer de saber que ele também exerceu grande influência sobre Parasha. A jovem freira deixou o convento e tornou-se uma socialista devotada.[33]

Tanto para os radicais judeus quanto para os radicais cristãos, foi uma época inebriante. O reino socialista, esperado há tanto tempo, estava prestes a ser instaurado. Na fase inicial do populismo russo, havia poucas estratégias concretas para insurreições, batalhas ou ataques ao Estado. Em seu lugar, havia sonhos informes de união mística com o campesinato, que devia gerar uma espécie de conversão coletiva, de conversão em massa que varreria toda a Rússia. Os sonhos de transformação universal pareciam muito perto de se tornarem realidade.[34]

> *— Um dia — disse ele —, eu estava caminhando numa estrada com um companheiro quando fomos alcançados por um camponês num trenó. Comecei a dizer ao camponês que ele não devia pagar impostos, que os funcionários extorquem o povo, e tentei convencê-lo com citações da Bíblia de que os camponeses deviam revoltar-se. O camponês chicoteou o cavalo, mas nós o seguimos andando bem depressa; ele fez o cavalo trotar e nós começamos a correr atrás dele; o tempo todo eu continuava conversando com ele sobre impostos e revolta. Por fim, ele fez o cavalo galopar. Mas o animal não valia grande coisa (era um pônei camponês subnutrido), de modo que meu companheiro e eu não ficamos para trás; continuamos nossa propaganda até ficarmos completamente sem fôlego.*
>
> — Sergei Kravchinskii, citado em Piotr Kropotkin, *Memórias de um revolucionário*[35]

Os fracassos do movimento "em direção ao povo" vieram rápido e continuaram implacavelmente. O primeiro golpe, e o mais doloroso, aconteceu quando os populistas se deram conta das verdadeiras dificuldades do trabalho braçal. Havia uma tremenda diferença física entre aqueles que tinham labutado a vida toda e aqueles que nunca tinham operado máquinas de uma fábrica nem usado instrumentos agrícolas. Era algo bastante romântico sonhar em se purificar por meio do trabalho árduo. Trabalhar dia após dia, em meio ao frio úmido ou ao calor escaldante, ou no chão engordurado e no ambiente abafado das fábricas, era outra coisa bem diferente. A alimentação insuficiente, as roupas puídas e a falta de sono logo mostraram ser mais do que muitos radicais jovens conseguiriam suportar.

O trabalho industrial e urbano talvez fosse o mais difícil. As fábricas eram imundas, cheias de gases pestilentos, e era preciso uma concentração intensa para operar máquinas pesadas sem ter ferimentos graves. Deich passou algum tempo num pátio ferroviário, limpando locomotivas. A tarefa mostrou ser tão exaustiva que seu companheiro, um jovem chamado Joseph, desmaiava na cama no fim do dia. Joseph logo ficou tão magro e pálido que Deich insistiu com ele para que voltasse para casa. Natalia Iurgenson lembrava-se de ir a pé para casa, depois de catorze horas de trabalho numa lavanderia, tão tonta por secar roupas em hastes giratórias que "diante dos meus olhos, tudo começava a girar — as casas, as árvores, até os postes de iluminação".[36]

O trabalho no campo significava muitas vezes levantar-se antes do sol e depois trabalhar a tarde inteira em meio a um calor sufocante. Depois de um longo dia, um trabalhador agrícola tomava uma refeição que consistia em pão duro e azeitonas, ou mingau de trigo sarraceno, e depois ia dormir ao ar livre com um cobertor de feltro. Alguns jovens radicais, incapazes de suportar a rotina camponesa, começaram a se levantar tarde e juntar-se aos camponeses durante a pausa que eles faziam de manhã. Os ativistas mais determinados conseguiam aguentar por alguns meses e, em casos raros, um ano. Os outros desistiam depois de algumas semanas.[37]

Foi essa falta óbvia de experiência de trabalho que distanciou os radicais do "povo". A total incapacidade de realizar as tarefas mais simples mortificava os radicais e deixava os camponeses e operários desconfiados. Logo os camponeses começaram a zombar deles, dizendo que tinham "joelhos fracos". E sempre havia outros indícios de que aquelas pessoas disfarçadas de camponeses não eram do ramo. Uma camponesa denunciou as origens sociais de Deich apontando para as mãos dele. "Elas são brancas e pequenas", disse ela, "menores que as de uma moça." Quando Debagorii-Mokrievich disse a um dos seus anfitriões que era dali mesmo, o camponês gritou: "Mentiroso!" O sotaque local não estava presente na voz bem-educada de Debagorii-Mokrievich.[38]

No entanto, muito mais devastadora que esses constrangimentos foi a percepção de que aqueles que mais precisavam do socialismo eram os menos suscetíveis a seus ensinamentos. Os oprimidos pareciam completamente insensíveis à notícia de sua libertação iminente. Certos de que sua visão de uma nova ordem mundial despertaria novas esperanças nos pobres, os radicais ficavam chocados ao descobrir que os camponeses e os operários mostravam-se moderadamente curiosos, no melhor dos casos, e visivelmente hostis, no pior.

A religião talvez fosse o maior obstáculo ao avanço do socialismo, a despeito da retórica religiosa da propaganda radical. Em essência, a futura ordem socialista, por mais utópica que fosse, precisava de mãos humanas para construí-la. Em sua maior parte, os russos comuns acreditavam que os sofrimentos da vida só poderiam ser redimidos por Deus e contentavam-se em esperar pela providência divina. No momento presente, os caminhos do Senhor continuavam inescrutáveis. Quando Deich fez a seu anfitrião molocã a observação de que, mesmo entre os molocãs, alguns eram prósperos, ao passo que outros eram pobres, Ivan respondeu: "O Senhor sabe melhor que nós quanto dar a quem." Aptekman ficou igualmente desalentado depois de um encontro animado com um grupo de camponeses em sua aldeia. Após um sermão longo e eloquente sobre as injustiças de um sistema no qual os trabalhadores eram pobres e quem não fazia nada era rico, depois de haver pintado em cores gloriosas o quadro "da ordem futura baseada em princípios socialistas", parou, sem fôlego, inspirado pela atenção embevecida de seu público. Uma única pergunta acabou com suas esperanças. Um velho camponês, procurando sinceramente elogiá-lo por seus esforços. "Você é um homem inteligente", disse ele com admiração. "Pode nos dizer como vai ser no outro mundo?"[39]

Entre os camponeses, o interesse pelo socialismo também era solapado por uma fé inabalável no tsar. A mitologia camponesa dizia que o "pai-tsar" era um pai bom, um benfeitor amoroso para seus filhos fiéis. Burocratas maldosos, nobres sinistros e comerciantes fraudulentos conspiravam todos para saquear os camponeses. Mas o tsar continuava do lado deles. "Se ao menos o tsar soubesse..." — esta era uma das frases mais ouvidas no interior da Rússia. Um dia, o tsar triunfaria sobre seus inimigos e daria ordens para repartir todas as terras da Rússia. Aptekman, tomando chá com alguns amigos camponeses, tentou explicar cuidadosamente as teorias do socialismo sobre o campesinato. Usou a história da Inglaterra como exemplo, dizendo que os camponeses eram perseguidos através de leis de demarcação de terras. Os camponeses acenavam as cabeças num gesto de simpatia. "Temos tanta sorte de ter um tsar...", concluiu um deles solenemente. "É melhor que viver nesses países estrangeiros, onde o poder está todo nas mãos dos nobres."[40]

No fim, ficou claro que os radicais e o povo comum simplesmente habitavam mundos diferentes. Os radicais, que tiveram tempo para contemplar o mundo do sofrimento, tendiam a sonhar com a mudança. Os pobres não tinham energia para esses sonhos. Exaustos por suas batalhas pelo pão de cada dia, os russos comuns eram práticos, cautelosos e pessimistas.[41] Ouviam esses andarilhos radicais, vindos obviamente de algum lugar distante onde desfrutavam privilégios, com o interesse reservado aos contos folclóricos numa noite de inverno. Às vezes, sorriam diante das ideias delirantes desses intelectuais jovens e ambiciosos. Mas, em geral, o socialismo continuava sendo, em grande parte, o prazer dos ricos.

Deich lembrava-se claramente da primeira vez em que os fracassos do socialismo o atingiram. Alguns meses depois de sua chegada à aldeia molocã, concluiu que devia apresentar suas ideias socialistas aos mais jovens, porque os mais velhos estavam consolidados em seu modo de vida. A oportunidade perfeita surgiu quando Deich foi mandado ao mercado local com Vânia, o filho de Ivan. Deich perguntou a Vânia se ele gostaria de ouvir uma "história", e Vânia respondeu imediatamente que sim. Alegre por encontrar alguém ansioso por escutá-lo, Deich logo mergulhou na história intitulada "Os quatro irmãos", sobre quatro jovens que viviam em perfeita harmonia no meio de uma floresta, de onde saíram um dia e encontraram um mundo chocante de desigualdade e injustiça. De repente, Deich foi interrompido com um golpe violento no ombro. Não tinha reparado que seu cavalo estava saindo da estrada.

— Conte suas histórias — disse-lhe Vânia —, mas preste atenção ao seu cavalo.

Parecia um provérbio camponês.

O orgulho de Deich ficou ferido demais para ele apreciar devidamente a resposta perspicaz de seu companheiro. Por mais que o rapaz insistisse, Deich recusou-se a terminar a história. "Ficou óbvio para mim", recordava ele com petulância, "que as ínfimas preocupações utilitárias de Vânia eram mais importantes para ele que qualquer verdade que eu pudesse lhe mostrar." Foi uma demonstração prática do porquê de o movimento "em direção ao povo" ter fracassado.[42]

> *O inverno foi rigoroso; e a minúscula janela do meu quarto estava semicoberta de neve. A outra metade estava coberta de uma camada tão grossa de gelo que, mesmo ao meio-dia, lá dentro era escuro como ao crepúsculo e mesmo que, por acaso, ela derretesse durante uma hora, não dava para ver nada, exceto uma planície interminável, coberta de neve, com promontórios negros no horizonte e o perfil negro da aldeia quase invisíveis sobre a neve. Era um lugar perfeito para alguém finalmente privado do passado e do futuro. (...) Só se esqueceram de enterrá-lo.*
>
> — Vera Zasulich, fragmento autobiográfico[43]

Enquanto seus companheiros estavam nos campos e nas fábricas, desfrutando essa nova primavera do radicalismo, Vera deve ter sentido que a mão invisível do destino a estava afastando constantemente de seus sonhos. Só sentir o gosto do nechaevismo tinha levado a anos de prisão. E então, depois de seu depoimento no julgamento dos nechaevistas, ela passou um ano em Tver, uma cidade próxima de Moscou, sob a custódia da mãe. Lá, junto com a irmã Ekaterina e o cunhado Lev Nikiforov, ela acabou tentada mais uma vez pela sereia do radicalismo. Os três tinham organizado um grupo de leitura radical no seminário da Igreja Ortodoxa de Tver e começaram a distribuir livros proibidos. Essas eram infrações pequenas, mas cometidas por ex-nechaevistas. Não demorou nada para a polícia local bater o martelo. Em junho de 1872, Lev e Ekaterina foram exilados para Soligalich, uma cidadezinha deplorável na província de Kostroma. No final do mês, Vera foi obrigada a se juntar a eles. Estava no exílio mais uma vez.[44]

Vera devia saber que sua ficha na polícia seria um problema para ela nos anos seguintes. Se tivesse levado uma modesta vida provinciana em Tver, a polícia a teria esquecido. Mas os anos de prisão de Vera não pesaram em nada no sentido de abrandar seu desprezo pela vida comum, principalmente pela vida comum de uma nobre russa. Os anos amargos que passara nas mãos do Estado tsarista deixaram nela cicatrizes profundas. As pessoas comuns agora eram estranhas para Vera. Não sabiam nada a respeito do seu sofrimento, dos meses que passara em fria solidão, tendo a angústia por única companhia. Em "Masha", Vera mostrou a terrível agonia mental de um preso político libertado. Uma personagem secundária do conto de Vera, Volódia, ficou presa durante dois anos por seu envolvimento nas atividades conspiratórias de Nechaev. Enquanto estava no cárcere, entrou em depressão profunda, dilacerado pelo ódio ao Estado que o havia posto ali dentro e pelo ódio por Nechaev, que o traíra. Depois de solto, descobriu que seu sofrimento o alienara completamente da rotina cotidiana. "Quando estava com outras pessoas", escreveu Vera, "Volódia tentava esconder suas emoções — ser como todo mundo; mas isso se tornou cada vez mais difícil, e ele começou a evitar toda e qualquer companhia." Essa personagem acaba se suicidando. Seu tumulto psicológico deve ter refletido em parte o de Vera.[45]

Mas Vera não era uma suicida. Uma coisa continuava a mesma dentro dela — a lembrança da excitação inebriante de seus primeiros passos no movimento revolucionário. De algum modo, encontraria o caminho de volta a seus sonhos.

Profundamente enterrada no norte do Ártico russo, durante algum tempo ela fez pouco mais que tentar sobreviver no exílio. Até hoje Soligalich continua sendo uma cidadezinha minúscula com apenas 7 mil moradores. Nos anos 1870, era pouco mais que uma desolada aldeia do norte, situada às margens do rio Kostroma. Podia se vangloriar de ter algumas igrejinhas e um lindo mosteiro; e era tudo. O frio era impiedoso. Era tão rigoroso no inverno que os Nikiforov dormiam com seus gorros de pele, e o inverno começava no fim de julho. Segundo Lev, nada crescia ali além de algumas bétulas e pinheiros — até a própria natureza parecia ter desertado daquela cidadezinha esquecida por Deus. Pouco antes de Vera se juntar a eles, Ekaterina mandou à irmã uma carta cheia de queixas. "Portanto, cá estão os aspectos ruins de Soligalich", escreveu ela. "Eu gostaria de lhe falar também dos aspectos bons", acrescentou, "mas no momento isso é bem difícil, ou porque ainda não os conheço, ou porque talvez eles não existam."[46]

"A sociedade", como os Nikiforov a chamavam, não era muito acolhedora. Ekaterina talvez estivesse exasperada quando a descreveu implacavelmente como dividida entre aqueles "que bebem sem parar e aqueles que jogam cartas sem parar". Ninguém gostava de Soligalich, acrescentou Ekaterina, "todos se queixam: os moradores antigos, os comerciantes, os burgueses, os nobres". Descontente e rebelde, Vera nunca se adaptou à vida de Soligalich. Logo ganhou a fama de ser uma boêmia excêntrica da cidade grande. Os nativos lembravam-se dela como a moça que usava vestidos amarrotados, botas cambaias, com as solas gastas de um lado só, e um chapéu de material impermeável. Usava o cabelo curto, à moda niilista, o que levou os nativos a lhe darem o apelido de "rabo-cotó". Às vezes, sua aparência estranha atraía o olhar curioso das meninas, que a seguiam pela cidadezinha, pasmas com suas botas e com seu cabelo.[47]

Os boatos sobre suas atividades logo se espalharam. Diziam que Vera tinha liderado um grupo revolucionário conspiratório, composto principalmente por exilados políticos e que operava bem embaixo do nariz da polícia local. Um dos conspiradores teria sido preso no apartamento de Vera. Uma história fascinante, mas muito provavelmente falsa. Vera era mantida sob uma vigilância rigorosíssima. A polícia local visitava-a constantemente em sua casa, e todas as suas cartas eram examinadas com o maior cuidado. Segundo a polícia secreta, ela não fez nada que levantasse suspeitas. Em relação à sua estada em Soligalich, a Terceira Seção teve só duas observações: "Evita todo e qualquer contato com a sociedade" e "opiniões políticas impossíveis de detectar".[48]

As aspirações de Vera no tocante ao radicalismo muito provavelmente teriam de ser satisfeitas como haviam sido durante seus anos no internato e na prisão: por meio de livros. Durante a maior parte do ano, havia muito pouco a se fazer além de ler. Sua mãe enviara-lhe pacotes de livros de São Petersburgo, e Vera lia cada página com grande prazer. Os dias brancos, tristes e intermináveis do inverno eram passados na companhia dos livros, nos quais Vera podia se encontrar com companheiros imaginários e suas ideias de revolução. Mesmo nos verões breves e quentes, ela era vista frequentemente deitada nas campinas dos arredores da cidade com um livro nas mãos. Na solidão de seu exílio russo, Vera estudou laboriosamente as ideias que se sucederam umas às outras na breve história do socialismo russo. Mergulhou nos textos de Lavrov, leu sobre a situação do campesinato russo e refletiu sobre as últimas teorias europeias. Estava determinada a definir seus primeiros sonhos informes de ativismo com algo substancioso teoricamente.[49]

Entre todos os autores que leu, um homem destacou-se do resto. Ela descobriu Mikhail Bakunin.

Não é de surpreender que as ideias de Bakunin tenham tocado o coração de Vera. Ela e Bakunin tinham muito em comum. Como Vera, Bakunin começou sua carreira radical com uma ambição fervorosa de fazer algo de extraordinário na vida. Como Vera, começou a amar o modelo de um pária lutando por justiça e a odiar as instituições estatais que lembravam fortalezas e estavam em seu caminho. Ambos tinham sentido uma solidão aterradora na prisão e no exílio. O mais impressionante é que ambos haviam sido seduzidos por Nechaev e depois traídos por ele. Portanto, quando Vera conheceu o livro *Estatismo e anarquia*, de Bakunin, compreendeu-o imediatamente, não só no plano intelectual, mas também no plano emocional.[50]

O objetivo de *Estatismo e anarquia* era sintetizar as experiências pessoais e as tendências políticas de Bakunin num programa coerente. Escrito no final do verão de 1873, foi redigido como uma espécie de testamento e último desejo. À primeira vista, era um ataque múltiplo a todos os inimigos de Bakunin: os alemães, Marx, Lavrov e até Nechaev. No seu âmago havia uma única ideia: destruir. Os alemães eram exageradamente apegados a seu Estado, escreveu ele, e Marx também era e, por isso, só poderia conceber o socialismo como nada mais que uma nova ditadura substituindo a antiga. Lavrov praticava constantemente seu passatempo predileto, "o esclarecimento", e Nechaev era um conspirador obsessivo. Nenhum deles percebeu o objetivo vital do socialismo: a demolição completa, a redução a cinzas de todas as instituições políticas, econômicas, sociais, religiosas e educacionais. "É preciso abolir todos os Estados", escreveu Bakunin, "destruir a civilização burguesa, organizar-nos livremente de baixo para cima (...) organizar as hordas trabalhadoras desagrilhoadas, toda a humanidade liberta, criar um novo mundo para todos os seres humanos."[51]

Não havia necessidade de teorias complicadas, de conspirações intrincadas ou de retórica "científica" — só o cataclismo revolucionário. O povo russo em particular estava sedento da energia da violência. "Sua situação é tão desesperadora", argumentava Bakunin com otimismo, "que ele está pronto para se revoltar em todas as aldeias." Afinal de contas, a história russa estava repleta de histórias de bandidos, célebres rebeldes camponeses que desencadearam revoltas impressionantes, queimaram casas da nobreza e assassinaram autoridades do governo. A tarefa do revolucionário moderno era despertar esse legado de banditismo. Fujam para as florestas, dizia Bakunin, com um entusiasmo tipicamente inesgotável. Escondam-se junto com os rebeldes, alimentem o ódio deles. Dessa vez, o Reino do Céu virá com certeza.[52]

De seu remoto local de exílio, Vera escutou o apelo de Bakunin. Anos de prisão e inatividade pesavam intoleravelmente sobre seu coração. As descrições que Bakunin fazia de um campesinato ansioso por violência libertadora atraíram irresistivelmente as emoções turbulentas represadas nela. Ele estava convocando os escravos a lutar por liberdade — a liberdade que só surgiria dos escombros, quando o Estado, a polícia e as prisões desmoronassem em meio ao pó. Liberdade era o que a alma angustiada de Vera queria agora: liberdade dos grilhões do Estado, liberdade para se juntar ao povo no sofrimento e na alegria. Quando um conhecido de Soligalich comentou que a vida de Vera na prisão devia ter sido muito difícil, ela respondeu secamente:

— Não foi pior que em Soligalich.

Ansiava por retomar sua antiga vida revolucionária.[53]

Estatismo e anarquia também intensificou outra emoção de Vera: o ódio. Quando Bakunin falava do desejo de demolir as instituições estatais, de vingar-se da autoridade do Estado e seus agentes, do tsar ao funcionário mais humilde, Vera reanimava-se com suas palavras. O amor ao povo russo — o honesto, bom e belo povo russo — era pouco mais que uma emoção indefinida. O Bakunin exilado não conhecia os camponeses melhor que a maioria dos radicais, Vera inclusive. Para Bakunin, como para Vera, o ódio ao Estado e a suas criaturas era muito mais concreto e pessoal, e sentido muito profundamente. O Estado, vociferava Bakunin, "era uma madrasta perversa, um ladrão impiedoso e um torturador", servido pelos "exploradores, destruidores e inimigos do povo russo". Tinha de ser aniquilado. Nas palavras da própria Vera, essa era a "essência" de suas crenças bakuninistas: "É injusto um homem governar outro; portanto, é justo destruir."[54]

O bakuninismo resolveu as dúvidas perturbadoras de Vera e deu fim a seu período de estudos solitários. Ela, como milhões de russos comuns, era uma vítima do Estado tsarista. Mas, como eles, ela poderia ser livre se quebrasse as algemas oficiais que a prendiam firmemente. No fim de 1873, Vera compreendeu seu destino — devia tornar-se uma rebelde.[55]

Deu imediatamente alguns passos práticos para se libertar do exílio. Em dezembro de 1873, Vera aproveitou a benevolência criada por seu ano de conduta impecável e fez uma petição para sair de Soligalich. Declarou que sua intenção era aprender a fazer partos em Kharkov. A polícia não viu motivos para negar e atendeu seu pedido, desde que ela se apresentasse à polícia ao chegar. Em janeiro de 1874, Vera deixou Soligalich para sempre. Quando chegou a Kharkov, matriculou-se devidamente no Instituto das Parteiras e apresentou-se à polícia. Mas Vera não tinha realmente a intenção de se tornar parteira. Mudou-se para Kharkov porque tinha ouvido dizer que o sul da Rússia estava fervilhando de bakuninistas cheios de energia, prontos para acender o rastilho da insurreição em todas as aldeias camponesas sulistas.[56]

Os fracassos da fase inicial do movimento "em direção ao povo" tinham sido muito bem explicados em *Estatismo e anarquia*. Os camponeses — morrendo de fome, esgotados pelo trabalho, esmagados sob o peso do governo tsarista — não estavam procurando mestres solenes para lhes apresentar teorias revolucionárias. Precisavam de insurrecionistas práticos que os inspirassem a agir. Em 1875, sob a influência de Bakunin, os entusiásticos pregadores do socialismo tinham se tornado "rebeldes".[57]

Vera precisou de pouco mais de um ano para encontrar esses novos radicais. Seu primeiro contato se deu por intermédio de uma pessoa improvável — Maria Kolenkina, uma das colegas de escola de Vera em Kharkov. Maria, conhecida entre os amigos como Masha, não tinha nenhuma aparência de "rebelde" — era magra e bonita, com grandes olhos azuis e cachos dourados que caíam em cascatas. Vestia-se impecavelmente com roupas próprias das mulheres nobres, mesmo que tivesse nascido e sido criada numa família evidentemente de classe média. Suas características mais memoráveis eram uma energia ilimitada e irreprimível e uma personalidade extrovertida, quase impulsiva. Ao contrário de Vera, que podia ficar sentada num canto durante horas lendo um livro, Masha sempre parecia estar em movimento.[58]

Masha saiu de casa aos 20 anos de idade, revoltada com a vida familiar e com raiva do pai, que se recusara a apoiar seu desejo de ir além de uma educação elementar. Em 1873, ela estava a caminho do sul da Ucrânia usando um vestido de camponesa que havia feito e tingido ela mesma, pronta para se juntar ao movimento "em direção ao povo". Enquanto Vera definhava no exílio, Masha frustrava-se profundamente com o fracasso da vida entre os camponeses — sentia que o radicalismo exigia mais.[59]

Vera afeiçoou-se imediatamente a Masha, apesar de todas as suas diferenças em termos de aparência e comportamento. Logo depois de se conhecerem, Masha fez a Vera uma proposta tentadora. Iriam a Kiev fazer contato com os rebeldes bakuninistas que tinham acabado de fundar ali uma base de operações. Para Vera, essa era a oportunidade que esperava há tanto tempo. As duas mulheres compraram imediatamente passaportes em branco e falsificaram a identidade para burlar a vigilância da polícia. Vera finalmente estava livre. Em 1876, a polícia local escreveu seu relatório final sobre ela: "Fugiu de Kharkov, paradeiro desconhecido."[60]

Eu já via tudo na minha imaginação. Nosso destacamento apareceria na aldeia, tiraria a terra dos nobres e a dividiria imediatamente entre os camponeses. No começo, apareceríamos inesperadamente numa aldeia ou noutra, despertando e instigando o povo, mas depois a insurreição ganharia força, nossos movimentos seriam mais bem planejados. Na minha cabeça, eu já determinara o caminho que nosso destacamento tomaria e somava o número de aldeias situadas ao longo do percurso e que, por conseguinte, começariam a redistribuir as terras. É claro que, no início, evitaríamos batalhas com o exército, atacando-o só oportunisticamente, como é em geral a guerra de guerrilhas. Destruiríamos as ferrovias e as linhas telegráficas para atrasar a reação do Estado e dar à insurreição tempo para ganhar força. Depois de conquistar as cidades, tomaríamos todas as armas disponíveis e incendiaríamos os edifícios do governo: gabinetes, tribunais, todos os tipos de arquivos. Comecei a sonhar até com a forma pela qual a insurreição se espalharia e como, no fim, irromperia uma conflagração geral, e as multidões amotinadas transbordariam em rios terríveis por toda a terra.

— Vladimir Debagorii-Mokrievich, *Memória*[61]

Em Kiev, na rua Tarasova, perto da universidade, dois predinhos de apartamentos ficavam em frente um do outro, situados em ambos os lados da rua. Um deles pertencia a um casal de velhos, os Debagorii-Mokrievich, que moravam ali com o filho. Vladimir adorava morar com os pais; embora já tivesse mais de 20 anos, eles mimavam-no como se fosse uma criança. Além disso, também eram lembrados com carinho pelos amigos de Vladimir por sua hospitalidade generosa, recebendo todos os recém-chegados de braços abertos e oferecendo-lhes os confortos de um lar. Não está claro se o casal de velhos sabia que seus hóspedes inesperados eram revolucionários que estavam tramando a derrubada do governo russo. Provavelmente não perguntaram. Logo a fama desse apartamento confortável espalhou-se por todo o movimento radical, e ele tornou-se o "quartel-general" da organização que, a essa altura, era conhecida como os Rebeldes Sulistas.

Do outro lado da rua, em frente à casa de Debagorii-Mokrievich, ficava a filial dos Rebeldes, um apartamentinho minúsculo de dois quartos que de algum modo conseguia abrigar mais de dez pessoas por vez. No fim do outono de 1875, Lev Deich, que tinha finalmente abandonado suas perambulações pelo interior russo, ouviu falar desse novo grupo e de sua base em Kiev. Decidiu investigar. Sem avisar, simplesmente apareceu no apartamento e bateu na porta. A pessoa que o recebeu era uma jovem calada, pálida e um pouco melancólica, que lhe ofereceu timidamente um pouco de pão, queijo e chá. Era Vera Zasulich. Lev não se lembrava de notar nela nada de especial. Não tinha a menor ideia de que os dois iam se tornar amigos, e depois amantes, numa relação que duraria mais de quatro décadas.

Mas, como Deich lembrava-se, sentiu-se imediatamente em casa na "filial". Os Rebeldes viviam comunitariamente, como as personagens de *O que fazer?*. Tudo era de todos: a comida, as camas, as roupas. Desafiando todos os costumes morais russos, homens e mulheres dormiam juntos no mesmo quarto, e muitas vezes na mesma cama, deitando-se simplesmente em qualquer colchão disponível e pegando o primeiro lençol que estivesse à mão. Cozinhar e fazer faxina também eram tarefas de todos. Qualquer um que aparecesse era bem-vindo e ofereciam-lhe a comida e a bebida que houvesse.

Deich lembrava-se de que, em seus primeiros meses com Vera, ela deu-lhe a impressão de ser reservada e de gostar de isolamento, mas era alegre. Todo Rebelde tinha um nome de guerra, e o dela era Martha, provavelmente uma alusão satírica à Bíblia, uma vez que não se poderia dizer que Vera ficasse "sobrecarregada de trabalho", tendendo a evitar sua parte na cozinha ou na faxina. Mesmo nesse lugar apinhado de gente, ela ficava sozinha e era vista frequentemente imersa num livro. Embora gostasse da solidão, não evitava inteiramente os outros e era amada pelos companheiros por seu discreto senso de humor, sua sinceridade e — sobretudo — por sua devoção aos outros. Além disso, irradiava uma serenidade delicada, e Deich ficou surpreso mais tarde ao saber que essa moça serena e contente havia passado anos na prisão e no exílio.[62]

Vera finalmente encontrara um grupo que a aceitava como um membro da família. Seus devaneios habituais, sua falta absoluta de disposição para arrumar camas e varrer o chão e sobretudo seus cabelos desgrenhados, roupas andrajosas e botas gastas eram aceitos com indiferença pelos Rebeldes. Eles admiravam sua inteligência e invejavam o imenso conhecimento do socialismo que ela acumulara ao longo de anos de leitura intensa.[63]

Os Rebeldes eram um grupo divertido, quase frívolo. Muitas noites, em torno de uma garrafa de vodca e um pouco de pão e queijo, reuniam-se para discutir as últimas novidades do pensamento revolucionário e depois, com uma alegria crescente, contavam piadas e cantavam músicas folclóricas e hinos revolucionários de batalha. Era difícil acreditar que, nessa atmosfera despreocupada, estavam sendo feitos planos para derrubar os pilares do Estado russo.[64]

Bakunin era sua fonte de inspiração, mas seu incentivo vinha do exterior, das províncias balcânicas do Império Otomano. Como que para comprovar as teses de Bakunin, houve revoltas camponesas quase imediatamente após a publicação de *Estatismo e anarquia* nas montanhas remotas da Bósnia-Herzegovina. Camponeses eslavos, enraivecidos com os impostos proibitivos instituídos por seus senhores otomanos, insurgiram-se. Logo houve batalhas violentas de uma guerra de guerrilhas nas florestas e montanhas da Bósnia. Alguns revolucionários russos, entusiasmados com essa súbita reviravolta dos acontecimentos, correram para a Bósnia a fim de se juntar à rebelião. Nas palavras de Anna Korba, que se alistou como enfermeira nas linhas de frente: "Perdi a paz desde o início da guerra das nações eslavas contra os turcos. Queria ajudar de alguma maneira, por mais ínfima que fosse, os guerreiros da liberdade." Os camponeses balcânicos logo mostraram ser uma decepção. Esperando encontrar nobres guerreiros bakuninistas, consumidos pelo desejo de libertar os oprimidos, os radicais russos encontraram líderes militares nacionalistas, territorialistas. "Fanatismo religioso e gosto pelo saque", foi o veredicto sobre a revolta bósnia.[65]

Mas a lição não estava bem aprendida. Muitos ainda esperavam que a rebelião bósnia marcasse o início de uma nova era. O número de Rebeldes começou a aumentar exponencialmente à medida que os radicais ficavam cada vez mais convencidos de que o campesinato russo também estava sedento de violência. No fim, a violência contra o Estado passou a ser considerada um bem inquestionável, fossem quais fossem os motivos. Os Rebeldes iriam para as aldeias e só teriam de acender o rastilho do barril de pólvora. Depois que os incêndios estivessem grassando, a rebelião poderia ser desviada para qualquer direção que os Rebeldes quisessem.

Na primavera de 1876, os Rebeldes Sulistas abandonaram seus apartamentos da rua Tarasova. Seus antigos ocupantes espalharam-se pelo interior

O ANJO DA VINGANÇA 195

do país. Vestidos como camponeses, não levavam consigo nem livros nem Bíblias. Só levavam revólveres.[66] A estratégia era simples. Quando chegassem a uma aldeia, não iriam se incomodar com propaganda socialista. Em vez disso, iriam oferecer aos camponeses armas, homens e o apoio de uma vasta organização revolucionária. E espalhariam a notícia de que tinha finalmente chegado a hora de tomar e redistribuir todas as terras cultiváveis dos territórios do sul da Rússia.[67] Seria inevitável que a conflagração começasse, como Bakunin previra.

Muitos Rebeldes alimentavam sonhos fantásticos sobre o apocalipse iminente — uma revolta em escala maciça por toda a Ucrânia, homens a cavalo atravessando aldeias, tomando terras, incendiando prédios, derramando rios de sangue. Os próprios Rebeldes morreriam — disso tinham certeza. Mas morreriam como mártires da vanguarda. Dizimados no campo de batalha, seus olhos se fechariam com a visão de legiões de soldados camponeses finalmente rompendo as cadeias da opressão e da miséria. Não foram feitos planos para depois — eles não viveriam para vê-los postos em prática. E não havia necessidade. Como escreveu Debagorii-Mokrievich: "As gerações futuras vão cuidar de si mesmas melhor do que poderíamos cuidar."[68] Mas não havia dúvida — o mundo futuro se estruturaria naturalmente em torno dos amados princípios da liberdade, igualdade e felicidade para todos.

Perto da Páscoa, Vera preparou-se novamente. Estava usando roupas camponesas tradicionais — uma bata sem mangas sobre uma blusa larga de algodão — e amarrou os cabelos na nuca com um lenço. Trocou suas botas de operário pelos tamancos usados pelas camponesas. Ao lado de Masha, viajou para a aldeia de Tsibulevska para se encontrar com o "marido", um radical bonito e descontente chamado Mikhail Frolenko. Alugou uma cabaninha camponesa com o pretexto de fazer ali uma pequena casa de chá. Com o maior cuidado e não pouca ironia, Vera e Mikhail decoraram sua casa com ícones, velas e um grande retrato do tsar e de sua família. Fizeram de tudo para se misturar aos vizinhos, convidando-os para tomar chá e não deixando de oferecer bastante vodca aos homens.[69]

Ao contrário de seus predecessores do movimento "em direção ao povo", os Rebeldes não faziam muito esforço para imitar os camponeses. Não sabiam praticamente nada sobre a culinária camponesa e cometiam erros crassos, como preparar *borscht* com toucinho durante o jejum da Quaresma ou colocar uma quantidade insuficiente de fermento nos bolos da Páscoa. Logo ficou claro que a casa de chá estava fora de questão, uma vez que Vera e algumas das outras mulheres recusavam-se categoricamente a cozinhar, e os outros simplesmente não sabiam.

O visual de "camponesa" foi particularmente ingrato para Vera. As roupas típicas pendiam informes de seu corpo magro e anguloso, e ela se recusava a prender os cabelos do jeito certo. Como já era uma mulher bem desajeitada, os tamancos altos das camponesas tornavam quase impossível para ela caminhar, e ela tropeçava a toda hora, chamando a atenção sobre si. Recusava-se a fazer as tarefas domésticas, e sua cabana logo ficou desarrumada e suja. E, enquanto os outros faziam o possível para preparar o *kulich* que era consumido na Páscoa, ela só ficava olhando, rindo de seus esforços.

Não demorou nada para os novos "camponeses" de Tsibulevka e seu estranho grupo de amigos despertarem as suspeitas da polícia local. A cabana camponesa teve de ser abandonada, e o grupo dispersou-se. Vera e Masha foram mandadas para outra aldeia, e Frolenko foi mais para o sul, para Odessa. Pouco antes de todos se espalharem por suas diferentes aldeias, Frolenko encontrou-se com Vera uma última vez, e agora ela estava com roupas urbanas. Ele ficou assombrado. De repente, sua "esposa" feia e desajeitada parecia atraente.

Vera e Masha estavam cada vez mais descontentes com o papel de esposas aldeãs. Quando a ação teve início, quiseram juntar-se aos homens. Começaram a andar armadas e a praticar tiro ao alvo diariamente. Depois que Frolenko e os outros Rebeldes começaram a falar em mandar destacamentos armados para as aldeias a cavalo, ambas as mulheres insistiram em ir junto. Não tinham a menor intenção de ficar na retaguarda.

Em vez disso, no começo do verão de 1876, elas foram mandadas para a aldeia que ficava nos arredores da cidade de Krylov. Durante vários meses, Masha e Vera definharam numa minúscula cabana camponesa, acompanhadas de um revolucionário adolescente que, por causa de sua aparência infantil, recebeu ordens de fingir ser sobrinho de Vera. Ambicioso e ingênuo, ele seguia Vera por toda parte, envolvendo-a em discussões aleatórias sobre teoria revolucionária. A paciência de Vera estava se esgotando. Não havia notícia alguma de ninguém com um plano de ação. Ela se perguntava por quanto tempo ficaria exilada naquele fim de mundo.[70]

Muitos estavam sentindo a mesma frustração que ela. Apesar da energia e do entusiasmo dos Rebeldes, apesar de sua sede de violência, não houve ação. No fim, Bakunin levara seus acólitos a pensar — equivocadamente — que não seria preciso fazer quase nada para dar início a uma insurreição. Os Rebeldes iam para as aldeias convencidos de que sua presença acenderia o rastilho dos eventos. Mas não aconteceu nada.

Planos minuciosos nunca foram formulados. Os Rebeldes tinham pouco dinheiro para armas, e os camponeses possuíam apenas forcados. Até os aldeães mais entusiasmados ficaram confusos com a falta de previsão e planejamento. Quem atacar primeiro, e o que deviam atacar? Como resistir aos inevitáveis contingentes de soldados que seriam mandados contra eles? O que fazer com os proprietários de terras, os camponeses hostis e os padres? Os camponeses podem ter sido oprimidos, e muitos deles eram analfabetos. Mas bobos eles não eram, e sabiam reconhecer uma aventura sem a menor esperança de dar certo quando viam uma delas. Certamente não tinham a menor intenção de suportar as repercussões que se seguiriam. Por isso os apelos à insurreição feitos pelos Rebeldes não tiveram muitas respostas.[71]

Bakunin, como Lavrov antes dele, mostrou estar completamente errado. Os oprimidos não se deixavam seduzir pelo canto de sereia da violência, assim como não se deixaram seduzir pelas visões utópicas de um mundo melhor. Não havia dúvida de que havia uma longa tradição russa de insurreições camponesas. Vladimir Debagorii-Mokrievich lembrava que os revolucionários ficavam emocionados ao ouvir músicas camponesas que falavam de bandidos famosos como Emelian Pugachev e Stenka Razin. Era fácil enganar-se, escreveu ele. As melodias davam a pista: as músicas camponesas não eram hinos de guerra, mas sim baladas tristes sobre batalhas perdidas. Não tinham a intenção de incitar a violência, mas sim de fazer os olhos encherem-se de lágrimas.[72]

Apesar das aspirações muito reais por terra e liberdade, os camponeses continuavam convencidos de que teriam ambas quando Deus e o tsar permitissem. Ao contrário dos revolucionários, estavam dispostos a esperar com a maior paciência. Devagar, mas sistematicamente, a frustração começou a impregnar o grupo rebelde.

Certo dia, Vera ficou alegríssima ao ouvir o som de passos familiares em sua cabana. Era Lev Deich. Coberto de poeira, exausto de uma viagem de cerca de 30 km, Deich sentiu-se igualmente aliviado ao ver um rosto amigo. Depois que Deich tomou banho, foi regalado com uma refeição tão boa quanto Vera, que não tinha nenhum talento para a cozinha, foi capaz de lhe preparar. Passaram a tarde e a noite conversando sobre os acontecimentos.[73]

Finalmente foram para a cama, mas continuaram conversando até tarde da noite, deitados um ao lado do outro em esteiras de palha estendidas no chão. A conversa voltou-se para Nechaev. Vera nunca falava sobre ele, e poucos de seus amigos sabiam alguma coisa sobre sua experiência com o famigerado terrorista russo. Deich ficou muito satisfeito por Vera confiar nele a ponto de lhe fazer confidências, e tentou escutar atentamente a sua versão dos fatos. Infelizmente, o que ela lhe contou ficou perdido para a história. Deich, esgotado, não conseguiu manter os olhos abertos. Mal a ouviu perguntar: "Você está acordado?" Ele resmungou que estava muito cansado e caiu no sono.

De manhã, Deich disse a Vera para fazer as malas e voltar para Elizavetgrad, o novo quartel-general dos Rebeles. Ela ficou satisfeitíssima com o fato de ser liberada do confinamento na aldeia e esperava que houvesse mais ação na cidade. Finalmente tinham sido feitos planos para um esforço concentrado dos Rebeldes.

Os planos foram feitos realmente, mas Deich não informou Vera sobre eles. Não lhe disse que ele ia participar de uma missão secreta, conspiratória. Suas perguntas sobre Nechaev talvez não tivessem sido inocentes. Ele estava prestes a participar de uma trama que deixaria o antigo terrorista inchado de orgulho.

A ideia brotara inteiramente da cabeça de Iakov Stefanovich, um Rebelde que passara algum tempo no distrito de Chigirin, no Sul da Ucrânia. Lá, Stefanovich ouviu histórias extraordinárias sobre um camponês chamado Foma Priadko, que causara o maior rebuliço em sua aldeia nativa de Sagunovka em 1874. Priadko declarou ter ido a São Petersburgo e que lá havia se encontrado pessoalmente com o tsar. O tsar ficou com pena dos sofrimentos dos camponeses de Chigirin e promulgou um decreto ordenando que as terras de Chigirin fossem imediatamente redistribuídas de acordo com as necessidades de cada um. Priadko até mostrou um documento, carimbado com um selo especial, para provar o que dizia.[74]

Muitos acreditaram nele. Ali estava o momento esperado há tanto tempo — a ordem do tsar para a repartição das terras. O próprio Priadko logo foi envolvido pela lenda. Tinha uma capacidade impressionante de escapar da polícia, e alguns achavam que ele conseguia realmente atravessar paredes. Certo dia, segundo o depoimento de um camponês, os inimigos de Priadko cercaram sua cabana e, espiando pela janela, viram que ele estava lá dentro lendo a Bíblia. Pensando que o tinham apanhado numa armadilha, bateram à porta. Mas, naquele instante, a luz da cabana apagou-se e, quando eles entraram, Priadko tinha desaparecido.[75]

Encorajados pela proclamação que o tsar dera a Priadko, os camponeses recusaram-se a permitir que as autoridades locais supervisionassem suas terras ou cobrassem impostos sobre elas. Continuariam obedecendo cegamente ao seu soberano. Foi necessário prender Priadko e enviar tropas para as aldeias para convencer os camponeses a mudar de opinião. No fim de 1875, as coisas no distrito tinham voltado à normalidade.

Impressionado com a inteligência de Priadko, Stefanovich resolveu imitá-lo, esperando enganar os camponeses de Chigirin e, com isso, levá-los à revolta. Falou de sua ideia com Debagorii-Mokrievich, cujo entusiasmo foi despertado imediatamente. Juntos, os dois escreveram a Bakunin a respeito de sua nova tática brilhante e prometeram ao velho que ele finalmente veria a insurreição pela qual esperara. Mas Bakunin mostrou-se curiosamente pessimista: "A mentira sempre é costurada com linha branca e é fácil de descobrir," foi a resposta dele. Muito provavelmente, Bakunin estava desanimado por causa do fracasso de suas previsões originais e pelo fascínio intenso do estilo revolucionário nechaevista.[76]

A repreensão não deteve Stefanovich. Só resolveu manter o assunto em segredo, fazendo exceção só para seus amigos mais íntimos. Apenas Deich, Debagorii-Mokrievich e alguns outros eleitos ficaram sabendo de seus planos.

A conspiração de Chigirin foi planejada em Elizavetgrad no verão de 1876. Stefanovich, Deich e os outros envolvidos estavam tensos. Prisões em massa estavam dizimando o movimento "em direção ao povo", e havia histórias a respeito dos informantes da polícia secreta espionando aldeias e infiltrando-se em reuniões de radicais. O antigo ambiente aberto, hospitaleiro e despreocupado do "quartel-general" de Kiev tinha desaparecido. Um número crescente de pessoas estava "caindo na clandestinidade", fugindo da polícia que queria prendê-las e trocando de identidade para esconder-se das autoridades. Só por precaução, os Rebeldes nunca se chamavam uns aos outros por seus verdadeiros nomes, usando unicamente nomes de guerra combinados de antemão. Escondiam-se em seus apartamentos, não fazendo nenhum esforço para conhecer os vizinhos ou se misturar a eles. Tornou-se uma prática comum andar armado o tempo todo. Todas as atividades propagandísticas junto a operários e camponeses foram abandonadas. O populismo do movimento "em direção ao povo" estava se dissipando aos poucos. Inexoravelmente, o radicalismo estava se tornando, mais uma vez, um fenômeno da elite.[77]

Os conspiradores de Chigirin tinham o duplo encargo de evitar a prisão e manter sua conspiração um segredo não partilhado por seus companheiros. A tensão começou a cobrar seu preço a Deich em particular. Talvez por esse motivo, a chegada a Elizavetgrad de um jovem misterioso chamado Nikolai Gorinovich quase o levou a surtar. Gorinovich encontrara os Rebeldes perguntando por Deich, usando seu nome verdadeiro. Depois que Gorinovich achou os Rebeldes, os outros companheiros notaram que ele ficou ansioso, olhando constantemente por cima do ombro, como se temesse estar sendo seguido.[78]

Gorinovich alegou que a polícia estava atrás dele, mas poucos acreditaram nessa história. Houve boatos de que ele havia sido preso em 1874 e liberado de maneira suspeita depois de alguns dias. Ninguém podia provar nada, mas muita gente supunha que ele era um traidor. O medo que ele provocava só fazia aumentar. Seria um espião da polícia? Ajudaria a localizar o esconderijo dos Rebeldes? Em todos os sentidos, Gorinovich parecia pronto a trair a qualquer momento.[79]

Por isso, Lev Deich resolveu matá-lo. Foi uma decisão quase inexplicável — Deich nunca matara ninguém antes. Até aquele momento, era conhecido como um homem jovial, despreocupado, cujo radicalismo era geralmente benigno. Muitos anos depois, o próprio Deich teve dificuldade para explicar que possessão foi aquela — como é que pôde planejar tão fria e deliberadamente o assassinato de um companheiro. Era como se o espírito de Nechaev tivesse subitamente tomado conta de sua alma.

Deich planejou a execução junto com outro Rebelde, Victor Malinka. Deich ganhou a confiança de Gorinovich e concordou em ajudar aquele jovem sempre nervoso a se esconder melhor da polícia. Gorinovich devia acompanhar Deich e Malinka num trem para Odessa, onde poderiam escapar mais facilmente à vigilância das autoridades. Gorinovich concordou. A caminho de Odessa, de algum modo Malinka e Deich conseguiram atrair Gorinovich para fora do vagão, levando-o para uma estação abandonada de trens de carga. Assim que chegaram lá, Deich e Malinka atacaram Gorinovich de repente, jogaram-no ao chão, golpearam-lhe a cabeça com murros e depois continuaram batendo até ele ficar coberto de sangue. Quando ele parou de se mexer, jogaram ácido no seu rosto, para que ele ficasse irreconhecível. Em volta do pescoço, penduraram um cartaz: ESTE É O DESTINO DE TODOS OS ESPIÕES.[80]

O crime lembrava o trágico assassinato de Ivan Ivanov em todos os sentidos, exceto um. Gorinovich não morreu. Teria sido melhor se tivesse morrido — o ácido cegou-o para sempre e derreteu-lhe o nariz e a boca. A provação deixou-lhe apenas a vida e um ódio mortal por todos os radicais. Concordou em contar tudo à polícia e, quando chegasse a hora, prestar depoimento num tribunal.

Mesmo quarenta anos depois, o ataque contra Gorinovich fazia Deich sentir uma vergonha profunda. Em suas memórias, ele justifica mal e mal os seus atos afirmando que tinha certeza de que Gorinovich causaria grande mal ao movimento. Mas até mesmo Deich deve ter se dado conta naquela época de que havia se enganado. Antes daquele ataque, Gorinovich nunca havia sido informante da polícia.

Mas, naquele momento, com toda a sua atenção voltada para a conspiração de Chigirin, Deich teve pouco tempo para sentir remorso. Logo chegou a hora de entrar em ação. Em novembro de 1876, Stefanovich apareceu diante de alguns camponeses de uma das aldeias de Chigirin e desenrolou um pergaminho enorme, carimbado cuidadosamente com o selo imperial. Era um edito do tsar, que contava uma história incrível.

No ano de 1861, dizia o edito, o tsar russo havia decretado que as terras do país fossem igualmente distribuídas entre os camponeses e os nobres também. Mas, por meio de uma série de conspirações e fraudes, os russos nobres conseguiram evitar que os desejos do tsar fossem realizados. O tsar estava cercado de conselheiros maldosos e cortesãos hipócritas. Encontrava-se incapacitado de ajudar seus amados camponeses. Por isso o tsar decretara que estava na hora de os camponeses resolverem a questão por sua própria conta.

Deviam organizar-se em sociedades secretas e armar-se cuidadosamente para uma revolta geral. Mesmo que o próprio tsar morresse, os camponeses deviam continuar lutando até todas as terras russas serem divididas por igual.[81]

No edito forjado, o tsar era muito específico quanto à natureza e organização da sociedade secreta que desejava. Por estranho que pareça, Alexandre II acabou sendo um discípulo fervoroso de seu arqui-inimigo, Nechaev. Foi instituída uma hierarquia de células secretas, com um comissário na chefia de cada uma delas. Os membros da sociedade tinham de fazer um juramento de lealdade e sigilo absolutos e de obedecer às ordens vindas de cima sem questioná-las. Cada célula devia recrutar novos membros sempre que conseguisse encontrá-los, pagar taxas de cinco copeques por mês e estar pronta o tempo todo para o sinal de início da insurreição.[82]

No começo, essa fraude superou os sonhos mais delirantes de Stefanovich. Quando as palavras "decreto imperial" espalharam-se pelo distrito de Chigirin, quase mil camponeses entraram para a sociedade em menos de um ano. Havia relatórios de reuniões enormes de homens, nos campos e nos celeiros, esperando ansiosamente a sua vez de fazer o juramento de lealdade exigido pelo edito. Stefanovich e Deich rejubilaram-se inicialmente com seu êxito, e tudo quanto podiam fazer era ouvir o juramento dos novos membros.

Mas logo aquele êxito evaporou-se. O número de novos membros excedeu a capacidade de controle de Deich e Stefanovich. Na verdade, Stefanovich deu ordens cadeia de comando abaixo para cessar o recrutamento de membros e começar o planejamento tático. Mas Stefanovich foi ignorado e perdeu a autoridade sobre a organização. Houve boatos de que muitos camponeses tinham sido subornados ou enganados para fazer o juramento, sem saberem sequer que sociedade era aquela. Muitos acreditaram que, fazendo o juramento, era automaticamente garantida ao camponês a participação na distribuição de terras que acabaria havendo. Os camponeses começaram a fazer o juramento não por qualquer desejo de revolta, mas só para ficarem do lado do tsar quando a repartição das terras fosse feita.

Como seria de esperar, toda a prudência foi abandonada. Logo dois camponeses foram presos carregando uma cópia da proclamação, e não demorou nada para toda a organização vir à tona. Os camponeses confessaram espontaneamente sua participação à polícia, esperando clemência das autoridades.

A revolta de Chigirin fracassou antes mesmo de começar. As prisões do caso Chigirin, combinadas às declarações de Gorinovich à polícia, destruíram os Rebeldes Sulistas. Um a um, os Rebeldes foram presos. No verão de 1877, todos os três instigadores de Chigirin estavam numa prisão de Kiev.[83]

A conspiração de Chigirin foi a última tentativa frenética de acender o rastilho de uma revolta popular maciça. Depois que a conspiração foi descoberta, as brasas do movimento "em direção ao povo" finalmente se extinguiram. Qualquer possibilidade havia sido esgotada e, mesmo assim, o povo russo continuava mudo em sua vida de sofrimento e labuta. Todas as energias fervorosas do "verão louco", todas as visões gloriosas da conflagração iminente, desfizeram-se aos poucos em confusão e apatia.

Aqueles que tinham esperado realizar todas as suas aspirações no seio dessa família radical estavam agora à beira do desespero. Algo de ousado e novo tinha de ser proposto, algo que rompesse o muro de incompreensão que separava o povo dos radicais. No final da década de 1860, exatamente quando o niilismo estava agonizando, Nechaev aparecera como um salvador, destinado a liderar os fiéis no caminho para o novo reino. Quem seria o salvador agora?

Se, em 1877, essa pergunta tivesse sido feita aos radicais, nenhum deles teria acreditado que seria Vera Zasulich.

Pouco antes de partir para Chigirin, Deich levou Vera à estação ferroviária de Elizavetgrad. O movimento estava se desintegrando, disse-lhe, e ele queria que ela fosse para algum lugar descansar e recobrar as forças. Convenceu-a a ir visitar a irmã e o cunhado em Penza, na região do rio Volga no sudeste da Rússia, ficando escondida na casa deles por algum tempo. Àquela altura, Ekaterina e Lev tinham praticamente abandonado o seu ativismo em troca de uma vida pacata no interior, cuidando da propriedade rural de Lev e criando seus filhos. Deich provavelmente pensou que Vera, com sua postura abstrata e livresca e sua visão inocente do mundo, não era realmente talhada para ser uma verdadeira revolucionária. Uma espécie de cavalheirismo antiquado parece ter tomado conta de Deich, e os impulsos masculinos prevaleceram. Ele não queria Vera nem sua amiga Masha expostas a nenhum perigo. "Estávamos convencidos", escreveu ele mais tarde sobre sua decisão de excluir ambas as mulheres, "de que elas não teriam nenhuma função que justificasse os riscos enormes que teriam de enfrentar".[84]

Muita gente que conhecia Vera cometeu o mesmo erro. Ninguém, exceto talvez o próprio Nechaev, tinha visto o lado inflexível, frio e determinado de sua personalidade. E, por isso, ninguém previu que, sozinha, ela conseguiria revitalizar o movimento e liderá-lo durante décadas de ativismo virulento.

No fim, tudo quanto era necessário era uma oportunidade para Vera mostrar seu caráter. Ela surgiu finalmente no dia 13 de julho de 1877, no fundo da mais célebre prisão russa: a Casa de Detenção Preliminar.

CAPÍTULO 8

A prisão europeia

Alexei Stefanovich Emelianov, mais conhecido por seu codinome de Arkhip Petrovich Bogoliubov, parecia destinado a ser esquecido nos anais históricos do radicalismo russo. Tratava-se de um homem forte como um touro, com sangue cossaco nas veias, porém era paradoxalmente gentil, sensível e profundamente preocupado com o sofrimento dos outros. Houve uma época em que seu pai esperava que ele se tornasse um soldado cossaco do exército do tsar e até chegou a arranjar um uniforme apropriado para Bogoliubov. Mas, no fundo, ele não era um soldado. O amor pelos animais levou-o a tentar o curso de veterinária, mas foi expulso por ativismo político e, em 1874, tornou-se um dos muitos apóstolos do movimento "em direção ao povo". Depois de anos de perambulação para cima e para baixo dos rios Don e Volga, sua missão socialista tivera poucos frutos e ele voltou a São Petersburgo para tentar a sorte com os operários urbanos.[1]

E então, por acaso, acabou na rua errada no momento errado. Aquele único acidente desencadearia uma série de eventos que daria a Bogoliubov uma fama mundial que ele não tinha procurado.

A data era 6 de dezembro de 1876 e a ocasião devia ser a primeira manifestação de operários na Rússia. Naquele dia de inverno, os operários foram convocados para se reunir no centro de São Petersburgo para exibir sua solidariedade e sua força recém-descobertas. Atrás deles, desfilavam os socialistas russos, ansiosos por provar ao mundo que a Rússia finalmente desenvolvera um movimento próprio e autêntico da classe operária. O local foi escolhido com a intenção de obter o máximo efeito: o centro da cidade, na praça diante da imponente igreja de Nossa Senhora de Kazan, cheia de pilares, e que ficava bem no meio da Nevskii Prospekt. A hora combinada era igualmente importante: ao meio-dia, quando todas as classes da sociedade russa estavam representadas na Nevskii, damas e cavalheiros da alta sociedade, lojistas, vendedoras do mercado, condutores de cabriolés. De vez em quando, até o tsar e sua família apareciam por ali. A sociedade russa enfrentaria, pela primeira vez, o ódio crescente dos oprimidos que havia no meio dela.[2]

Os radicais estavam convencidos de que o momento era propício. Nas fábricas, sentiam um novo entusiasmo entre os operários, um anseio por fazer suas vozes serem ouvidas. Pode muito ter acontecido que estivessem apenas se iludindo — uma ilusão nascida do desespero com os fracassos do movimento no interior do país. Os organizadores da manifestação, com um otimismo imprudente, previam que cerca de dois mil operários apareceriam na praça Kazan.[3]

Mas, na manhã de 6 de dezembro, essas esperanças foram frustradas. Corajosamente, os organizadores do protesto insistiram em dizer mais tarde que tinham aparecido uns trezentos operários, mas até esse número era exagerado. Sem se deixarem abalar, os "intelectuais", como chamavam a si mesmos, lançaram mão do barulho para disfarçar seu número modesto. Começaram a gritar, a dar vivas e a cantar slogans socialistas. A certa altura, um jovem alto e magro subiu nos degraus da igreja e dirigiu algumas palavras à multidão. Era George Plekhanov, que acabava de estrear em sua carreira de décadas na causa radical. Mais tarde, seu nome se tornaria conhecido como o pai do marxismo russo e o mentor de Lenin. Mas, em 1876, era apenas mais um radical gritando: "Viva a revolução social!" Depois de um breve discurso que prestava homenagem aos santos patronos do socialismo, entre os quais Nikolai Tchernichevski e Sergei Nechaev, ele pôs sobre seus ombros um rapazinho operário, e este imediatamente desfraldou uma bandeira sobre a cabeça de Plekhanov. Na bandeira, o slogan dizia TERRA E LIBERDADE. Os manifestantes aplaudiram.[4]

Até aquele momento, os transeuntes da Nevskii tinham observado o protesto só com surpresa. Mas, quando o rapazinho operário apareceu, alguns foram tomados de apreensão, temendo que ele caísse no meio da multidão. Mãos se ergueram para pegar o rapaz, e ele perdeu o equilíbrio com a confusão à sua volta. Instaurou-se o caos. A polícia foi chamada, mas suas tentativas de acabar com o protesto foram recebidas com insultos e gritos. Punhos fecharam-se e ergueram-se, foram dados socos e seguiu-se um entrevero generalizado. A polícia pediu reforços e o próprio general Fedor Trepov apareceu a cavalo à frente de um contingente da polícia. Mais de trinta manifestantes foram arrastados para as viaturas da polícia, detidos e lançados na prisão.[5]

Os manifestantes tinham esperado uma reação da polícia, mas não previram o que aconteceria a seguir. De repente, uma multidão de vendedores de rua, empregados de lojas e condutores de veículos correu em direção a eles e começou a brandir os punhos. Irritados com o que julgavam ser uma arruaça de "damas e cavalheiros com roupa xadrez", esses sólidos representantes da classe trabalhadora deram um golpe violento nas ideias daqueles que diziam ser seus defensores. Ao perguntarem a um vendedor de rua por que havia atacado os manifestantes, ele deu de ombros e respondeu: "E o que você acha que eu devia fazer? De repente, vi que [os manifestantes] iam ser espancados. Era certo ficar ali de braços cruzados?"[6]

A manifestação foi um fracasso constrangedor. Na imprensa russa, os absurdos dos radicais foram ridicularizados impiedosamente. Um jornalista inglês não foi menos maldoso: "Como tentativa de agitação popular, seria difícil imaginar um espetáculo mais ridículo." Mais tarde, o próprio Plekhanov confessaria humildemente que o protesto foi pessimamente organizado e muito mal pensado.[7]

Os dizeres "Terra e Liberdade" deixaram todos perplexos. Os operários urbanos perguntaram a Plekhanov que diabos aquele slogan tinha a ver com seu movimento. A terra era uma obsessão camponesa, e a servidão fora abolida em 1861. A bandeira parecia "15 anos atrasada". Até os camponeses repudiaram-na. Um deles disse a Plekhanov que o tsar estava absolutamente certo ao criticar os manifestantes:

— Se souber esperar, você vai ter as duas, terra e liberdade. Mas não precisa andar pelas ruas gritando por causa disso.[8]

Os organizadores do evento, talvez esperando proteger o sensível Bogoliubov de qualquer eventualidade desagradável, disseram-lhe para ficar longe da manifestação. Ele declarou posteriormente ter seguido o conselho à risca, e lembrava-se de ter ido praticar tiro ao alvo nos arredores da cidade, mas a curiosidade deve ter levado a melhor sobre ele. No fim da tarde, resolveu verificar como seus companheiros tinham se saído na empreitada. Estava na Nevskii quando alguém o acusou equivocadamente de participar da manifestação. Preso e encontrado com um revólver no bolso, foi encarado como um revolucionário violento. Sua maré de sorte começara a virar — logo foi condenado a quinze anos de trabalhos forçados na Sibéria.[9]

Mas esse não foi o fim de sua história. Por acaso, ele era um dos poucos prisioneiros condenados que estava na nova Casa de Detenção Preliminar esperando ser transportado para a Sibéria. Ali, acabou sendo a vítima do mais famoso crime governamental da década.

No dia 6 de dezembro de 1876, o conde Konstantin Palen, ministro da Justiça da Rússia, mandou chamar seus assistentes a seu gabinete no tribunal do distrito e fechou a porta. Homem de temperamento fleumático, quase apático, ele não desejava sinceramente nada além de uma atmosfera tranquila nos corredores do Ministério da Justiça. Mostrava suas melhores qualidades quando tinha de acalmar os ânimos, resolver conflitos e protelar qualquer decisão penosa ou importante. Mas, nesse dia, estava claríssimo que algo de sério precisava ser feito. Ele sabia que a visão de radicais descarados gritando slogans nas ruas, por mais ridículos que fossem, enfureceria "quem estava acima dele". A polícia havia prendido os infratores, mas Palen sabia que esse não era o final da história. Sabia por experiência própria que detenções, prisões e exílio não tinham efeito algum sobre o movimento radical russo, que era como a Hidra — de cada cabeça decepada, nasciam muitas outras.[10]

Seis anos antes, Palen não conseguira esconder as lágrimas de frustração causadas pela absolvição dos conspiradores de Nechaev. Desde então, más notícias chegavam incessantemente à sua mesa, vindas das salas da Terceira Seção da Rússia. A polícia secreta havia documentado, com detalhes meticulosos, as atividades ilegais do movimento "em direção ao povo", dos Rebeldes Sulistas e do caso Chigirin. E, agora, parecia que os tentáculos do radicalismo tinham chegado bem ao centro do império. Homens como o conde Shulov, da Terceira Seção, e Trepov, o prefeito de São Petersburgo, sentiam prazer nos confrontos com o radicalismo. O espectro da revolução aumentava a influência deles sobre o tsar. Para Palen, menos ambicioso, o radicalismo era uma maldição perpétua, destinada a prorrogar para sempre a tranquilidade que ele desejava para seu país e para si mesmo.[11]

Em 1875, Palen deve ter chegado à conclusão de que, para ele, bastava — ia dividir sua ansiedade com todo o regime. Querendo briga, ele redigiu um relatório completo, usando principalmente as evidências apresentadas pela Terceira Seção. Era um documento deliberadamente provocador: falava de ondas de radicais espalhando-se por 37 províncias russas, disseminando propaganda revolucionária nas aldeias, nas cidades e nas comunidades sectárias. Avisava que os radicais estavam jogando lenha na fogueira do ódio contra o Estado, pregando a revolta contra as classes da elite, as autoridades do governo e a polícia local. Palen incluiu citações da obra *Estatismo e anarquia*, de Bakunin, para expressar mais vividamente ainda a maneira pela qual esses jovens fanáticos queriam demolir as instituições da sociedade, tijolo por tijolo.[12]

De uma certa perspectiva, o relatório deve ter sido paradoxalmente tranquilizador. As informações coletadas pela polícia russa eram nada menos que espantosas em termos de seu alcance, prova de que a Terceira Seção tinha finalmente desenvolvido uma rede de espionagem sólida e onipresente. Em 1875, o trabalho da Terceira Seção em termos de vigilância tinha aumentado significativamente: todos os lugares onde era possível disseminar propaganda revolucionária eram agora rigorosamente vigiados, e entre eles havia escolas, editoras e locais de reuniões. A nova abordagem deu frutos quase imediatamente. Foram feitas listas de nomes de agitadores revolucionários nas províncias em que eles residiam. A classe social de origem e seu grau de instrução também eram anotados, quando relevantes. No entanto, o mais importante era que seus panfletos, livros e até discursos foram cuidadosamente documentados. Nada sobre os radicais escapava à vigilância da polícia.

O relatório também revelava que 770 pessoas tinham sido detidas e presas com acusações de disseminar propaganda revolucionária. Dentre elas, 265 continuavam no cárcere. As outras foram liberados, mas "outras medidas foram tomadas contra elas". Parecia que o Estado tsarista mantinha seguro pelo pescoço o movimento revolucionário.[13]

Mas, em 1876, Palen sabia que essas detenções e prisões não tinham dizimado seus inimigos. Na verdade, pouco depois que seu relatório foi escrito em 1875, um jornal radical dos exilados, *O Trabalhador*, conseguiu uma cópia e publicou o texto na íntegra, com comentários e tudo. Os editores do jornal exultaram com o relatório capturado, escarnecendo de Palen com a afirmação de que ele ainda estava por ver o pior que os revolucionários tinham a oferecer. A juventude russa "não tem medo de seus tribunais, cadeias e campos de trabalhos forçados", disseram os editores a Palen. "Depois de uma batalha longa e desesperada", declarava *O Trabalhador* triunfantemente, "ela finalmente tinha conseguido construir uma força revolucionária ameaçadora que fez você tremer de medo."[14]

Logo chegaram provas de que a palavra "ameaçadora" não tinha sido mal usada. Em outubro de 1876, um promotor de Odessa mandou um pedido desesperado a Palen para ele criar uma comissão extraordinária de inquérito em relação à tentativa de assassinato de Gorinovich. A natureza hedionda do crime e a forma conspiratória com que foi cometido marcaram uma fase nova e impiedosa do movimento revolucionário. Outro incidente parecido em Odessa logo despertou o temor de que os assassinatos fizessem parte da nova tendência.[15]

E agora, em 1876, os radicais haviam tumultuado o centro da capital do tsar em plena luz do dia. Em seu gabinete, no dia 6 de dezembro, os assistentes de Palen começaram um debate acalorado sobre táticas contrarrevolucionárias. Eduard Frisch, um reacionário frio e violento, tinha uma resposta ao pedido de sugestões de Palen: fixou calmamente os olhos nos homens presentes na sala, pôs as mãos em volta do pescoço e apertou-as bem. — Enforcá-los? — exclamou o liberal Anatolii Koni, chocado com a brutalidade da sugestão.

Palen olhou para Koni, cheio de expectativa, esperando o que ele ia dizer. Koni aconselhou paciência e tolerância. Não havia necessidade de "perder o senso de proporção das coisas".[16]

Na verdade, o conselho de Koni teve eco no *The Times* de Londres, cujo correspondente estrangeiro mostrou indiferença pela manifestação da Nevskii, chegando até a fazer blague: seria um erro "fazer muito barulho por nada", declarou uma voz da sabedoria europeia. A Inglaterra tinha frequentemente essas manifestações de "descontentes", sem consequências sérias. Dê a esses jovens desordeiros uma dose extra de "exercícios físicos" nas universidades que isso vai servir perfeitamente bem para liberar frustrações reprimidas.[17]

Palen não podia se dar ao luxo de ser tão olímpico; pareceria fraco diante da nova ameaça revolucionária. No fim, teve pouca escolha além de acrescentar 32 novos prisioneiros ao número total já detido nos cárceres de São Petersburgo. A Casa de Detenção Preliminar parecia muito grande e ameaçadora vista das salas de Palen no Ministério da Justiça na Liteinyi Prospekt. Servia de lembrete constante ao ministro das centenas de presos políticos que definhavam atrás de suas paredes, alguns à espera de julgamento há mais de dois anos. Palev sabia que 43 prisioneiros tinham morrido, 12 cometeram suicídio e 38 haviam enlouquecido. Acrescentar mais 32 prisioneiros a um ambiente já explosivo seria jogar mais lenha na fogueira. Mas Palen não sabia mais o que fazer.[18]

> *Não são os longos corredores de teto arqueado, nem a série de portas parecida com aquela dos teatros líricos, nem os grandes balcões que se estendem ao longo de todas as galerias, nem as pontes que lembram tambores de rodas propulsoras ligando os lados opostos da arcada, que constituem o caráter peculiar da prisão de Pentonville. Sua característica distintiva, ao contrário — a única que a torna absolutamente diferente de todas as outras prisões —, é a impressão de leveza, de extrema claridade e hospitalidade que o edifício dá, de modo que, com seus longos corredores luminosos, quando se entra ali pela primeira vez, a gente acha que se parece um pouco com o Palácio de Cristal privado de todo o seu conteúdo. Não tem nada do caráter sombrio, nem da aparência de masmorra do cárcere que está dentro dele, nem há ferrolhos nem cadeados resistentes rangendo nos nossos ouvidos a cada curva. (...)*
>
> *Além disso, a ventilação do edifício foi pensada e construída de forma tão admirável que não há a menor sensação de abafamento lá dentro, pois sentimos, assim que colocamos os pés naquele lugar, o quanto a atmosfera é fresca e pura ali; e que, no mínimo, neste cárcere nenhum preso infeliz pode ansiar por respirar o "ar livre do Céu".*
>
> — Henry Mayhew e John Binney, *As prisões penais de Londres*[19]

A Casa de Detenção Preliminar de São Petersburgo, inaugurada no dia 1º de agosto de 1875, era considerada uma obra-prima da moderna tecnologia penal. Era uma estrutura enorme de seis andares destinada a conter setecentos presos, construída na esquina das ruas Shpalernaia e Zakharevskaia, perto do centro da cidade. O regime não economizara na construção — contratou um especialista em arquitetura de prisões, Karl Maievskii, e gastou 700 mil rublos, mais de mil rublos por prisioneiro. Vangloriava-se de ter todas as comodidades da era moderna: um complicado sistema de ventilação que oferecia ar fresco e ar aquecido, encanamento para água corrente e um banheiro com descarga em todas as celas. Além disso, a prisão tinha uma biblioteca bem suprida, uma escola, uma igreja e um pátio para os exercícios diários.[20]

A prisão era fruto da imaginação de Vladimir Sollogub, que iniciara a carreira como um modesto diretor de prisão em Moscou e, em 1872, tinha se tornado um defensor da reforma das prisões de fama internacional. Viajara muito, observando as condições das prisões em toda a Rússia, e seu veredicto era condenação. As prisões russas eram sujas, superpovoadas e governadas por administradores corruptos que pouco faziam para disciplinar seus prisioneiros. A doença espalhava-se impiedosamente pelas celas úmidas e fétidas dos cárceres. Muitas vezes, os presos que não tinham família eram abandonados à fome e à doença. Num dos cárceres, os internos estavam usando a mesma roupa há mais de quatro anos e estavam se acotovelando no primeiro andar, embora o segundo andar estivesse completamente vazio. Em toda parte prevalecia uma permissividade caótica, e os diretores permitiam que os internos bebessem, jogassem e praticassem subornos e roubos.[21]

Sollogub considerava essas terríveis condições das prisões russas um sintoma de um problema muito mais grave. Os criminosos europeus, explicava Sollogub, não tinham a desvantagem adicional de hábitos culturais russos profundamente arraigados. O crime russo originava-se de um "fatalismo oriental", que levava à passividade, à indolência e a uma indiferença bárbara em relação à dor e à morte. Os métodos tradicionais de reabilitação nunca funcionariam nessas circunstâncias. Por isso, Sollogub fez uma sugestão curiosa: para reformar um prisioneiro russo, primeiro era necessário torná-lo mais europeu.[22]

Nunca foi difícil convencer Alexandre II a dar início a um novo programa de reforma. Nos anos seguintes ao relatório de Sollogub, foi construído um grande número de novas prisões. Todas foram projetadas de acordo com a teoria penal europeia mais recente. Uma prisão estrangeira em particular serviu de referência: Pentonville, na Inglaterra, conhecida no mundo inteiro como a "prisão-modelo" da Europa.

A fama da prisão de Pentonville precedeu sua inauguração em 1842. Nesse ano, visitantes de toda a Europa chegavam aos magotes para se maravilhar e fazer anotações. Era uma visão impressionante: uma construção monstruosa de tijolo, ferro e vidro com uma fachada mais apropriada para um castelo que para uma prisão. O mais dramático era seu imenso átrio central, iluminado por um teto de vidro abobadado, do qual asas radiais abriam-se como leques. De pé no meio do átrio, uma pessoa conseguia ver filas e filas de celas idênticas e com um bom espaço entre elas. Os visitantes ficavam bem impressionados com a limpeza do interior, a simetria das celas e as comodidades modernas, como um intrincado sistema de esgoto e ventilação. Ali reinavam a ordem e a disciplina: os regulamentos eram postos em todas as celas, e cada dia era programado hora a hora. Carcereiros e presidiários conheciam exatamente seus direitos e deveres. A atmosfera era hospitalar, organizada. Um observador notou que Pentonville era a versão penal do Palácio de Cristal — um monumento ao triunfo da tecnologia sobre a adversidade humana.[23]

A comparação era pertinente. Como o Palácio de Cristal, Pentonville era uma declaração do poder transformador da tecnologia. O crime, como a doença, podia ser erradicado, e os criminosos, curados. A aplicação rigorosa da tecnologia científica era a chave. Pentonville apresentava-se como um laboratório destinado à conversão de criminosos em cidadãos morais, respeitadores da lei.[24]

Um dos princípios norteadores do novo modelo de prisão era a limpeza. Centenas de condenados deviam ser abrigados em espaços fechados sem permitir a disseminação do contágio. Bacias e lavatórios modernos incentivavam a higiene pessoal. Os sistemas de ventilação foram construídos de acordo com a teoria de que o ar viciado fazia a doença circular, e houve trabalho árduo para bombear ar fresco para dentro de todas as celas. Além disso, todas as paredes e pisos da prisão eram esfregados frequente e meticulosamente.[25]

Como a doença, o próprio crime era considerado contagioso. Maus pensamentos e más ações espalhavam-se entre os prisioneiros por meio de reuniões indevidas. Por esse motivo, as prisões tradicionais eram consideradas locais de reprodução do crime, onde os gravemente doentes infectavam os moderadamente enfermos. O isolamento daqueles contaminados pelo crime era considerado obrigatório. Portanto, a solidão tornou-se a pedra fundamental da prisão-modelo.[26]

Supunha-se que a solidão tivesse também um efeito purificador intrínseco. No silêncio, longe da companhia de influências maléficas, o prisioneiro poderia examinar sua consciência culpada. Diante dos frutos de sua perversidade, o criminoso finalmente chegaria à conclusão de que o crime não compensa. Sua cela limpa e bem equipada promoveria uma nova ordem, calma e reflexiva, em sua mente. As distrações foram proibidas. Portanto, o confinamento solitário era a chave para dobrar até os "corações mais empedernidos".[27]

Pentonville utilizou o *design* arquitetônico moderno para impor uma solidão rigorosa. A ciência acústica ajudou a construir paredes de celas através das quais nenhum som passava; os canos de água e ventilação contornavam as celas para evitar a transmissão do som. As janelas deixavam entrar a luz, mas eram tão pequenas e com grades tão próximas umas das outras que não permitiam ver absolutamente nada do mundo exterior. As portas das celas eram construídas de madeira e cobertas por uma lâmina de metal, e só tinham duas aberturas: um buraco por onde o carcereiro podia espiar o preso e uma portinhola para a comida. Os carcereiros usavam galochas de feltro para não serem ouvidos ao fazer suas rondas, e comunicavam-se aos sussurros com os presos através das portas. Alguns visitantes da prisão declararam que o prédio era estranhamente silencioso — quase como se fosse desabitado.[28]

A prisão-modelo foi copiada nas regiões mais distantes, da Alemanha ao Canadá.[29] Logo foi adotada como o modelo apropriado para a reforma da prisão russa, um local onde domar a indisciplinada alma asiática.

> *Às sete da manhã, [os prisioneiros] acordam, lavam-se, vestem-se, arrumam a cama e fazem suas orações matutinas;*
>
> *Às oito, aqueles que ficam em celas coletivas são transferidos de seus aposentos noturnos para os diurnos; todos são revistados e recebem pão e água fervendo para o chá;*
>
> *Das oito e meia às dez, aqueles que ficam em celas individuais dão um passeio no pátio, e das dez ao meio-dia os que ficam em celas coletivas fazem o mesmo;*

*Do meio-dia à uma e meia da tarde, todos comem e depois descansam;
Das duas da tarde até o anoitecer, os que ficam em celas individuais têm permissão para dar seu passeio;
Às quatro, todos recebem água fervendo para o chá;
Das quatro às sete da noite, cartas, petições e declarações são entregues pelos prisioneiros;
Às sete, todos jantam;
Às oito, os que ficam em celas coletivas são levados para seus aposentos noturnos;
Às nove da noite, as luzes são apagadas.*

— Programação diária da Casa de Detenção
Preliminar de São Petersburgo[30]

A Casa de Detenção Preliminar foi a primeira prisão russa construída inteiramente de acordo com o modelo de Pentonville. Era um projeto grandioso, destinado a demonstrar o caráter esclarecido da Rússia moderna. Sua localização, bem no centro de São Petersburgo, fez da prisão uma vitrine para os visitantes nacionais e estrangeiros, e as futuras prisões russas usariam a Casa de Detenção Preliminar como modelo. Quando a prisão foi inaugurada em 1875, foi aclamada pela imprensa russa como mais um exemplo da europeização da Rússia. O jornal *The Voice* elogiou-a, vendo-a como "um passo enorme, esperado há muito tempo, no caminho da melhoria de nosso sistema de encarceramento". O *St. Petersburg Register* concordou — era um exemplo de "humanismo e civilização" que, "nos países cultos, transformou a visão da sociedade e do direito sobre o crime e os meios de combatê-lo".[31] Finalmente, os asiáticos passivos e indiferentes e a corrupta alma russa seriam disciplinados e esclarecidos.

A própria ideia de abrigar os detidos preliminarmente num presídio separado foi vista como um gesto humanitário. Os reformadores de prisões há muito tempo diziam que os criminosos à espera de julgamento deviam ser mantidos à parte dos condenados. Essa era em parte uma questão de justiça, mas também tinha a intenção de evitar que os piores bandidos contaminassem almas potencialmente inocentes.

Havia vestígios do modelo de Pentonville por toda a Casa de Detenção Preliminar. Das 380 celas da prisão, 317 eram destinadas ao confinamento solitário. As celas individuais eram todas do mesmo tamanho e todas continham exatamente uma janela, uma cama de dobrar, uma cadeira, uma pia e um vaso sanitário com descarga. O aquecimento e a iluminação eram a gás, com um controle central. As portas das celas tinham aberturas por meio das quais os presos podiam ser observados e através das quais era possível entregar a correspondência.[32]

Como no caso de Pentonville, a limpeza, a ordem e a disciplina eram os princípios norteadores. Desde o momento em que entrava na prisão, o detido tinha de se portar de acordo com regulamentos estritos quanto à higiene e ao comportamento. Antes de mais nada, os presos eram revistados com rigor, e os objetos que possuíam eram confiscados e classificados. Depois eram registrados em duas listas: uma organizada por ordem alfabética e a outra de acordo com a data da chegada. Alguns prisioneiros eram fotografados. Depois disso, o médico da prisão avaliava a saúde de cada novo interno e fazia um relatório. Em seguida, depois de um banho obrigatório, os prisioneiros eram finalmente levados para suas celas, onde as regras da prisão estavam coladas na parede de forma bem visível. Quando o detido era analfabeto, os regulamentos eram lidos para ele em voz alta.[33]

A rotina diária de todos os internos havia sido planejada de forma rigorosa, e nenhuma hora ficava sem uma atividade. Ninguém tinha permissão de dormir durante o dia, nem de cantar, tocar música, jogar cartas, conversar em voz alta e, em geral, era proibido "perturbar a paz". Os homens podiam fumar, mas as mulheres não. As roupas de uso diário e as roupas de cama eram trocadas uma vez por semana, e os prisioneiros tomavam banho ao menos uma vez a cada quinze dias. Os internos eram responsáveis por manter sua cela limpa, e ao menos uma vez por mês eram feitas buscas para localizar e confiscar coisas proibidas.[34]

Como incentivo para melhorar seu dia a dia, eram oferecidos aos prisioneiros muitos tipos de atividades edificantes e educacionais. A prisão mantinha uma biblioteca de tamanho razoável, onde havia literatura, textos religiosos e históricos, livros didáticos e manuais que ensinavam um ofício. Os livros eram distribuídos três vezes por semana, e os prisioneiros podiam até receber livros pré-censurados vindos de fora da prisão. A escola da prisão era obrigatória para menores de idade, mas os adultos podiam escolher se queriam ir às aulas ou não. Os serviços religiosos eram realizados na capela da prisão e a participação era voluntária. Os internos tinham total liberdade para se corresponder com o mundo externo, embora as cartas fossem lidas e censuradas; e podiam receber visitas em datas estipuladas, bem como pacotes pequenos.[35]

Na Casa de Detenção Preliminar, o isolamento devia ser rigorosamente observado, em particular no caso de prisioneiros que ainda não haviam sido julgados e que poderiam combinar o seu depoimento com outros acusados no mesmo processo.[36] Os que eram mantidos em celas individuais ficavam confinados a elas na maior parte do dia, e, nos horários em que saíam delas, eram impedidos de ter qualquer contato com outros prisioneiros. Até os serviços religiosos tinham suas restrições: os prisioneiros entravam em reservados estreitos, nos quais havia fendas minúsculas para eles enxergarem o altar.[37]

Segundo a moderna teoria penal, o espaço para os exercícios físicos apresentava um problema arquitetônico particular. Os reformadores de prisões insistiam em dizer que os prisioneiros precisavam de ar fresco e exercícios diários, acreditando que a inatividade produzia uma espécie de prostração mental e moral. Mas os prisioneiros mantidos em isolamento precisavam fazer exercícios sem entrar em contato com ninguém. Pentonville encontrou a solução: um pátio de exercícios construído especialmente para esse fim. Na Casa de Detenção Preliminar da Rússia, o pátio era um recinto circular, dividido em várias celas em forma de cunha por largas paredes de concreto. No centro, havia uma torre da qual uma sentinela poderia observar todas as celas sem teto. Na ponta mais estreita de cada cela havia uma porta; e, na ponta mais larga, a cela era separada do resto do pátio da prisão por uma cerca de arame bem alta. Dentro de cada cela, o interno podia andar para a frente e para trás à vontade, incapaz de ver ou ouvir seus companheiros de cárcere.[38]

Um ano depois de sua inauguração, a Casa de Detenção Preliminar teve uma oportunidade de ouro de provar seu valor como uma fábrica de ordem e disciplina. Seus internos eram mais de 200 dos 265 detidos por participar do movimento "em direção ao povo". Em pouco tempo, a maioria dos internos em confinamento solitário era de presos políticos.[39]

Mas os resultados iniciais não foram promissores. Sobrecarregado pela enorme quantidade de detenções, o governo teve dificuldade em acompanhar o dilúvio de processos. Os prisioneiros ficavam em suas celas por mais de dois anos sem saber que acusações havia contra eles.[40] Ficavam agitados, entediados e solitários. Apesar da limpeza da prisão, as doenças continuavam grassando obstinadamente. O sistema de ventilação falhava com frequência, e o ar ficava tão viciado quanto em qualquer outra prisão russa medieval. O confinamento solitário quebrava as almas mais frágeis, causando um terrível tormento psicológico, e até mesmo loucura. Nada disso era de surpreender. Até Pentonville, a prisão-modelo da Inglaterra, tinha seu lado sombrio. Segundo as estatísticas oficiais, a cada ano entre cinco e quinze prisioneiros de Pentonville enlouqueciam.[41]

Mas logo ficou claro que o rigor excessivo não seria o maior problema da Casa de Detenção Preliminar. Em geral, a Pentonville da Rússia não controlava seus internos. Na Prelim, como era conhecida sem nenhuma intenção afetuosa, os prisioneiros subverteram o sistema.

Um a um, os célebres regulamentos da prisão desmoronaram diante dos esforços combinados dos prisioneiros. O isolamento foi o primeiro a cair. Os prisioneiros inventaram meios de comunicação cada vez mais engenhosos. No início, contentaram-se com o sistema internacional consagrado do "código de batidas", segundo o qual a cada letra do alfabeto correspondia um certo número de batidinhas na parede. Os presos mais antigos ensinavam o código aos recém-chegados repetindo persistentemente as batidas nas paredes de suas celas. Depois de aprendido, o código permitia uma comunicação rapidíssima. Os internos não se comunicavam somente com os habitantes das celas adjacentes; batendo os pés no chão, ou dando batidinhas no teto, também se comunicavam com aqueles das celas acima e abaixo. Os canos eram condutores particularmente eficientes dos sinais das batidas. Depois de algum tempo, um sistema "telegráfico" foi improvisado, de modo que as mensagens eram transmitidas ao longo de uma cadeia até o destinatário escolhido.[42]

Outros meios de comunicação seguiram-se. Os canos das pias e dos vasos sanitários constituíam um sistema vertical simples de esgoto, de modo que um vaso no chão de uma cela estava diretamente ligado ao da cela abaixo. Quando o prisioneiro levantava a tampa do vaso, conseguia se comunicar com aqueles que estavam na cela superior e na inferior. Aqueles conectados por um determinado cano de esgoto formavam um "clube", que organizava sessões de discussão de literatura socialista, transmitia as últimas fofocas e até planejava os depoimentos no tribunal.[43]

Foram inventados meios até de trocar livros, comida, mensagens ou roupas quentes e sapatos recebidos dos parentes lá de fora da prisão. Embora as janelas de cada cela tivessem sido projetadas para se manterem fechadas, os prisioneiros encontraram formas de remover toda a moldura da janela, inclusive o vidro e as barras de ferro. Além de gritarem uns para os outros através das janelas abertas, os prisioneiros construíram um sistema de cordas e bandejas que batizaram de "cavaletes": criados-mudos em miniatura com os quais conseguiam levantar ou abaixar objetos entre as janelas.[44]

Como a enfermaria era o único lugar em que o isolamento não era observado, os prisioneiros fingiam estar doentes para passar algum tempo conversando abertamente com seus amigos. Dmitrii Gertsenshtein, um médico particularmente tolerante que trabalhou na prisão durante os anos 1870, recebia frequentemente prisioneiros absolutamente saudáveis na enfermaria para facilitar seus encontros.[45]

Quanto ao pátio de exercícios da prisão, ele também logo foi conquistado. A cerca de arame ao longo da extremidade externa do "cercado" era fácil de escalar, de modo que houve uma conspiração: numa hora combinada, vários detidos planejaram escalar os cercados e escapar ao mesmo tempo para o pátio aberto. A resposta ao primeiro desses incidentes foi a força: os infratores foram imediatamente detidos e castigados. Durante algum tempo, todos os exercícios ao ar livre foram proibidos. Mas a conspiração repetiu-se, e os prisioneiros pediram ao diretor para fazer vista grossa. A administração, derrotada, permitiu que os internos andassem livremente pelo pátio externo.[46]

A observância moderada dos regulamentos da prisão tornou-se a norma. Os guardas tentavam proibir as batidas nos canos, puniam os que se comunicavam através dos vasos sanitários e procuravam reforçar as barras de ferro das janelas. Cortavam as cordas que sustentavam os "cavaletes" e confiscavam os objetos enviados de uma cela a outra. Mas, com o tempo, a administração perdeu a vontade de lutar contra os prisioneiros e seus estratagemas engenhosos. Em 1877, os presos políticos da Prelim tinham simplesmente criado um modo de vida paralelo no cárcere, um modo de vida que lhes permitia se comunicarem, conversarem e trocarem bens e serviços. Houve uma trégua entre a administração e os presos: desde que não houvesse perturbações ou infrações graves, pequenos desvios seriam tolerados. Na ala feminina da prisão, parecia que os guardas faziam de tudo para incentivar violações das regras. Um deles chegou a perguntar às prisioneiras se não queriam "participar de um clube", e dava-lhes esfregões para limparem os vasos sanitários antes de os usarem para se comunicar.[47]

No verão de 1877, a Casa de Detenção Preliminar começou a parecer a muitos uma espécie de lar. Nos dias frios, as batidas nas paredes, canos e pisos ressoavam por toda a prisão enquanto debates políticos eram programados pelos "clubes". Nos dias quentes, os prisioneiros removiam as barras das janelas e sentavam-se no peitoril, tomando ar fresco. Um deles lembrava-se com carinho de que "pelas janelas abertas conseguíamos ouvir os cantos — e tínhamos muitos cantores talentosos". O bom humor levava a brincadeiras extraordinárias, como no dia 4 de julho de 1876, quando um dos presos desfraldou uma enorme bandeira norte-americana por uma das janelas, em homenagem ao centenário da "grande república transatlântica".[48]

> *Arranquei as pesadas barras de ferro da janela (não tenho ideia de onde tirei as forças) e comecei a bater com elas contra a porta de metal. Não me lembro por que fiz isso. Simplesmente era necessário dar vazão à fúria que se apoderou de mim, e eu queria no mínimo me exaurir fisicamente. Se não tivesse tido as barras da janela nas mãos e não tivesse conseguido arrancar a cama de metal ou a mesa da parede, muito provavelmente eu teria começado a bater com a cabeça no chão ou nas paredes. Isso, como fiquei sabendo depois, era exatamente o que havia acontecido em algumas das celas vizinhas.*
>
> — SERGEI GLAGOL, *"O julgamento da primeira terrorista russa"*[49]

O 13 de julho de 1877 foi um dia quente e ensolarado. Em todo o vasto pátio retangular, homens e mulheres balançavam as pernas ao sol do verão. Alguns conversavam com os internos no pátio; outros estavam simplesmente imersos em seus pensamentos, observando os prisioneiros caminhando lá embaixo. Os que estavam no pátio tinham acabado de escalar os cercados e estavam caminhando tranquilamente em grupos, esticando as pernas. Eram cerca de onze de manhã, e uma calma geral impregnava a atmosfera da prisão.[50]

De repente, houve uma comoção entre os guardas. A notícia espalhou-se rapidamente por toda a prisão: o prefeito de São Petersburgo tinha chegado para uma inspeção de surpresa. Todos os que ainda estavam em suas celas correram para as janelas. Eis aí um evento que ninguém queria perder — um pouquinho de animação raramente interrompia a monotonia cotidiana da vida na prisão.[51]

Quando o general Trepov entrou marchando no pátio, levou um choque com o que viu. Infrações dos regulamentos da prisão apareciam por todos os lados para os quais se voltava. Havia presos debruçados em janelas abertas, conversando uns com os outros, e outros passeando no pátio. O último deles havia acabado de pular o cercado quando Trepov chegou. Nem um único interno parecia constrangido e nem sequer alarmado. Na verdade, quando Trepov aproximou-se de um grupo de presos que caminhavam juntos pelo pátio, eles o cumprimentaram educadamente e depois continuaram andando sem o menor problema.

A fúria de Trepov aumentava a cada minuto que passava. Vociferou para os guardas que estavam de vigia no pátio, exigindo uma explicação para as infrações, mas tudo quanto os guardas responderam foi que o diretor não estava. O funcionário responsável tentou — sem êxito — dar uma resposta plausível às perguntas de Trepov, mas ele não quis ouvir. Furioso, voltou a procurar o grupo de internos que passeava no pátio. Eles ignoraram-no, continuando com sua conversa. Foi a gota-d'água.

Trepov escolheu uma vítima aleatoriamente. O infeliz Bogoliubov estava de novo no lugar errado e na hora errada. Por acaso, estava numa das extremidades do pátio com seus amigos, e Trepov aproximou-se dele, gritando:

— Como ousa ficar na minha presença sem tirar o gorro?

Antes de Bogoliubov poder responder, Trepov arrancou-lhe o gorro da cabeça.

— Tira o gorro! — berrou.

A essa altura, o pátio tinha se transformado num teatro, com o público enchendo as fileiras de janelas da prisão. Todos estavam absorvidos pelo conflito que estava se desenrolando lá embaixo. Bogoliubov provavelmente apenas recuou quando o gorro lhe foi arrancado da cabeça; mas, para muitos prisioneiros, parecia que ele tinha levado um soco. Acostumados como estavam ao regime tolerante da prisão, o soco foi um choque, e a reação, instantânea. Das janelas, começaram a chover xingamentos sobre Trepov:

— Carniceiro! Bastardo! Cai fora, seu desgraçado!

Trepov ergueu os olhos e examinou as fileiras de internos lá em cima, momentaneamente surpreso com a rebeldia e a audácia. E depois se vingou. Segundo algumas versões, ele esperou até todos calarem a boca e então apontou para Bogoliubov e deu uma ordem:

— Levem-no daqui e açoitem-no!

Dois guardas arrastaram Bogoliubov pelos braços.

A declaração teve o efeito desejo. Por um momento, um silêncio mortal desceu sobre a prisão. O castigo — arbitrário e cruel — foi completamente inesperado. E então, à medida que a raiva impotente aumentava, explodiu um tumulto feroz. De dentro de cada uma das celas, os prisioneiros pegaram o que conseguiram encontrar e começaram a quebrar e destruir. Os que tinham força suficiente arrancaram as camas e mesas das paredes. Testemunhas oculares e participantes lembraram-se depois que aquilo parecia um surto de loucura coletiva absolutamente estarrecedor.[52]

Na ala feminina, as internas começaram a gritar e soluçar como loucas. Os próprios funcionários da prisão ficaram completamente paralisados e não fizeram nada para pôr fim àquela violência. O médico da prisão, horrorizado com os gritos e berros, tentou entrar nos corredores da prisão para acalmar os internos. Foi fisicamente impedido pelos funcionários, que o avisaram de que não seria reconhecido pelos prisioneiros:

— Eles podem lhe estourar os miolos.[53]

Vinte e quatro horas depois, quando mais de cem policiais foram chamados a entrar em cena, o pior da violência finalmente acabou.

Mas a controvérsia mal tinha começado.

> Sentenças de quinhentas, mil e até mil e quinhentas chicotadas eram cumpridas normalmente de uma vez só; mas, quando a sentença exigia dois mil ou três mil golpes, sua execução era dividida em duas e até três partes. Aqueles homens cujas costas tinham sarado depois do cumpri-

> *mento da primeira parte da sentença e saíam do hospital para receber sua segunda parte, em geral ficavam morosos, taciturnos e insociáveis no dia em que recebiam alta. Mostravam uma espécie de estupefação, uma ausência estranha. Esses homens não entabulavam conversas e, em geral, não pronunciavam uma única palavra; o mais interessante de tudo era que nem mesmo os próprios condenados jamais sequer falavam ou tentavam falar com um homem desses sobre o que os aguardava. Nem uma única palavra era desperdiçada; não havia nenhuma tentativa de consolar; via de regra, os condenados tentavam inclusive prestar o mínimo de atenção possível a um homem desses. O que, evidentemente, era melhor para ele.*
>
> — Fiódor Dostoiévski, *Recordações da casa dos mortos*[54]

O castigo corporal tinha uma história longa e terrível na Rússia. Como em outras sociedades pré-modernas, antes do advento da detenção como forma preferencial ao controle do crime, os espancamentos e açoites eram os principais instrumentos de justiça usados em todo o Império Russo. As punições corporais eram impostas mais frequentemente aos servos, que podiam ser espancados ou açoitados por seus senhores por praticamente qualquer motivo. Mas até os nobres da alta cúpula só foram isentados de castigos corporais por Catarina, a Grande, no final do século XVIII. Os que estavam no serviço militar eram os que mais sofriam: podiam ser obrigados a passar entre uma fileira de homens munidos de açoites e ser flagelados por outros soldados, às vezes levando mil golpes de bastões ou varas de vidoeiro. Os criminosos comuns eram submetidos a centenas de chicotadas, dependendo da gravidade de seus crimes.[55]

Depois que Alexandre II aboliu a servidão, reformadores liberais pressionaram-no para tratar todos os russos igualmente e, por conseguinte, abolir também o castigo corporal. Em 1861, cedendo à pressão liberal, como sempre fazia, Alexandre formou um comitê para investigar a prática e estudar as possíveis consequências de aboli-la por completo. Não vacilou quando o comitê voltou com recomendações drásticas. O castigo corporal era incivilizado, opinou o comitê, um resíduo de uma época atrasada. No moderno Estado civilizado, os maus-tratos físicos eram uma violação de qualquer princípio humano e cristão. "Brutalizava e desmoralizava" suas vítimas. Era um "mal", um "remanescente de tempos de ignorância crassa".[56]

Em 1863, Alexandre fez o que o comitê recomendara e aboliu quase todas as formas de punição corporal na Rússia. Reservou a prática para algumas categorias isoladas de pessoas, como soldados e marinheiros e, mesmo nesses casos, reduziu marcadamente a sua severidade. Os condenados a caminho de seus locais de exílio só poderiam ser açoitados se cometessem outros crimes, e só poderia ser usada a vara de vidoeiro. O número de golpes foi rigorosamente limitado.[57]

Num instante, a punição corporal tornou-se uma coisa do passado, não só perante a lei, mas também nas atitudes sociais. Para a maioria dos russos, o esclarecimento ditara uma nova abordagem ao crime, uma abordagem que evitava a mera punição e, em seu lugar, propunha a reforma do criminoso. A transformação das prisões e a construção de centros de detenção preliminar marcaram uma nova visão do crime e dos criminosos. A reforma de 1863 foi vista como uma contrapartida apropriada da abolição da servidão, um movimento rumo à dignidade e aos direitos humanos.[58]

Portanto, a punição de Bogoliubov foi tão chocante porque tinha se tornado muito rara. Submeter qualquer pessoa à violência parecia inaceitável, e Bogoliubov era um homem instruído. Só um regime retrógrado, inflexível e, em última instância, sedento de sangue teria a audácia de submeter um homem jovem, inteligente e sensível a um tipo de tortura que fazia lembrar a servidão.

Palen, assim que teve notícias dos tumultos na prisão, ficou inesperada e perversamente satisfeito. Deve ter sabido que a ordem de Trepov teria repercussões bem sérias. O tsar logo pediu uma explicação para as desordens que estavam acontecendo na prisão. Haveria investigações a conduzir e relatórios a escrever. Palen, um tipo de homem que tinha uma preguiça considerável, entendeu que aquilo tudo ia exigir muito trabalho árduo, irritante. E, mesmo assim, parou um momento para saborear esse confronto declarado com os estudantes radicais.[59]

Esses "degenerados" bem que mereceram, explicou ele a Koni certa vez. Tinham declarado guerra contra a Rússia abertamente — planejando armar bandidos camponeses, ocupar cidades e destruir prédios do governo. Tinham usado frases como "rios de sangue" para descrever seus objetivos abomináveis. Mesmo assim, apesar da ilegalidade flagrante de seus atos revolucionários, foram encarcerados em condições relativamente confortáveis, e seu destino seria decidido em audiências públicas. Para piorar as coisas, esses desordeiros que apoiavam tão abertamente a destruição de todas as instituições mais valiosas da Rússia agora exigiam que essas instituições os tratassem com respeito. Insistiam em seus "direitos".[60]

O próprio Trepov apareceu no gabinete de Palen naquele dia. Contou-lhe a decisão de açoitar Bogoliubov. Com a prisão envolvida num motim, Trepov, cujo espírito vacilava com frequência, estava com dor na consciência. Devia mandar executar a sentença dada em meio a um ataque de raiva? Palen não só era a favor da ordem de Trepov de mandar açoitar Bogoliubov, como estava claramente empolgado. Até Trepov ficou surpreso com a reação do ministro. Por fim, rejubilava-se Palen, alguém mostraria a esses sujeitos inescrupulosos quem é que mandava ali.[61] Mais tarde, teria muito tempo para se arrepender dessa decisão.

Um inquérito foi aberto imediatamente depois que o motim foi esmagado. O promotor do Tribunal de Apelação de São Petersburgo mandou seu assistente — responsável pela supervisão das prisões — investigar o tumulto, bem como as queixas apresentadas pelos presos a respeito de espancamentos e maus-tratos. Stefan Platonov realizou sua tarefa diligentemente, entrevistando supostas vítimas e testemunhas uma a uma. Em sua maior parte, o relatório era ambivalente. Foi encontrada alguma evidência de brutalidade da polícia, mas as histórias mais violentas continuaram, em sua maior parte, sem provas. Poucos prisioneiros tinham escoriações ou ferimentos visíveis.[62]

Mas o relatório continha uma revelação escandalosa. A Prelim tinha um segredo sinistro: "celas refratárias" escondidas em seus recessos, uma forma de punição para os prisioneiros que haviam cometido infrações deliberadas e repetidas contra as regras da prisão. Nessas celas, os prisioneiros eram mantidos em isolamento e na mais completa escuridão durante até seis dias. Quando eles eram particularmente difíceis de controlar, a única punição adicional permitida era mantê-los a pão e água.[63] As regras que governavam o uso das celas eram rigorosas: um médico tinha de acompanhar a saúde mental e física de qualquer prisioneiro mantido na cela, e sob circunstância alguma o prisioneiro poderia ser mantido ali por mais tempo que o prescrito. Pretendia ser um castigo humano, mantendo o sofrimento físico num grau mínimo, ao mesmo tempo em que servia de advertência aos prisioneiros mais recalcitrantes. Na verdade, revelou ser uma forma de tortura.[64]

As condições chocantes das celas foram descobertas pela primeira vez pelo médico da prisão, Dmitrii Gertsenstein, durante os tumultos. No dia seguinte ao início do motim, ele exigiu que lhe dessem permissão para visitar os prisioneiros mantidos em confinamento refratário para ter certeza de que não estavam sofrendo indevidamente. O diretor da prisão concordou e levou o médico escadas abaixo, pelos inumeráveis degraus que levavam aos subterrâneos, até um corredor escuro e estreito. Um guarda destrancou a porta de uma cela e deixou-o entrar.[65] A cela estava escura como breu; nem a lanterna que levavam era suficiente para penetrar naquela escuridão. As primeiras impressões de Gertsenstein foram só de uma parede com um calor que lembrava uma sauna e um cheiro fétido insuportável que lhe revirou o estômago.

E então Gertsenstein ouviu uma voz fraca proveniente de um canto da cela:

— Olha, olha!

— Quem é você? — perguntou o médico.

— Dicheskul — respondeu a voz. Depois repetiu, aterrorizada: — Olha, olha!

A lanterna foi levada até o fundo da cela. Mal visível, uma figura magra, andrajosa e desgrenhada ergueu-se do chão de asfalto nu. Mais uma vez, como um espectro, apontou para as paredes à sua volta.

— Olha, olha! — exclamou mais uma vez. — Aqui! E aqui! Larvas de insetos, larvas de insetos vivas!

Um horror mórbido tomou conta do médico enquanto ele tentava se livrar da sensação de que aquilo era um pesadelo. Aproximou a lanterna do chão e descobriu que estava coberto de montes de excrementos humanos. Minúsculas larvas brancas arrastavam-se e meneavam os corpos em cima daquelas pilhas malcheirosas. As paredes estavam manchadas de urina e fezes humanas, e, por isso, sob a luz bruxuleante da lanterna, parecia que toda a cela estava rastejando, viva. Para limpar sua cela, o prisioneiro, no meio daquele breu, abrira um buraquinho minúsculo na porta e, com as mãos nuas, jogara parte dos excrementos, com larvas e tudo, no corredor. O médico logo percebeu que seu casaco ficara manchado com os frutos do trabalho do prisioneiro.

O chocante é que Dicheskul estava naquela cela há vários dias. Gertsenstein usou imediatamente o seu poder de médico da prisão para mandar Dicheskul para a enfermaria. Apesar disso, a impressão ficou gravada nele pelo resto da vida. Era, como ele se lembrava, "um canto do inferno na vida real que ainda está à espera de seu Dante".

Platonov ficou igualmente horrorizado com o que sua investigação revelou. As celas refratárias, escreveu ele, estavam localizadas perto dos canos de aquecimento no porão, e, por isso, a temperatura dentro delas subia às vezes até sufocantes 38°C. O calor escaldante, combinado ao cheiro de suor e excrementos humanos, era insuportável. Enquanto Platonov visitava as celas, teve de se encostar nas paredes várias vezes, e finalmente resolveu entrevistar os prisioneiros no corredor do porão, de modo a evitar o fedor mais intenso. Sua condenação daquelas condições foi sucinta: "Não era castigo, era tortura."[66]

Para os críticos do regime, as celas refratárias eram a metáfora perfeita da Rússia sob Alexandre II. Aparentemente, tudo era moderno, humano, esclarecido. Mas, pouco abaixo da superfície, grassava a antiga barbárie asiática da Rússia. As reformas eram pura fachada, destinadas a ofuscar o Ocidente. Os visitantes vinham e maravilhavam-se com a versão russa da prisão-modelo, mas a verdadeira Rússia continuava escondida lá embaixo.

Evidentemente, a verdade não era tão simples assim. As celas refratárias eram, de fato, uma invenção europeia. A própria Pentonville tinha várias em seus porões, e os visitantes tinham permissão de experimentar eles próprios o negrume absoluto do confinamento. O calor sufocante da Prelim russa era provavelmente acidental, resultado de um projeto arquitetônico defeituoso. Antes dos tumultos, as celas quase não eram usadas, e nunca eram limpas.[67]

Mesmo assim, a imagem de barbárie com uma embalagem iluminista mostrou ser atraente demais para ser posta de lado. Na Inglaterra, declarou Gertsenstein com segurança, um homem como Dicheskul teria sido membro do Parlamento. Na Rússia, era lançado em condições que nenhuma pessoa civilizada suportaria. Essa acabou sendo uma moldura perfeita para o quadro do açoitamento de Bogoliubov.[68]

Pouquíssimos dias depois, Palen foi pego pelo turbilhão que havia criado. Junto com o relatório de Platonov, cartas de autoridades de outros ministérios inundaram o gabinete de Palen, exigindo oficialmente uma explicação para os eventos de 13 de julho. Foram feitas sugestões para evitar tumultos futuros. Os prisioneiros não deviam mais ter permissão para fazer os seus exercícios diários; os condenados ao exílio precisavam ser mandados mais depressa para seu destino; a superpopulação das prisões era um problema que tinha de ser resolvido. Houve um reconhecimento generalizado de que os presos políticos mantidos na Casa de Detenção Preliminar eram uma responsabilidade enorme, um perpétuo barril de pólvora à espera de que seu rastilho fosse aceso.[69] Mas todas essas discussões chegaram tarde demais. O açoitamento de Bogoliubov dera início a uma reação em cadeia que agora era impossível conter.

Mesmo depois que os tumultos foram controlados e a prisão voltara a ter uma aparência de normalidade, os internos da Prelim ferviam de raiva. O açoitamento de Bogoliubov por ordens de Trepov foi visto como uma demonstração de poder deliberada e rancorosa. Foram feitos planos para atrair Trepov à prisão com um pretexto qualquer e "desfigurar-lhe o rosto". O ódio cego dos prisioneiros radicais logo transbordou das paredes da prisão, espalhando-se pela comunidade radical, e aumentava enquanto se espalhava. "É preciso ver a fúria no rosto de todos", escreveu um radical, "ouvir suas expressões de indignação e raiva e escutar seus juramentos de lutar pela honra e pela dignidade humana, tão horrivelmente ultrajadas no caso de Bogoliubov."[70]

Por estranho que pareça, a hipocrisia dos radicais sobre o castigo corporal era a mesma que aquela do regime. Aqueles que tinham declarado guerra ao Estado por seus crimes inumeráveis e sonhavam tão animadamente em ir para a morte em meio às chamas do apocalipse revolucionário que estava por vir, agora se queixavam de que a "dignidade" havia sido violada. Aqueles que queriam se tornar bandidos camponeses agora exigiam ser tratados como nobres sensíveis. Ficaram enfurecidos com um castigo — 25 golpes com bastões de vidoeiro — que a maioria dos camponeses comuns da Rússia suportara por gerações.

Na comunidade radical, o 13 de julho de 1877 soava como um apelo para pegar em armas. O regime tinha tirado as luvas e mostrado a mão de ferro — agora os radicais poderiam fazer o mesmo. O novo caminho revolucionário foi revelado todo de uma vez só. A indiferença dos camponeses, a hostilidade dos operários, as insurreições fracassadas e os protestos inúteis não importavam mais. Tudo quanto importava era punir os agentes tirânicos do tão desprezado Estado russo.

O ano de 1877 encontrou Vera Zasulich pega mais uma vez pela força centrífuga do destino, obrigada a se afastar da cena da ação revolucionária. Enquanto seus companheiros estavam fomentando insurreições em Chigirin ou se amotinando nas prisões, Vera estava de novo nas províncias, com pouca coisa para fazer. Solitária, definhava na propriedade do cunhado. Sua irmã Ekaterina, que tinha sido uma agitadora política na juventude, agora tinha filhos para criar. Lev, o marido de Ekaterina, estava se tornando um tolstoiano, trabalhando na terra junto com seus camponeses. Muito provavelmente, sentiam pena de Vera por se recusar a abandonar seus ingênuos sonhos radicais.

Vera deve ter entrado em desespero, achando que a verdadeira vida revolucionária sempre estaria fora do seu alcance. Só tinha vivido uns poucos meses de "rebelião" e, mesmo assim, só como uma desajeitada esposa camponesa. Tinha se preparado para selar um cavalo e sair pelo interior do país em cima dele, revólver na mão. Mas a rebelião fracassara e ela retomara a vida comum mais uma vez. Seus amigos estavam na prisão ou na clandestinidade. Ela estava em segurança, mas não ligava a mínima para a segurança. Queria ação.

No fim de julho, leu um artigo sobre o caso Bogoliubov na *The Voice*. Era uma crônica curta sobre os eventos de 13 de julho, só umas pinceladas rápidas sobre o açoitamento e o motim. Mas a mente inquieta de Vera fixou-se na história até ela se tornar uma obsessão. Não foi difícil para ela colocar-se no lugar de seus companheiros presos. Conhecia muito bem os sentimentos de isolamento e tédio desesperado. Não demorou para ela estar na mesma situação.

Compreendia perfeitamente por que seus companheiros ficaram tão enfurecidos com a ordem de Trepov de açoitar Bogoliubov. À primeira vista, era apenas mais um ato de crueldade na história do Estado russo. Um prisioneiro foi açoitado. Mas o ato foi visto como uma declaração de guerra deliberada e provocadora contra o radicalismo. Trepov tinha querido mostrar aos radicais que era intocável, que podia fazer o que bem entendesse, por capricho. Os radicais russos podiam protestar, fazer petições e manifestações; mas, em última instância, eram impotentes contra os agentes do Estado. O tumulto subsequente não foi um desafio ponderado maduramente, mas o grito impulsivo de almas pegas na armadilha da solidão e das trevas do confinamento solitário.

Embora ela estivesse muito longe de São Petersburgo, sob o sol quente do verão de Penza, o Estado do tsar deve ter-lhe aparecido como uma monstruosa força maléfica, devorando sua juventude, seus amigos e suas aspirações mais caras. O Estado a tinha lançado no cárcere sem possibilidade de apelação e a exilara sem nenhum motivo. Perseguira seus companheiros e dispersara o movimento radical, espalhando-o pelos cantos mais distantes da Rússia. Deixara os revolucionários apodrecendo anos a fio na solidão das celas das cadeias. E então, só para mostrar o quanto podia ser brutal e arbitrário, escolheu um companheiro aleatoriamente e mandou açoitá-lo sem nenhuma razão. O desespero de Vera tomou conta dela. Ansiava mais uma vez por romper os grilhões do isolamento e da impotência.[71]

Embora ainda não soubesse, Vera não estava sozinha. Outros compartilhavam de seus anseios. Por toda a Rússia, um novo radicalismo surgiu lentamente das cinzas do movimento "em direção ao povo". Os membros deram-lhe o nome de Terra e Liberdade. Em 1876 e 1877, era um grupo nebuloso, e muitos revolucionários não tinham ideia de que existisse antes de o slogan Terra e Liberdade aparecer na bandeira vermelha de Plekhanov durante as manifestações de 6 de dezembro de 1876 em São Petersburgo. Os diferentes membros da organização acreditavam em coisas muito diferentes a respeito de sua participação nela, de seus princípios e de sua organização.[72]

Apesar disso, a direção da nova onda revolucionária era clara. Na esteira das detenções e prisões em massa, espancamentos e outras formas de humilhação, os revolucionários concentraram-se num único alvo: o Estado russo. O Estado era um monstro — uma força maligna enorme, armada e sinistra que conspirava contra os radicais o tempo todo. Era o culpado pela fé cega dos camponeses no tsar; era o culpado pelas prisões dos radicais; era o culpado simplesmente porque parecia um obstáculo absolutamente intransponível para o mundo perfeito do futuro. A lógica desse argumento logo foi levada às suas conclusões: as massas eram agora de somenos importância — os revolucionários tinham de atacar o Estado primeiro. Ekaterina Breshko-Breshkovskaia resumiu o estado de espírito geral: "O estado de coisas na Rússia indicava claramente que, sem uma luta de vida e morte com o governo, os problemas políticos não seriam resolvidos."[73]

Era a estratégia perfeita para as fileiras dispersas e confusas dos revolucionários. Seu número minguara; seus recursos eram poucos. Estava na hora de adotar abertamente as táticas às quais tinham resistido por tanto tempo. No início, essas táticas tiveram vários nomes: resistência armada à prisão, medidas defensivas contra a tirania, desorganização, autodefesa. Planos vagos foram traçados contra a polícia, diretores de prisões e outras autoridades do governo. Mas a gota d'água foi o açoitamento de Bogoliubov. Depois dos eventos de 13 de julho, muitos revolucionários concluíram espontaneamente que Trepov tinha de morrer. Com o tempo, aceitariam um único nome para sua nova estratégia: terrorismo.[74]

Vera nunca participou do movimento Terra e Liberdade. Mas, depois de ler *The Voice*, seu ódio convergiu todo para um único pensamento sombrio: queria Trepov morto. Com uma urgência enorme, saiu de Penza e correu às cegas para São Petersburgo. Seu desespero começou a ceder diante de um propósito assassino recém-descoberto. Era inevitável que esse impulso a levasse diretamente às fileiras dos terroristas.

CAPÍTULO 9

A justiça

Ninguém conseguia exasperar tanto o conde Palen quanto seu assistente no Ministério da Justiça, Anatolii Fedorovich Koni. Koni era o calo no pé de Palen. O arquirreacionário ministro era obrigado a ouvir interminavelmente as opiniões de um dos intelectuais mais liberais da Rússia. Além dos longos discursos de Koni — que pareciam começar sem provocação e só terminavam depois que a questão filosófica tinha sido inteiramente esgotada —, seu maior defeito, aos olhos de Palen, era sua adesão irredutível ao princípio abstrato, fossem quais fossem as circunstâncias. A ressalva mais casual de Palen resultava num sermão complicado, monótono e absolutamente pomposo sobre a necessidade de seguir as regras, de respeitar os procedimentos devidos ou de obedecer *à lei*. Koni era particularmente irritante sobre o assunto dos criminosos políticos. Teve a temeridade de dizer que o hábito do sistema jurídico russo de dar sentenças clementes devia ser mais incentivado ainda. Aparentemente, aqueles que perambulavam por toda a Rússia pregando a violência deviam ser libertados com uma simples advertência para nunca mais fazer aquilo de novo.[1]

O 13 de julho de 1877 não foi exceção. Naquela tarde, Palen ainda estava sentindo um prazer prolongado com os eventos do dia quando Koni apareceu e acabou imediatamente com a sua alegria. Obviamente agitado, Koni entrou no gabinete e lastimou em altos brados a "notícia horrível". Palen sentiu a iminência de mais um longo sermão. Em circunstâncias normais, Palen teria ouvido educadamente, controlando o desejo violento de bocejar. Mas, nesse dia, não estava com a menor vontade de ouvir discursos bombásticos de um subordinado. Olhando Koni bem nos olhos, provocou-o deliberadamente, anunciando que tinha aprovado pessoalmente, com o maior prazer, o açoitamento de Bogoliubov.

— É assim que esses escroques devem ser tratados! — disse ele, enquanto dava um soco na noutra mão aberta.

Koni, pego de surpresa, logo se recuperou:

— Mas o senhor tem conhecimento do que está se passando na prisão agora? — perguntou num tom acusador.

A raiva de Palen aumentou.

— E daí? Devíamos mandar uma mangueira de apagar incêndio e encharcar aquelas moças com água fria. E, se os tumultos continuarem, devíamos fuzilar todo aquele lixo!

Depois de pronunciar essas palavras, Palen arrependeu-se imediatamente. Em geral um homem de caráter fleumático, temia o conflito aberto de qualquer tipo. E o discurso longo e inevitável começou exatamente como ele esperava. Num tom irado, Koni passou-lhe uma descompostura: Palen não tinha ideia do que havia instigado; as repercussões do incidente agora se espalhariam por todos os cantos. O açoitamento de Bogoliubov por ordens de Trepov não era apenas ilegal; era um erro de proporções trágicas, ou, como disse Koni em francês: *"C'est plus qu'um crime, c'est une faulte."*

Aquilo foi insuportável. A paciência de Palen chegara ao fim. Recentemente, Koni fizera um requerimento, pedindo um outro cargo — juiz distrital. Naquele momento, Palen resolveu atender de todo o coração o pedido de Koni.

Anatolii Koni saiu desanimado do gabinete de Palen. Era um homem de certa inteligência e instrução. Trabalhara pacientemente para subir pela hierarquia do sistema jurídico russo e tinha sido escolhido pelo próprio Palen como assistente do ministro da Justiça. Mas, à medida que seu êxito aumentava, Koni viu-se cada vez mais desrespeitado. Devia aconselhar o ministro e dar-lhe suas opiniões, mas, com o passar dos anos, concluiu que Palen não tinha o menor interesse em seus conselhos, e menos ainda em suas opiniões.[2]

Koni via-se como um dedicado funcionário público, obrigado solenemente a trabalhar sem descanso pela liberalização da Rússia. Numa carta a um amigo, declarou com toda a seriedade: "Toda a minha vida foi passada a serviço dos interesses jurídicos e morais do povo russo, e nenhum interesse pessoal ou pecuniário jamais me desviou desse caminho que escolhi."[3]

Exteriormente, Koni era um homem modesto, sem graça. Em seus retratos, aparece muitas vezes usando ternos simples e uma barba muito bem aparada, e tinha nos olhos uma expressão contemplativa, distante. Os cabelos louros estavam começando a rarear na frente, e ele era baixo e ligeiramente encurvado. Quando andava pela cidade, poderia passar por um estudante comum. Mas jovens admiradores lembravam-se de que, quando estava no tribunal com suas roupas de juiz, com os bordados a ouro em volta do colarinho e dos punhos, ele transformava-se. Tinha a fala mansa, mas eloquente, e sua voz tinha um efeito irresistível. Muitos de seus jovens acólitos viam nele um defensor da "verdade nua e crua".[4]

Para Koni, o direito não era apenas uma carreira, era o caminho para o progresso da Rússia. Koni era um defensor fervoroso das reformas jurídicas do país promulgadas em 1864. Juízes independentes, advogados particulares, tribunais com um corpo de jurados — tudo isso, em conjunto, prometia a liberalização e a europeização da Rússia. No decorrer das décadas de 1860 e 1870, jovens idealistas entraram aos magotes nas carreiras jurídicas, determinados a expandir as reformas judiciais e a defender o primado da lei. Entre essa nova geração de advogados, Koni era um herói.[5]

Mas, entre os reacionários do governo russo, Koni era desprezado como um liberal ingênuo. Koni sugeriu em vão que os criminosos políticos eram apenas jovens desorientados que podiam ser repreendidos com brandura pelo erro de seus métodos. Se fossem tratados com justiça pelo sistema jurídico, tentava ele explicar, veriam aos poucos que era do seu interesse apoiar o Estado. Mas, se fossem maltratados, sua rebelião se intensificaria, transformando-se num ódio implacável contra as autoridades. Para os superiores de Koni, essa confiança na maleabilidade dos radicais era absurda. Eles tinham de ser enfrentados com a força, com mangueiras de apagar incêndio, se necessário.[6]

Na verdade, o próprio Koni estava dividido. Por mais que desprezasse os reacionários por sua intransigência, temia os revolucionários por seu extremismo. Embora tivesse esperanças de que um Estado liberal atraísse os radicais para o serviço público, tinha medo de que o rejeitassem como uma meia medida e insistissem em lutar pela utopia de seus sonhos. Às vezes, Koni sentia-se preso na armadilha que havia entre os dois extremos da sociedade russa. "Uma pessoa com opiniões políticas moderadas", escreveu ele certa vez a um amigo, "não consegue encontrar um lugar para si na Rússia." Os liberais podiam fazer pouco mais que "olhar com um desgosto inexprimível tanto para nossos retrógrados quanto para nossos radicais", ambos "igualmente desonestos em seus métodos, míopes em relação a seus objetivos e inadequados e horríveis nos recursos que usam." Acabou essa carta com uma nota quase paranoide: "Não há ninguém em quem confiar, e, às vezes, a gente entra em depressão."[7]

Como moderado, Koni procurava neutralizar o fanatismo onde quer que o encontrasse. Viu os eventos trágicos do 13 de julho, em parte, como um fracasso pessoal. Naquele mesmo dia, Koni havia se permitido uma pequena imprudência: tirou parte do dia de folga, o que não era característico dele. Na noite anterior, jantara em Peterhof, um subúrbio de São Petersburgo. Planejara pegar o primeiro trem de volta à cidade, mas acabou seduzido pelo bom tempo e ficou passeando calmamente pelos Jardins Inferiores do Palácio de Peterhof, absorto numa conversa com um amigo íntimo. Koni finalmente chegou a seu gabinete no fim da tarde, muito depois que o tumulto na prisão havia começado.[8]

Enquanto ele estava fora, Trepov viera procurá-lo duas vezes. Koni suspeitava que o prefeito tinha vindo pedir-lhe conselhos sobre a decisão de açoitar Bogoliubov, talvez até em busca de um motivo para voltar atrás em sua reação inicial exagerada. Se Koni tivesse chegado ao menos algumas horas antes, Bogoliubov talvez não tivesse sido açoitado e os tumultos poderiam ter se acalmado sozinhos.

Logo no dia seguinte, Trepov apareceu no gabinete de Koni e, como que para confirmar as suspeitas deste, estava com uma expressão humilde, de arrependimento quase infantil no rosto. Koni nunca deixava de se espantar com as violentas oscilações de humor da autoridade mais poderosa da cidade. Num dia estava áspero e arrogante e, no dia seguinte, procurava agradar da maneira mais cativante. Sua volubilidade era lendária.

Sem consideração pelo cargo de autoridade de Trepov, Koni teve o atrevimento de repreender o general por sua decisão impulsiva de mandar açoitar um prisioneiro. Passou-lhe a mesma descompostura que havia passado em Palen. Trepov não tentou se defender.

— O que eu poderia fazer? — foi tudo quanto disse.

Sabendo que Koni era um homem racional, Trepov procurara diligentemente seus conselhos, mas não conseguiu encontrá-lo. Não havia nada a fazer

além de ir falar com Palen. Trepov levantou-se de sua cadeira de um salto e benzeu-se, fazendo o sinal da cruz:
— Juro que, se Palen tivesse me dito metade do que você me disse agora, eu teria mudado de opinião.
Depois de uma pequena pausa, Trepov continuou tentando se desculpar:
— Transferi Bogoliubov para o Castelo Lituano. Ele é saudável e está bem. Não tenho nada contra ele, mas era preciso dar um exemplo. Mandei-lhe chá com açúcar.
E então, de repente, Trepov declarou enfaticamente:
— Minha situação é difícil, você sabe. Tenho de defender a capital!
Koni apenas balançou a cabeça num gesto de desalento. Um homem foi açoitado, e depois lhe mandam chá com açúcar. Diante dos obstáculos da reação, do radicalismo e da pura e simples irracionalidade, a reforma liberal russa tinha poucas chances de dar certo.

> *Um dos Nossos maiores desejos, expresso publicamente na Proclamação de 19 de março de 1856, depois de Nossa subida ao trono de Nossos ancestrais, foi: "Que a verdade e a compaixão reinem nos tribunais." (...)*
>
> *Depois de examinarmos esses esboços, descobrimos que eles correspondem inteiramente ao Nosso desejo de estabelecer logo na Rússia tribunais justos e compassivos, com igualdade para todos os Nossos súditos; de aumentar o poder judicial, dar-lhe a independência necessária e, em geral, de fortalecer em Nosso povo o respeito pela lei, sem o qual a prosperidade pública é impossível, e que deve servir de guia permanente para todos os atos de todos, da pessoa que ocupa o cargo mais elevado à mais humilde de todas.*
>
> — TSAR ALEXANDRE II, Decreto Imperial, 20 de novembro de 1864[9]

A transformação do sistema jurídico russo, realizada em 1864, foi de longe a mais liberal de todas as reformas de Alexandre II. Implementada de forma a imitar minuciosamente a teoria e a prática judiciais do Ocidente, essas reformas deram à Rússia seu primeiro sistema regular, previsível e procedimental para julgar questões criminais e civis.[10]

Os autores dessa transformação extraordinária e súbita estudaram cuidadosamente os sistemas jurídicos da Europa e dos Estados Unidos e estavam particularmente apaixonados pelo respeito pela "legalidade" na sociedade ocidental. Na verdade, a palavra russa para legalidade, *zakonnost*, logo se tornou uma acompanhante indispensável da *glasnot*, a política de abertura de Alexandre. Sem a legalidade, diziam os reformadores, a abertura era impossível, e, sem a abertura, um respeito verdadeiro pelo primado da lei nunca lançaria raízes. Independência e imparcialidade eram as novas palavras de ordem.[11]

Seguindo à risca a moda ocidental, os reformadores jurídicos da Rússia insistiram na independência do sistema judicial do país em relação à sua burocracia, principalmente em relação ao tsar e à sua polícia. Os juízes recebiam nomeação vitalícia, e só podiam ser removidos se fossem condenados por algum crime. Os advogados de defesa também estavam livres do controle do governo, só prestando contas a um conselho constituído de advogados mais velhos e mais experientes. A Ordem dos Advogados da Rússia tornou-se uma corporação, e uma corporação ciumenta de suas prerrogativas. Os julgamentos eram realizados em audiências públicas, exceto em alguns poucos casos, como aqueles que envolviam violações graves da moralidade pública. A publicidade não foi instituída só para garantir a equidade dos procedimentos, mas também para aumentar a confiança pública nas novas instituições e promover o "sentimento de legalidade e respeito pela lei".[12]

No entanto, a mais importante das novas reformas foi, de longe, a instituição do julgamento por um corpo de jurados. Os reformadores achavam que nada instilaria o respeito pelos procedimentos jurídicos quanto à participação na formalidade e na deliberação do julgamento por um corpo de jurados. Nesses julgamentos, a opinião pública teria uma expressão legal e a sociedade seria obrigada a julgar os atos de seus membros.[13]

A estrutura e a função do júri russo foram organizadas de acordo com os sistemas europeu e norte-americano. Cada caso era decidido por doze jurados (com dois suplentes), e eles eram escolhidos entre uma lista inicial de trinta. O promotor podia impugnar seis jurados, e a defesa poderia eliminar até doze. Os jurados tinham o direito de fazer perguntas durante todo o julgamento. Depois da apresentação do caso por ambos os lados, o juiz dava ao júri uma lista de perguntas para ajudá-los em suas deliberações. A maioria simples era suficiente para validar um veredicto. Num aspecto importante, os jurados russos tinham mais tolerância que seus congêneres britânicos e norte-americanos. Podiam decidir um caso inteiramente de acordo com sua consciência, mesmo que isso significasse não levar em conta os fatos apresentados durante o julgamento. Como no caso de grande parte da Europa continental, o júri podia dar o veredicto de "inocente" mesmo em casos em que o acusado havia confessado o crime.[14]

Os reformadores jurídicos de Alexandre esperavam que, na qualidade de modelos de legalidade e abertura, os tribunais recém-criados fossem uma ponte entre o governo tsarista e a sociedade russa, cultivando uma "noção de justiça e direito, sem a qual não pode haver prosperidade nem ordem na sociedade". Diante da objeção de que a Rússia não estava preparada para os novos tribunais, os reformadores argumentavam dizendo que era exatamente a participação num processo judicial justo e imparcial que educaria o povo. Até os analfabetos e semianalfabetos se beneficiariam muito com seus encontros com o sistema judicial.[15]

A elite mais liberal da Rússia viu as reformas como um arauto da europeização do país. A nova abertura e as novas responsabilidades dariam ao povo russo a fé no poder de um mundo liberal bem organizado. E essa fé, por sua vez, seria a precursora de coisas mais importantes ainda — um movimento rumo a um governo representativo e ao constitucionalismo. Homens como Anatolii Koni fizeram de tudo para preservar as reformas de 1864, não só em termos jurídicos, mas por princípio.

O princípio-chave das novas reformas era a justiça procedimental. Se fossem adotados protocolos rigorosos, então o resultado de cada julgamento individual pesaria pouco. A confiança aumentaria se a regularidade fosse respeitada. Um sistema legal justo era um sistema onde qualquer pessoa, independentemente de classe, posição ou perspectivas ideológicas, recebesse o mesmo tratamento.[16]

Mas era exatamente a inflexibilidade desses procedimentos o que mais irritava os inimigos das novas reformas. Os reacionários empedernidos da Rússia, como o conde Palen, ficaram exasperados com as formalidades do novo sistema. Pilhas de provas, regras de depoimento, os direitos dos réus — tudo isso era obstáculo ao bom funcionamento da burocracia governamental. A Rússia precisava de um pulso firme para guiá-la, e os liberais que restringiam esse pulso estavam procurando encrenca.[17]

Paradoxalmente, os reacionários encontraram aliados inesperados contra os novos tribunais na extrema-esquerda do espectro político. Para os revolucionários russos, as novas reformas judiciais não tinham a menor importância, eram apenas reformas superficiais de uma sociedade corrupta. As complicadas regras de seleção do júri, assim como a independência judicial, foram pensadas unicamente para jogar areia nos olhos do povo russo. Era impossível haver justiça numa sala de tribunal — ela tinha de ser feita pela revolução. Por esses motivos, os revolucionários tinham tanto prazer em solapar de todas as formas o novo sistema judiciário quanto seus inimigos reacionários.[18]

Mas os extremos opostos do espectro político russo acharam o novo sistema judiciário promissor num único aspecto: tinha o potencial de se tornar palco do teatro político. O sistema de confronto, com o depoimento das testemunhas, interrogatórios detalhados e rigorosos e sumários de culpa, apresentava a possibilidade de estruturar um drama empolgante com resultados satisfatórios. A arquitetura das salas dos tribunais só intensificava o efeito: os atores podiam subir ao pódio e usá-lo como um palco, desempenhando seu papel diante do júri e de uma audiência fascinada. As salas dos tribunais ofereciam o espaço para um debate teatral, onde as ideias rivais podiam lutar pelo coração e pela inteligência do público. Se alguém quisesse lançar uma guerra propagandística na Rússia do século XIX, quer da esquerda, quer da direita, não haveria lugar melhor que as salas dos tribunais.[19]

Ao longo de 1877 e 1878, os julgamentos dos radicais tornaram-se campos de batalha, onde foi travada uma batalha verbal. Promotores reacionários discursavam contra as forças da revolução iminente, e os réus proclamavam seus desejos benevolentes de salvar a Rússia dos males da reação. O público-alvo era o povo russo. O resultado foi a justiça como teatro.

> *Um das principais razões para a lamentável indiferença sentida pelos elementos bem-intencionados da sociedade em relação à propaganda largamente disseminada de ideias destrutivas é a falta geral de consciência que prevalece não só entre a maioria do povo em geral, como também entre as autoridades do governo (inclusive entre a maioria do Comitê dos Ministros). O Comitê acredita que, em vista dessa ignorância, a sociedade não pode ser acusada por não conseguir estruturar uma oposição séria a essas doutrinas falsas. (...)*

> *Em sua maior parte, a ignorância leva a repreensões frívolas contra o governo por medidas tomadas para investigar ou prender esses malfeitores, medidas que muitas vezes são condenadas como tirânicas e que despertam simpatia pelos indivíduos presos e investigados. (...)*
> *Eles declaram abertamente que torrentes, rios, um dilúvio de sangue são necessários para realizarem seus ideais. O Comitê está inteiramente convencido de que esses delírios de uma imaginação fanática não podem despertar a simpatia. Mas, para a opinião pública repudiar aqueles que ensinam essas doutrinas, tais ensinamentos não devem continuar no escuro. (...)*
> *O Comitê acha que o único caminho verdadeiro e direto para essa publicidade benéfica é o tribunal. Os processos jurídicos vão expor toda a morbidez dessas doutrinas e o grau de perigo que representam.*
>
> — COMITÊ DOS MINISTROS, relatório das
> reuniões de 18 e 25 de março de 1875[20]

Foi uma visão extraordinária. No dia 20 de outubro de 1877, com uma precisão meticulosa, as portas das celas solitárias da Casa de Detenção Preliminar foram abertas, uma após a outra. Os internos marcharam lentamente pelos corredores sinuosos da prisão e entraram no vestíbulo central, comprido e estreito. Lá, mais de cem prisioneiros foram separados em duas longas colunas. Do lado direito havia uma longa fila de homens lado a lado com uma fila de policiais com as espadas desembainhadas. Do lado esquerdo havia uma fila menor de mulheres, com policiais femininas intercaladas entre elas, também com as espadas desembainhadas. Depois que as colunas foram organizadas, um oficial da polícia leu para os prisioneiros uma ordem curta e ameaçadora: todos os presos deviam manter-se em fila. Qualquer um que tentasse fugir seria detido por qualquer meio necessário. Depois o grupo saiu marchando através de uma série de túneis subterrâneos até a principal sala do Tribunal do Distrito de São Petersburgo. O "Julgamento dos 193", ou "Julgamento Monstro", como seria conhecido depois, estava prestes a começar.[21]

O Julgamento Monstro foi a culminação de uma estratégia desenvolvida pela primeira vez em 1875, no auge do movimento "em direção ao povo". Na cúpula do governo de Alexandre II, o relatório de Palen sobre o alcance do movimento revolucionário russo fez furor. Os ministros do Interior e da

Justiça sentiram-se esmagados pelo número impressionante de radicais que ameaçavam apoderar-se do interior da Rússia. Medidas policiais, prisões e interrogatórios pouco fizeram para deter a onda de estudantes que estava inundando as aldeias e as fábricas.[22]

Alguns falaram em ressuscitar as políticas de Nicolau I, que exilara sumariamente para a Sibéria todo e qualquer súdito suspeito de participar de atividades contra o regime. Por mais tentadora que fosse essa opção, o relógio não podia andar para trás. Agora a Rússia estava reformada, com consciência de si mesma, e o povo russo, encorajado por anos de *glasnost*, fizera ouvir sua voz. As simples prisões e detenções de suspeitos de crimes políticos depararam-se com gritos indignados de certos setores contra aquela perseguição. O exílio sumário só confirmaria que o despotismo não afrouxara seus grilhões sobre a sociedade russa.[23]

No fim de março de 1875, os ministros da cúpula do governo de Alexandre II reuniram-se num comitê para discutir as táticas da contrarrevolução. Num momento de lucidez coletiva, até os ministros mais reacionários reconheceram que a guerra contra o radicalismo russo só seria vencida com o apoio do grande público. O público precisava saber que o governo russo não estava prendendo centenas de radicais por conta de algum perverso impulso tirânico, mas sim para proteger a sociedade de um perigo iminente. As informações secretas antes reservadas às autoridades da cúpula tinham de ser amplamente difundidas pela sociedade russa. A retórica, a propaganda e as atividades dos radicais tinham de ser expostas.[24]

A promessa do novo sistema judiciário cumpriu-se. Vamos julgar os radicais em audiências públicas, declararam alguns ministros, e assim mostrar ao povo que centenas de jovens russos estão se espalhando pelas aldeias e fábricas e pregando o assassinato, a violência e uma revolução sangrenta pela força. Todos ouviriam, em primeira mão, as ideias radicais sobre a destruição da família, a redistribuição da propriedade e a criação de uma utopia baseada no amor livre e no trabalho comunal.[25]

Não era uma estratégia inteiramente nova. As mesmas táticas tinham sido usadas no julgamento dos nechaevistas. Naquela época, Palen tinha certeza de que as revelações sobre uma conspiração assassina abalariam o povo russo. Aquele julgamento terminou em desastre, claro, quando metade dos réus foi absolvida. O próprio Alexandre II declarou que aquilo fora "um constrangimento absoluto".

Mas, em 1875, o momento parecia maduro para outra tentativa. Os radicais deixaram de ser um grupo diminuto de extremistas; agora constituíam um movimento de milhares de pessoas. Além disso, o regime tinha um ás escondido na manga. Logo depois dos julgamentos de Nechaev, o governo russo criou uma exceção para as reformas de 1864. Os julgamentos políticos foram retirados do sistema jurídico geral. Portanto, a partir dessa data, eles eram encaminhados para o supremo tribunal da Rússia, o Senado. Nas chamadas sessões especiais do Senado, juízes escolhidos a dedo julgavam casos em que havia suspeita de atividade antirregime. Essas sessões restringiam-se àqueles que tinham passes especiais, permitindo ao governo controlar o número de "niilistas" no plenário. Em muitos casos, a notícia dos trâmites dos julgamentos confinava-se a transcrições censuradas publicadas na revista do governo, *The Government Messenger*.[26]

Dessa forma, os julgamentos destinados a denunciar os inimigos políticos eram conduzidos perante tribunais especiais, com publicidade limitada e com um objetivo político. Numa época posterior, tais procedimentos seriam conhecidos como "julgamentos-espetáculo", destinados não a julgar devidamente os acusados, mas sim a condená-los aos olhos da sociedade. A semente dessa ideia foi lançada em 1875.

Mas, comparadas a seus sucessores soviéticos, as autoridades imperiais russas eram ingênuas. Os julgamentos realizados nas sessões especiais ainda seguiam, bem rigorosamente, os procedimentos que prevaleciam em outros tribunais russos. Os réus podiam contratar advogados independentes, fazer acareações com as testemunhas e depor em seu próprio favor. Os parentes do acusado tinham permissão de entrar na sala do tribunal. Os promotores tinham de apresentar acusações verossímeis e refutar provas em contrário. Os juízes, nomeados em função de sua posição na vida, tinham liberdade para tomar decisões de acordo com sua consciência.[27]

Portanto, esses futuros julgamentos-espetáculo não eram rigorosamente controlados. Como os líderes soviéticos entenderiam mais tarde, um julgamento propagandístico realmente eficiente tem um roteiro cuidadoso, e ninguém pode se desviar da trama prescrita. Caso contrário, os réus, os advogados e os juízes têm liberdade de mudar a narrativa e até de distorcê-la contra o Estado. Mas Palen, encarregado de planejar e executar os julgamentos contra os radicais em 1877, simplesmente não tinha a maldade no grau de intensidade de seus sucessores soviéticos. Como de costume, uma espécie de apatia irremediável apoderou-se dele. No fim, ele deixou os julgamentos nas mãos dos promotores e permitiu que resolvessem a questão da melhor maneira que pudessem. Não havia roteiro nem uma coreografia e, como logo se tornou evidente, nem sequer um plano de ação bem pensado. O resultado seria desastroso. Um historiador observou tempos depois: "O regime não compreendeu seus oponentes."[28]

> *O tipo de propaganda dos primeiros cinco anos da última década foi mais religioso que revolucionário. Sua fé era o socialismo. Seu deus, o povo. Apesar de toda evidência em contrário, ele acreditava firmemente que, de um dia para o outro, a revolução estava prestes a irromper; como, na Idade Média, as pessoas acreditaram em certos períodos na chegada do dia do juízo (...)*
>
> *Depois do primeiro desencanto, ele não tinha mais nenhuma esperança na vitória e ansiava mais pela coroa de espinhos que pela coroa de louros. Enfrentava o martírio com a serenidade de um cristão dos primeiros tempos, e sofria-o com grande serenidade — ou antes, com um certo enlevo, pois sabia que estava sofrendo por sua fé. Era cheio de amor, não sentia ódio por ninguém, nem mesmo por seus carrascos.*
>
> — SERGEI KRAVCHINSKII, *A Rússia subterrânea*[29]

Em fevereiro e março de 1877, foi feito o primeiro experimento da nova estratégia do regime. No chamado Julgamento dos Cinquenta, todos os cinquenta réus foram julgados no mesmo tribunal, principalmente para mostrar aos juízes e ao público o alcance da conspiração contra o Estado russo. As acusações contra os réus pretendiam ser assustadoras: "repúdio à religião, à família e à propriedade privada" e tentativa de destruir "todas as classes da sociedade, atacando todos os que vivem acima do nível do camponês simples e pobre". O regime preparou um ataque propagandístico geral contra a revolução.

Mas os revolucionários russos não tinham ficado ociosos durante seus anos na prisão. Na verdade, tinham criado eles próprios uma estratégia engenhosa para as salas dos tribunais. Muito melhor que seus oponentes, os réus radicais sabiam que, se o tribunal era um palco, o talento dramático determinaria o resultado. Os cinquenta réus, de comum acordo, resolveram disfarçar suas desafiadoras atitudes niilistas. Em vez de usarem seus "paramentos" niilistas tradicionais, apresentaram-se na sala do tribunal em roupas elegantes da última moda. Estavam limpos, bem vestidos e bem penteados, educados, respeitáveis. Todos tinham menos de 30 anos e muitos pareciam mais jovens ainda. Falavam em voz baixa, num tom comedido, sem raiva nem retórica violenta.

Os juízes cuidadosamente selecionados para o tribunal, esperando fanáticos desvairados, ficaram desorientados. Os réus pareciam ser jovens inocentes arrastados para o idealismo, desejando sinceramente nada mais que ajudar os russos comuns em sua vida cotidiana. Tinham labutado ao lado dos operários e camponeses, tinham partilhado sua tristeza e sua fome. E agora estavam sendo perseguidos pelo único crime de cumprir seu dever cristão. Não eram revolucionários violentos, mas sim mártires do povo russo."[30]

A estratégia operística da sala do tribunal foi criada, por estranho que pareça, pelo tíbio Piotr Lavrov. Lavrov considerava os grandiosos julgamentos iminentes dos "propagandistas" nada mais que tribunais tendenciosos e primitivos que usavam um verniz de liberalismo. Os companheiros que iam ser julgados não deviam alimentar nenhuma ilusão — seriam condenados e exilados. A justiça lhes seria negada. Só restava uma tarefa aos acusados: usar seu último momento de liberdade para confessar a fé socialista e, desse modo, dramatizar seu martírio. Acima de tudo, escreveu Lavrov de forma comovente, os radicais não deviam ter medo. "Você pode agir de maneira eficaz, mesmo que passiva, usando o recurso de seu sofrimento e, por isso, vai se tornar um dos mártires do socialismo russo." E acrescentou: "Seu martírio talvez seja sua arma suprema."[31]

Era uma bela imagem. Mas os radicais não precisavam de Lavrov para pintá-la. Tinham andado no meio do povo primeiro como pregadores do evangelho e depois como profetas do apocalipse. Exatamente como na Roma antiga esses novos "cristãos" testariam agora a sua fé na fogueira da perseguição.

Em consulta a seus companheiros de prisão, os réus do Julgamento dos Cinquenta passaram longas horas escrevendo e reescrevendo as declarações que fariam no tribunal. A chave da propaganda efetiva está em moderar uma parte da inflamada retórica revolucionária. Em vez disso, o banco das testemunhas devia ser usado para denunciar a ordem presente da Rússia, expor os abusos flagrantes do Estado russo e mostrar que o ativismo era apenas um meio de ajudar os oprimidos.[32]

Os depoimentos resultantes foram, em muitos casos, obras-primas de eloquência. Sofia Bardina caracterizou inteligentemente as acusações contra ela como invenções de um Estado desesperado para ocultar os próprios crimes. Ela não se opunha à propriedade privada — muito ao contrário. Insistia em dizer que toda pessoa devia "possuir integralmente o seu trabalho e o produto dele". Não era inimiga da família tradicional: seu maior inimigo era o sistema socioeconômico corrente, que estimulava francamente as mulheres "a abandonar sua família e ir atrás de salários de fome nas fábricas" ou permitia-lhes que elas "se lançassem na prostituição". Finalmente, assegurou aos juízes com a maior candura que nunca pregara contra a religião, que sempre se mantivera fiel "àqueles princípios básicos, na sua forma mais pura, tal como foram pregados pelo próprio fundador do cristianismo".

Numa conclusão triunfante, ela declarou que não queria destruir o Estado: o Estado estava destruindo a si mesmo. "Se um determinado Estado mantém seu povo em escravidão política, econômica e mental", disse ela aos juízes, "e o submete à pobreza, à doença e ao crime, então com certeza, digo eu, esse governo ocasiona sua própria queda."[33]

Mais tarde, o discurso de Bardina foi considerado um clássico, mas o depoimento do trabalhador Piotr Alekseev roubou a cena. Ele escolheu cuidadosamente a roupa que usaria no julgamento: uma camisa branca e um cinto colorido de camponês que não só indicava sua condição de "homem do povo", como também lhe realçava lindamente o corpo alto e esbelto. Quando se levantou para falar, parecia em todos os sentidos um homem de sólido bom senso russo. Com a ajuda dos companheiros de prisão, passara muitas horas redigindo e ensaiando seu discurso. O resultado foi eletrizante.

Com os olhos faiscantes e a cabeça erguida, ele disse aos juízes que toda a sua vida tinha sido de labuta e sofrimento. "Nós, os milhões de trabalhadores", começou ele, "assim que temos condições de andar com as próprias pernas, somos lançados por nossas mães e pais à tirania do destino, nunca recebendo

Nevskii Prospekt, vista do século XIX.
(Cortesia da Biblioteca do Congresso, Divisão de Imagens e Fotografias)

A vida na Nevskii.
(Cortesia da Biblioteca do Congresso, Divisão de Imagens e Fotografias)

O gabinete e residência do prefeito Trepov.
(Cortesia do Museu Estatal de História Política Russa, São Petersburgo)

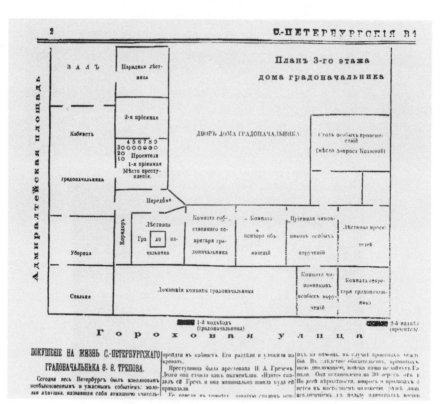

Diagrama da cena da tentativa de assassinato.
(*Sankt-Peterburgskie vedomosti*, 25 de janeiro de 1878)

A tentativa de assassinato de Fedor Trepov, tal como foi apresentada aos leitores franceses de *Le Monde Illustré*. (9 de março de 1878)

Vera Zasulich em 1871, aos 22 anos.
(Moscou: Gosudarstvennoe izdatelstvo, 1924)

Fedor Trepov, prefeito de São Petersburgo.
(Coleção de fotografias de Miriam
e Ira D. Wallach.
Divisão de Artes Plásticas, Imagens e Fotografias
da Biblioteca Pública de Nova York, Fundações
Astor, Lenox e Tilden)

Alexandre II, o tsar reformista.
(Cortesia da Biblioteca do Congresso, Divisão
de Imagens e Fotografias)

Em cima, à esquerda: Alexandra Zasulich, irmã de Vera.
(Cortesia da Biblioteca do Congresso, Divisão de Imagens e Fotografias)

Em cima, à direita: Nikolai Tchernichevski, radical e autor de *What Is to Be Done?*.

Embaixo, à esquerda: Sergei Nechaev, teórico do terrorismo.
(I.G. Pryzhov, *Ocherki, stati, pisma*. Moscou: Akademia, 1934)

Embaixo, no centro: o radical Lev Deich, companheiro mais íntimo de Vera durante toda a sua vida.
(Leo Deutsch, *Sixteen Years in Siberia: Some Experiences of a Russian Revolutionist*. Londres: John Murray, 1903; frontispício)

Embaixo, à direita: Sergei Kravchinskii, terrorista e autor de *Underground Russia*.
(Cortesia da Biblioteca do Congresso, Divisão de Imagens e Fotografias)

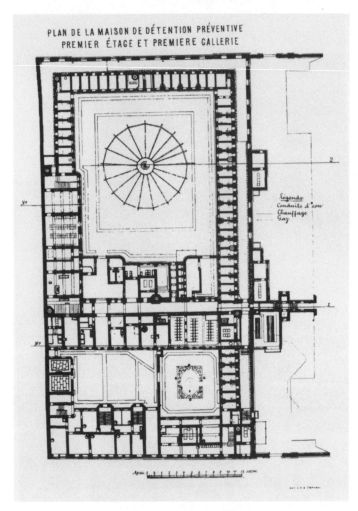

Planta arquitetônica da Casa de Detenção Preliminar, com o desenho dos pátios circulares de exercícios.
(Glavnoe tiuremnoe upravlenie, *Sbornik proektov vyrabotannykh glavnym tiuremnym upravleniem dlia tiuremnykh zdanii v Rossii.* São Petersburgo: Tip. Sankt-Peterburgskie tiurmy, c. 1890)

Promotores do Tribunal do Distrito de São Petersburgo: Konstantin Kessel (fila de trás, o sétimo a partir da esquerda) e Vladislav Zhelekhovskii (fila da frente, o oitavo a partir da esquerda).
(A.F. Koni, *Otsy i deti sudebnoi reformy*. Moscou: Izdanie T-va I.D. Sytina, 1914)

Anatolii Koni, juiz-presidente durante o julgamento de Vera.
(A.F. Koni, *Otsy i deti sudebnoi reformy*. Moscou: Izdanie T-va I.D. Sytina, 1914)

Konstantin Palen, ministro da Justiça durante o julgamento de Vera.
(Divisão Eslava e Báltica, Biblioteca Pública de Nova York, Fundações Astor, Lenox e Tilden)

Entrada principal do edifício do Tribunal de
São Petersburgo.
(A.F. Koni, *Otsy i deti sudebnoi reformy*.
Moscou: Izdanie T-va I.D. Sytina, 1914)

O tumulto depois do julgamento de Vera Zasulich.
(*Le Monde Illustré*, 4 de maio de 1878)

nenhuma instrução, por causa da falta de escolas e de tempo, por causa do trabalho esfalfante e sua remuneração indevida." Ele tinha trabalhado dezessete horas por dia para ganhar um pedaço de pão; conhecia as condições da classe operária. Escravizados pelos capitalistas, espancados pela polícia, os operários eram abandonados o tempo todo. Tinham surgido salvadores sob a forma de corajosos jovens russos que estenderam a mão aos operários oprimidos, ajudando-os a se pôr de pé.[34]

À medida que a voz de Alekseev erguia-se em defesa dos radicais, o juiz-presidente ia ficando cada vez mais irritado com a retórica bombástica, alimentada pela indignação. Repetidas vezes o juiz tentou interromper o depoimento de Alekseev e refutar suas afirmações. Alekseev continuava imperturbavelmente. Sem levar em conta a impressão que estava causando, o juiz finalmente perdeu a calma e, aos gritos, mandou Alekseev se sentar. O efeito foi exatamente o que Alekseev queria. Assim que Alekseev pronunciou as palavras: "E só eles vão nos acompanhar quando o braço forte de milhões de operários se levantar (...)", o juiz berrou: "Cale a boca! Cale a boca!"

Sem se deter, Alekseev gritou triunfante por cima do alarido: "(...) e o jugo do despotismo, defendido com as baionetas dos soldados, virar pó!" Com um floreio, ergueu o punho no ar.[35]

O desempenho teatral foi brilhante. O radicalismo triunfara sobre a ira da reação. Mais tarde, durante uma pausa no julgamento, os companheiros de Alekseev pediram-lhe para repeti-lo num dos corredores do tribunal. Ficaram absolutamente deliciados com o efeito causado pelo bis.[36]

Por trás da bancada dos juízes, em fileiras de cadeiras vermelhas, os funcionários da cúpula do governo russo observavam o processo. Estavam ansiosos por ver mais de perto os radicais que estavam sendo julgados, principalmente as lindas jovens que estavam entre eles. Muitos estavam encantados. Um dos assessores do tsar chegou ao ponto de oferecer 10 mil rublos para ajudar a "salvar" qualquer uma das mulheres acusadas no julgamento. Outro funcionário prometeu a Lidia Figner, uma ré particularmente bela, qualquer coisa que ela desejasse. Vera Figner, irmã de Lidia, recebeu 900 rublos das mãos de seu advogado, entregues por um doador anônimo.[37]

Os juízes estavam igualmente encantados. Com exceção do juiz-presidente, acabaram achando que aqueles jovens ingênuos e idealistas não representavam grande perigo, aqueles jovens que pareciam tão charmosamente prontos para sofrer em nome de suas crenças. Foi particularmente difícil condenar as mulheres, que pareciam apenas mal orientadas. Certamente alguns mereciam um castigo rigoroso. Mas, no fim, só nove homens e seis mulheres foram condenados por atividades perniciosas de propaganda, e até estes últimos apelaram mais tarde de suas sentenças, e tiveram êxito. As sentenças de todas as seis mulheres acabaram se reduzindo ao tempo já cumprido. Sergei Kravchinskii disse depois que alguns espectadores do Julgamento dos Cinquenta declararam: "A era dos apóstolos voltou."[38]

Quanto ao Ministério da Justiça, foi um precedente horrível do Julgamento Monstro dos 193, que seria realizado em outubro de 1877. E, à medida que a data do julgamento se aproximava, outros eventos fizeram o plano parecer um desastre. Em setembro de 1877, a Rússia tinha um problema completamente diferente — e mais importante — para resolver. Estava perdendo uma guerra.

> *E nunca uma aliança com a Rússia fora tão valorizada na Europa quanto agora; nunca antes ela poderia ter se congratulado mais alegremente por não ser a Velha Europa, e sim a Nova; que ela, por si mesma, é um mundo distinto e potente cuja hora acabou de chegar.*
>
> — Fiódor Dostoiévski, *Diário de um escritor*[39]

No verão de 1875, com uma incompreensão que não poderia pressagiar nada de bom, o Ministério das Relações Exteriores da Rússia menosprezou a revolta otomana da Bósnia-Herzegovina, dizendo tratar-se de "um dos incidentes habituais de fronteira". Infelizmente, esse incidente em particular foi se agravando cada vez mais, apesar dos esforços da diplomacia russa e austro-húngara, e, em junho de 1876, Sérvia e Montenegro declararam guerra ao Império Otomano. Durante todo o ano de 1876, o tsar e seus ministros negociaram interminavelmente com Istambul e a Europa, tentando assegurar proteções maiores aos eslavos cristãos do Estado otomano. Mas a diplomacia fracassou continuamente e os trâmites de cessar-fogo negociados não foram respeitados. O regime foi arrastado para a guerra.[40]

Inicialmente, Alexandre II e sua corte relutaram extremamente em intervir nos Bálcãs. A Rússia não podia se dar ao luxo de travar uma guerra. As reformas dos anos 1860 tinham gerado uma dívida interna de proporções enormes. Os anos de dificuldades financeiras resultaram em cortes no orçamento do exército e em temores consequentes de preparo militar insuficiente. O ministro das Finanças da Rússia foi inequívoco: "A guerra arruinaria a Rússia a longo prazo, mesmo que ela vença."[41]

Mas Alexandre logo sentiu que a decisão não era somente sua. Durante os anos de 1876 e 1877, a *glasnost* voltou a atormentá-lo. No caso da abolição da servidão, Alexandre conseguira voltar a imprensa e a opinião pública a seu favor. Agora, a imprensa e a opinião pública procuravam influenciá-lo. E, dessa vez, a pressão veio de um lado inteiramente inesperado: os intelectuais patriotas, os mais conservadores da Rússia.

As insurreições nos Bálcãs geraram uma onda de simpatia na Rússia. Quando a Bulgária seguiu a Bósnia e se amotinou contra os otomanos ainda em 1876, as tropas otomanas tentaram esmagar a revolta com uma brutalidade feroz. Relatórios de violência hedionda, tanto verídicos quanto exagerados, espalharam-se freneticamente por toda a Europa: homens mutilados, milhares de mulheres estupradas; bebês esmagados contra as pedras, empalados por baionetas e arrancados do ventre das mães. Repórteres escandalizados não poupavam detalhes das atrocidades dos *bashi-bouzouks* otomanos. Os nacionalistas conservadores da Rússia observaram que as vítimas das atrocidades turcas eram eslavos cristãos ortodoxos, exatamente como seus irmãos russos. Portanto, o sofrimento dos Bálcãs desencadeou uma guerra civilizacional. A Rússia tinha de tomar providências.[42]

Durante o século XIX, o nacionalismo russo ainda estava dando seus primeiros passos. Só uma minoria apegava-se a uma visão da Rússia como um país profundamente cristão em termos religiosos, eslavo em termos de seu caráter e, o mais importante, militantemente não europeu. Mas esses homens compensavam seu pequeno número com a exposição sonora e eloquente de suas opiniões. Por isso, muitos deles usufruíam a proteção de membros da corte real. Depois que as insurreições dos Bálcãs começaram, os nacionalistas levaram sua causa ao público, escrevendo panfletos furiosos em favor do militarismo russo no exterior.[43]

O surpreendente foi que, na imprensa nacionalista, a guerra contra o Império Otomano não foi apresentada principalmente como uma guerra contra os turcos, nem como uma guerra contra os muçulmanos, mas sim como uma guerra contra a Europa. Os nacionalistas temiam a Europa, considerando-a seu inimigo mais astuto. A seu ver, um século de política de grande potência tinha transformado a Europa numa facção maquiavélica, obcecada exclusivamente com a estabilidade — principalmente com a estabilidade de suas conquistas imperialistas. Para a Europa, a Rússia ameaçava esse precário equilíbrio de poder. Em parte alguma isso era mais evidente que no caso do decadente Estado otomano. Os nacionalistas russos acreditavam que a Europa sabia muito bem que o "doente" estava exalando seu último suspiro. Mas os europeus apoiavam cinicamente o Estado agonizante para deter o aumento do poder russo. Os estadistas europeus ignoravam a brutalidade à sua porta só para preservar a ordem corrente.[44]

Na Rússia, o nacionalismo antieuropeu não era apenas uma atitude reservada à política externa; era também uma declaração contra a opinião nacional predominante. No seio da *intelligentsia* russa prevalecia um liberalismo europeizado. Os intelectuais do país — homens como Alexander Herzen, Ivan Turguêniev e Anatolii Koni — eram apaixonados por tudo quanto era europeu e sentiam constrangimento por tudo o que tinha uma mancha de caráter russo. Aos olhos dos nacionalistas, eles eram responsáveis por sua prole — toda uma geração de niilistas, radicais e revolucionários anti-Rússia. Para homens como Fiódor Dostoiévski, a confusão doméstica e o descontentamento das décadas de 1860 e 1870 revelavam uma doença mortal na alma russa, uma doença que só poderia ser curada com a redescoberta dos valores nacionais russos.[45]

Por tudo isso, os nacionalistas saudaram as revoltas balcânicas de 1875-76 como um presente dos céus. Uma guerra contra o Império Otomano em nome dos eslavos balcânicos contrastaria o idealismo russo com o cinismo europeu, mostraria à Europa o poder da nova Rússia e, por outro lado, unificaria os russos em torno de uma causa comum. O europeísmo, tanto em casa quanto no exterior, recuaria com o avanço do "caráter russo". O niilismo, seu sucedâneo, o liberalismo, e a revolução, todos finalmente desmoronariam. Dostoiévksi, em seu comentário jornalístico lido por muita gente, o *Diário de um escritor*, advertia que a inação levaria os russos a repetirem, mais uma vez, "frases mecânicas sobre a grandeza europeia".[46]

O ANJO DA VINGANÇA

Durante algum tempo, a corrente principal da imprensa russa ficou encantada com essa narrativa. A mais reacionária das revistas, a *Moscow Gazette*, exigia incessantemente uma declaração de guerra, denunciando os rivais europeus da Rússia e jurando que a guerra significaria vitória sobre aquele "profundo mal interior", a revolução.[47] O *New Times* foi mais longe ainda. Quando o general Mikhail Cherniaev, megalomaníaco e rebelde, renunciou a seu posto no exército e fugiu para os Bálcãs para liderar os sérvios, Alexandre II ficou fora de si de raiva. Mas o *New Times* elogiou o general por sua bravura e publicou descrições de suas numerosas façanhas militares. A publicação também exortava voluntários russos a se juntarem a Cherniaev ao lado de seus irmãos eslavos.[48]

Revistas liberais como *The Voice* procuravam diminuir a febre russa pela guerra. Para evitar um conflito com a Europa, aconselhavam moderação. Combatiam a propaganda de Cherniaev publicando matérias de voluntários desiludidos com a corrupção, o egoísmo e a incompetência geral de Cherniaev.[49] Mas *The Voice* foi tomada pelo entusiasmo público. Aproximadamente 5 mil voluntários partiram para a linha de frente dos Bálcãs: homens para lutar e mulheres para trabalhar como enfermeiras. Aqueles que ficaram em casa coletavam fundos e enviavam suprimentos para as tropas. Só o Comitê de Moscou em Favor dos Eslavos conseguiu angariar três milhões de rublos para o esforço de guerra.[50]

Alexandre sabia que uma guerra contra os otomanos seria dispendiosa e sangrenta. Seus ministros aconselharam paciência e diplomacia. Paradoxalmente, todo o regime estava enfurecido com os nacionalistas russos supostamente patrióticos, que estavam atrapalhando os esforços do tsar para participar do acordo das potências européias. A ira de Alexandre inflamava-se aleatoriamente. Encontrando um oficial condecorado que estava voltando de uma campanha nos Bálcãs, o tsar o denunciou: "Você é um desertor! Deixou meu exército sem a minha permissão!" O oficial foi jogado na prisão. Tanto o ministro da Defesa quanto o ministro do Interior registraram nervosamente em seus diários a angústia e a indecisão do tsar quando enfrentava a pressão pública.[51]

Finalmente, em abril de 1877, Alexandre II cedeu ao clamor público e declarou guerra ao Império Otomano. As ruas de São Petersburgo e Moscou encheram-se de multidões eufóricas; todos elogiavam seu glorioso tsar russo.

Mesmo aquelas elites com pouca paciência para aventuras no estrangeiro juntaram-se ao coro que apoiava a agressão contra os turcos. O jornal liberal *Messenger of Europe*, estritamente pacifista até a declaração da guerra, "abraçou" a causa porque "nunca houve uma convicção mais profunda e mais universal de que a Rússia ganharia a guerra".[52]

Durante algum tempo, os nacionalistas pareciam justificados — a Rússia estava unida, patriótica e eufórica. Fiódor Dostoiévski tripudiou, dizendo que agora a Europa conheceria o caráter russo: "As pessoas vão acreditar em nós e descobrir-nos pela primeira vez, como a Europa um dia descobriu a América." Os êxitos militares russos sucederam-se numa velocidade impressionante. Num piscar de olhos, exércitos russos vitoriosos atravessaram o rio Danúbio e estavam a caminho do sul da Bulgária, aparentemente prontos para tomar Istambul. Para grande prazer do público russo, Alexandre II chegou à linha de frente com todas as suas insígnias militares, acompanhado por trens de carga repletos que levavam cavalos e carruagens elegantes resplandecentemente decoradas.[53]

E então, com a mesma velocidade, a maré de sorte dos exércitos russos mudou. Os exércitos otomanos supostamente desmoralizados reuniram-se em torno da antiga fortaleza búlgara de Plevna. O fim do verão de 1877 transformou-se no começo do outono e cerca de 10 mil soldados russos morreram em várias tentativas fracassadas de tomar a fortaleza. O avanço russo foi detido.[54]

Alexandre estava prestes a receber uma segunda lição sobre a opinião pública — e mais penosa ainda: ela era extremamente volúvel. O entusiasmo inicial com a guerra foi diminuindo à medida que a perspectiva de vitória começou a desaparecer. A euforia deu lugar a recriminações amargas. Os jornais que tinham comemorado a guerra agora denunciavam o tsar como um fomentador de conflitos. Relatórios sobre a incompetência e a má administração chegavam da linha de frente: soldados com suprimentos insuficientes estavam congelando no frio das elevadas montanhas balcânicas. A deterioração das relações da Rússia com a Europa foi lamentada e havia o temor de que os estadistas europeus agora tentassem isolar a Rússia. Até os oficiais da administração queixavam-se de falta de liderança na cúpula. A decisão do tsar de acompanhar as tropas ao campo de batalha, vista no início como um ato de bravura, agora era ridicularizada como exibicionismo militarista.[55]

O ANJO DA VINGANÇA 253

Foi exatamente para esse momento, no auge da derrota de Plevna, que havia sido marcado o início do Julgamento dos 193. Difícil imaginar uma hora pior. O grão-duque Konstantin Nikolaevich, irmão de Alexandre, ficou tão desorientado com a perspectiva de um grande julgamento público dos inimigos do regime que fez uma petição ao Ministério da Justiça exigindo o cancelamento puro e simples do julgamento e a libertação de todos os prisioneiros. Konstantin Pobedonostsev, o arquirreacionário tutor do filho e herdeiro de Alexandre, declarou sucintamente: "Só uma administração completamente cega ou completamente irracional ou incompetente faria um julgamento desses num momento desses."[56]

Mas, o que fazer? Era inimaginável que centenas de revolucionários perigosos fossem soltos, sem punição, para continuar suas atividades explosivas contra o Estado. E o adiamento era impossível, uma vez que não era razoável que os prisioneiros continuassem detidos sem julgamento — sua própria presença cobrara um preço alto ao sistema carcerário. Não, o julgamento seria realizado, acontecesse o que acontecesse.[57]

> *Eles podem nos torturar, fazer-nos sofrer, mas não só estamos proibidos de pedir justiça — é claro que não sou ingênuo a ponto de esperar justiça desse tribunal ou das autoridades — como estamos privados até da oportunidade de revelar à sociedade que, na Rússia, os presos políticos são tratados de forma pior que os cristãos pelos turcos!*
>
> — Depoimento de Ippolit Myshkin, Julgamento dos 183[58]

Foi um começo pouco auspicioso. Enquanto os 193 presos enchiam a grande sala de audiências do Tribunal do Distrito de São Petersburgo, surgiu um problema urgente: não havia lugares para todos os réus. Seguiu-se um grande tumulto, pois os que entravam na sala ocupavam todo o espaço existente: os bancos dos réus, os lugares reservados aos advogados de defesa, as galerias. Alguns tiveram de ficar em pé, encostados nas paredes. E então os 35 advogados de defesa entraram e viram a confusão — suas cadeiras estavam ocupadas. Uma mesa improvisada foi posta no centro da sala e os advogados sentaram-se à sua volta. Os juízes, paralisados pelo caos, nem sequer tentaram tocar suas campainhas para pedir ordem no tribunal.[59]

Os réus, sentindo a força de seu número, foram envolvidos por um clima de rebelião festiva e, por isso, abandonaram os planos iniciais de mostrar a compostura educada dos Cinquenta réus. Em meio ao caos, o julgamento tornou-se um grande jogo. Gritos alegres elevavam-se acima da balbúrdia generalizada, à medida que velhos companheiros do movimento "em direção ao povo" reconheciam-se uns aos outros depois de anos de encarceramento. Outros se surpreenderam abraçando amigos que haviam feito na prisão, mas que nunca se tinham visto frente a frente. Ninguém prestava atenção aos trâmites legais.[60]

A acusação do processo dos 193, que pretendia inicialmente ser uma história chocante de "anarquismo", "revolução violenta" e planos para "o extermínio das classes superiores", acabou sendo uma história interminavelmente longa e tediosa do movimento "em direção ao povo". O promotor, o desanimado Feliks Zhelekhovski, falava sem parar com sua voz caracteristicamente monótona. Mas não adiantou, porque ninguém estava ouvindo. Alguns radicais andavam ostensivamente pela sala, procurando conseguir apoio para um protesto geral contra o processo. A maioria dos réus já tinha chegado à conclusão de que o julgamento era uma farsa. Estavam procurando um pretexto qualquer para boicotá-lo.[61]

Por fim, um réu lançou um grito de guerra. Levantando-se, declarou que o número de acusados na sala significava que o público fora excluído das galerias. Isso violava seu direito a um julgamento aberto. Não queria se defender, disse ele, e pediu permissão para sair da sala. O juiz-presidente, satisfeito pelo fato de ao menos um réu deixar o recinto, concordou polidamente. De repente, uma saraivada de gritos atingiu o juiz:

— Deixe todos nós irmos embora! Não reconhecemos o tribunal!

Sem esperarem a permissão, muitos réus dirigiram-se para a saída, mas foram barrados pelos policiais. Derrotado pelo caos, o juiz gritou:

— O tribunal está em recesso. Desocupem a sala![62]

No segundo dia, o juiz-presidente anunciou que, para diminuir a confusão na sala de audiências e permitir que membros selecionados do público participassem dos trâmites, os réus seriam divididos em 17 grupos, e cada qual seria julgado separadamente. Na mesma hora ouviram-se gritos dos acusados, enquanto muitos deles se levantavam, proferindo insultos contra os juízes e o promotor. Mais uma vez, o tribunal foi evacuado sem a menor cerimônia.[63]

O ANJO DA VINGANÇA

Em sinal de protesto, 150 réus resolveram nunca mais aparecer no tribunal, chamando a si mesmos de "protestantes". No começo, os juízes resistiram a essa tática e ordenaram que os acusados fossem arrastados à força para a sala de audiências a fim de prestar depoimento. De acordo com um plano combinado de antemão, os acusados permitiram ser escoltados por policiais até o tribunal e lá declararam:

— Não reconheço esse tribunal e recuso-me a me defender. Quero ir embora.

Alguns começaram a gritar que estavam sendo tratados "como um bando de animais selvagens", que todo o processo era um "insulto" e que os veredictos dos juízes eram "decididos de antemão". O espetáculo foi demais para os juízes e, desse dia em diante, os "protestantes" foram deixados em paz.[64]

Em novembro, os julgamentos tinham caído numa monotonia terrível — uma vitória de fachada para o Estado. Os juízes, as testemunhas, o público estavam todos presentes, mas só para observar a ira do Estado cair sobre um ou dois réus "católicos". Enquanto julgamentos-espetáculo, esses deixaram muito a desejar — salas de audiências vazias onde acusações graves não eram dirigidas a ninguém em particular.[65]

Mas nem isso duraria. Um dos "protestantes", Ippolit Myshkin, chegou à conclusão de que o desafio do silêncio era pouco. Tinha de marcar posição contra o Estado uma última vez. Para grande prazer de seus companheiros, planejou um discurso bombástico que certamente causaria furor na sala de audiências. Sem aviso, apareceu na sala do tribunal num dia de novembro e disse aos surpresos juízes que estava preparado prestar seu depoimento. Myshkin ocupou seu lugar no "Gólgota", o apelido que os radicais haviam dado ao banco dos réus. Depois que o juiz-presidente perguntou: "O que tem a dizer?", Myshkin levantou-se, ergueu bem alto sua bela cabeça e começou um "discurso estarrecedor contra os inimigos do povo".[66]

Myhskin não alegou nada contra a acusação de ser um "revolucionário social".

— Não me considero culpado — acrescentou ele — por acreditar que era minha responsabilidade, meu dever, para falar a verdade, juntar-me às fileiras do partido social-revolucionário.

Fora lançado no radicalismo pelo Estado russo e pelo sistema capitalista russo, que levavam trabalhadores comuns a "condições de uma pobreza desesperadora, a uma fome crônica sem precedentes", Os russos sofredores tinham perdido a fé no tsar e na sociedade russa. Em seu papel de radical, Myshkin só desejara dar voz ao ódio do povo contra o regime russo.[67]

Por isso, ele e seus companheiros revolucionários tiveram de sofrer toda a brutalidade da polícia russa. Para assombro dos juízes, ele se declarou uma vítima de tortura. Claro, sua lista de maus-tratos não era exatamente convincente. Durante algum tempo, ficou algemado sem meias; foram-lhe negados chá e até mesmo água fervendo; foi obrigado a ficar sentado sozinho em sua cela; e não lhe deram livros nem jornais. Myshkin afirmou descaradamente que isso era prova de que, enquanto o regime tsarista estava lutando contra os turcos no exterior, estava se comportando pior ainda que os turcos em casa.[68]

Por tudo isso, concluiu Myshkin, o Julgamento dos 193 era uma farsa. Na verdade, declarou ele, "isso aqui não é um julgamento, é apenas uma comédia, ou até algo pior, algo mais repulsivo, mais vergonhoso (...)".

A essa altura, o juiz-presidente já tinha pedido a Myshkin repetidas vezes para terminar seu depoimento e sentar-se. Quando Myshkin começou a pronunciar sua acusação final, o juiz finalmente achou que era demais e gritou:

— Levem-no daqui!

Um guarda aproximou-se do banco dos réus e estendeu o braço para Myshkin. Quando dois outros réus tentaram barrar o caminho do policial, foram afastados a socos. Por fim, o guarda pegou Myshkin pelo braço e tentou pôr a mão em sua boca.

Mas Myshkin conseguiu gritar suas últimas palavras: "(...) mais vergonhoso que uma casa de prostituição — onde as mulheres se vendem por necessidade; mas aqui, os senadores, por vileza e servilismo, por desejo de ascensão e altos salários, vendem tudo o que tem valor para a humanidade"![69]

Mais policiais chegaram. Houve um pugilato na sala de audiências. O público das galerias começou a gritar e berrar, pensando que Myshkin estava sendo espancado. Algumas mulheres desmaiaram. Na confusão que se seguiu, os juízes e o promotor deixaram a sala às pressas. Antes de escapar, Zhelekhovski gritou:

— Isso é revolução!

Só alguns minutos depois é que um funcionário anunciou: "O tribunal está em recesso!", antes de correr outra vez para fora. Ekaterina Breshko-Breshkovskaia lembrava-se afetuosamente de que Myshkin declarara uma "guerra impiedosa e destemida contra um inimigo forte (...) numa voz como a do arcanjo Miguel".[70]

O que o regime pretendia que fosse um "julgamento-espetáculo" degenerara oficialmente em farsa.

No dia 23 de janeiro de 1878, os veredictos foram dados finalmente, para grande alívio do governo russo. O resultado, na perspectiva do Estado, foi constrangedor. Depois de todo aquele dramalhão na sala de audiências e do desafio declarado e insolente à autoridade, a maioria dos réus recebeu pouco mais que uma punição leve. Noventa por cento deles foram absolvidos de todas as acusações, 61 foram condenados a trabalhos forçados e ao exílio e só 13 cumpriram realmente a sentença. Os outros foram absolvidos no Tribunal de Apelações por várias razões. Tinham menos de 21 anos, estavam "arrependidos de seus atos" ou, como o pobre Gorinovich, haviam sido vítimas da violência revolucionária. Parecia que os radicais tinham conseguido intimidar o Estado russo.[71]

Mas, em 1878, autoridades como Konstantin Palen não queriam mais nada além de esquecer o ano de 1877. Os julgamentos haviam sido publicamente reconhecidos como um desastre. Como os jornalistas não tinham permissão de participar deles, o público só ficava sabendo de histórias delirantes contadas por quem tinha sido testemunha do processo. Grupos revolucionários tinham usado gráficas ilegais para publicar e disseminar os textos dos discursos dos réus, que mostravam os acusados sob uma luz favorável.[72] Os sofrimentos físicos e mentais dos presos políticos passaram a ser do conhecimento geral. Paradoxalmente, os veredictos indulgentes só intensificaram as críticas ao Estado. Se tantos dos réus eram inocentes, por que definharam na prisão por tanto tempo?

Apesar disso, a farsa acabara e as prisões foram parcialmente esvaziadas. Até as notícias do exterior eram boas: Plevna finalmente caíra no dia 28 de novembro de 1877, e o exército russo retomou a marcha para Istambul. Em 19 de janeiro de 1878, o Império Otomano pediu paz. O regime alimentou esperanças de que o novo ano seria bom.

> *No horizonte surgiu uma forma sombria, iluminada por uma luz que parecia do inferno e que, com um porte arrogante e um olhar que lançava faíscas de ódio e desafio, abriu caminho pela multidão aterrorizada para entrar com passo firme na cena da história.*
> *Era o Terrorista.*
>
> — Sergei Kravchinskii, *A Rússia subterrânea*[73]

O apartamento nº 5 da rua dos Ingleses, em São Petersburgo, era pouco mais que um *flat* diminuto e lúgubre de três cômodos, com uma cozinha exígua e escura. Mesmo assim, no outono de 1877, Vera adorou considerá-lo seu lar. Dividido com Masha e mais duas outras mulheres, o apartamento logo se tornou conhecido como a Comuna Inglesa, pois frequentemente recebia mais de um hóspede para dormir nas tábuas do chão da sala, onde não havia nenhum móvel. Quase toda noite, radicais das mais variadas tendências, estudantes e até alguns operários passavam por lá, e logo as visitas estavam discutindo acaloradamente as últimas teorias revolucionárias ou, depois de alguns drinques, cantando, dançando e se divertindo.

Vera continuava reticente como sempre fora. A essa altura, destacava-se da multidão — sentada em silêncio com seu vestido preto de costume e seu chapéu preto de costume, envolvida numa nuvem de fumaça de seu cigarro de costume, imersa em pensamentos mesmo durante a mais barulhenta das reuniões. Seu silêncio escondia um contentamento tranquilo. Mais uma vez, estava no centro do movimento. Agora poderia fazer alguma coisa por essas pessoas que considerava sua verdadeira família.[74]

O modo de vida despreocupado e boêmio da Comuna Inglesa mascarava uma ansiedade mais profunda. As prisões, os julgamentos, as manifestações de rua fracassadas tinham cobrado seu preço. O movimento revolucionário estava sofrendo cerco de todos os flancos. De um lado, a tirania cruel lançava mão de todo o poder esmagador à sua disposição. Um movimento disperso e mal armado não tinha chance contra uma força policial, um exército, um grande número de cárceres e campos de trabalhos forçados. Por outro lado, os camponeses e operários continuavam mudos, quase desinteressados pelos problemas de seus supostos salvadores. As circunstâncias sugeriam uma verdade inexorável: o radicalismo estava morto.[75] Mas jovens idealistas, que haviam sacrificado a riqueza, a carreira e a família pela causa, recusavam-se a admitir a derrota. Haviam dedicado energia demais à sua visão de uma bela ordem futura, onde toda a pobreza e sofrimento do mundo presente se dissolveriam. Mesmo que não fosse por nenhum outro motivo, a fragilidade do sonho aumentava sua pureza aparente.

Entre os visitantes da Comuna Inglesa, muitos começaram a debater a nova tendência de "desorganização" e "medidas defensivas" do movimento Terra e Liberdade. Uma das vozes mais eloquentes era a de Masha. Com os olhos faiscando, insistia em ação imediata e decisiva contra o governo. As autoridades policiais, os militares, os promotores — todos eles não passavam de lacaios do tsar, oprimindo insuportavelmente as pessoas comuns. Precisavam de uma lição.[76]

Sua veemência provocou um contágio instantâneo. Uma nova narrativa surgiu das cinzas do movimento "em direção ao povo", uma fábula como a de Davi e Golias. O poderoso Estado russo andava como um monstro sobre a terra, esmagando os inimigos com os pés. Os russos comuns não eram indiferentes; eram intimidados no sentido de manter silêncio, estavam mudos de pavor. Mas algumas mulheres e homens corajosos pegariam destemidamente em armas em favor da maioria silenciosa. E talvez, como o lendário Davi, conseguissem derrubar o Estado russo com um único golpe. O terrorismo era tentador para os revolucionários não só como um ato de vingança, mas também como declaração de fé profunda e fervorosa, acalentada enquanto caminhavam pelo vale das sombras. Tudo quanto seria necessário era um homem ou uma mulher armados com a confiança na vitória iminente de uma nova ordem mundial — e um revólver. O choque do assassinato abalaria os pilares da autocracia russa, e as massas do país, subitamente libertas de seus grilhões, encheriam as ruas, tomadas de fervor revolucionário.[77]

Vera não disse praticamente nada. Poucos sabiam o que ela pensava desses planos. A única coisa visível em seu rosto era uma inflexível vontade de agir.

As notícias do sul logo tornaram a decisão de Masha e Vera profundamente pessoal. Seus queridos amigos Lev Deich e Iakov Stefanovich estavam presos em Kiev por terem participado da conspiração de Chigirin. Vera, em particular, ficou arrasada; já estava profundamente apegada a Deich, um homem que a aceitara tal como ela era. Depois de pedir dinheiro emprestado à irmã, ela foi para Kiev, onde estavam sendo traçados planos para uma fuga espetacular.[78]

Mas as preocupações dessas duas mulheres estavam misturadas a um sentimento avassalador de traição. Os homens tinham feito de tudo para esconder a conspiração de suas companheiras. Deich e Stefanovich sabiam que tanto Vera quanto Masha tinham esperado ansiosamente algum plano de ação e, no entanto, procuraram deliberadamente mantê-las na ignorância. Quando Vera se lembrava da noite passada conversando com Deich no chão de sua choupana camponesa e da alegre despedida dele na estação ferroviária, agora se dava conta também de que ele não tinha realmente confiado nela. Tratara-a como se ela fosse uma mulher tradicional, uma mulher incapaz de enfrentar os aspectos mais difíceis, mais conspiratórios e mais violentos da revolução. Nechaev, apesar de todos os seus defeitos, nunca a insultara dessa maneira.[79]

Na verdade, Deich e Stefanovich tinham deixado muitos de fora de seu plano conspiratório, preocupados com uma possível desaprovação por parte dos companheiros quanto a suas tentativas de enganar os camponeses. Mas Vera e Masha suspeitaram de algo mais, algo que temiam há muito tempo: os homens simplesmente não viam as mulheres como verdadeiramente revolucionárias. Apesar do compromisso do movimento com a igualdade, apesar de terem dividido apartamentos e choupanas camponesas, quando se tratava de violência, os homens preferiam deixar as mulheres de fora.

No fim, essa traição foi paradoxalmente libertadora. Vera e Masha não precisavam mais do movimento para dirigi-las. Traçariam seus próprios planos. Na hora certa, reivindicariam as credenciais revolucionárias de seu sexo. Masha escreveu sobre essa decisão a um amigo: "Decidimos nos voltar para o terrorismo, e nossa decisão, depois de tomada, foi irrevogável."[80]

Em dezembro de 1877, um grande número de grupos diferentes tinha traçado planos para matar Trepov. Alguns antigos Rebeldes Sulistas, entre os quais o "ex-marido" de Vera, Mikhail Frolenko, conspiraram para assassinar o prefeito. Tinham alugado um apartamento no outro lado da rua onde ficavam as salas do prefeito e estavam vigiando meticulosamente os movimentos de Trepov. Certo dia, Vera, que ouvira boatos sobre a conspiração, perguntou a Frolenko a quantas andava o progresso de seus planos. Ele tinha recebido ordens expressas de não falar nada, de modo que só lhe deu uma resposta vaga: uma estratégia estava sendo estudada no momento. Frolenko achou que Vera pareceu satisfeita com sua resposta.[81]

Mas Vera e Masha logo traçaram os seus próprios planos. Selecionaram um outro alvo para assassinar, de modo que ambas cometeriam um ato terrorista no mesmo dia. Masha escolheu o promotor do Julgamento dos 193, Zhelekhovski, porque seu veredicto divulgara "mentiras" sobre o movimento revolucionário ao público. O treinamento conspiratório inicial de Vera foi muito útil às duas. Como Nechaev explicara, a chave de uma conspiração terrorista perfeita era os terroristas parecerem pessoas comuns. As mulheres logo descobriram que seu sexo lhes daria a cobertura ideal, principalmente se estivessem bem-vestidas e se comportassem como damas da alta sociedade. Ninguém suspeitaria delas, supuseram, se ambas fizessem de conta que eram peticionárias comuns tentando falar com um homem poderoso. Depois de uma pesquisa cuidadosa, ambas tentaram descobrir o momento exato em que cada uma dessas autoridades dava audiência. Vera preparou sua petição falsa, e Masha subornou uma empregada de Zhelekhovski. Ambas compraram grandes mantos e xales para esconder as armas.

Nenhuma das duas fez planos de fuga; nenhuma das duas tinha a intenção de fugir da cena do crime. A seus olhos, seus atos terroristas de justiça levariam inevitavelmente a um fim glorioso: o martírio.[82]

O sonho de Vera, acalentado há tanto tempo, estava prestes a se realizar. Antes, em seus anos de prisão e exílio, ela tinha sido uma vítima passiva do destino, sofrendo a injustiça na obscuridade. Mas, agora, estava se expondo ao castigo deliberadamente, por sua livre e espontânea vontade, acreditando que, graças a seu sofrimento, seus atos seriam redimidos e até santificados. A morte de Trepov seria uma declaração inequívoca contra a repressão do regime tsarista. Reverberaria por toda a sociedade e mostraria que o monstro não era invencível. As pessoas comuns seriam libertadas de seu medo paralisante. E, então, o martírio coroaria o triunfo de Vera. Com seu sofrimento e possível morte, os russos ficariam comovidos pelo espetáculo de seu heroísmo. O terror e o martírio se combinariam num único ato de violência, perfeito e duradouro.[83]

Karakozov era o seu modelo. Dois anos depois de sua tentativa de assassinar Trepov, ela escreveu sobre seu predecessor terrorista como se ele fosse uma fonte de inspiração: "Ah, Karakozov! Se algum dia o povo russo chegar a ter uma existência humana, se a liberdade e a justiça popular não desaparecerem para sempre do solo russo (...) então a você, sobretudo a você, deve ser erigido um monumento no fórum da nova era!"[84]

No dia 23 de janeiro, os veredictos do Julgamento dos 193 foram apresentados. Agora os companheiros do julgamento estavam a salvo de qualquer possível retaliação que poderia se seguir a um ato terrorista. No dia 24 de janeiro, as duas mulheres atacaram.

No dia 23 de janeiro, Mikhail Popov, membro do movimento Terra e Liberdade, tinha recebido uma tarefa misteriosa para o dia seguinte. Disseram-lhe para preencher um formulário denunciando a perda de um passaporte e para comparecer ao gabinete do prefeito entre onze da manhã e meio-dia. Ele cumpriu a ordem recebida. Quando chegou ao local combinado na manhã seguinte, ficou surpreso ao ver uma grande multidão reunida na entrada. Depois de abrir caminho em meio àquela aglomeração, aproximou-se de um guarda e pediu para falar com o prefeito. No começo, o guarda simplesmente o ignorou e depois, como Popov insistisse, respondeu com irritação:

— Agora não é hora. Volte mais tarde.

Frustrado, Popov virou-se para ir embora.

Justo naquele momento, uma carruagem parou bem em frente aos degraus e um homem abriu caminho às pressas entre a multidão. Popov reconheceu-o — era o cirurgião mais famoso de São Petersburgo. Um minuto depois, ouviu o guarda dizer:

— Uma senhora entrou com um revólver embaixo do manto, disse que queria apresentar uma petição a Trepov. E, depois, parece que ela lhe deu um tiro com o revólver.

Ao ouvir isso, Popov deslizou silenciosamente pela multidão. Sabia por que havia sido mandado ali: para ser testemunha dessa nova arma na batalha contra o Estado russo. Foi às pressas para o local de reunião combinado previamente para dar a notícia ao resto dos companheiros. Agora o movimento revolucionário estava numa nova fase. A guinada para o terrorismo começara.[85]

CAPÍTULO 10

O julgamento

Por uma perversa coincidência, no dia 24 de janeiro de 1878, Anatolii Koni assumiu formalmente o seu posto de juiz-presidente do Supremo Tribunal da Comarca de São Petersburgo. Embora tentasse manter certo ar de humildade perante os colegas, não conseguia esconder a euforia. Tinha sonhado com esse momento durante anos. Saído de uma obscuridade relativa, agora seria uma personalidade importante na cidade. Sua cabeça estava cheia de planos primorosos para o futuro. Usaria seu cargo não só para julgar, mas também para educar os cidadãos russos sobre o verdadeiro significado do direito. Iria insistir na imparcialidade, na ordem, na justiça. Os sentimentos reacionários, as práticas corruptas e a inércia institucional seriam banidos de suas salas. O Tribunal da Comarca de São Petersburgo se tornaria uma referência para as reformas jurídicas russas, atraindo os cidadãos de São Petersburgo para o liberalismo e a ocidentalização. Finalmente, ele poderia levar uma vida dedicada à causa do progresso russo.

Ele ainda não tinha condições de prever o furor que causaria o primeiro processo julgado sob sua presidência.[1] Koni tinha acabado de terminar um longo discurso para seus novos subordinados sobre a importância da conduta pessoal impecável para conquistar a confiança pública no sistema jurídico quando um colega entrou em seu gabinete e deu-lhe a notícia: Fedor Trepov tinha levado um tiro.

Depois de atravessar a cidade e abrir caminho em meio à multidão que cercava a entrada da residência do prefeito, Koni encontrou a sala de recepção de Trepov, toda revestida de madeira, apinhada de guardas, policiais e médicos, todos falando aos sussurros. E lá, por trás de portas fechadas, na sala ao lado, estava a assassina. Koni lembrava-se de que o rosto dela, pálido, quase cinza, estava tão magro que ela parecia doente, e que seu queixo fino estava erguido bem alto, numa atitude de desafio ao interrogador à sua frente. Ela ainda estava se recusando a dar explicações sobre seu crime.

Enquanto estava ali de pé observando Vera, os olhos de Koni entreviram seu ex-superior, o conde Palen, em discussão acalorada com Alexander Lopukhin, o predecessor de Koni como juiz-presidente e agora o promotor-geral do Tribunal de Apelação de São Petersburgo. Palen percebeu o olhar de Koni e, de repente, disse a Lopukhin, numa voz mais alta:

— Mas, claro, Anatolii Fedorovich vai conduzir maravilhosamente bem esse julgamento.

Desconfiado, Koni aproximou-se dos dois homens:

— O caso já está tão claro assim?

— Na verdade — respondeu o promotor —, é muito simples: é um caso de vingança pessoal, e o júri vai condená-la num piscar de olhos.

Palen sacudiu a cabeça num gesto de concordância.

Koni estava pouco à vontade. Já tinha sido escolhido para presidir o julgamento de Vera e esperavam que o conduzisse "maravilhosamente bem". Uma convicção que parecia uma conclusão *a priori*. Os deliciosos sentimentos de liberdade de Koni evaporaram-se. O ano não havia começado tão bem quanto ele esperava.

> *De repente, um único tiro abafado, dado por Vera Zasulich, amorteceu o ruído das armas trovejantes de Plevna.*
>
> — OLGA LIUBATOVICH, "Perto e longe"[2]

A investigação mal levou um mês, e os planos para um julgamento com júri foram anunciados imediatamente pelos jornais. O público russo estava deliciado; era, em muitos sentidos, o primeiro verdadeiro julgamento de uma celebridade russa. Nos breves quatorze anos de liberdade de imprensa na Rússia, um grande número de casos tinha passado pelos holofotes: mulheres acusadas de assassinar os amantes, pais acusados de maus-tratos horripilantes aos filhos. Mas nada superava a história de uma misteriosa mulher assassina.[3]

A imprensa russa estava em perfeitas condições de transformar o caso Zasulich numa sensação nacional. Os jornais já tinham praticado bastante com a Guerra Russo-Turca. As atrocidades búlgaras, os impasses nas linhas de frente e as cínicas altercações diplomáticas tinham coberto montanhas e montanhas de papel. Os editores russos finalmente haviam consolidado sua posição de formadores de opinião, guiando tanto o público quanto os políticos para um estado de ânimo apropriado. Não demorou para a imprensa russa começar a exercer sua função de fórum de debates, com jornais liberais, radicais e conservadores lutando uns contra os outros pela adesão dos russos comuns a suas ideias.

O público devorava aquilo tudo. Russos inteligentes e instruídos agora discutiam — em salas de visitas, em salas de jantar, em cartas ao editor e em cartas uns aos outros — a conduta militar da Rússia, seus líderes e seu lugar no mundo. "A voz do povo" tornou-se algo a adivinhar, a cortejar e a influenciar, se possível. A relutante declaração de guerra do tsar contra os otomanos confirmou dramaticamente o poder da imprensa.[4]

Quando o tiro de Vera se fez ouvir na sala de audiências do prefeito, a imprensa russa já era uma máquina bem azeitada, pronta para transformar um evento desses numa *cause célèbre*. Em 1878, a guerra era um assunto já batido. Embora Plevna tivesse caído e os vitoriosos exércitos russos já tivessem chegado às portas de Istambul, as dúvidas sobre a guerra não se dissipavam. Mesmo depois que os otomanos assinaram um armistício com a Rússia e aceitaram a perda de seus territórios balcânicos, as chances de a Rússia conseguir manter suas novas conquistas pareciam muito pequenas. A Grã-Bretanha e a Áustria exigiam veementemente uma revisão do novo mapa balcânico da Rússia e ameaçavam lugubremente entrar em guerra, uma guerra que os militares russos simplesmente não poderiam travar. Os custos de construir um império no sul da Europa seriam exorbitantes. Todo aquele esforço estava começando a parecer um desperdício de vidas e recursos.[5]

Alexandre II, em particular, foi alvo de críticas ferozes. Foi acusado de travar a guerra por vaidade pessoal, e havia boatos de que planejava há muito tempo a invasão dos Bálcãs para compensar a derrota do pai na Guerra da Crimeia de 1856. Antes da guerra, um ataque contra os otomanos foi exigido com insistência como uma resposta justa às "atrocidades búlgaras". Agora, aos olhos de muitos russos, os turcos eram "bravos guerreiros", e os rebeldes balcânicos eram bárbaros covardes, indignos do apoio russo. Anatolii Koni lembrava-se claramente do estado de espírito reinante. "O ceticismo reinante", escreveu ele, "é o tipo de ceticismo para o qual nosso país se inclina particularmente." Mesmo aqueles que tinham recebido a declaração de guerra com um fervor sanguinário agora repetiam uma única palavra como se fosse um mantra: "erro".[6]

Para aqueles cansados dos artigos intermináveis sobre a corrupção dos militares e o maquiavelismo da Europa, a tentativa de assassinato perpetrada por Zasulich foi um alívio perverso. O mistério da "moça" assassina oferecia exatamente o tipo de detalhe dramático para satisfazer o desejo de escapismo do público. Em todo o país, os jornais permitiam que os leitores russos revivessem cada momento do crime. O *St. Petersburgo Register* publicou uma narrativa extraordinária, minuto a minuto, com um diagrama do interior do apartamento de Trepov e tudo, mostrando a posição dos diversos peticionários e a localização exata do ponto de onde a arma foi detonada. Outros jornais lhe fizeram eco, repetindo os elementos dramáticos do crime: "Estou ferido" — as palavras de Trepov, entrecortadas de gemidos enquanto ele caía —, a correria febril dos guardas e o rosto sombrio dos mais famosos cirurgiões da cidade enquanto falhavam sucessivamente na operação de extrair a bala. Nos dias seguintes ao evento, a saúde de Trepov foi acompanhada hora a hora: o público monitorava cuidadosamente sua temperatura corporal, seu grau de consciência e até o momento exato em que lhe foi permitido tomar sua primeira xícara de chá. Vera era descrita com minúcias: era uma "moça" de "olhos castanho-claros, um nariz grande e afilado e um rosto doentiamente pálido". Foram feitas especulações fantásticas sobre seu estado de espírito: a insistência em esconder sua verdadeira identidade, que chegara a ponto de costurar iniciais falsas em seu manto; sua quase paralisia depois que o tiro foi disparado, seu "extraordinário sangue-frio" durante o interrogatório. A reação do público a esse novo escândalo também foi registrada. Os jornais descreveram os visitantes nobres e imperiais que apareceram na residência de Trepov, bem como as manifestações de pesar das multidões que cercaram seu prédio e daqueles que mandaram cartas de condolências.[7]

Nos dias posteriores ao acontecimento, os jornais continuaram seguindo a investigação dos motivos e do passado de Vera. Muitas matérias divulgaram seu envolvimento com o caso Nechaev, e um artigo afirmava que Vera conhecera Nechaev quando era uma adolescente de 15 anos. O *New Times* revelou que a arma de Vera era um Bulldog inglês de seis balas e que todas as seis câmaras estavam carregadas com balas de grosso calibre. Com o tempo, o vínculo com o açoitamento de Bogoliubov foi explicado. Alguns jornais falaram da tentativa de assassinato em seus editoriais, criticando-o como um ato de justiça pelas próprias mãos. Mas a maioria se contentou em simplesmente relatar a história à medida que ela se desenrolava.[8]

Nas semanas e meses que se seguiram, os boatos preencheram os espaços em branco deixados pelos jornais. Segundo algumas versões, Vera foi brutalmente torturada pelo regime russo. Segundo outras, foi visitada pelo tsar e recebeu elogios por lhe contar a verdade sobre os abusos russos. Alguns tinham ouvido dizer que Vera era amante de Bogoliubov; outros, que era parte de uma vasta conspiração terrorista e revolucionária.[9]

Durante algum tempo, a saúde de Trepov também teve uma cobertura obsessiva da imprensa. Seu ferimento era analisado com detalhes torturantes: seu tamanho, sua localização e a quantidade de sangramento do buraco aberto pela bala. A bala não se alojara perto de nenhum órgão interno, mas, na era anterior aos antibióticos, qualquer corte mais profundo da carne poderia se tornar rapidamente uma infecção letal. Os jornais falavam diariamente da temperatura corporal de Trepov e de seu grau de consciência como se fossem sinais de ele estar ou não com uma infecção. À medida que os dias iam passando e não havia febre, Trepov foi considerado salvo. Sobrevivera ao ataque.[10]

Se tivesse morrido, ele poderia ter se tornado uma vítima muito lamentada de um perverso ataque terrorista. Como viveu, tornou-se o centro de uma tempestade pública. Num piscar de olhos, o homem que tinha sido a vítima da história logo se tornou o mais notório vilão público da Rússia.

Trepov nunca havia sido um homem popular. Depois de ser nomeado prefeito em 1866, consolidara e expandira muito seu controle sobre as funções da polícia da cidade. Depois da tentativa de assassinato feita por Karakozov, sua principal tarefa passou a ser a de combater a agitação política e impedir outros atos de violência. Foi nesse papel de defensor público que ele cimentou sua reputação de tiranete. No fundo um militar, Trepov nunca perdeu seu amor à ordem, à disciplina e à obediência cega. A esses traços, ele acrescentava uma desconfiança quase paranoica em relação a ativistas sociais de qualquer tendência, vendo conspiração e perigo onde eles não existiam. Tinha uma personalidade volúvel e nunca teve uma preocupação muito grande em controlar sua irritabilidade. Circulavam histórias sobre seus maus modos tanto com relação a subordinados e funcionários da prefeitura quanto a prisioneiros. Certa vez, quando um assistente de promotor teve a audácia de questionar a atitude de Trepov em relação a um preso, detido sem acusações, Trepov mandou detê-lo, encarcerá-lo e exilá-lo da cidade. Mais tarde, quando um jornal de pouca importância publicou uma pequena matéria fazendo críticas vagas à polícia, um Trepov enfurecido mandou seus subordinados quebrarem a sala do editor. Com o tempo, as histórias sobre Trepov alcançaram proporções míticas. Diziam os boatos que ele torturava impiedosamente os presos e fabricava provas contra pessoas inocentes. Em comparação, o açoitamento de Bogoliubov começou a parecer um incidente de somenos importância. Muitos achavam que o prefeito tinha "merecido o que lhe aconteceu".[11]

Esses abusos de poder já eram célebres, mas Trepov também tinha a fama de ser um ganancioso arrivista social. Todos diziam que aceitava subornos, bajulava obsequiosamente aqueles acima dele e tratava os que estavam abaixo com um desprezo implacável. Diziam até que nem o tsar gostava daquele homem, e alguns achavam que Trepov havia sido nomeado para aquele cargo de prestígio por causa de algum segredo obscuro, talvez até mesmo por ser meio-irmão ilegítimo do próprio tsar.[12]

No tribunal da opinião pública, Trepov foi condenado. Numa alusão direta às atrocidades búlgaras, o povo resmungava abertamente que "os *bashi-bouzuks* sentiam-se mais em casa na Rússia do que na Bulgária".[13] Logo depois de levar o tiro, Trepov começou a receber pacotes com varas de vidoeiro em miniatura, usadas para açoitar os prisioneiros, amarrados com fitas. "Seu emblema favorito", diziam os bilhetes postos lá dentro.[14]

> *Morte de cão a todos os cães! Trepov, Palen, Mezentsev, Peters, etc.!*
> *O cão Trepov merece morte de cão! E vocês também, Palen, Mezentsev, Peters, Zhelkovkskii, todos uns Judas!*
> *Há uma força que não vai se deter diante de nada: morte de cão a todos os cães!*
>
> — Cartas anônimas a Konstantin Palen, Fedor Trepov e Nikolai Mezentsev, 24 de janeiro de 1878[15]

Um dia depois da tentativa de assassinato de Trepov, o tsar recebeu uma evidência inquestionável de que o prefeito havia sido vítima de uma conspiração terrorista. Depois de ler o relatório policial sobre Vera, que revelava com detalhes seu radicalismo político e seus anos de prisão e exílio, Alexandre II escreveu à margem: "Essa perversidade faz lembrar muito Karakozov." Nos dias subsequentes, outras provas enervantes foram desenterradas pela polícia secreta. Informantes que haviam se infiltrado em grupos estudantis ouviram boatos sobre uma suposta reunião na noite anterior aos tiros, durante a qual os conspiradores tiraram a sorte para vêr quem ia matar Trepov. Havia relatórios sobre uma lista de autoridades a serem executadas. Como que para confirmar essas notícias, o diretor do correio de São Petersburgo entregou à polícia cartas ameaçadoras enviadas a vários funcionários da cúpula do governo. Compostas com pedaços de papel rasgados às pressas, continham ameaças de morte anônimas em letras de forma.[16]

Não poderia haver um momento mais propício para o governo russo revelar provas de uma conspiração terrorista revolucionária. Se o regime tivesse exposto o passado radical dessa assassina misteriosa, o público teria ficado convencido de que não se tratava de um golpe isolado contra a brutalidade do regime. A inocência de Vera poderia ter sido solapada. Mas Palen, que tinha andado tão ansioso por pintar o radicalismo como um movimento brutal e amoral durante o Julgamento dos Cinquenta e o dos 193, agora resolveu abafar toda e qualquer referência ao terrorismo. Quando Koni perguntou a Lupokhin se havia sido encontrada alguma prova de motivação política para o crime, Lopukhin mentiu, dizendo que não havia nenhuma.[17]

A supressão das provas referentes ao caso Zasulich por parte do governo continua até hoje um mistério. Os historiadores ficaram desconcertados com a decisão de Palen, muito possivelmente aprovada por seus superiores, de considerar a tentativa de assassinato feita por Vera como um ato isolado de uma mulher vingativa. Diante da hostilidade crescente do público, a decisão parecia um ato de incompetência impressionante. Na verdade, Koni acreditou piamente que não passava de um descuido fatal por parte do ministro da Justiça e de Lopukhin.[18]

O mais provável é que os malfadados Julgamentos-Monstro de 1877 tenham pesado muito na mente de Palen. Se Vera tivesse sido acusada de um crime político, seu caso seria mandado automaticamente para a sessão especial do Senado, com seu quadro de juízes e procedimentos semissecretos. O ato de Vera tinha chamado tanta atenção que mandar seu processo para um tribunal com poderes especiais teria aumentado a desconfiança e a raiva do público. Pareceria que o governo estava tentando esconder alguma coisa. Por outro lado, um julgamento realizado por um júri provaria que o Estado russo estava agindo de acordo com seus princípios recém-estabelecidos de abertura e legalidade. Na verdade, quando o ministro do Interior escreveu a Palen, sugerindo que o acesso da imprensa ao julgamento de Vera devia ser limitado, Palen foi contra. Era desaconselhável, respondeu ele, porque essas medidas "levariam a opinião pública numa direção errada" e fariam o povo desconfiar que Vera tinha sido condenada injustamente.[19]

Talvez Palen também tivesse confiança de que, dessa vez, os radicais estavam onde ele queria que estivessem. Por fim, um deles cometera um crime inquestionável: tentativa de matar uma autoridade do governo. O júri julgaria o caso e seria fácil encerrá-lo com o veredicto de condenação. Seria um delicioso momento de triunfo. Um júri dos pares de Vera daria aos revolucionários uma lição de valor incalculável: "Vão mostrar aos admiradores russos e estrangeiros do 'ato heroico' de Vera Zasulich que o povo russo submete-se ao tsar, mostra reverência por ele e está sempre pronto a defender seus servidores fiéis." As matérias da imprensa assegurariam que o crime e o julgamento "despertassem a indignação geral e sua total condenação".[20]

Mais uma vez, uma boa teoria. Mas, muito pouco tempo depois, Palen começou a suspeitar que havia cometido mais um erro. Estava claro que muitos membros do grande público gostavam de Vera. Um veredicto de culpada faria dela uma mártir. Até mesmo Trepov, o vilão da hora, recusava-se a ajudar a defender o governo. Para intensa irritação de Palen, o general, citando a dor de seus ferimentos e mostrando boletins eloquentes do médico, recusou-se a comparecer diante do tribunal mas seu estado de saúde não o impedia de andar pela cidade numa cadeira de rodas, informando a todos que encontrava que não guardava o menor rancor de Vera, e que até esperava sinceramente que ela fosse absolvida.[21]

A única coisa tão grande quanto a preocupação de Palen com o caso era sua prostração. O julgamento estava ficando complicado e confuso, e, cada vez mais, ele queria lavar as mãos em relação ao assunto. Pediu a seu antigo colega Koni para assumir o controle. Chamando Koni a seu gabinete, perguntou-lhe se poderia garantir um veredicto de culpa. Koni, horrorizado com a simples menção de qualquer transgressão dos princípios judiciais liberais, confessou rapidamente sua ignorância sobre o que Palen estava falando. Como poderia ele garantir o veredicto do júri? Mesmo que fosse o único responsável pelo veredicto, ele se recusaria a proferir uma sentença sem antes considerar todas as provas! Em desespero, Palen perguntou em altos brados a seu ex-subordinado:

— Por que não me disse isso antes?[22]

Alguns dias antes do julgamento, Palen fez uma última tentativa de dobrar Koni. Mas o novo juiz não tinha a menor intenção de conspurcar seus princípios judiciais. Um juiz, declamou Koni liricamente, "leva em suas mãos uma taça cheia de dons sagrados. Não pode se inclinar para um lado nem para o outro, para que esses dons não caiam". Tudo quanto esses clichês bem intencionados conseguiram foi o bocejo característico de Palen. Enquanto Koni continuava seu sermão, Palen começou a cabecear de sono. E então, de repente, endireitou-se na cadeira, espantando o torpor com uma ideia. Talvez Koni pudesse cometer um pequeno erro durante o julgamento, murmurou Palen. Isso daria ao ministério um pretexto para a apelação do veredicto. Piscou timidamente um olho para Koni.

Finalmente o ultraje silenciou Koni para sempre. Levantou-se sem dizer palavra e foi embora.[23]

Mas não foi fácil manter os princípios que ele acalentava, em meio ao clima sectário que impregnava a Rússia no prelúdio do julgamento. Koni sentia que, fosse qual fosse o resultado, uma das facções o condenaria. Na véspera do dia do julgamento, Koni entrou na sala vazia do tribunal para se certificar de que tudo estava nos conformes para o dia seguinte. De pé na grande sala, que agora estava escurecendo enquanto o sol se punha, foi tomado por um mau presságio indefinível. "Quem sabe o que me espera amanhã?", pensou ele e, relutante, foi para casa.[24]

> *Estou tão destruído moralmente, tão oprimido pela rápida sucessão de emoções fortes que fui obrigado a sentir no decorrer das poucas horas do julgamento, que não estou certo de ter força para realizar minha tarefa. Preciso trazer a sociedade para essa sala de tribunal; preciso obrigá-la a experimentar, a sofrer todas as coisas que nós, a plateia, passamos naquele tribunal. Só umas poucas horas haviam se passado, mas parece que vários anos se desdobraram à nossa frente, como se uma tempestade moral que vinha se formando e sendo reprimida há muito tempo caísse sobre nossas cabeças, exigindo que avaliássemos tudo o que havia de bom e ruim em nós, escancarando as portas de nossa alma e colocando-a diante de um tribunal imparcial, implacável. Nenhum teatro consegue oferecer esse tipo de espetáculo.*
>
> — GRIGORII GRADOVSKII, *The Voice*, 2 de abril de 1878[25]

No dia 31 de março de 1878, a aglomeração do lado de fora do tribunal de São Petersburgo não tinha precedentes. Embora fosse um dia feio e chuvoso e as ruas estivessem cobertas com uma neve suja semiderretida que chegava até os tornozelos, pessoas de todas as classes sociais estavam se juntando em volta do tribunal desde o começo da manhã, aquecendo as mãos com sopros. Às dez horas, parecia que toda São Petersburgo havia se reunido na Liteinyi Prospekt: vendedoras do mercado com seus lenços estampados, operários com sobretudos encardidos e um grande contingente de estudantes e ativistas radicais cobriam a cabeça com seus mantos de tom xadrez, característicos deles. Um cordão policial de isolamento protegia as portas do tribunal para impedir a entrada de qualquer um que não tivesse um ingresso. Embora muitos dos que estavam na rua esperassem entrar no último minuto, foi impossível. Todos os ingressos haviam sido distribuídos semanas antes, em geral entre os membros da sociedade de São Petersburgo que conheciam as pessoas certas. Para os aristocratas, o governo e os jornalistas russos à caça de celebridades era o acontecimento do ano.[26]

Às dez horas, carruagens elegantes começaram a passar pelo portão principal do edifício do tribunal. Esposas de comerciantes envoltas em peles, condessas cobertas de joias, generais e príncipes em uniformes bordados a ouro — todos eles enfrentaram a lama e a chuva para abrir caminho entre a polícia e passar pelas portas de ferro batido do prédio. Tanto os corredores superiores quanto os inferiores do *hall* estavam apinhados de gente procurando um lugar para sentar. A sala do tribunal propriamente dita tinha espaço para seiscentas pessoas, mas até os aristocratas mais poderosos tiveram de se acotovelar pelas galerias apinhadas, e muitos tiveram de ficar de pé no fundo. Um advogado experiente lembrava que nunca antes tinha visto tanta excitação e energia nervosa encherem uma única sala de tribunal.[27]

Somente as autoridades da cúpula do governo do tsar — os ministros da Guerra, das Relações Exteriores e das Finanças — escaparam do caos e ocuparam solenemente as duas fileiras de cadeiras de braços e estofado vermelho que ficavam de frente para a sala, bem atrás da bancada dos juízes. No banco principal estava Anatolii Koni, o presidente do tribunal, flanqueado por dois juízes subordinados. O promotor, Konstantin Kessel, e o escrivão do tribunal também se sentaram em seus bancos, e todos eles estavam vestidos com uniformes em um tom azul-marinho com galões dourados que indicavam sua condição de funcionários do Estado. À esquerda dos juízes, um conjunto de cadeiras arranjadas às pressas foi cercado por uma corda para reservar lugares para os membros da imprensa, entre os quais representantes dos maiores jornais da Rússia, correspondentes de periódicos alemães e franceses e, do *The Times* de Londres, Donald MacKenzie Wallace, o famoso especialista em questões russas, além do romancista que recentemente tinha se transformado em comentarista político, Fiódor Dostoiévski.[28]

À medida que os jurados entravam, foi observado que eles pareciam gente comum, a mistura habitual de empregados da indústria e do comércio e funcionários públicos. Conscientes da publicidade que o julgamento atrairia e da necessidade de parecerem respeitáveis, os jurados escreveram a Koni perguntando se casacas e gravatas brancas tipo borboleta eram apropriadas para o evento. Koni respondeu que isso não era necessário. E, por isso, todos eles se apresentaram de casaca e gravatas-borboletas pretas.[29]

Com uma pontualidade surpreendente, o julgamento começou às onze em ponto, quando o juiz pediu ordem formalmente na sala e mandou trazerem a acusada. Um silêncio repentino instaurou-se nas galerias quando Vera apareceu, acompanhada por dois guardas de uniforme e capacete segurando espadas desembainhadas bem retas ao lado do corpo. Sua aparência era hipnótica. Os observadores não sabiam dizer o que esperavam exatamente, mas era claro que não esperavam a mulher que havia acabado de entrar na sala. Um vestido surrado de seda preta acentuava sua magreza, e seus cabelos, partidos ao meio e com duas tranças caídas no meio das costas, fizeram com que ela parecesse bem mais jovem do que era de fato. Alguns acharam que não parecia ter mais de 17 anos. Poucos a acharam bela, mas muitos viram algo vulnerável e inexplicavelmente atraente em seu rosto triste e pálido e em seus grandes olhos castanhos. Evidentemente consciente dos olhares da multidão, Vera fixou o seu no chão. Era o retrato da inocência, olhando todo mundo como alguém que esperasse ser salvo das espadas dos guardas. Como escreveu uma testemunha: "Ela quase parecia uma santa."[30]

"Era essa realmente a vilã que, em plena luz do dia, no meio de uma multidão de pessoas, ergueu a mão vingativa e puxou o gatilho?", lembrava-se de ter se perguntado uma testemunha. Era sim. A multidão que estava na sala do tribunal sentiu um certo prazer. Tinha vindo assistir ao que prometia ser o drama do século.[31]

Enquanto observava a multidão entrar na sala do tribunal, Konstantin Kessel deve ter sido tomado por um pressentimento. Logo esse processo lúgubre começaria e todos os olhos estariam sobre si. Era suficientemente perspicaz para reconhecer a natureza perigosa de sua posição: era um assistente de promotoria sem experiência assumindo o julgamento mais importante da Rússia desde as reformas de 1864. Teria dado qualquer coisa para ser eximido dessa responsabilidade.[32]

Kessel sabia que não era a primeira opção de Palen como promotor e nem mesmo a segunda. No início, o Ministério da Justiça tinha posto suas esperanças no inteligente promotor Vladimir Zhukovskii, um orador como poucos. Dizem que se parecia com uma famosa estátua de Mefistófeles e que possuía um talento espantoso para usar o sarcasmo com grande efeito.[33] Mas Zhukovskii reconhecia um processo perdido quando via um. A desculpa esfarrapada que apresentou não enganou ninguém — que, se fosse o promotor de Zasulich, colocaria seu irmão radical numa posição difícil —, assim Zhukovski recusou o convite. Sergei Andreevskii foi chamado em seguida, mas também recusou, expressando francamente seu medo de não conseguir uma condenação.[34]

Por isso, a questão foi jogada sem a menor cerimônia nas mãos de Konstantin Kessel. Mesmo assim, Palen teve de dar ordens a Kessel para que a assumisse. Kessel sentiu-se humilhado, obrigado a aceitar um caso que seus colegas de mais prestígio recusaram sem hesitar. Ressentido, pediu ajuda a Koni, que, muito provavelmente, sabia que o comportamento nervoso e a falta de talento retórico de Kessel prejudicariam o processo. Anatolii Koni não teve condições de acalmar os temores do outro: Kessel era de fato um homem sem graça, sem nenhum senso de humor nem de estratégia promotorial. Koni recorreu a Palen, mas em vão. Palen não desejava mais pensar naquele problema.

— Afinal de contas — disse ele a Koni, num tom de voz resignado —, isso seria dar importância demais ao processo... importância demais.

Koni recomendou polidamente a Kessel que fizesse o melhor possível. Se apresentasse calmamente as provas contra Zasulich, teria cumprido seu dever de promotor. Agora, olhando os rostos cheios de expectativa nas galerias da sala do tribunal, Kessel deve ter percebido que, naquele processo, não bastaria simplesmente cumprir o dever.[35]

Teoricamente, é claro, o processo já estava decidido. Para provar um assassinato num tribunal russo, o promotor só precisava demonstrar que Vera tinha realmente matado o prefeito. Se ela não conseguiu, foi, nas palavras da acusação, "só por razões muito particulares, não previstas pela ré". As provas de Kessel eram inquestionáveis. Vera admitira ter dado um tiro no prefeito, dezenas de testemunhas viram-na puxar o gatilho à queima-roupa, e o relatório médico provava que o ferimento era perigosíssimo. Que Trepov tenha sobrevivido certamente não se devia a nada que Vera pudesse controlar. Um veredicto de culpada devia ser considerado ponto pacífico.[36]

Talvez tranquilizado pela força desses fatos, Kessel ateve-se exclusivamente aos elementos básicos do processo. Monotonamente, indiferente às emoções despertadas pela tentativa de assassinato, Kessel chamou suas testemunhas: o major Fedor Kurneev, assistente de Trepov e diretor-interino da Casa de Detenção Preliminar durante o açoitamento de Bogoliubov; alguns funcionários e guardas do gabinete de Trepov; e o dono da loja de armas onde o revólver de Vera foi comprado. Impossível encontrar um grupo de pessoas mais insossas. Enquanto um público entediado assistia, Kessel submetia cada homem ao mesmo insípido interrogatório factual. Onde estava ele quando o tiro foi disparado? Vira a acusada atirar em Trepov? A que distância Zasulich estava quando apertou o gatilho?

Muitas vezes, a lista de perguntas parecia quase aleatória, como se tivesse sido pensada ali na hora.

— O que pode dizer sobre o estado emocional dela depois do tiro? — perguntou Kessel a um dos guardas de Trepov. — Ela estava agitada?

— Isso não era evidente — foi a calma resposta.

— O prefeito conversou longamente com ela?

— Não, não conversou.

— O senhor estava longe do prefeito?

— Não, não estava longe.

— Quando o tiro foi disparado, o senhor viu o revólver?

— Não.

— A ponta do revólver estava aparecendo por baixo do manto?

— Não.

— O manto era amplo e comprido?

— Sim.

A última série de perguntas foi feita ao dono da loja de armas, que afirmou que o revólver comprado por Vera era o mais potente que ele tinha. Depois de terminar de inquirir a última testemunha, Kessel deu por finda a sua participação naquele momento.[37]

Kessel alimentava esperanças de que suas perguntas o tivessem levado ao ponto onde queria chegar: que Vera chegou armada com a intenção de matar. Já tinha estabelecido alguns fatos básicos: ela escondera um revólver embaixo do manto, atirara à queima-roupa e sua arma causara um ferimento grave. Se o crime de Vera tivesse sido um crime comum, essa prova teria sido suficiente.

Mas, nesse caso, a estratégia pareceu incrivelmente incompetente. Havia pouco interesse no número de passos que separavam Vera de sua vítima, no tamanho da arma e na natureza do ferimento causado pela bala. O público queria saber de Vera, de Trepov e de todo o drama que precedera o tiro naquele dia fatal. Era como se Kessel estivesse cego para o potencial dramático de processar uma assassina. Não fez nada para demonizar Vera nem para humanizar sua vítima. Deve ter pensado que uma apresentação sóbria dos detalhes do crime chamaria a atenção dos jurados para os fatos. Mas a cabeça dos jurados estava bem longe dos fatos.

Em essência, Kessel seguiu o conselho de Koni. Fez um trabalho competente, não cometeu erros crassos e depois encerrou sua argumentação. Mas ninguém prestou a mínima atenção. Todos estavam esperando, no maior suspense, que Piotr Alexandrov ocupasse o seu lugar no palco.

Piotr Alexandrov, o advogado de Vera, era um homem feio. Era pequeno e tão magro que parecia estar definhando. Sua cabeça minúscula tinha uma forma estranha que até um amigo descreveu como um "arenque comido pela metade". Embora sua voz fosse surpreendentemente sonora para sua estrutura modesta, era prejudicada por um tom fanhoso, resfolegante. Sempre que começava uma linha de raciocínio ou um sumário, fazia de conta que estava falando de improviso, como se tivesse vindo despreparado e expusesse as primeiras ideias que lhe vinham à cabeça. Na sala de um tribunal, Alexandrov raramente fazia boa impressão no começo.[38]

Mas, como todo ator consumado, Alexandrov conseguia, de uma forma quase mágica, transformar-se em algo que não era. Impecavelmente vestido, com gravata-borboleta e casaca, parecia mais alto do que era, enganando ao menos um repórter, que pensou que ele era "alto e magro". E, depois de alguns minutos de aquecimento, ele fazia seus ouvintes esquecerem sua altura, sua voz e sua aparência. O ritmo de suas frases, sua capacidade de passar de um sarcasmo ferino para um lirismo pungente e depois fazer o caminho inverso hipnotizavam todos os que o ouviam. Embora às vezes seus sumários de culpa durassem horas, os ouvintes devoravam as últimas palavras como se fossem as primeiras.[39]

Alexandrov já tinha 42 anos na época do julgamento de Zasulich e movimentava-se pela sala do tribunal com o desembaraço de um veterano do ramo. Na verdade, Alexandrov não era um advogado de defesa experiente. Passara a maior parte de sua carreira do outro lado do direito, como um promotor público muito bem posicionado e muito respeitado. Com só sete anos depois de formado em direito, tornou-se um dos promotores públicos mais jovens da Rússia, dirigindo a comarca de Pskov aos 29 anos de idade. No Ministério da Justiça de Palen, Alexandrov era visto como um homem firme e talentoso, extremamente promissor. Os que o rodeavam estavam certos de que iria longe.[40]

Só havia um obstáculo a seu êxito. O próprio Alexandrov. Embora fosse ambicioso e ousado, era também um homem de um idealismo surpreendentemente inflexível. Em breve, sua carreira teria muitas idas e vindas para que ele pudesse contornar os princípios que defendia fervorosamente.

Sua excentricidade não demorou em se trair. Em 1871, apenas cinco anos depois de ser nomeado promotor público, Alexandrov soube de um caso trágico envolvendo um soldado raso, acusado de um crime grave e que não tinha condições de pagar um advogado. Desafiando todos os precedentes e seus superiores, Alexandrov resolveu oferecer seus serviços *pro bono*. No dia do julgamento do soldado, o júri ficou assombrado ao vê-lo aparecer na sala do tribunal, vestido com suas roupas civis, e sentar-se à mesa reservada à defesa. O soldado acabou sendo absolvido, e relatórios escandalizados sobre o incidente logo apareceram sobre a mesa de Palen, que, desconcertado, simplesmente deixou o barco correr, resolvendo observar e esperar.[41]

Para alívio de Palen, Alexandrov provou que era digno de confiança naquele mesmo ano, quando foi nomeado um dos promotores do julgamento dos nechaevistas. Alexandrov agiu exatamente como se esperava que ele agisse e demonstrou ser um promotor incisivo. Nenhuma culpa pelo resultado desastrado do julgamento foi atribuída a Alexandrov, e ele continuou ascendendo na hierarquia. Demorou muito pouco para ele ser nomeado promotor da Divisão de Apelações do Senado, o supremo tribunal da Rússia. Estava no auge da carreira.[42]

Mais uma vez, seus princípios o levaram a dar um passo em falso. Em 1875, pediram-lhe para rebater as apelações de dois editores de jornais que haviam sido condenados por difamação por publicarem artigos que criticavam o sistema ferroviário russo. Em seu sumário, Alexandrov causou furor, argumentando *em defesa* da liberdade de imprensa. Só havia crime de difamação, afirmou Alexandrov, quando havia informações erradas publicadas deliberadamente por aqueles de posse da verdade. Dessa vez, Palen ficou apoplético. Apesar disso, a única punição de Alexandrov foi ser retirado da lista de funcionários públicos de prestígio do Ministério da Justiça. Foi um castigo insolente, mas simbólico em sua maior parte. Alexandrov não foi demitido nem rebaixado, mas insistia em dizer que sua integridade havia sido ameaçada. Por isso, não poderia mais, em sã consciência, servir o Estado. Renunciou ao cargo.[43]

Mas Alexandrov amava a lei e, por isso, entrou pelo único caminho que continuava aberto para ele e transformou-se em advogado de defesa. Em muitos sentidos, foi uma decisão que ele deveria ter tomado há muito tempo. Logo ficou claro que esse trabalho combinava perfeitamente bem tanto com sua consciência hipersensível quanto com seu temperamento teatral. Agora Alexandrov estava livre para agir de acordo com o que seus sentimentos lhe ditavam e selecionar os clientes segundo seus princípios. Em suas próprias palavras, tornou-se "um homem livre".[44]

Na época em que Alexandrov entrou na Ordem dos Advogados da Rússia, a instituição tinha apenas oito anos de idade. Apesar disso, no decorrer desses oito anos, a Ordem tinha se transformado numa das corporações mais independentes e assertivas do país. Graças às reformas de 1864, teoricamente os advogados de defesa russos estavam completamente livres do controle do governo. Responsáveis unicamente perante um conselho constituído de advogados mais velhos e mais experientes, os advogados de defesa russos faziam o que bem entendiam nos tribunais.[45] O mais extraordinário era sua liberdade de expressão. Tinham permissão de apresentar qualquer argumento em defesa do acusado, mesmo em julgamentos políticos, e mesmo que isso implicasse críticas abertas ao regime. Só isso já fazia dos advogados de defesa alguns dos homens mais livres da Rússia; se estivessem no tribunal, poderiam dizer coisas que os levariam à prisão lá fora.[46]

Essa liberdade relativa atraiu os livres-pensadores — tanto liberais quanto radicais — para a profissão jurídica. À medida que o tempo foi passando, os advogados de defesa da Rússia começaram a se ver como uma classe de ativistas sociais. Muitos deles simpatizavam abertamente com a causa revolucionária. Vladimir Spasovich, embora fosse um liberal convicto, fez carreira defendendo revolucionários em julgamentos políticos. Dmitrii Stasov foi mais longe ainda, apoiando Tchernichevski financeiramente e pendurando retratos de revolucionárias como Vera Zasulich e Vera Figner nas paredes de seu gabinete. Muitos advogados viam-se como a única linha de defesa contra a tirania do Estado russo.[47]

Piotr Alexandrov não tinha nada de revolucionário, mas fez nome nos círculos radicais durante o Julgamento dos 193. Embora fosse um advogado iniciante entre outros 34 célebres advogados de defesa, a eloquência de seus argumentos finais chamou muita atenção.[48] Uma das acusadas do julgamento, Alexandra Kornilova, ficou tão impressionada com seu sumário que se lembrou de seu nome logo depois da tentativa de assassinato feita por Vera. Ficou decidida a chamar Alexandrov para defender Vera, custasse o que custasse. Sabendo que Vera não tinha dinheiro para um advogado como ele, Kornilova organizou um fundo de defesa. Depois de pedir a contribuição dos estudantes das instituições de ensino superior de São Petersburgo, ela conseguiu mais do que o suficiente para pagar a defesa de Vera.[49]

Não foi preciso fazer muita força para convencer Alexandrov a assumir o caso. Seus princípios também desempenharam um papel importante. Para um homem como Alexandrov, o açoitamento de Bogoliubov por ordens de Trepov era apenas a última de uma série de medidas arbitrárias e brutais que o regime tinha tomado impunemente. O senso de justiça de Alexandrov foi despertado. Mas ele também logo entendeu o potencial dramático do processo. Era um desafio fantástico defender uma mulher que já tinha confessado ter cometido um crime. Mas, se ele exercesse todo o virtuosismo possível em sua profissão, poderia fazer nome não só entre os radicais da Rússia, mas também no país como um todo.[50]

Alexandrov preparou-se para esse papel a vida inteira. Cuidadosamente, como um bom diretor, arrumou o palco com o maior cuidado. Selecionou meticulosamente suas testemunhas; aconselhou Vera sobre o depoimento que ela daria e praticou obsessivamente o seu sumário. Coreografou o julgamento com exatidão. Convidado para um jantar magnífico, dado por uma das famílias aristocráticas mais poderosas da Rússia, Alexandrov aproveitou a oportunidade para perguntar como os convidados imaginavam Vera. Suas respostas foram um pouco decepcionantes para o advogado, pois pouco tinham a ver com a realidade. Ela era alta, magra e bela, sugeriu uma das mulheres; vestia-se de acordo com a última moda. Tinha modos elegantes de grande dama e falava com uma voz educada. Com isso em mente, Alexandrov tentou refazer a aparência de Vera. Certo dia, apareceu na cela de Vera com um grande pacote. Para surpresa de Vera, continha um belo manto novo. Vera, que não usava nada tão caro desde que frequentava a igreja em Biakolovo, fez o juramento secreto de nunca usá-lo. Mas concordou em não roer as unhas, uma vez que os juízes russos consideravam isso um sinal de culpa.[51]

Embora tenha se recusado a usar o manto, Vera acabou fazendo uma concessão muito mais importante: suas crenças políticas. Certamente por insistência de Alexandrov, ela concordou em sanear sua biografia, deixando seu radicalismo fora da história. Ao contrário de seus predecessores nos Julgamentos dos Cinquenta e dos 193, ela decidiu, nos meses anteriores ao julgamento, que não falaria muito de sua visão da sociedade, do Estado e do mundo futuro. Devia subir no banco dos réus e apresentar somente as linhas mais gerais possíveis de sua vida, deixando suas crenças e convicções mais profundas de fora. Foi uma decisão de peso, uma decisão que tirou de suas mãos o legado de seu ato.

Em troca, Alexandrov deve ter garantido a ela que, de alguma forma indireta, ele reescreveria e reembalaria suas ideias, que as tornaria palatáveis para seu júri. A injustiça seria exposta, o Estado seria humilhado e a violência revolucionária seria justificada. E nenhuma menção da ideologia socialista passaria pelos lábios de Alexandrov. Vera estava completamente convencida de que, à sua moda sutil, Alexandrov explicaria devidamente "as causas que a inspiraram a fazer o que fez".[52]

Para assombro de seus amigos, Alexandrov vangloriava-se de que seria fácil conseguir a absolvição de Vera. Mesmo no clima corrente de ódio cada vez maior a Trepov e de simpatia crescente por Vera, aquilo parecia um excesso de confiança absurdo. Talvez a sentença de Vera fosse abrandada. Mas havia pouca chance, na Rússia tsarista, de que uma mulher que dera um tiro numa autoridade do governo saísse impune.[53]

Sem que ninguém soubesse, Alexandrov tinha planos mais ambiciosos ainda, planos que guardava para si mesmo. Poria a sala do tribunal a seus pés.

Quando Alexandrov finalmente tomou seu lugar e preparou-se para interrogar as testemunhas que selecionara, a sala de audiências do tribunal despertou de seu torpor. Conscientes de sua fama de consumado advogado de defesa, os que estavam nas galerias observavam-no com imensa curiosidade, esperando que ele injetasse um pouco de drama no processo, decepcionante até aquele momento. Como se estivesse lendo os pensamentos ansiosos da multidão, ele imediatamente lhe deu o drama que desejava, nada menos que um espetáculo em três atos.

No primeiro ato, Alexandrov apresentou um elenco fascinante de testemunhas de defesa. Todas as quatro eram radicais e ex-presos políticos. Sua aparência era perfeita para o papel que iam desempenhar: estavam vestidos com simplicidade, com roupas obviamente surradas. Muita gente se lembrava de que tinham rostos pálidos e magros, marcados pelos vestígios de seu encarceramento, e alguns tiveram a impressão de que eles ainda estavam presos e vinham diretamente da cadeia.[54]

Não lhes foi pedido que prestassem um depoimento sobre Vera. Na verdade, a maioria deles nem a conhecia. Foram chamados a desempenhar um outro papel. Deviam transformar a vítima, Fedor Trepov, num vilão impiedoso e astuto.

A primeira testemunha, Nikolai Petropavlovskii, deu o diapasão. De pé no banco das testemunhas, com o rosto pálido e soturno, ele dava a impressão de que estava sofrendo sob o peso de uma terrível agitação. Alexandrov fez-lhe uma pergunta simples: será que poderia contar o que aconteceu no dia 13 de julho de 1877 na Casa de Detenção Preliminar? Petropavlovskii contou sua história de bom grado. Pelos olhos de Petropavlovskii, o público reviveu cada momento do confronto entre Trepov e Bogoliubov até o momento do clímax, quando Trepov, gritando: "Tira o gorro!", deu-lhe um empurrão. — O gorro caiu de sua cabeça — disse Petropavlovskii ao tribunal, num tom agitado. — Ele o pegou e conseguiu pô-lo de novo na cabeça, quando o prefeito partiu para cima dele e deu-lhe outro empurrão. Naquele momento, eu estava tão fora de mim que não vi se ele lhe arrancou o gorro da cabeça de novo ou não. Logo depois, Bogoliubov foi levado para a cela refratária.

— O que provocou a gritaria dos presos? — perguntou Alexandrov educadamente.

— Quando eles viram este último incidente, quando o prefeito arrancou o gorro da cabeça de Bogoliubov, houve um grito coletivo de indignação.[55]

Depois que Petropavlovskii desceu do banco das testemunhas, já não havia dúvida: Trepov não passava de um tiranete policial que podia atormentar suas vítimas à vontade.

A segunda testemunha, Sergei Goloushev, parecia, se possível, mais pálida e doentia que a primeira. Preso em 1874 quando tinha somente 19 anos, tinha passado quase quatro anos encarcerado na Casa de Detenção Preliminar. Como se fosse pura zombaria, no Julgamento dos 193 ele foi condenado a cinco dias de prisão. Suas memórias, publicadas mais tarde, davam os detalhes de seus anos de cadeia com uma espécie jovial de bom humor. Mas seu depoimento no banco das testemunhas foi dramático e penoso. Como Petropavlovski, Goloushev concentrou-se no momento em que Trepov atacou Bogoliubov e na indignação geral que varreu a prisão instantaneamente.

— Quando a gritaria acalmou-se — disse ele ao tribunal, — Kurneev apareceu no pátio e declarou que Bogoliubov seria açoitado.

Numa tentativa de fazer humor negro, ele acrescentou:

— Talvez ele quisesse acalmar os prisioneiros.

Mas sua voz falhou sob a tensão da emoção lembrada e ele deixou escapar um soluço. Tentando recuperar o controle, pediu desculpas ao tribunal com simplicidade.

— Talvez eu esteja injetando emoção demais nessa história.

Koni pediu-lhe para esperar até se acalmar.

Finalmente, depois de respirar fundo algumas vezes, Goloushev continuou, com dificuldade.

— Um grito geral de indignação fez-se ouvir — disse ele, enxugando rapidamente as lágrimas —, o tipo de indignação compreendido somente por aqueles que já estiveram presos.

Goloushev concluiu seu depoimento reconhecendo que não ouvira pessoalmente Bogoliubov ser açoitado, pois ele havia sido jogado numa das celas refratárias. Mas outros prisioneiros lhe contaram depois coisas horríveis sobre o castigo.

— Ouvi dizer que planejavam açoitá-lo no pátio, bem à vista de todos os outros presos, mas, por algum motivo, mudaram de ideia. Resolveram açoitá-lo no corredor, para que o som dos gritos e o sibilar das varas de vidoeiro fossem escutados por todos.[56]

O depoimento de Goloushev provocou um murmúrio entre os espectadores. Trepov, ao que tudo indica, não era o único vilão da história. Todo o sistema carcerário parecia povoado por funcionários sádicos que tinham um prazer perverso em maltratar suas vítimas indefesas.

Anna Charushina, a última testemunha, confirmou isso em seu depoimento, que foi o clímax. Charushina também tinha passado quatro anos na prisão, e acabou absolvida de todas as acusações no Julgamento dos 193. Falava com suavidade, numa voz trêmula, e todo o seu comportamento era o de uma mulher cujos nervos haviam ficado em frangalhos por causa dos anos de sofrimento. No dia 13 de julho de 1877, Charushina não havia sido testemunha do confronto entre Trepov e Bogoliubov. Tinha visto algo muito mais terrível.

— Na frente de nossas janelas — disse ela ao tribunal —, no pátio, havia dois galpões grandes. De repente, as portas dos galpões foram abertas e pilhas enormes de varas de vidoeiro foram carregadas para fora e amarradas em molhos. Era claro que eles estavam preparando. (...) Que estavam preparando uma coisa horrível, todo mundo começou a pensar: era um castigo...

Ela parou de falar. Embora tentasse continuar, não conseguia fazer a voz sair. As lágrimas escorriam-lhe pelo rosto. Por fim, sussurrou:

— Não consigo evitar a emoção da lembrança...

Koni pediu calma. Charushina lutava para falar.

— Enquanto eles estavam amarrando as varas — disse ela —, os guardas viraram-se na direção de nossas janelas e começaram a fazer gestos obscenos na nossa direção e na direção da ala dos homens...

Ela parou de novo, tomada pela emoção. Koni virou-se para ela e perguntou num tom suave:

— Isso provocou agitação ou clamor na ala feminina?

— Sim — replicou Charushina, concordando com um aceno da cabeça.
— O tumulto foi impressionante. Algumas pessoas exigiram que a diretoria da prisão viesse explicar o que significava aquilo tudo, mas ninguém veio. Na minha opinião, a angústia era natural, expressa de uma forma que só alguém preso pode usar.[57]

Quando Charushina desceu do banco das testemunhas, algumas mulheres foram vistas enxugando os olhos sub-repticiamente. Grigorii Gradovskii, o editor e correspondente de *The Voice*, lembrou mais tarde que o público presente na sala do tribunal sentiu uma espécie de revolta coletiva pelo fato de as autoridades e os guardas comuns russos participarem de uma forma tão malevolente e descarada de uma tortura inequívoca. Afirmou que o sentimento era universal: a Rússia tinha corrido para salvar os eslavos balcânicos das atrocidades turcas, mas não conseguia enxergar o cisco que estava no seu próprio olho. Elizabeth Naryshkin, uma aristocrata que estava nas galerias, reconheceu que o depoimento "me fez baixar os olhos de vergonha".[58]

Konstantin Kessel, observando as reações na sala de audiências, sentiu que o processo estava fugindo a seu controle. Para amenizar o prejuízo, pediu a Fedor Kurneev, o diretor da prisão, para voltar ao banco das testemunhas.

— O senhor foi interrogado por investigadores judiciais em relação aos tumultos na Casa de Detenção Preliminar?

— Sim — respondeu Kurneev.

— Por que motivo?

— Foi feita uma queixa contra mim.

— Como suspeito?

— Sim.[59]

Foi uma manobra inteligente. Kessel estava querendo mostrar que as brutalidades de Trepov, longe de serem ignoradas pelo Estado, estavam sendo investigadas. O tiro dado por Vera interrompera o andamento normal da justiça. Por um momento, o público ficou coletivamente convencido de que o julgamento havia sofrido uma guinada repentina. "Todos esqueceram Alexandrov", declarou um observador.[60]

Antes de tais pensamentos terem chance de se enraizar, Alexandrov começou imediatamente a interrogar o major. Perguntou-lhe quais eram as acusações contra ele.

— Os presos políticos queixaram-se de que eu dava ordens para eles serem espancados — respondeu Kurneev sem hesitar, quase despreocupadamente.

— Quando isso acontecia?

— Depois que eles eram levados para as celas de confinamento.

— De modo que essa investigação não tem nada a ver com o castigo de Bogoliubov?

— Não — respondeu Kurneev —, absolutamente nada — como se a ideia fosse um absurdo.

Alexandrov permitiu-se um sorriso cáustico.

— Não tenho mais nada a acrescentar — disse ele sarcasticamente.[61] O primeiro ato terminara.

> *Mas onde está a acusada? No banco dos réus está sentada uma mulher jovem e de boa aparência. É morena, de altura mediana, com um penteado simples e um vestido preto modesto. Seus inteligentes olhos castanhos brilham cheios de calor, de bondade. Sua alma extraordinária mostra sua luz naquele olhar. As linhas pálidas e finas de seu rosto mostram vestígios de grande tensão espiritual e sofrimento físico. Dizem que ela é a acusada. Mas acontece uma coisa estranha. À medida que o julgamento desenrola-se, à medida que o drama do tribunal fica cada vez maior e mais complicado, o rosto da acusada começa a desaparecer. Entro numa espécie de alucinação. (...)*
>
> *Parece-me que não é ela que está sendo julgada, e sim eu, nós todos — a sociedade está sendo julgada. Parece-me que as testemunhas expõem quem nós somos, que o sumário do promotor é uma tentativa hesitante e polida de nos defender nessa sala de audiências, e que o sumário escaldante da defesa, com um golpe atrás do outro, como um martelo numa bigorna, acaba com nossas chances de absolvição.*
>
> — Grigorii Gradovskii, *The Voice*, 2 de abril de 1878[62]

No segundo ato de Alexandrov, a própria Vera subiu ao banco das testemunhas. A sala do tribunal, como a plateia de um teatro, preparou-se para sua atuação. As gargantas foram limpas, as pessoas mexiam-se nos seus lugares e, como disse um repórter, "todos empinaram as orelhas". Quando ela finalmente subiu ao banco, o silêncio era tão completo que a voz tênue e tímida de Vera era claramente audível em toda a sala.

O esforço de Alexandrov no sentido de fazer Vera parecer uma dama da sociedade fracassou completamente. Ela não estava usando o manto elegante que ele lhe comprara, e sim um vestido preto simples e surrado. Seus cabelos estavam penteados como os das colegiais. Apesar disso, nesse aspecto, o instinto de Vera foi mais certeiro que o de seu advogado. A sala do tribunal gostou instantaneamente daquela jovem modesta e despretensiosa, cujos maneirismos eram os de uma freira pacata. Falava com relutância e mantinha os olhos baixos, como se quisesse evitar os olhares do público. Parecia uma pessoa lançada inadvertidamente numa história de brutalidade e violência — mais vítima que vilã.[63]

Falando em voz baixa, com palavras simples, ela tentou explicar seus atos. Tinha lido sobre o açoitamento de Bogoliubov num jornal e ouvira outras histórias sobre o incidente, inclusive detalhes do tumulto na prisão, os açoitamentos e as celas de confinamento.

— Sei por experiência própria — disse Vera ao júri — que longos anos passados em isolamento podem levar a uma terrível tensão nervosa. (...) Imagino vividamente os efeitos infernais da punição sobre todos os presos, para não falar daqueles que sofreram açoitamentos, espancamentos e celas refratárias. Que tipo de crueldade era necessário para fazer todos eles sofrerem essas coisas, tudo por alguém não ter tirado o gorro?

Vera esperava que o crime recebesse seu justo castigo. Mas nada aconteceu.

— Nada impediria Trepov, ou alguém igualmente poderoso, de cometer essas violências muitas e muitas vezes, pois é tão fácil se esquecer de tirar o gorro, e tão fácil encontrar uma outra desculpa igualmente esfarrapada para uma represália terrível...

Embora lutasse bravamente contra elas, Vera também sucumbiu às lágrimas.

— E então, como eu não consegui encontrar nenhum outro caminho, resolvi, ao preço da minha própria vida, mostrar que ninguém podia estar tão certo assim de não ser punido quando violenta a dignidade humana.

Ela parou, incapaz de continuar. Alguém lhe trouxe água e ela finalmente conseguiu pronunciar as palavras que foram citadas com tanta frequência depois do julgamento:

— Não vi outra saída (...) É terrível levantar a mão contra outro ser humano, mas eu me senti obrigada a fazer isso.[64]

Vera estava visivelmente comovida, e era óbvio que sentia profundamente o que havia acabado de falar. Não havia nenhum indício de emoção fingida em suas palavras ou em sua atitude. Seus sentimentos eram reais; seus pensamentos, tal como ela os expressou, eram verdadeiramente seus pensamentos. Os corações derreteram-se à vista de seu rosto manchado de lágrimas.[65]

Mas, embora tivesse ganhado a aprovação pública, Vera deve ter sentido uma profunda dor de consciência. O tribunal a via como alguém que ela nunca quis ser: uma jovem emotiva e solitária que matou um homem por puro desespero gerado por uma tragédia pessoal. Seu depoimento tirou-lhe todos os seus anos de autodidatismo, todas as suas convicções mais profundas sobre a injustiça da ordem mundial corrente e a promessa de um mundo futuro. Seu ataque a Trepov pretendia ser o sinal de um novo movimento revolucionário, um movimento que aterrorizaria o Estado e energizaria a rebelião. No entanto, numa sala de tribunal apinhada de gente, Vera só deu a impressão de ser uma moça confusa que, por histeria, identificara-se com o sofrimento de um homem que nunca vira e, por isso, tomou a decisão de matar uma autoridade que nunca lhe fizera mal algum.

Suas dúvidas vieram à tona quando ela tentou contar detalhes sobre sua vida. Teve de parar muitas vezes, confusa. A certa altura, disse ao juiz:

— Contei minha biografia a meu advogado. Talvez ele deva falar dela ao tribunal.

Na verdade, ela estava com dificuldade para se lembrar do que devia dizer. Durante toda a vida, tinha desejado tornar-se mártir por suas crenças mais profundas. Seu depoimento devia ser, ao invés, o de uma vítima indefesa pedindo clemência. Ao descer do banco das testemunhas, ouviu o juiz dizer:

— Senhor promotor-adjunto, o senhor tem a palavra.

Por fim, o julgamento estava inteiramente fora de seu controle.[66]

Quase 130 anos depois, o texto da declaração final de Kessel parece uma descrição bem estruturada, cheia de bons argumentos e inteiramente convincente da culpa de Vera. No sumário de Kessel, toda a teatralidade evaporara-se. Restou uma lógica insensível, premeditada, que apontava inevitavelmente para uma condenação por assassinato. Vera planejara o crime friamente, de antemão. Tinha comprado um dos revólveres mais potentes que havia, um Bulldog inglês de seis balas, e carregara todas as câmaras. Mesmo conhecendo a potência da arma que escolhera, ela havia esperado até estar a poucos passos da vítima. Inteligente, mantivera o revólver escondido por baixo do manto enquanto apontava e atirava, de modo que os guardas de Trepov, que estavam bem perto dela, não tiveram tempo de lhe arrancar a arma das mãos. E mirara para dar um único tiro no abdômen da vítima. Ela poderia ter dito que não se importava se matasse ou só ferisse o velho general, mas era impossível imaginar que ela esperasse que ele continuasse vivo.[67]

Quanto aos motivos de Vera para o crime, Kessel argumentou que não lhe cabia julgá-los. Trepov não estava sendo julgado naquele tribunal, e o júri não havia sido chamado para declarar a vítima culpada ou inocente. Além disso, Kessel recusou-se a questionar a descrição que Vera havia feito de seus sentimentos.

— Acredito piamente — disse ele ao tribunal — que os fatos que ela apresentou como motivos de seus atos realmente lhe pareceram como tais à luz do que ela descreveu. Também reconheço como verdadeiras aquelas emoções que ela nos apresentou.

Vera podia ter chegado à conclusão de que Trepov merecia um castigo, e fez o que achava certo. Mas seus sentimentos não estavam em questão. Uma sala de tribunal não era o local certo para se julgar a legitimidade das emoções. Um tribunal tem de julgar atos.

— Toda pessoa — explicou Kessel — tem liberdade para amar ou odiar quem quer que seja, mas ninguém tem liberdade de violar nenhum direito do outro.

Vera pode ter desejado "evitar atos que, a seu ver, eram prejudiciais à sociedade". E não havia dúvida, afirmou Kessel, "de que toda pessoa é obrigada a ajudar a sociedade a progredir". Mas também não havia dúvida de que "ninguém tem o direito de elevar sua própria convicção pessoal ao nível de uma sentença judicial". A conclusão de Kessel teve muita força em sua simplicidade. A justiça pelas próprias mãos não podia ficar impune. A sociedade não sobreviveria se toda pessoa ultrajada tivesse permissão de resolver suas diferenças com uma arma. Num país governado pelas leis, os juízes e os júris é que devem se decidir pela culpa ou pela inocência. No que deve ter sido um momento memorável, Kessel afirmou veementemente que "estou inteiramente convencido de que vocês vão concordar que todo membro da sociedade, seja quem for, tem o direito a um tribunal de justiça, e não ao tribunal de Zasulich".

Com uma premonição inconsciente, Kessel fez uma advertência ao tribunal:

— Estou convencido de que vocês vão concordar que a vida social e a organização social são impossíveis num lugar em que os ativistas sociais, administradores, juízes, autoridades locais e propagandistas sempre têm de ter em mente que, seja o que for que fizerem, podem esperar uma arma apontada para eles.

Era um pedido para que a razão fosse usada — um pedido para reconhecer que um ato de terrorismo, se fosse sancionado ou desculpado, poderia levar a outros mais tarde.

Os seus pedidos foram ignorados; ninguém estava ouvindo realmente. Kessel era um péssimo orador. Tinha uma voz esganiçada, seca, e mal podia ser ouvido das galerias. Alguns acharam que ele parecia estar com as pernas bambas, como se estivesse prestes a desmaiar.[68] Seja como for, o público não estava com o menor interesse pela fria razão. Queria emoção, paixão, drama. E Alexandrov estava para lhes dar tudo isso aos montes. Chegara o momento de seu terceiro e último ato.

> *Devemos prestar atenção às características particulares da natureza moral dos crimes contra o Estado. A fisionomia desses crimes costuma ser muito variada. Aquilo que ontem era considerado um crime contra o Estado, hoje ou amanhã se torna um ato extremamente respeitável de coragem cívica. Os crimes contra o Estado em geral são apenas as expressões intempestivas de uma doutrina de reforma prematura, de que sua pregação ainda não está madura e de que sua hora ainda não chegou.*
>
> — Piotr Alexandrov, sumário do julgamento de Vera Zasulich[69]

Alexandrov ergueu-se lentamente de seu lugar. Todos esperavam algum gesto grandioso, uma pose oratória. Mas Alexandrov estava calmo, quase introspectivo.

— Senhores jurados! — disse ele com serenidade. — Ouvi o sumário nobre e moderado do promotor e estou inteiramente de acordo com grande parte do que ele disse. Só diferimos em algumas pequenas coisas.

As observações, como de costume, pareciam quase improvisadas. Davam a impressão de que Alexandrov estava prestes a começar uma pacata conversa informal sobre o caso, estritamente entre amigos.

O efeito, com o tempo, foi hipnótico. Ele manteve a atenção extasiada do público.[70]

Era verdade, declarou Alexandrov, que os fatos nus e crus do caso pesavam contra sua cliente. Se alguém considerasse só os eventos do dia 24 de janeiro, "a questão era tão simples que praticamente não haveria motivos para discuti-la".

O ato de Vera seria um ato de "justiça pelas próprias mãos", mas o objetivo de Alexandrov era ampliar a perspectiva do público e preencher os espaços em branco. Antes dos eventos do dia 24 de janeiro de 1878, disse Alexandrov aos jurados, aconteceram os eventos do dia 13 de julho de 1877, e as duas datas estavam inextricavelmente ligadas. Se Bogoliubov não tivesse sido açoitado, Trepov não teria levado um tiro.

E, antes do 13 de julho de 1877, a vida de Vera a estava levando inexoravelmente para a impotência e o desespero. Kessel, explicou Alexandrov, estava fundamentalmente errado sobre a maneira de avaliar a natureza de um crime. Certos atos, disse ele, não podiam ser compreendidos num sentido estritamente jurídico. Certos atos tinham de ser julgados somente por seus motivos. O estado de espírito de Vera não era um detalhe incidental, era o âmago de sua inocência ou culpa. Ela tinha de ser julgada, explicou ele, pelo que era. E, por isso, o tribunal tinha de ouvir a história de sua vida.

Aparentemente, Alexandrov só tinha seguido o roteiro predeterminado. Não fez sequer alusões às ideias radicais de Vera; contou uma história muito simples sobre sua vida, despida de seus elementos mais importantes. Em nenhuma parte da biografia de Vera ele mencionou a fervorosa adolescente niilista, a mulher tentada pela paixão revolucionária de Nechaev, a prisioneira irada e atormentada pelo regime russo e, finalmente, a rebelde e terrorista que passara meses praticando tiro ao alvo como forma de se preparar para o dia da revolução. Em seu lugar apareceu uma vítima inocente e ingênua, uma mulher cuja vida era dirigida por outros.

Quando conheceu Nechaev, declarou Alexandrov, Vera tinha apenas 17 anos de idade. Não tinha a menor ideia de que aquele revolucionário astuto não era um "simples estudante, que desempenhava um certo papel nos protestos estudantis". Ela concordou em lhe fazer "um favor muito simples" e entregar algumas cartas a alguns amigos. Nunca soube sequer do conteúdo das cartas incriminadoras que recebia dele. Para sua grande surpresa, Nechaev acabou revelando ser um gênio do crime, e ela estava enredada em suas conspirações. O regime não teve pena dela nem de sua inocência. Lançou-a friamente na prisão.

Alexandrov, em líricos tons de sussurro, pediu ao público que se imaginasse numa situação daquelas.

— Para uma jovem, os anos de sua adolescência são os anos do desabrochar, do desenvolvimento — explicou Alexandrov poeticamente. — Não mais uma criança, mas ainda livre das responsabilidades de uma esposa e mãe, livre de preocupações, cheia de alegres esperanças, de felicidades inesquecíveis; a idade das amizades.

Insensivelmente, sinistramente, o tom de voz de Alexandrov ficou mais sombrio.

— É fácil imaginar — disse ele — como Zasulich passou os melhores anos de sua vida, com que brincadeiras, com que prazeres passou esse tempo precioso, que sonhos doces a acalentavam por trás dos muros do Castelo Lituano e nas torres da Fortaleza Pedro e Paulo.

Durante dois anos, ela não viu ninguém, nem a mãe, nem a família, nem os amigos. As paredes refletiam seu olhar e ela não tinha nada além de "ar viciado, pouco exercício, pesadelos terríveis, comida ruim".

Naqueles dois anos de solidão, Vera desenvolveu um sentimento forte, inabalável: uma simpatia profunda por todos os que sofriam como ela.

— Um preso político, fosse quem fosse, tornava-se seu melhor amigo, um companheiro de sua juventude, um companheiro com quem cresceu junto. A prisão foi sua *alma mater*.

Mesmo depois que saiu da prisão, o sofrimento de Vera continuou. Foi implacavelmente perseguida pela polícia tsarista; sua vida se transformou num pesadelo. De repente, sem nenhum aviso, foi mandada para o exílio na cidade de Kresttsy. Vejam só a truculência das autoridades, disse Alexandrov, com um gesto na direção de Vera: sem nada além de um casaco leve nas costas, um rublo no bolso e uma caixinha de chocolates, foi declarada livre para se virar como pudesse. Teria morrido de fome se não fosse a generosidade de uma família local que concordou em hospedá-la. Depois de alguns meses, Vera foi mandada de volta para a família para acabar sendo agarrada de novo e mandada para o exílio, dessa vez em Soligalich. Só depois de seis longos anos, em 1875, ela foi considerada livre para ir embora dali.

Resolveu levar uma vida pacata com a família de sua irmã numa propriedade rural de Penza. Foi lá, disse Alexandrov concluindo a primeira parte de seu discurso, que Vera soube da história de Bogoliubov.[71]

No tribunal, a história teve o efeito desejado. Foi uma eloquente narrativa de advertência sobre a tirania do regime tsarista e a facilidade com que as autoridades do governo esmagavam vítimas inocentes e confiantes. Foi uma história contada da maneira perfeita para despertar as simpatias da sociedade liberal de São Petersburgo. Soluços abafados foram ouvidos nas galerias, e até alguns homens foram vistos enxugando as lágrimas. A própria Vera abaixou a cabeça, talvez emocionada pela narrativa feita por Alexandrov de sua triste história ou talvez por não querer olhar enquanto ele a obrigava a assumir uma *persona* que ela rejeitara há muito tempo.[72]

Depois de tomar um gole de água, Alexandrov mudou abruptamente seu tom de voz, passando do melancólico contemplativo para uma ironia ferina.

— Por favor, permitam-me — disse ele à sala do tribunal, num tom de sarcasmo profundo — fazer uma pequena digressão sobre o tópico do açoitamento.

Alexandrov assegurou a seu público que não desejava entediá-lo com uma longa história da vara de vidoeiro. Em vez disso, declarou ele num tom alegre, ia falar "dos últimos dias de sua vida".

Houve uma época, explicou ele, em que a vara governava a Rússia. Seu "silvo melodioso" era ouvido em toda parte, ao menos até aquele dia fatal de 17 de abril de 1863, quando "a vara passou para o domínio da história". As aliterações rolavam da boca de Alexandrov sem a menor dificuldade.

— Naquela época, havia muitas preocupações com a extinção completa do açoitamento. (...) Parecia enervante e inseguro deixar a Rússia sem a vara. (...) Seria possível ficar de repente sem o cimento do alicerce social da Rússia?

A ironia de Alexandrov transformou-se lentamente num tom meditativo. Com a abolição do castigo corporal, disse ele em voz baixa, surgiu um novo senso de dignidade humana na Rússia. Aquilo que tinha sido uma sentença suportada sem queixas era agora uma violação vergonhosa da honra de um indivíduo. Principalmente os membros mais instruídos, mais civilizados e, por conseguinte, mais sensíveis da sociedade russa ficavam agora horrorizados com a própria ideia do açoitamento.

Bogoliubov era um desses homens. Não era um criminoso comum e não poderia ser classificado entre "os ladrões e assassinos". Era um ativista político, um homem de refinadas sensibilidades morais. Era instruído, culto, e a própria ideia de violência o horrorizava. Mas o sistema penal não fazia distinções. Bogoliubov foi privado de seus direitos civis e condenado ao exílio, tornando-se assim passível de sofrer punição corporal. Essa era a fria racionalidade da lei. Mas qualquer pessoa com um resquício de sentimento humano entenderia que esse castigo, para esse homem, não era nada mais que uma "violação de sua dignidade moral".

E Vera era uma mulher que tinha mais que apenas um resquício de sentimento humano.

— Quem era Bogoliubov para Vera? — perguntou Alexandrov. — Não era seu parente nem seu amigo. Não era seu conhecido; ela nunca pôs os olhos nele e não sabia quem era. Mas será que é realmente necessário ser irmã, esposa ou amante para se encher de ódio à vista de um homem esmagado moralmente, para ficar indignada por causa da humilhação vergonhosa de uma pessoa indefesa?

Insistentemente, Alexandrov estava chegando ao clímax de seu sumário. O público estava tenso de expectativa quando ele contou que Vera lera sobre o incidente de Bogoliubov num jornal, que foi tomada por "lembranças amargas de seu próprio sofrimento" e que sua imaginação excitável tomou conta dela.

— Em sua mente feminina, exaltada, surgiu uma imagem de Bogoliubov — declarou Alexandrov —, a imagem de um homem submetido a um castigo degradante.

Num ato retórico teatral, Alexandrov descreveu como Vera imaginou o castigo torturante de Bogoliubov.

> Vejam esse homem levado ao local da execução e arrasado ao saber da vergonha que o esperava. Vejam esse homem cheio de indignação, pensando que o poder dessa indignação lhe daria a força de um Sansão para se manter de pé nessa batalha com os litores, os executores de seu castigo. Vejam esse homem esmagado sob o peso de corpos humanos que prenderam firmemente seus ombros no chão, privado humilhantemente de suas roupas, algemado por alguns pares de mãos como se fossem grilhões de ferro, destituído de toda e qualquer possibilidade de resistir. E, acima dele — o assobio medido das varas de vidoeiro, enquanto os nobres administradores do castigo davam os golpes. Tudo ficou silencioso na expectativa ansiosa de um grito; o grito foi ouvido. Não era um grito de dor — esperavam mais — era o grito torturado de um homem sufocado, humilhado, dessacralizado, esmagado. O rito solene foi executado, o sacrifício infame foi realizado![73]

Sem aviso, o público das galerias explodiu. Por toda a sala ouviram-se aplausos, vivas e gritos de "bravo!" e "muito bem!". O público havia sido cativado. Foi algo que ninguém tinha conseguido antes num julgamento russo. A multidão esqueceu que estava numa sala de tribunal.[74]

Anatolii Koni ficou encolerizado. Sentiu-se profundamente afrontado com essa transformação do julgamento num espetáculo.

— O comportamento do público deve mostrar respeito pelo tribunal! — gritou ele acima do alarido. — O tribunal não é um teatro, e expressões de aprovação ou desaprovação são proibidas aqui. Mais uma vez, e vou ser obrigado a evacuar a sala![75]

Depois que todos se aquietaram, Alexandrov continuou como se nada tivesse acontecido. Mas estava longe de ter acabado com seu espetáculo teatral. Estava na hora de concluir o sumário e voltar a Vera, a inocente vítima do destino. O coração da moça estava em chamas, a cabeça girava. Estava sofrendo por outra pessoa, e sofrendo muito. Mas de seu sofrimento nasceu uma nova determinação, uma nova força de caráter. Os eventos de 13 de julho de 1877 mudaram Vera para sempre.

Nos meses seguintes à leitura do artigo, ela se atormentou com pensamentos sobre a humilhação de Bogoliubov. Surgiu uma pergunta quase sagrada: "Quem vai se levantar em favor da dignidade em frangalhos do prisioneiro indefeso? Quem vai limpar e redimir essa vergonha?" Vera esperou que alguém desse um passo para vingar a honra de Bogoliubov. Mas nenhum herói apareceu. A imprensa não divulgou nada, a opinião pública silenciou e a lei continuava muda. O incidente estava desaparecendo de vista e Bogoliubov logo ia se tornar mais uma vítima anônima da opressão tsarista.

— E, de repente — exclamou Alexandrov —, uma ideia inesperada, como um relâmpago, iluminou a mente de Zasulich: "E eu?... Um grito é necessário, e eu tenho força nos meus pulmões para soltar esse grito. Vou gritar e obrigar todos a ouvirem!"

O tiro de Vera não foi um ato de violência — foi um grito contra o silêncio, uma exclamação de revolta. Não houve premeditação, não houve realmente um plano, só os pensamentos agitados de uma "alma excitável, sentimental". Vera não raciocinou; era como um artista ou um poeta "inspirado", que escolhe palavras e ritmo, mas nunca deixa a fria razão acalmar sua exaltação.

O promotor pintara Vera como uma mulher de sangue-frio decidida a se vingar. Mas "vingança" não era uma boa palavra. A vingança era pessoal e mesquinha. Vera agiu com nobreza, por alguém que nem conhecia. Não se importou com o que aconteceria a Trepov e menos ainda com o que aconteceria a ela. Seu tiro foi um ato extremamente simbólico de protesto contra a sociedade russa. Ela queria declarar à Europa e ao mundo que até na Rússia as pessoas acreditavam em "honra e dignidade moral".

Depois de disparar o tiro, concluiu Alexandrov, ela deixou a arma cair.

— Havia cantado sua música, sua ideia encarnara, seu ato fora realizado.

E, agora, seu destino estava nas mãos do tribunal.

Muitas mulheres tinham comparecido diante desse tribunal: mulheres que haviam matado seus sedutores, seus amantes infiéis, suas rivais com mais sorte. E muitas delas tinham sido absolvidas. O júri, em cada um desses casos, compreendeu que era apenas uma pálida imitação daquele tribunal superior, o tribunal divino, onde a justiça sempre é temperada com misericórdia. Se a essas mulheres havia sido concedida clemência, por que não a Vera? Se a vergonha profunda e o ódio amargo eram motivos atenuantes, por que não o amor pela humanidade?

A própria Vera não se importava com sua condenação ou absolvição. Nesse sentido, era uma mártir perfeita.

— Quando ela cruzou a soleira da porta da residência do prefeito — assegurou Alexandrov a seus ouvintes —, sabia e compreendia que teria de sacrificar tudo — a liberdade, o resto de sua vida protegida, tudo o que o destino lhe dera.

Estava em julgamento não por desejar ser absolvida, mas sim para fazer uma confissão completa e cumprir seu dever perante o júri e, desse modo, consumar seu sacrifício.

Alexandrov deixou os jurados com uma última observação:

— Sem censuras, sem queixas amargas, sem insultos, ela vai aceitar sua decisão. (...) Pode sair desta sala condenada, mas não vai sair derrotada. Só esperamos que incidentes semelhantes nunca mais aconteçam, instigando crimes semelhantes e inspirando criminosos semelhantes.[76]

Depois que Alexandrov sentou-se, um silêncio mortal apoderou-se da sala. Seu último ato alcançara seu objetivo e virou o julgamento de ponta-cabeça. Vera, a acusada, não parecia mais ser a ré do julgamento. Em seu lugar, Trepov e o Estado russo que o empregara é que se encontravam no banco dos réus. No mundo que Alexandrov conjurara para seus ouvintes, o Estado parecia ameaçador com suas violações dos direitos humanos, e o público ficava em silêncio diante de seus crimes. Num mundo desses, era inevitável que almas sensíveis, tremendo de indignação, fizessem justiça com as próprias mãos para assegurar que o mal seria punido e a inocência seria redimida. Como disse Grigorii Gradovskii a seus leitores em *The Voice*, a sociedade é que era culpada. A sociedade havia sido indiferente aos sofrimentos juvenis de Vera e ficou silenciosa diante do açoitamento de Bogoliubov. "Nós a obrigamos a erguer a mão contra outro ser humano," concluiu ele dramaticamente. "Temos agora o direito de puni-la?"[77]

Vera observava Alexandrov com os olhos arregalados, hipnotizada pela descrição de seu estado mental, de seus propósitos e de seus atos. E com bons motivos. Como um mestre, ele conseguira transformar sua visão socialista numa série de ideias simples, palatáveis, adocicadas para o consumo popular. Criticou o Estado e seu comportamento tirânico, criticou a sociedade e sua indiferença e declarou, quase abertamente, que aqueles que agora pregavam crimes contra o Estado mais tarde se tornariam os mais amados heróis da sociedade. Transformara uma vítima das circunstâncias numa mártir determinada a lutar pela dignidade humana — uma mulher que sacrificaria a própria vida em nome de um mundo mais justo, mais humano.[78]

Talvez sua hora tivesse chegado finalmente. Talvez agora ela pudesse acabar a vida no martírio de seus sonhos.

A última palavra era de Anatolii Koni. Os juízes dos tribunais russos tinham permissão, em suas instruções ao júri, de fazer um sumário próprio, no qual pesavam os argumentos do promotor e do advogado de defesa e apresentavam contra-argumentos. Era um instrumento incrivelmente poderoso e podia influenciar muito a opinião dos jurados. Koni fez o melhor que pôde para acalmar as paixões despertadas por Alexandrov e injetar uma dose de realismo no processo.[79]

A primeira pergunta que o júri tinha de responder, explicou Koni, era: "Está diante de vocês uma pessoa responsável por seus atos?" Koni disse resolutamente ao júri que essa não era uma questão a ser debatida. Ela era maior de idade, mentalmente normal e, embora a defesa tivesse enfatizado a agitação nervosa de Vera, nunca provou que esse nervosismo "obscureceu-lhe a razão".

Mas havia uma segunda pergunta muito mais difícil de responder e que era crucial para determinar se um crime fora cometido. O júri tinha de saber quais eram "o objetivo e a intenção da acusada". O fato do tiro e do ferimento estava fora de questão. Mas sua importância estava. Em resumo: Vera pretendia matar Trepov? A defesa declarou que não, que seu objetivo era apenas dar-lhe um tiro "para levantar as questões de restauração da honra de Bogoliubov e da investigação do verdadeiro caráter dos acontecimentos do dia 13 de julho". Mas Koni desmantelou retoricamente essa explanação, perguntando muito simplesmente:

— Atirar em alguém com um revólver e a uma distância da qual é difícil errar é a única maneira de fazer isso?

E se uma doença social foi diagnosticada, questionou ele, um "ato criminoso" é o único remédio que existe?

A pergunta final, informou Koni ao júri, era sobre a premeditação. Aqui também o juiz solapou cuidadosamente os argumentos da defesa. Um crime passional, explicou, não era um crime cometido por ódio ou nervosismo. Era um crime cometido "num ataque de raiva súbito, que tomava conta da pessoa completamente". Sempre que as circunstâncias permitiam "a possibilidade de reconsiderar, voltar atrás ou refletir, ali a lei vê uma situação de premeditação". É claro que Koni estava deixando implícito que Vera teve muito tempo para planejar e considerar seus atos.

Finalmente, Koni pediu ao júri para pôr de lado as emoções e considerar os "fatos". Só os fatos levariam a um resultado razoável para o julgamento:

— Se os fatos são deixados de lado, toda conclusão parece arbitrária e privada de sentido.

Era um apelo à razão e à análise imparcial. A piedade pela acusada tinha seu lugar, mas estava na esfera das circunstâncias atenuantes. Se o júri se sentisse impelido a levar em conta a vida difícil de Vera, seu estado emocional e os atos terríveis cometidos contra um prisioneiro inocente, então poderia recomendar brandura.[80]

De acordo com o espírito de seu sumário, Koni entregou três perguntas aos jurados, formuladas tendo em mente a moderação:

1). A filha do capitão, Vera Zasulich, de 29 anos de idade, é culpada de decidir vingar por conta própria, no prefeito de São Petersburgo, o general de brigada Trepov, a punição do prisioneiro Bogoliubov, de comprar um revólver para esse fim e de causar um ferimento grave no general de brigada Trepov, dando-lhe um tiro na pélvis, com intenção formada previamente, com uma bala de grosso calibre atirada com um revólver adquirido para esse fim?
2). Se Zasulich cometeu o ato descrito na primeira pergunta, será que ela, nesse caso, tinha a intenção de tirar a vida do general de brigada Trepov?
3). Se a acusada tinha realmente a intenção de tirar a vida do general de brigada Trepov, fez tudo o que estava a seu alcance para realizar seu objetivo, e a morte do general de brigada Trepov só foi evitada por circunstâncias independentes de Zasulich?[81]

Koni ficou satisfeito com estas formulações. Achou que tinham sido cuidadosamente estruturadas para guiar o júri no sentido de uma decisão moderada. Sempre o liberal centrista, ele não queria que o caso tivesse um resultado extremo, fosse condenando Vera ao exílio e aos trabalhos forçados por toda a vida, fosse absolvendo uma ré confessa e permitindo que saísse em liberdade. Se os jurados respondessem sim à primeira pergunta e concluíssem que Vera era culpada da intenção de ferir Trepov, então, nas respostas às duas perguntas seguintes, seria possível sugerir que ela não pretendia matá-lo ou que, se pretendia, não fez todo o possível para assegurar sua morte. E, por fim, mesmo que eles respondessem sim a todas as três perguntas, depois poderiam sugerir brandura, como Koni recomendara. De qualquer modo, a justiça seria feita. Uma quase assassina seria condenada por um crime, transmitindo a mensagem de que a sociedade não tolerava a justiça pelas próprias mãos nem o terrorismo. Mas Vera devia receber um castigo leve, e o Estado ficaria livre de acusações de comportamento tirânico no seu caso. O sistema judiciário russo pareceria razoável e moderado, estando de acordo com seu ideal europeu recém-liberalizado.

Koni entregou as perguntas ao presidente do júri, que levou os jurados para fora da sala a fim de fazerem suas deliberações. Depois declarou que estavam em recesso, desceu da bancada e retirou-se para seu gabinete. Estava exausto, mas satisfeito. Tinha feito o melhor que podia.[82]

Depois que Koni terminou suas instruções, o estado de espírito na sala de audiências ficou mais sóbrio. A atmosfera exaltada e eletrizante que se seguira ao discurso de Alexandrov extinguiu-se e muitos dos rostos das galerias estavam melancólicos. Durante o recesso, enquanto as multidões misturavam-se na sala de audiências e nos corredores, advogados experientes que tinham assistido ao julgamento sacudiam a cabeça. O consenso sugeria que Vera seria condenada. A única esperança que restava, assim parecia, era a brandura. Os jurados podiam estar dispostos a chegar a uma decisão moderada e considerá-la "meio culpada." Gradovskii lembrava que Dostoiévski, que havia tomado notas cuidadosas durante o julgamento, estava convencido da inocência de Vera. "Ela não deve ser condenada, e o castigo é impróprio, supérfluo; mas dá vontade de dizer-lhe: 'Vá e não peque mais.'" Como se fosse uma premonição, ele acrescentou: "Parece que não temos uma fórmula judicial dessas e, tanto quanto sei, agora ela vai se tornar uma heroína."[83]

Embora para alguns tenha parecido uma eternidade, o júri só deliberou por 30 minutos. Então a campainha tocou na sala de deliberações, indicando que os jurados tinham chegado a seu veredicto. Seguiu-se um empurra-empurra febril, enquanto todos os espectadores corriam de volta a seus lugares. Alguns não conseguiram e tiveram de ficar de pé nas soleiras das portas ou nas passagens entre as fileiras de bancos. Sem esperar que todos estivessem sentados, Koni entrou e pediu ordem aos brados. Os jurados entraram solenemente e tomaram seus lugares, com uma expressão inescrutável nos rostos.

De repente, a multidão ficou no mais absoluto silêncio, como se todos os observadores estivessem contendo a respiração. O presidente do júri entregou a Koni a lista das perguntas, com veredictos escritos em cada página em separado. Enquanto ele voltava a seu lugar, Koni, com uma deliberação extraordinária, olhou para a primeira página da lista e depois a virou mecanicamente e passou para a segunda.

Impassível, sem uma única palavra, devolveu a lista ao júri. O presidente, tal como exigia a lei, leu em voz alta a primeira pergunta inteira e disse, num ritmo enlouquecedoramente lento, demorando-se em cada palavra:

— A filha do capitão, Vera Zasulich, de 29 anos de idade, é culpada de decidir vingar por conta própria, no prefeito de São Petersburgo, o general de brigada Trepov, a punição do prisioneiro Bogoliubov, de comprar um revólver para esse fim e de causar um ferimento grave no general de brigada Trepov, dando-lhe um tiro na pélvis, com intenção formada previamente, com uma bala de grosso calibre atirada com um revólver adquirido para esse fim?

Os corações estavam batendo cada vez mais rápido. Rostos ansiosos inclinavam-se para a frente para ver o rosto do presidente do júri, esperando adivinhar alguma pista para o veredicto.

Finalmente, numa voz clara que encheu a sala inteira, ele trovejou:

— Não! Não...

Não conseguiu ir além do "Não". Como se tivesse sido combinado de antemão, toda a sala explodiu. Mais tarde, aquele momento foi considerado "indescritível" — como se uma "corrente elétrica" tivesse passado pelo público. Todos estavam de pé, batendo palmas, rindo, dando vivas. Eram ouvidos gritos em toda parte: "Bravo!", "Muito bem!" e "Viva o júri!" Pessoas que não se conheciam abraçavam-se como se fossem amigos de longa data e gritavam: "Parabéns!" Gradovskii lembrava-se de ter se surpreendido nos braços de um velho general, que começou berrar em seu ouvido, embora não fosse possível escutar nada em meio àquele alarido. Atrás da bancada dos juízes, os dignitários do tsar quebraram seu decoro habitual e juntaram-se à euforia geral. Koni ficou particularmente surpreso quando o rosto redondo e vermelho do conde Barantsov começou a pular para cima e para baixo em frente à sua cadeira. Quando se deparou com os olhos de Koni, ele parou humildemente, mas retomou sua dança excitada depois que Koni ficou de costas.

Durante algum tempo, Koni tocou quixotescamente a sua campainha para restaurar a ordem. Mas logo desistiu. Não havia nada a fazer além de esperar o público se acalmar por si mesmo. E, enquanto isso, os três juízes continuavam sentados na bancada, como Koni descreveu zombeteiramente, "imóveis e silenciosos, como senadores romanos durante a invasão dos gauleses."[84]

A única outra pessoa que estava sentada calmamente era Vera. Estava perplexa, sem saber o que fazer em seguida. Dezenas de pessoas a cercaram, gritando suas congratulações, mas ela agia como se não estivesse ouvindo nada. Koni olhou para ela com pena e disse delicadamente, no meio daquela confusão:

— Você foi absolvida.

Instruiu-a para voltar à prisão para pegar suas coisas, esperando poupá-la por algum tempo da histeria descontrolada da multidão que a cercava.

Em silêncio, ela seguiu os guardas pela passagem subterrânea que levava à Casa de Detenção Preliminar. Em deferência ao veredicto, as espadas dos guardas agora estavam embainhadas.[85]

CAPÍTULO 11

A guinada para o terrorismo

À s sete da noite, a multidão em frente ao tribunal tinha aumentado numa proporção sem precedentes. Segundo algumas estimativas, mais de mil pessoas tinham se reunido ao longo da Liteinyi Prospekt, empurrando os portões de entrada do tribunal e esticando os pescoços para enxergar além do cordão de isolamento policial que barrava a entrada para o edifício. Muitos estavam ali desde o começo da manhã, e sua agitação crescia a cada hora que passava. Outros tinham percorrido longos trajetos, vindos dos arredores da cidade, esperando chegar a tempo para ouvir o veredicto.[1]

Por fim, a absolvição foi anunciada. As portas do edifício do tribunal se abriram e espectadores extasiados saíram aos magotes do tribunal. Interrogados pela multidão, respondiam alegremente:

— Ela foi absolvida... Não, não foi considerada culpada!

A notícia espalhou-se rapidamente pela aglomeração. Gorros foram atirados para o ar e ouviram-se muitos gritos espontâneos:

— Viva! Vera! Verochka!

Desconhecidos abraçavam-se, gritando congratulações a esmo. Quando Alexandrov, sereno e sem saber do estado de espírito da multidão, saiu calmamente pelas portas do prédio, surpreendeu-se sendo erguido repentinamente no ar. Posto sobre os ombros da multidão, foi aplaudido e aclamado. Centenas abriam caminho para lhe apertar a mão.[2]

Acima da cena, da janela de seu gabinete no tribunal, Koni observava as celebrações com um alarme crescente.[3] Enquanto ele olhava, um grupo insignificante de uns trinta guardas tentava inutilmente formar um cordão de isolamento para impedir a multidão de entrar na rua Shpalernaia, onde ficavam os portões de entrada da Casa de Detenção Preliminar. Mas as massas não seriam detidas — queriam saudar a heroína do dia. Logo o cordão de isolamento rompeu-se, e, em meio à correria, centenas de pessoas lançaram-se em direção aos portões da prisão.

Koni foi tomado pela ansiedade. Sabia o que estava prestes a acontecer. Vera seria libertada e deixada à mercê dos admiradores que estavam se reunindo em frente aos portões. Seria posta nos ombros de seus adoradores, e a procissão degeneraria numa manifestação turbulenta. Vencida pelo número, a polícia poderia entrar em pânico e ter reações exageradas. Poderia haver derramamento de sangue.

Num instante, a solução passou pela cabeça de Koni como um relâmpago. E se ela fosse levada para a saída alternativa na rua Zakharevskaia através de portas que normalmente eram mantidas fechadas? Poderia ser tirada dali às pressas e sumir numa carruagem; alguém anunciaria que ela já tinha deixado o prédio. A energia da multidão se dissiparia por si mesma e a polícia não precisaria intervir.

Koni precisava encontrar alguém com autoridade sobre os funcionários da prisão para dar a ordem desse plano de ação alternativo — alguém do gabinete do promotor. Saiu às pressas pelos corredores em busca de ajuda, mas disseram-lhe que todos já haviam saído do edifício. Em desespero, procurou o chefe da polícia de São Petersburgo, o braço direito de Trepov, Adrian Dvorzhitskii. Encontrou o chefe de polícia, jovem, belo e pálido, no corredor. Koni explicou rapidamente a situação e então apelou para o senso de dever de Dvorzhitskii:

— É responsabilidade sua impedir um tumulto, cujas dimensões não temos sequer condições de prever.

— Fique descansado, meritíssimo — respondeu Dvorzhitski educadamente. — Nosso dever é impedir perturbações da ordem.

Koni olhou para Dvorzhitskii por um momento, sem saber ao certo quais eram suas intenções. Depois deu de ombros — tinha feito o melhor que podia. Pegou o chapéu e o casaco e finalmente saiu do prédio, abrindo caminho em meio aos curiosos que ainda estavam por ali. Enquanto caminhava pela Liteinyi Prospekt e dirigia-se para a Nevskii, um homem vestido com uma jaqueta de médico, sem fôlego de tanta excitação, agarrou Koni pelo braço e perguntou:

— Poderia me dizer se o senhor estava no julgamento? Sabe como é que ele terminou?

— O julgamento acabou. Zasulich foi absolvida — respondeu Koni concisamente.

— É mesmo? Absolvida? Meu Deus!

O rosto do homem iluminou-se. Inesperadamente, o desconhecido lançou os braços em torno de Koni e deu-lhe um abraço apertado, plantando os lábios na bochecha do juiz e, de forma igualmente repentina, largou-o e saiu correndo.

Sacudindo a cabeça, Koni continuou seu caminho. Esperava ter visto o fim do caso Zasulich.

Koni não sabia que o promotor-geral, Alexander Lopukhin, estava prestes a fazer ao diretor da Prelim, Mikhail Fedorov, uma recomendação muito diferente. Fedorov encontrou Lopukhin no tribunal depois do julgamento e informou ao promotor que Vera tinha voltado à prisão para pegar suas coisas. Como que dando uma sugestão informal, Lopukhin disse calmamente a Fedorov que ele devia retardar a liberação de Vera "até receber uma ordem por escrito para soltá-la". Enquanto Fedorov voltava lentamente à prisão, refletindo sobre esse "conselho", foi abordado por Dvorzhitskii, que lhe contou impassivelmente o plano "secreto" de Koni. A confusão do momento foi quase cômica.[4]

Quando chegou à prisão, Fedorov ofereceu chá a Vera. Precisava de tempo para pensar. Nenhuma das duas sugestões que recebera parecia apropriada. Vera era uma mulher absolvida, e não havia motivos para detê-la ali nem mais um momento. Quanto a fazê-la tomar uma outra saída — isso também era pouco razoável. Violava o protocolo e poderia trazer consequências imprevistas. Poderiam circular boatos irritados de que ela havia sido detida contra a sua vontade, escondida nos recessos da prisão.

Conforme se vê, a decisão foi tomada por Fedorov. Enquanto estava refletindo sobre suas opções, quinhentas pessoas tinham se reunido do lado de fora dos portões da prisão. Uma hora inteira tinha se passado desde a absolvição de Vera, e a multidão estava ficando impaciente, e até mesmo exasperada. Logo se ouviram gritos que gelaram o sangue de Fedorov:

— Senhores! O que estamos esperando? Não podemos arrombar os portões e libertar Zasulich?

Batidas de pés e estrépitos ensurdecedores também se fizeram ouvir. A multidão estava tentando arrombar os portões.[5]

Fedorov não tinha a menor intenção de enfrentar a multidão enraivecida. Correu até a cela de Vera.

— Vera Ivanovna — disse ele, praticamente gritando —, pegue suas coisas e vá. Não está ouvindo o clamor?

Levou a moça até a entrada, abriu os portões enormes e empurrou-a para fora.[6]

Deve ter sido um momento estarrecedor, mesmo para uma heroína. Ali estava Vera, sozinha na frente dos portões da prisão, segurando uma sacola com força, diante de um mar de admiradores anônimos. Não havia onde se esconder. Em questão de segundos, um rugido estrondoso se fez ouvir e a multidão aglomerou-se à sua volta, gritando congratulações. Mãos ergueram-na muito acima das massas e de toda parte vinham aplausos e gritos:

— Viva Zasulich! Glória a Zasulich![7]

— Senhores! Por favor! Ponham-me no chão! — gritava Vera aterrorizada. — Estou caindo! Deixem-me ir! Deixem-me ir!

Vera procurava um ponto de apoio e colocou as mãos na cabeça daqueles que se acotovelavam a seu redor. Mas aqueles que estavam carregando Vera nos ombros não a teriam posto no chão nem que quisessem. Não havia espaço, e ela poderia ser facilmente esmagada pela multidão.

Logo alguns indivíduos solidários tiveram pena dela. Ouviram-se vozes pedindo uma carruagem. Sergei Goloushev, uma das testemunhas de Alexandrov, correu em seu socorro. Na rua Shpalernaia, viu uma solitária carruagem vazia, com seu condutor inexplicavelmente adormecido com as rédeas nas mãos. Goloushev pulou para dentro da cabine, arrancou as rédeas das mãos do condutor surpreso e jogou o veículo no meio da multidão, enquanto as pessoas saíam de seu caminho aos saltos. Mãos invisíveis puseram Vera na carruagem. Um outro pegou as rédeas e Goloushev pulou para fora, correndo ao lado da carruagem no meio da multidão.

Assim que entrou na carruagem, Vera manteve um silêncio mortal. O condutor, tentando escapar da multidão, fez a carruagem seguir pela Voskresenskii Prospekt e tomou a direção da Nevskii Prospekt. Naquele momento, um transeunte comum foi escolhido aleatoriamente como companheiro de Vera, sendo posto à força na carruagem, e depois lhe atiraram dezenas de rublos para pagar a corrida. De repente, o novo companheiro de Vera estava cara a cara com aquela jovem atordoada, que parecia estar prestes a desmaiar. Logo o desconhecido fez de tudo para desempenhar seu novo papel.

— Onde gostaria de ir? — perguntou, na esperança de ter para onde dirigir a carruagem.

— O senhor é quem sabe — foi a única resposta de Vera.

A carruagem continuou andando lentamente pelo meio da multidão, sem rumo, pela Voskresenskii Prospekt.

As versões sobre o que aconteceu em seguida são conflitantes. Segundo algumas testemunhas, uma coluna de policiais foi vista indo na direção dos manifestantes. Alguns disseram que a polícia estava a pé, armada de cassetetes; outros declararam que estava a cavalo, liderada pelo belo Dvorzhitskii, que, com os cabelos e costeletas cuidadosamente aparados, parecia o próprio Alexandre II. Seja como for, a coluna de policiais avançava inexoravelmente na direção das massas.[8]

O próprio Dvorzhitskii declarou mais tarde que sua única intenção era garantir a passagem segura de Vera pelo meio daquele aglomerado terrível. Mas os admiradores de Vera ficaram desconfiados de que ela estava prestes a ser encarcerada de novo. Quando Dvorzhitskii gritou para as pessoas se afastarem da carruagem, vários homens se aproximaram para bloquear as portas do veículo. Enquanto os policiais de uniforme abriam caminho pela multidão, empurrando violentamente as pessoas, muitas revidaram. Gritos e berros foram ouvidos quando começou um pugilato entre o povo e os policiais.

E então, do nada, o estampido de duas armas de fogo ressoou acima da multidão.

Ouviu-se um grito:

— A polícia está atirando em nós!

Seguiu-se um pandemônio, enquanto as pessoas corriam para se proteger das balas esperadas. Um policial caiu no chão com uma bala alojada na viseira de seu capacete. Uma mulher gritou e desmaiou, levando as mãos ao peito. Testemunhas oculares viram a polícia brandindo seus cassetetes e uma mulher grávida tropeçando numa calçada e gritando:

— Eles estão querendo nos matar!

Em pânico, a multidão dispersou-se pelas ruas e alamedas próximas.

No caos, o caminho em frente à carruagem de Vera se abriu. O homem que estava no banco do condutor instigou os cavalos, e o veículo partiu a toda velocidade, desaparecendo por uma rua lateral. Vera finalmente escapara da polícia e da multidão. Horas depois, a celebridade russa do momento havia sumido sem deixar rastros.

Uma vítima ficou para trás. Havia um jovem caído no chão com o sangue escorrendo da têmpora esquerda. Seu nome era Grigorii Sidoratskii, e ele estava morto.

Muitos anos depois, São Petersburgo se acostumaria com essas cenas. Mas, em 1878, elas foram uma novidade chocante. A manifestação depois do julgamento, as batalhas com a polícia e a morte de Sidoratskii foram responsáveis por um escândalo público instantâneo. As reportagens dos jornais sugeriam uma horrível brutalidade policial. Para os que ainda se encontravam em estado de choque com o resultado do julgamento de Vera, o incidente apenas confirmou a desordem do regime russo. Circularam boatos de que havia sido expedido um mandado de prisão contra Vera e que a polícia a estava caçando noite e dia. E a simpatia estendeu-se a Sidoratskii, uma vítima aparentemente inocente da polícia russa enfurecida.[9]

Só mais tarde, depois dos depoimentos das testemunhas oculares, dos relatórios da perícia médica e dos depoimentos dos policiais é que a imprensa publicou a versão definitiva dos acontecimentos do dia 31 de março. A violência da manifestação deveu-se inteiramente a uma série de acasos catastróficos. Embora um mandado de prisão contra Vera tivesse realmente sido expedido, chegou muito tempo depois que a polícia havia sido enviada para dispersar a multidão. Na verdade, o chefe de polícia recebeu a incumbência de restaurar a ordem e garantir a segurança de Vera. Nenhum dos policiais disparara uma arma de fogo. Especialistas revelaram que as balas extraídas do ombro da mulher ferida, do capacete do guarda e do crânio de Sidoratskii saíram todas de um revólver Smith & Wesson de pequeno calibre e seis câmaras, que não era a arma usada pelos policiais. A única arma desse tipo que havia sido vista na cena era do próprio Sidoratskii.

Os últimos detalhes da história eram tão extraordinários que durante anos todos acharam que foi uma tentativa da polícia para esconder seus erros. Mas várias testemunhas oculares, entre as quais a própria Vera, confirmaram os fatos independentemente umas das outras. Sidoratskii, que estava sentado no degrau da carruagem de Vera, ficou agitadíssimo quando a polícia começou a cercá-la. Sacou seu revólver e, na tentativa de defendê-la, deu dois tiros. Um atingiu o capacete do policial, mas o outro errou o alvo e atingiu uma mulher da multidão. Enquanto a mulher caía com um grito de dor, alguns achavam que ela tinha morrido. Sidoratskii, já histérico, saltou da carruagem e fugiu pela rua no meio da confusão.

Talvez mortificado por ter atirado numa transeunte inocente, talvez simplesmente tomado pela excitação daquele aglomerado de gente, Sidoratskii parou de repente numa esquina. Ficou ali calmamente enquanto os outros passavam por ele correndo, em pânico. Lentamente, apontou a arma para a cabeça e puxou o gatilho.[10]

> *A violência e a tirania brutal, seja qual for a sua forma, sempre perturbam a alma e oprimem intoleravelmente todos nós. Aquele que vive pela espada, morre pela espada. Quem quer que transgrida a lei, põe os outros fora da lei. Isso é particularmente verdade no caso dos poderosos; e foi o principal motivo da absolvição de Zasulich.*
>
> — ST. PETERSBURG REGISTER, 1º. de abril de 1878[11]

O dia 31 de março de 1878 teve todos os elementos para causar furor entre o público: uma assassina modesta e delicada, um julgamento extremamente dramático, tumulto nas ruas, uma batalha com a polícia e uma vítima inocente. Os eventos daquele dia despertaram um enorme interesse público, alimentaram as preocupações com a brutalidade da polícia e do sistema jurídico russo e exasperaram o governo. Esse dia seria considerado, anos depois, como um dia crítico da história russa. E o mais importante para os jornais russos é que lhes aumentou a tiragem.

Na manhã seguinte ao julgamento, o público leitor foi agraciado com dezenas de artigos estonteantes sobre os acontecimentos. Muitos jornais dedicaram tanto espaço aos tumultos que se seguiram ao julgamento quanto aos próprios trâmites do mesmo. A cobertura estava salpicada de superlativos. *The Week* declarou: "Nas crônicas dos tribunais russos, ainda não houve nenhum julgamento tão importante e expressivo que tivesse um significado tão grande e criasse uma impressão tão forte quanto o julgamento de Vera Zasulich." A revista *Telegraph* explicou que o interesse público tinha chegado a proporções tão grandes que o julgamento completo seria publicado em capítulos em quatro edições consecutivas. Mas nada superou a matéria de Grigorii Gradovskii na revista *The Voice*. Até hoje, seu artigo sobre o julgamento de Zasulich parece ter sido escrito num estado de exaltação delirante, ditado febrilmente minutos depois dos próprios acontecimentos. Na versão de Gradovskii, Vera foi imortalizada como a vítima sofredora dos maus-tratos do regime, e, por sua vez, o regime e a sociedade foram colocados no banco dos réus. Na imaginação de Gradovskii, ele e todo o resto da Rússia foram considerados culpados dos crimes gêmeos de injustiça desenfreada e presunção imperdoável.[12]

Nos dias seguintes, os jornais liberais seguiram o diapasão de Gradovskii. Seu veredicto era, na síntese concisa de Koni, *"caveant consules"* ou "o governo que se cuide". Editores de jornais declararam que o regime de Alexandre II faria muito bem em ouvir a voz do público revoltado, que falou através do júri de Vera. O desrespeito pela dignidade humana e a arbitrariedade usual, tão característicos do governo russo, tinham de acabar. O abuso de poder não seria mais tolerado com indiferença. A absolvição de Vera, declarou o *St. Petersburg Register*, "era o veredicto de todos os que estavam presentes ali. Era a voz do povo". "Se não dermos ouvidos à voz da sociedade nesses casos", concordou *The Week*, "quando é que vamos dar?"[13]

Se o regime se recusasse a ouvir o que os russos estavam dizendo, mais atos desse tipo seriam inevitáveis. O *Northern Messenger* não exigia menos discordância, e sim mais. O público precisava de canais de expressão legais para dar vazão a seu descontentamento, era necessário haver mais "válvulas de escape" para aliviar a pressão da opinião pública. Caso contrário, insinuou o *Northern Messenger*, liberaria sua frustração de outras formas, de formas mais violentas. Aumentaram as esperanças de que o julgamento tivesse marcado uma "guinada" na história russa. Gradovskii expressou essa ideia muito poeticamente: talvez o julgamento fosse uma crise como aquelas "tão comuns numa doença grave — um momento muito difícil, mas desejado, que indica a volta da saúde".[14]

Logo a própria Vera desapareceu das matérias dos jornais. Ao menos para os editorialistas, parecia que o julgamento não tinha nada a ver com ela, afinal. O sumário de Alexandrov a tinha transformado em simples instrumento do protesto público. Sua vida tinha sido dificílima, e o desespero a impeliu a agir contra seus opressores. Ela era uma vítima passiva de circunstâncias além de seu controle. O júri não tinha se concentrado em Vera, mas sim nos "fatos sociais" que envolviam seu caso, disse o *Messenger of Europe* num editorial. O periódico *Notas da Pátria* acrescentou que "aqui entre nós, uma pessoa que sofre, mas sabe que é inteiramente inocente, às vezes não tem onde fazer uma queixa e nenhuma forma de receber uma reparação".[15]

Devorando avidamente as matérias dos jornais, o público leitor logo fez eco e amplificou essa interpretação liberal dos acontecimentos. Por toda a Rússia, cidadãos comuns expressavam um ódio silencioso contra o regime. A Terceira Seção interceptou cartas que revelavam a alegria geral pela absolvição de Vera. "A ordem asiática que predomina em nosso governo está começando a irritar o público", escreveu um amigo a outro. O julgamento, acrescentou ele, "revelou todos os abusos de nosso regime". O próprio tsar, escreveu outro correspondente, ficou surpreso com o que ficou sabendo do caso. Outros caracterizaram a crise em termos duros, rejubilando-se com a possibilidade de que o julgamento bem podia ser a "queda da Bastilha" russa.

Mas o público nunca esqueceu o papel de Vera naquela provação, e passou a considerá-la uma heroína. Começou a ser chamada, de forma bem pouco pertinente, de Charlotte Corday da Rússia, ou sua Joana d'Arc, ou ainda uma versão moderna da Judite bíblica. Como as santas de antigamente, ela tinha seguido a voz de sua consciência, sem se importar com as consequências. "E então, em silêncio, sem falar, uma moça teceu para si mesma uma coroa de louros de imortalidade", escreveu um homem de Poltava a um amigo de São Petersburgo. A Terceira Seção, depois de investigar o remetente, ficou surpresa ao descobrir que era um empregado comum do Ministério do Interior.[16]

Mesmo nos círculos da elite, predominava a simpatia por Vera. No dia seguinte àquele em que o artigo foi publicado, amigos e admiradores foram ao gabinete de Gradovskii dar-lhe os parabéns pela matéria. Houve um dilúvio de cartas de leitores comovidos. Uma dama da sociedade muito bem relacionada convidou Gradovskii para tomar chá e depois, confidencialmente, confessou que havia reunido uma quantia suficiente de dinheiro para financiar a fuga de Vera para o exterior, se isso se tornasse necessário. Ela se recusou a acreditar que Gradovskii não sabia do paradeiro de Vera.[17]

Uma conclusão foi inquestionavelmente aceita: Vera não constituía ameaça alguma à sociedade. Sua biografia era extraordinária; sua situação, única. A confluência dos eventos que desencadearam a tentativa de assassinato provavelmente nunca mais se repetiria. Os boatos sinistros de que ela era "uma revolucionária dedicada, uma mulher exaltada", foram silenciados durante o julgamento. Vera não passava de uma moça frágil, e sua tentativa de matar Trepov era apenas a resposta natural de uma alma exageradamente sensível.[18] Não havia probabilidade alguma de o ato de Vera ser imitado.

Em apenas alguns meses, essa suposição se mostraria inteiramente infundada.

Enquanto isso, o governo russo fez tudo o que estava a seu alcance para confirmar sua reputação de irracionalidade e tirania. Desconsiderando descaradamente a absolvição e as manifestações em favor dele, Alexandre II emitiu um mandado de prisão contra Vera Zasulich, que devia ser mantida na Casa de Detenção Preliminar até ordem em contrário. Quando se descobriu que ela tinha escapado à prisão e continuava escondida, o prefeito interino de São Petersburgo ordenou à polícia que "tomasse as medidas mais enérgicas" para localizá-la e prendê-la. Em agosto, a Terceira Seção ficou sabendo que Vera fugira para a Suíça. Durante algum tempo, o tsar insistiu em pedir sua extradição ao governo suíço. Só sossegou quando seus assessores foram contra, dizendo que o regime não ia querer outro julgamento de Vera Zasulich. Em outubro de 1878, o tsar resolveu deixar de persegui-la formalmente.[19]

No tribunal e nos ministérios, os burocratas discutiram o julgamento num tom mais sóbrio. Estava sendo visto como uma derrota humilhante para o regime russo. O tutor do herdeiro do trono, Konstantin Pobedonostsev, deu o diapasão ao denunciar iradamente o julgamento como nada menos que "uma segunda Plevna", que era, se possível, "mais terrível, mais esmagadora que a primeira". Os prefeitos de toda a Rússia fizeram eco a esse sentimento. A sociedade provinciana, ao que parece, estava "confusa" com o veredicto, sem compreender como uma assassina em potencial podia ser absolvida. Mas, acima de tudo, um medo muito profundo varreu os bastidores do poder. Um precedente mortal havia sido estabelecido: assassinos podiam se transformar em heróis. "Se as coisas continuarem assim", sussurravam alguns burocratas, "vamos ter de fugir do país."[20]

Fora de si de raiva, Alexandre II partiu para a ofensiva e exigiu um expurgo geral no sistema jurídico, na imprensa e contra qualquer pessoa que expressasse simpatia por Vera. Impulsivamente, quase sem pensar, ele e seus ministros anularam grande parte das reformas que um dia estiveram tão ansiosos por implementar. Não demorou nada para causarem sérios prejuízos nas instituições russas recém-liberalizadas.

Seus primeiros alvos foram aqueles imediatamente envolvidos no julgamento de Zasulich. Alexandrov, embora considerado um "canalha", era intocável por causa da independência dos advogados de defesa. Anatolii Koni, em seu papel de representante do governo, não teve a mesma sorte. Foi denunciado imediata e claramente como "o verdadeiro culpado" pela absolvição de Vera. Houve boatos de que suas instruções ao júri tinham encorajado um veredicto de inocência. Alguns disseram que ele era um "niilista contumaz" disfarçado. Um general o acusou especificamente de *perguntar* se Vera era culpada.

— Ela confessou ter dado um tiro nele — disse o velho general, aparentemente indignado —, e depois Koni perguntou ao júri: "Ela é culpada?" Que tipo de pergunta é essa: "Ela é culpada?"[21]

No dia 5 de abril, Palen mandou chamar Koni a seu gabinete. Koni sentiu imediatamente que ele e Palen estavam prestes a ter seu último confronto. O próprio ministro estava sentindo a ira de seus superiores. Como um homem que passara toda a vida nos bastidores do poder e que tinha usufruído os privilégios de seu cargo, Palen estava em desespero. Temia estar para perder aquilo tudo. Procurou freneticamente recuperar as boas graças do tsar mostrando sua raiva a todos os subordinados.[22]

Num tom de irritabilidade ansiosa, Palen acusou Koni de fazer de tudo para garantir a absolvição de Vera. Advertiu Koni muito claramente de que o tsar estava irritadíssimo com seu sumário. Mais uma vez, Koni deu início a uma longa justificativa, mas Palen não estava com a menor vontade de escutar. Com uma expressão sombria no rosto, insistiu para Koni escrever imediatamente um pedido de desculpas pessoal ao tsar e pedir sua exoneração. O tsar não ficaria irritado por muito tempo, acrescentou ele num tom mais brando. Koni era jovem; "seria apenas um hiato temporário" em sua carreira. Mas, se Koni insistisse em seus direitos de juiz, aí perderia as boas graças do tsar para sempre.

Como de hábito, Koni aferrou-se a seus princípios. Segundo as reformas de 1864, disse ele, os juízes eram independentes, e seu cargo era vitalício.

— Com a ajuda de um decreto imperial, o senhor pode me matar profissionalmente — declarou Koni —, mas sua sugestão de eu cometer um suicídio profissional é absolutamente inútil.

Continuaria no cargo não porque ainda tivesse algum prazer em cumprir seus deveres, mas para defender o princípio da independência do judiciário. Palen ficou morto de raiva, mas nada podia fazer. Koni continuaria sendo juiz.

Frustrado, Palen vingou-se naqueles sobre os quais podia exercer poder: os promotores públicos Andreevskii e Zhukovskii. Chamando-os a seu gabinete, ele os transferiu para cargos nas províncias por se recusarem a acusar Vera Zasulich. Ambos renunciaram imediatamente a seus cargos e voltaram-se para a única profissão que lhes restava: advogados de defesa. No dia em que Zhukovskii apresentou seu pedido de demissão, os amigos reuniram-se em sua casa para lhe dar apoio moral. Entre eles estava o próprio Koni, que, depois do jantar, propôs um brinde àqueles que tinham sido "jogados para fora" do navio da Justiça.

— Passamos por uma tempestade — disse ele — e estamos com a bandeira a meio pau pelos companheiros que caíram.[23]

O diretor da Casa de Detenção Preliminar foi o terceiro a cair. Por sua recusa em seguir o "conselho" dado por Lopukhin para manter Vera encarcerada até ordem em contrário, o tsar ordenou pessoalmente que Fedorov passasse sete dias preso. O prefeito interino de São Petersburgo, Alexander Kozlov, reconheceu o absurdo dessa decisão e tentou dar a notícia a Fedorov da melhor maneira possível. Apesar disso, Fedorov rompeu em lágrimas ao recebê-la. Nunca mais voltou a passar pelos portões da Casa de Detenção Preliminar.[24]

No dia 5 de maio, num ato final quase quixotesco, Palen conseguiu convencer o pobre Kessel a apelar ao Senado russo, o Supremo Tribunal do país, contra a absolvição de Vera. Os motivos da apelação foram inteiramente inventados, mas o Senado estava sob pressão extrema para anular o veredicto de Vera sob qualquer pretexto. No dia 20 de maio, com os votos divididos, o Senado declarou descaradamente que o julgamento de Vera Zasulich fora encerrado com um defeito jurídico insanável e enviou o caso para ser julgado novamente no distrito de Novgorod. No fim, conforme se viu, essa foi uma medida inútil. Vera nunca mais seria levada a julgamento.[25]

Dentre todas as providências tomadas por Palen depois do julgamento, uma delas teve consequências seriíssimas para o sistema judiciário liberal da Rússia. No dia 2 de abril, imediatamente após o julgamento, ele propôs ao Conselho de Estado que promulgasse uma lei segundo a qual todas as tentativas de assassinato e atos terroristas seriam julgados por um tribunal militar. Naquele momento específico, até mesmo o governo ainda estava despreparado para tomar essa medida extrema. A proposta foi rejeitada por ser considerada prematura. Foi preciso haver vários outros ataques terroristas antes que a lei sobre tribunais militares fosse adotada, no dia 9 de agosto de 1878. Depois dessa data, os julgamentos políticos eram transferidos para os tribunais militares nos casos em que houvesse ação "armada" contra o governo. O regime explicou que os revolucionários estavam sendo alvo de "simpatia" nos julgamentos com júris civis.[26]

Mas, a essa altura, já era tarde demais para Palen. Ele foi demitido de seu cargo como ministro no dia 30 de maio de 1878.[27]

Outros departamentos do governo desempenharam seu papel no sentido de se vingar do resultado do julgamento de Vera. O ministro do Interior fez de tudo para apoiar seu colega do Ministério da Justiça. Depois do julgamento, foi-lhe apresentada uma lista completa dos jornais que tinham publicado matérias sobre o julgamento favoráveis a Vera e que tinham interpretado ostensivamente um "assassinato como ato heroico". Foi feita a sugestão arrepiante de que os editores desses jornais recebessem uma advertência relativa à publicação desse tipo de reportagem no futuro. O próprio ministro apresentou um longo relatório ao tsar sobre o artigo de Gradovskii em *The Voice*. Gradovskii, afirmou ele, na verdade estava "ajudando os jovens em suas atividades antigoverno". Andrei Kraevskii, o editor de *The Voice*, devia receber sua primeira advertência oficial. Outros jornais tiveram menos sorte ainda. No começo de abril, o *New Times* e o *Northern Messenger* foram proibidos de vender suas edições e acusados de "divulgação de informações falsas".[28] Em janeiro de 1879, essas tentativas esporádicas de censura transformaram-se em política oficial. Depois dessa data, a cobertura jornalística de julgamentos políticos ficou restrita à reimpressão de versões oficiais estenografadas ou à apresentação pura e simples dos fatos do processo.[29]

A Terceira Seção enfrentou a opinião pública. Apresentando como evidência cartas enviadas, a polícia secreta separou todas as que transmitiam simpatia por Vera ou que aplaudiam os resultados do julgamento. Os remetentes foram investigados para saber se estiveram envolvidos em atividades políticas antes. Muitas vezes, a polícia secreta ficou surpresa ao descobrir que os autores eram indivíduos comuns sem nenhuma opinião política declarada anteriormente. Um dos relatórios revelou a frustração pessoal de Alexandre II com a extensão da popularidade de Vera. Em garranchos furiosos, Alexandre escreveu à margem de uma das cartas: "Quem são essas pessoas?"[30]

Ironicamente, a baixa final do julgamento foi o próprio Fedor Trepov. Embora as autoridades o considerassem publicamente a vítima do processo, privadamente ele foi acusado por sua decisão impulsiva de mandar açoitar Bogoliubov. Uma semana depois do julgamento, talvez arrependido por não ter feito um depoimento em favor de si mesmo, Trepov escreveu ao ministro do Interior pedindo permissão para publicar uma pequena justificativa de sua ordem para açoitar Bogoliubov no jornal do regime, o *Government Messenger*. O pedido de Trepov foi encaminhado ao Comitê dos Ministros. Mas o governo estava farto de Trepov e seu pedido foi negado com uma explicação simples: "A publicação dessa justificativa é *inoportuna no presente momento*."[31]

Um governo mais ágil teria reagido com uma campanha publicitária própria. Teria divulgado, no mínimo, as provas que demonstravam quem Vera era realmente: sua história de radicalismo, as ameaças de morte enviadas a diversas autoridades, os boatos de uma conspiração mais ampla. Em vez disso, o governo chicoteou seus críticos, que só estavam expressando a desconfiança pública.

O único defensor do governo foi o lendário propagandista reacionário Mikhail Katkov, editor do *Moscow Register*: Katkov convertera-se havia pouco tempo ao conservadorismo; era um homem cujas simpatias originais advinham de Alexander Herzen e dos "homens supérfluos", mas cujas opiniões sofreram uma guinada drástica para a direita com o niilismo dos anos 1860. No final da década de 1870, Katkov era um defensor inflexível das conquistas russas no exterior e da autocracia doméstica. Seus contatos com a corte russa, sua influência enorme no mundo jornalístico russo e sua retórica muitas vezes exaltada resultaram num apelido: "Estrondoso". Esteve à altura do apelido durante a Guerra Russo-Turca, quando escreveu uma série de editoriais furiosos, exigindo que se desse continuidade à guerra da maneira mais vigorosa e que fosse usada a política mais belicosa possível contra a Europa.[32]

Depois do julgamento de Vera Zasulich, Katkov usou sua poderosa voz editorial para fazer críticas ferinas à sociedade liberal e à sua nova predileção pelo assassinato. Acusou a imprensa liberal de simplesmente ignorar os fatos do processo: que uma mulher dera um tiro numa autoridade da cúpula do governo. Teria sido razoável se o júri tivesse abrandado sua pena, afirmou ele irritado, mas não tinha o direito de ignorar a lei pura e simplesmente.[33]

Katkov ridicularizava os admiradores de Vera, chamando-os de intelectuais liberais fracos, aos quais faltava o bom senso dos russos comuns. Não teria ocorrido a nenhum homem normal absolver uma ré confessa, quanto mais venerá-la como "uma santa". No dia 3 de abril de 1878, Katkov ficou satisfeitíssimo ao receber provas concretas da correção de suas opiniões. Naquele dia, um protesto estudantil radical foi atacado por comerciantes, porteiros e açougueiros de Moscou, alguns armados de facas. Katkov escreveu um editorial eufórico, declarando que as "massas russas" tinham se expressado contra "os traidores do tsar". Era uma reação "saudável", declarou ele, às justificativas distorcidas do radicalismo apresentadas pela *intelligentsia*.[34]

Mas a voz de Katkov era uma voz isolada. Principalmente depois das escaramuças de 3 de abril, os liberais e os radicais uniram-se para denunciar o súbito entusiasmo de Katkov pela violência das massas. Com toda a seriedade, os liberais declaravam-se contrários à "justiça pelas próprias mãos por parte das massas" e à "justiça pelas próprias mãos armadas de revólver". A ironia desse debate parece ter passado despercebida por ambas as partes. Os liberais e os radicais russos celebravam as manifestações da elite aplaudindo Vera e denunciaram os protestos dos trabalhadores comuns como "violência da ralé". O reacionário Katkov, por outro lado, atacava as elites russas por apoiarem o terrorismo ao mesmo tempo em que celebrava as manifestações violentas dos trabalhadores humildes. A guerra entre liberais, reacionários e o governo continuava grassando na imprensa. O tom era pessoal, muitas vezes. Quando

Katkov declarou que milhares dos "companheiros de Vera" iam "copiar seus planos de assassinato," o *Messenger of Europe* respondeu indignado que, normalmente, nem "os conservadores raciocinavam nesses termos absurdos".[35]

Obcecados com essas polêmicas, nem os conservadores, nem os liberais e nem o governo conseguiram perceber que, de forma sub-reptícia, mas insistente, o movimento radical estava aprendendo uma lição muito diferente com o julgamento de Vera: o terrorismo compensava. Não demorou nada para ele agir de acordo com o que aprendera.

> *Somos socialistas. Nosso objetivo é destruir o sistema econômico existente e erradicar a desigualdade econômica, que são, em nossa opinião, as raízes de todo o sofrimento humano. (...)*
>
> *Senhores da polícia e do governo! Os senhores têm à sua disposição um exército composto por um milhão de homens e uma numerosa força policial; seus espiões inundam todas as cidades e logo vão inundar as aldeias; suas prisões são terríveis e seus castigos, impiedosos. Mas saibam disso: com todos os seus exércitos e sua polícia, com suas prisões e seus castigos, mesmo assim, os senhores estão impotentes e indefesos diante de nós! Nenhum castigo vai nos amedrontar! Nenhuma força vai protegê-los de nossa mão!*
>
> *Os senhores estão assustados com nossos primeiros golpes e resolveram apelar para tribunais militares a fim de nos aterrorizar com a ameaça de vinganças sangrentas.*
>
> *Ai, ai dos senhores, se resolverem seguir esse caminho até o fim! Não vão nos amedrontar, os senhores mesmos sabem disso. Só vão nos tornar mais implacáveis com os senhores. E saibam do seguinte: temos meios mais horríveis que aqueles que os senhores já conhecem, mas não os usamos até agora porque são extremos demais. Cuidado para não nos levarem ao extremo, e lembrem-se de que nunca fazemos ameaças vazias. (...)*
>
> *Não dia a dia, mas minuto a minuto, nosso movimento cresce.*
>
> *Lembrem-se: não entramos nesse caminho há muito tempo. Menos de seis meses se passaram desde o tiro de Vera Zasulich.*
>
> — Sergei Kravchinskii, "Olho por Olho, dente por dente"[36]

Os revolucionários russos nunca esqueceram o dia 31 de março de 1878. Foi o dia em que o público, com a mão aberta, deu um sonoro tapa na cara da autocracia russa. Depois de anos suportando a indiferença muda dos russos comuns, os radicais finalmente viram indícios de um despertar. A sociedade tinha condenado o poder arbitrário do regime russo e aceitado Vera e seu ato de justiça pelas próprias mãos. Foi um momento glorioso, uma guinada que levaria ao colapso inevitável do sistema russo existente.

Nos dias seguintes ao julgamento, panfletos ilegais choveram nas cidades russas. Os panfletos faziam desafiadoras declarações de vitória no processo Zasulich. O grupo Terra e Liberdade advertiu que o julgamento de Vera era apenas o prólogo dos próximos acontecimentos. Sob a influência da teatralidade do julgamento, previu que o público logo tomaria o palco do "drama histórico cujo título é o julgamento do regime pelo povo".[37]

O 31 de março de 1878 era "um dia que seria lembrado para sempre na história russa". Durante séculos o povo russo tolerara calado a injustiça e a tirania. Amedrontado, permitira que outros sofressem em seu lugar. Só olhava enquanto "os melhores, os mais liberais" eram condenados a definhar nas prisões e nos campos de trabalhos forçados da Sibéria. O tiro de Vera foi, como ela havia esperado, um toque de clarim.[38]

Finalmente o medo fora banido dos corações russos. Vera arrancara a aura de onipotência do regime. Um governo ilegítimo agora estava impotente. Enfrentando os manifestantes depois do julgamento de Vera, atacou-os vingativamente, mas só conseguiu assassinar Sidoratskii. E depois, por covardia, declarou que sua morte havia sido suicídio.[39]

Na esteira do julgamento, ficaram dois exemplos de coragem humana. Vera era a heroína, que afirmara que foi "difícil erguer a mão contra outro ser humano", mas fez isso por amor à dignidade humana. Era uma "alma pura", uma "encarnação da consciência russa". Sidoratskii era o mártir, que morrera para que Vera pudesse viver. Uma revista radical recém-fundada, com o nome pertinente de *The Beginning*, proclamou eloquentemente que "do sangue inocente desse jovem vai brotar uma bela planta. (...) e nossos inimigos, os inimigos do povo, não vão conseguir arrancá-la pela raiz".[40]

"Os inimigos do povo." Nessa frase, as tonalidades mais sombrias do momento traíram-se. "Quem não está a favor do governo no presente momento, deve ficar contra ele", anunciou o Terra e Liberdade. Outros panfletos diziam coisas mais sinistras ainda: "É preciso formar um comitê secreto de segurança pública. E, depois, ai dos insanos que bloquearem o caminho da história."

Vera podia ter sido a primeira, era o que os panfletos pareciam querer dizer, mas não seria a última a pegar em armas contra o Estado. "Do silêncio dessas ruas pacatas", declarou *The Beginning*, "vão surgir demônios terríveis, exigindo prestação de contas de todo o sangue derramado. Ai, ai daqueles assassinos que viverem para ver o dia do juízo!"[41]

Deveria ter sido o período mais feliz da vida de Vera. Deveria ter sido uma compensação pelos anos de esforço para se preparar para a luta, esforço titânico que a arrancara de um lugar atrasado na província e a levara para o topo do movimento revolucionário. Depois do sofrimento agudo pela traição de Nechaev, depois da solidão da prisão e do exílio e depois da decepção com a vida entre os Rebeldes, Vera finalmente chegara ao cume do movimento revolucionário russo. Foi a primeira na história a ser uma nobre terrorista, uma mulher assassina, uma heroína radical. Sozinha, tinha dado provas do valor do movimento socialista russo, e principalmente de seu contingente feminino. Poderia ter considerado as lisonjas da multidão e a adoração da imprensa como nada mais que a justa compensação por uma vida vivida corajosamente.

Em vez disso, nos dias seguintes ao veredicto, o estado de espírito de Vera entrou numa espiral descendente rumo à depressão. Sua absolvição, ao que tudo indicava, foi ao mesmo tempo inesperada e indesejável. Os companheiros radicais que se encontraram com ela depois dos acontecimentos de 31 de março ficaram chocados ao encontrá-la calada e morosa, quase irritada com seus admiradores.

— Todo mundo que vem aqui — disse ela com desprezo a um amigo que a visitou — considera um dever entoar ditirambos em meu louvor.[42]

Em parte, o problema estava na timidez intensa de Vera. Essa jovem reservada estava completamente despreparada para o clarão dos holofotes. Horas depois do veredicto, o esconderijo minúsculo onde ela ficou por alguns dias foi invadido por um verdadeiro enxame de companheiros. Olhos curiosos voltavam-se para ela e esperava-se que ela respondesse a perguntas sobre todos os aspectos de sua provação que revelassem seus pensamentos mais íntimos. Submetida a esse exame penetrante, Vera descobriu que mal conseguia

"controlar-se". Sua falta de tato levou-a muitas vezes a cenas desagradáveis. Uma hora depois do veredicto, um jovem que Vera nunca tinha visto antes correu em sua direção e exclamou ansiosamente:
— Você deve estar feliz agora!
Sem pensar, Vera respondeu honestamente:
— Não muito.
Ao ver uma decepção profunda no rosto do rapaz, ela se arrependeu imediatamente de suas palavras. Tentou explicar que estava cansada, mas não adiantou.

À medida que as semanas foram se passando, as coisas pioraram. Os companheiros de Vera ficaram sabendo do novo mandado de prisão contra ela e insistiram para que ficasse mudando de apartamento a toda hora para evitar ser localizada. Assim, ela foi lançada continuamente em novas situações sociais e obrigada a conhecer novos fãs, tão invasivos quanto os anteriores. Mais tarde, escreveu que se sentia "mais sozinha do que jamais me senti na Casa de Detenção Preliminar".

Mas, em suas memórias, Vera lutou para explicar o aspecto mais sério da falta de nexo entre a exultação que a cercava e o desespero interior que a deprimia. Quando resolveu dar um tiro em Trepov, escreveu ela, tinha renunciado mentalmente à sua liberdade: "Eu havia me despedido de minha vida livre e não pensava mais nela." Mas o júri rejeitou inesperadamente essa oferenda nobre de autoimolação. "Devolveram-me a vida para mim mesma, e eu precisava decidir o que fazer com isso, e decidir o mais rápido possível."[43] O que tinha querido, mais que qualquer outra coisa, era tornar-se mártir. Mas, em vez disso, tinha se tornado uma celebridade.

A seu ver, aquilo não era justo. A celebridade era a recompensa do egoísmo; o martírio era a verdadeira dádiva do autossacrifício. Se era para se tornar conhecida, ela queria que fosse pelo que estava disposta a sofrer. No fundo do coração, Vera deve ter guardado um resquício de angústia sobre sua intenção de assassinar Trepov. Embora ele fosse a seus olhos um vilão consumado, o assassinato ainda assim era um crime. Ela não queria elogios; queria ser punida para que seu sofrimento redimisse o pecado cometido. Muitos anos depois, Albert Camus, o filósofo francês, foi quem melhor captou o que se passava na cabeça de Vera e de outros terroristas como ela. Chamou-os de "assassinos escrupulosos", pelo senso ético que proclamam ter. "Necessário e imperdoável", escreveu ele, em parte sobre Vera, "é assim que lhes parece o assassinato." Para se justificar, "conceberam a ideia de sacrificar a própria vida como justificativa". Na verdade, para eles, "quem mata só é culpado se consentir em continuar vivendo". Tendo-lhe sido negado o martírio, Vera sentiu o aguilhão da culpa. Como confessou tempos depois a seu grande amigo Lev Deich, em meados de abril ela tinha feito planos para se entregar à polícia.[44]

No último momento, foi salva por um homem que ela nunca tinha visto antes, mas que tinha grande interesse por seu destino: Dmitrii Klements. Ele tinha alugado um apartamento de um ortopedista que tinha vínculos com o movimento radical. Era um esconderijo perfeito. A única entrada era através de outro apartamento habitado, ocupado por uma velha que se recusava a receber visitas. Klements ofereceu um quarto gratuito a Vera nesse apartamento. Durante semanas, Vera não pôs o nariz para fora desse novo lar. Mas, por fim, paradoxalmente, estava feliz. Tinha tudo do que precisava: um fogareiro para fazer seu chá, alguns livros e comida entregue diariamente por um jovem estudante dedicado.

Klements mostrou ser excelente companhia. Foram obrigados a dividir um espaço diminuto durante semanas a fio, mas Vera nunca se sentiu invadida pela presença de Dmitrii. Klements, como Vera, gostava de ficar em silêncio e era considerado por muitos um sujeito taciturno. Mas seus suaves olhos castanhos não conseguiam esconder uma inteligência extraordinária, nem um delicioso senso de humor.[45] Acima de tudo, Vera valorizava a sensibilidade dele. Ele compreendeu imediatamente a ansiedade espiritual de Vera e seu desejo de ser deixada em paz. No começo, evitava falar com ela por pura cortesia. Os dois passavam dias inteiros em quartos separados, só rompendo o silêncio para tomar uma refeição juntos. Os outros conhecidos de Vera assediavam-na o tempo todo, mas Klements não lhe perguntava nada. Entretanto, logo descobriram que tinham muita coisa em comum. Passavam horas recordando o movimento "em direção ao povo" e contaram um ao outro suas histórias de vida e muitas experiências. Klements gostava cada vez mais de sua protegida.

Sabendo que o cerco em torno de Vera estava se fechando e que seu esconderijo diminuto não continuaria seguro por muito tempo, Klements insistiu com ela para que fugisse para o exterior. Ele sabia que não ia ser fácil. Vera não gostava da ideia de fugir da cena do crime: pareceria particularmente covarde depois de seu desejo inicial de entrar nela. Iria dar a impressão de que ela estava fugindo às responsabilidades por seus atos. E também não aceitava a ideia de abandonar os companheiros do movimento — pareceria uma espécie de traição. Uma de suas amigas íntimas, Ekaterina Breshko-Breshkovskaia, escrevera-lhe uma carta insistindo para ela não abandonar a causa revolucionária russa. "Por que você haveria de querer desempenhar o papel de um herói desempregado?"

Klements não tentou refutar esses argumentos. Só fez uma proposta tentadora. E se os dois viajassem para a Suíça e desfrutassem de um pouco de sossego esquiando nos Alpes?

— Não estou lhe pedindo para "desempenhar um papel" — disse ele, zombando tranquilamente de Breshko-Breshkovskaia —, mas sim para esquiar nas montanhas. Lá você não vai estar desempenhando nenhum "papel". Quanto ao "heroísmo", o que se precisa é de um tipo muito diferente: quer essa montanha seja íngreme ou não, você vai ter de subir.

Seria uma experiência gloriosa, insistiu ele.

— A que alturas eu poderia levá-la!

Por fim, Vera sucumbiu. Soube que seu veredicto estava prestes a ser encaminhado ao Senado. Houve um boato improvável de que um oficial da cúpula militar, talvez até mesmo alguém da família real, havia se oferecido para acompanhar Vera pessoalmente até o outro lado da fronteira, fazendo com que ela se passasse por sua esposa. Para Vera, a companhia de Klements parecia muito preferível à de qualquer "velho general". Em maio de 1878, Vera finalmente atravessou a fronteira na direção da Suíça. Naquele momento, renunciou oficialmente ao controle de seu legado. Nunca mais o recuperaria.

No dia anterior à emigração de Vera, ela se encontrou rapidamente com o homem que se tornaria seu admirador e imitador fervoroso para o resto da vida, Sergei Kravchinskii. Kravchinskii era a menina dos olhos do movimento revolucionário, um homem que inspirava afeição até nos conhecidos mais periféricos. Com seu rosto redondo, bochechas rosadas e angelicais cachos dourados, parecia, nas palavras de Vera, "uma beldade aldeã". Irradiava uma inocência quase infantil, que lhe granjeou o apelido de "o Bebê". Encantava particularmente as mulheres, que o achavam irresistível em seus elegantes ternos de verão de cor clara, que ele usava até o outono já estar bem adiantado para se dar um ar aristocrático. Fazia de tudo para chamar a atenção das mulheres, embora houvesse boatos de que era gay.[46]

Toda a carreira revolucionária de Kravchinskii foi construída sobre uma combinação de energia inesgotável e molecagens maldosas. Em 1874, foi um dos primeiros a usar um cafetã camponês e ir para as aldeias pregar o socialismo. Mais tarde, compôs uma série de contos socialistas moralizantes, pseudofolclóricos, para os radicais levarem para as aldeias, com títulos como "O conto de um copeque". Anos depois que o movimento "em direção ao povo" se tornara apenas uma lembrança, Kravchinskii confidenciou a Vera que se sentia constrangido com a trama ingênua e açucarada dessas histórias, mas Vera o tranquilizou, dizendo que tinha visto mais de um radical chorando ao lê-las. Em 1875, explodiu a revolta da Bósnia-Herzegovina, e Kravchinskii foi tomado pelo desejo de lutar ao lado dos rebeldes dos Bálcãs. Pegando sua arma, foi para as montanhas balcânicas e passou dias empoleirado em rochas nuas atirando no exército otomano. Apesar de ter ficado decepcionado com o nacionalismo obstinado dos companheiros bósnios, acabou saindo dessa experiência ileso.[47]

Passou pelos anos revolucionários da década de 1870 com um desembaraço impressionante. Em parte, contava com sua força física sobrenatural. Enquanto a maioria de seus companheiros do movimento "em direção ao povo" definhava nos campos ou nas fábricas, Kravchinskii assumia as tarefas agrícolas, a carpintaria e até o trabalho na linha de montagem com um vigor e uma habilidade consideráveis. Os camponeses e operários admiravam-no pela capacidade de acompanhar seu ritmo do trabalho. Kravchinskii também tinha uma sorte fantástica. Em 1877, foi preso na Itália por tentar instigar uma revolta anarquista, e a pena de morte era uma ameaça bem real. Mas, de repente, em janeiro de 1878, Vítor Emanuel, o rei da Itália, morreu, e seu sucessor, o rei Umberto, anistiou todos os presos políticos. Livre, Kravchinskii foi para a Suíça, pronto a retomar seu modo de vida revolucionário como se nada tivesse acontecido.[48]

Estava em Zurique quando ficou sabendo do caso de Zasulich e da absolvição de Vera. Tomado pelo entusiasmo, correu para São Petersburgo a fim de conhecer sua nova heroína. A primeira vez em que Vera lhe pôs os olhos, ele estava "todo alvoroçado, numa alegria impressionante". Kravchinskii adorou o papel que Vera desempenhou no julgamento; para ele, havia algo de belo e sobrenatural numa jovem e modesta mártir terrorista. E a adoração sincera e instantânea do público confirmou essa opinião.[49]

Num instante Kravchinskii se deu conta do novo imperativo dos revolucionários russos: criar mais Veras — um batalhão de terroristas, todos capazes de matar seus inimigos impiedosamente e todos dispostos a sofrer por seus atos.

Entre seus companheiros russos, ele traçou as linhas gerais de seu sonho para o futuro. Mais uma vez, os revolucionários deviam espalhar-se pelo interior do país. Mas agora manteriam a coesão graças às diretrizes do centro. Suas táticas seriam pouquíssimas: assassinatos cuidadosamente planejados das piores autoridades russas. Depois de cada assassinato, gráficas clandestinas produziriam textos declarando que todo ato terrorista se dirigia aos tiranos e déspotas que governavam a Rússia. O povo iria amá-los, exatamente como amava Vera. O terrorismo seria visto como um sacrifício belo e nobre pelo bem do povo. Essa seria uma organização terrorista maravilhosamente eficiente — um verdadeiro partido de Terra e Liberdade.[50]

Algumas semanas depois que Kravchinskii desenhou essa planta de engenharia, resolveu se alistar como o primeiro soldado do novo exército terrorista. Escolheu um alvo simbólico, o general Nikolai Mezentsev, o chefe da Terceira Seção durante os Julgamentos dos Cinquenta e dos 193 e arqui-inimigo dos revolucionários russos, um homem com fama de atormentar implacavelmente os prisioneiros.

Kravchinskii anunciou suas intenções aos amigos em julho de 1878, depois de ouvir um relatório secreto sobre o tratamento duro recebido pelos condenados durante o Julgamento dos 193.

— Amanhã — disse ele, quase que de improviso — o general Mezentsev vai ser morto em sua sala de recepções.

Os companheiros de Kravchinskii ficaram primeiro surpresos e depois apreensivos, mas Kravchinskii estava mortalmente sério. Já fazia algum tempo que ele aspirava profundamente a seguir os passos de Vera.[51]

Lev Deich insistiu para que o despreocupado Kravchinskii fizesse um plano de ação detalhado. Kravchinskii mataria Mezentsev na rua e depois fugiria num cabriolé que estaria à sua espera num determinado esconderijo. No início, Kravchinskii descartou o plano com um gesto da mão. Não tinha intenção de fugir depois de seu ataque. Desejava ter o fim de um mártir. Mas seus amigos finalmente conseguiram convencê-lo do contrário, dizendo que ele era valioso demais para o movimento. Mesmo assim, ele se recusou a fazer preparativos sérios, agindo como se não tivesse planejado nada mais interessante do que uma viagem de verão.[52]

O dia chegou. Na manhã de 4 de agosto, Mezentsev estava dando seu passeio habitual pela praça Mikhailovskii. Como que por acaso, um Sergei Kravchinskii vestido com a maior elegância aproximou-se dele como se fosse um velho amigo. Dá para imaginar o maldoso sorriso moleque de Kravchinskii quando tirou uma faca do jornal que estava segurando e golpeou Mezentsev no peito. O companheiro de Mezentsev, um oficial subalterno, começou a bater em Kravchinskii com um guarda-chuva e tentou agarrá-lo. Mas Kravchinskii, com sua sorte absurda, conseguiu escapar. Seu cúmplice atirou no companheiro de Mezentsev, ferindo-o gravemente. Kravchinskii pulou para dentro do cabriolé, que saiu a toda velocidade; daí a poucos minutos, estava em segurança. Nunca foi sequer suspeito de participação nesse caso.[53]

Naquela noite, enquanto Mezentsev morria lentamente em consequência das feridas, Kravchinskii estava redigindo uma declaração pública justificando o assassinato. Seu título sinistro era "Olho por olho, dente por dente". Nesse panfleto conciso, Kravchinskii defendeu eloquentemente a guinada para o terrorismo. Os socialistas não queriam nada mais que o bem do povo, mas eram obrigados a sofrer por suas crenças nas mãos de uma facção reacionária. O governo exercia todo o poder do sistema penal contra os radicais idealistas. Os revolucionários tinham mortes lentas sob tortura nas prisões e no exílio. Chegara o momento de revidarem.

O governo tinha um exército poderoso e uma força policial bem armada para defendê-lo, mas os terroristas tinham meios muito mais impiedosos e assustadores. Estavam prontos a fazer qualquer coisa, a sacrificar qualquer coisa para derrotar os inimigos do povo. Cada perseguição a um socialista seria respondida com um ato terrorista.[54]

A guerra terrorista acabava de ser declarada.

"Olho por olho, dente por dente" só transformou em virtude ideológica uma tendência que havia começado imediatamente depois da tentativa de Vera de assassinar Trepov e que tinha se intensificado ainda mais depois de seu julgamento. Tudo começou dias depois da tentativa de assassinato feita por de Vera, em fevereiro de 1878. O instigador foi um nobre elegante chamado Valerian Osinskii, que, como Kravchinskii, havia sido tomado de paixão pela revolução. Mas Kravchinskii, apesar de sua retórica, só matou um homem. Osinskii, ao contrário, teve uma longa carreira no assassinato.

O primeiro ato terrorista de Osinskii, o assassinato de um operário comum que havia se tornado informante da polícia, aconteceu no dia 2 de fevereiro de 1878. No dia 23 de fevereiro, ele tentou matar um promotor de Kiev, dando-lhe um tiro quando este estava passeando com a esposa. A vida do promotor só foi poupada pela espessura de seu sobretudo. O ataque seguinte, embora planejado por Osinskii, foi executado por um companheiro. Gregory Popko, como Kravchinskii antes dele, enfiou a faca no peito do chefe de polícia de Kiev no meio de uma rua apinhada de gente.[55]

De uma forma peculiarmente bombástica, Osinskii acrescentou uma pitada de nechaevismo a suas façanhas terroristas. Colava cartazes por toda a cidade, anunciando cada ataque como obra de um Comitê Executivo do Partido Revolucionário Socialista Russo — que não existia —, cujo logotipo tinha uma semelhança suspeita com o da antiga Sociedade da Vingança do Povo, de Nechaev. Mas Osinskii não era nenhum Nechaev. Era impulsivo demais para ser um conspirador competente, e sua teatralidade levou inevitavelmente à sua captura.[56]

Logo a bandeira nechaevista foi erguida de novo por uma personagem sombria que estava se destacando no movimento Terra e Liberdade: Alexander Mikhailov. À primeira vista, nada em Mikhailov lembrava Nechaev. Mikhailov tinha pouco carisma pessoal; era taciturno, bem-educado e reservado. Falava baixo, quando falava, e sua aparência — com seus olhos grandes e expressão serena — dava-lhe um ar de asceta cortês. Nas palavras de um historiador, Mikhailov "era o tipo de revolucionário que teria sido Aliosha", se Dostoiévski tivesse realmente levado a cabo sua intenção de escrever "uma continuação de *Os irmãos Karamazov* com Aliosha como um terrorista".[57]

Independentemente das aparências, Mikhailov viveu o nechaevismo. Profundamente devoto do *Catecismo* de Nechaev, lutava por um ascetismo revolucionário puro. A conspiração parecia estar no seu sangue. Vivia furtivamente. Olhava embaixo das camas quando entrava em quartos que não conhecia;

usava trajetos intricados por alamedas secundárias para despistar possíveis detetives. Aprendeu a reconhecer espiões da polícia. Não tinha amigos nem família. Vivia como Nechaev teria desejado, como "um homem condenado".[58]

Mikhailov disfarçou essas tendências conspiratórias durante os dias promissores do movimento "em direção ao povo", quando esse maquiavelismo estava fora de questão. Mas Mikhailov teve dificuldade de abraçar o proselitismo caótico, improvisado e emotivo de seus companheiros entre os camponeses. Já naquela época, tinha consciência de que nada resultaria desses esforços descentralizados e desorganizados.

O tiro dado por Vera foi uma revelação também para ele. Viu instantaneamente o potencial daquele ato. Na noite de 24 de janeiro, superou sua reticência habitual, interrompeu as celebrações num baile estudantil e propôs um brinde a Vera. Como Kravchinskii, ele teve uma visão repentina de um exército terrorista, realizando ataques contra todos os níveis do governo russo. Mas, ao contrário de Kravchinskii, Mikhailov tinha tanto a inclinação quanto a energia para supervisionar esses planos complicados. De abril de 1878 em diante, Mikhailov trabalhou incansavelmente para transformar o movimento Terra e Liberdade, desorganizado e com pouca coesão, numa organização conspiratória extremamente eficiente.[59]

Redigiu meticulosamente uma "constituição" para o Terra e Liberdade, de modo a orientar suas atividades futuras. O documento tinha uma semelhança incrível com as antigas *Regras Gerais da Organização,* de Nechaev, com seu sistema celular organizado hierarquicamente. A constituição também proclamava os "princípios fundamentais" da revolução, que faziam eco ao *Catecismo* de maneira inequívoca. Os verdadeiros revolucionários, escreveu Mikhailov, eram incondicionalmente obedientes, leais, sigilosos e prontos para sacrificar tudo pela causa. O nono ponto dos "princípios fundamentais" captava sua essência: "Os fins justificam os meios."[60]

Depois da publicação ilegal feita por Kravchinskii de "Olho por olho, dente por dente", o momento parecia maduro para lançar o novo movimento terrorista. O assassinato de Mezentsev desencadeou contra-ataques do regime contra os revolucionários. A Terceira Seção varreu as grandes e pequenas cidades da Rússia, localizando e prendendo todos os ativistas suspeitos. O próprio Mikhailov foi capturado por pouco tempo: conseguiu evitar a prisão golpeando um policial com as algemas que lhe prendiam os pulsos e escapando em seguida.[61]

Segundo as ameaças publicadas em "Olho por olho, dente por dente", essas represálias da polícia seriam respondidas com mais terror. Mas o próprio Kravchinskii não tinha estômago para essa escalada de violência. Seu temperamento exuberante, como o de Osinskii, era completamente inadequado para uma conspiração prolongada. Em 1878, esse revolucionário passional estava se tornando um risco para si mesmo e para o movimento. Foi mandado para o exterior no fim desse ano, aparentemente para aprender a lidar com a tecnologia da dinamite. Nunca mais voltou à Rússia.[62]

Agora cabia a Mikhailov cumprir as ameaças de Kravchinskii, o que ele fez com uma velocidade impressionante. Em janeiro de 1879, Mikhailov infiltrou-se na Terceira Seção russa e conseguiu acesso aos arquivos secretos da polícia. Agora tinha condições de identificar os informantes da polícia. Como forma de fazer uma advertência a outros aspirantes a traidores, Mikhailov planejou a execução de Nikolai Reinshtein, havia muito tempo espião da polícia. Numa cena que lembrava os ataques contra Ivanov e Gorinovich, Reinshtein foi atraído a um quarto de hotel em Moscou sob o pretexto de discutir questões revolucionárias. Ali, um assassino o esfaqueou duas vezes e deixou-o numa poça de sangue com um bilhete preso ao corpo: "O espião-traidor Nikolai Vasilevich Reinshtein foi condenado e executado por nós, do movimento socialista revolucionário russo. Morte aos Judas traidores!"[63]

Em fevereiro de 1879, Mikhailov orquestrou o assassinato do prefeito de Kharkov, que foi baleado em sua carruagem por um assassino que estava à espreita num umbral escuro de sua casa. Alexander Drenteln, o sucessor de Mezentsev, foi o seguinte. O assassino escolhido, um jovem nobre polonês, planejou abordar a carruagem de Drenteln a cavalo e atirar pela janela. Drenteln sobreviveu ao ataque por puro acaso: o tiro foi desviado e o cavalo do assassino empinou. Um verdadeiro conspirador mikhailovista, o assassino não perdeu o sangue-frio. Desmontou numa rua longe da cena, pediu a um policial acima de qualquer suspeita para vigiar seu cavalo por um momento e depois sumiu calmamente.[64]

Mais tarde, naquele mesmo mês, o prêmio supremo foi oferecido a Mikhailov. Um jovem estranho e potencialmente suicida chamado Alexander

Soloviev procurou Mikhailov com uma proposta fantástica: o assassinato de Alexandre II. No início, Mikhailov ficou extremamente tentado. Mas temia que o movimento Terra e Liberdade ainda não estivesse pronto para esse passo extremo. Numa reunião da organização convocada às pressas, os membros expressaram preocupações com a possibilidade de instigarem um episódio de "terror branco", como aquele que se seguiu ao tiro de Karakozov em 1866. A organização não quis auxiliar Soloviev, mas concordou em não fazer nada para atrapalhar.[65]

Soloviev lembrava muito Karakozov, com sua instabilidade mental, o olhar desvairado e as tendências suicidas. Como Karakozov, recusou-se a abandonar seus planos. Na manhã de 2 de abril, agindo sozinho, pegou seu Smith & Wesson e uma pílula de cianureto e foi para o palácio do tsar. Estava preparado para se juntar às fileiras dos terroristas-mártires.[66]

Soloviev não tinha um plano concreto. Quando o tsar saiu do palácio, seguido por sua comitiva, Soloviev, sem mais nem menos, alcançou o soberano e começou a atirar. Os guardas de Alexandre estavam a uma certa distância, de modo que o tsar estava vulnerável. Os longos anos de treinamento militar foram-lhe úteis naquele momento. Alexandre simplesmente escapou de Soloviev correndo em zigue-zague. Nenhum dos cinco tiros de Soloviev acertou o alvo. Finalmente Soloviev foi agarrado e jogado no chão. Sua pílula de cianureto, engolida às pressas, não fez efeito. Soloviev teria de esperar mais de um mês antes de seus sonhos de martírio se realizarem.[67]

No dia 28 de maio, Soloviev foi levado exatamente para o mesmo lugar, na praça Semenevskii, em que Dostoiévski se preparara para o que acreditara anos antes que seria a sua morte certa. Só que, dessa vez, não houve comutação da pena no último minuto. Soloviev recusou a oferta de extrema-unção feita pelo padre e, em seguida, a corda lhe foi posta no pescoço. Aceitou a morte sem se queixar. Já dissera aos investigadores que atirara no tsar para ter um "futuro radioso".

Diante do cadafalso, Palen assistia ao espetáculo, talvez sabendo que a execução de Soloviev seria seu último ato como ministro da Justiça.[68] Mas não sabia que a morte de Soloviev seria o sinal para escalada da guerra entre os revolucionários e o regime. Agora era uma luta de morte declarada.

Ele é nobre, terrível, fascinante, pois combina em si as duas qualidades sublimes da grandeza humana: o mártir e o herói.

É um mártir. Desde o dia em que jura, nas profundezas do coração, libertar o povo e o país, sabe que está condenado à Morte. Ele a vê como o último degrau de sua vida turbulenta.(...)

A força de vontade, a energia inesgotável e o espírito de sacrifício que seu predecessor conseguiu na beleza de seus sonhos, ele consegue na grandeza de sua missão, nas paixões violentas que essa luta maravilhosa, inebriante e vertiginosa desperta em seu coração....

Luta consigo mesmo. Jurou ser livre e vai ser livre, contra tudo e contra todos.(...)

Esse é o Terrorista.

— SERGEI KRAVCHINSKII, *Underground Russia*[69]

Em 1879, os revolucionários deixaram as aldeias e fábricas russas, abandonando o que agora parecia ser a inatividade passiva de pregar o socialismo. Livraram-se extasiados de anos de frustração e paralisia. Finalmente, um novo caminho fora aberto diante deles, um caminho de ativismo enérgico e de fortalecimento revigorante. Um terrorista era um revolucionário que não podia mais esperar pacientemente que os outros se juntassem a ele na violência. Um terrorista tomava a iniciativa e infligia violência segundo seus próprios termos.[70]

O número desses novos terroristas era pequeno, mas, em última instância, o número não significava grande coisa. A força da ideia que abraçaram era irresistível. O estampido de um revólver, a explosão de uma bomba — isso não se destinava somente a matar, mas a proclamar. Cada morte diminuía as fileiras do inimigo. Cada morte trazia para mais perto a humilhação do Estado. No entanto, o mais importante de tudo era que cada morte falava mais efetivamente que quaisquer palavras sobre o triunfo inevitável do socialismo. A ação era a única propaganda que despertaria as massas adormecidas e romperia os grilhões que as haviam mantido cativas por séculos. Aleksandra Iakimova lembrava que o terrorismo tinha parecido o antídoto perfeito para o fatalismo. "Usava golpes para despertar a consciência."[71] Na cabeça de um terrorista, a morte trazia libertação e vida.

Portanto, o que mais tarde se tornaria conhecido como "a guinada para o terrorismo" não foi uma decisão racional de mudar de rumo, mas sim uma paixão vivida com fervor. Muitos anos depois, aqueles que foram testemunhas da guinada para o terrorismo definiram-na como uma espécie de embriaguez. Num instante, uma única pessoa podia paralisar um governo, e uma única explosão podia reconstruir o mundo. Naquele instante, o terrorista subia no palco como a encarnação de um poder divino — invencível e glorioso. Aqueles que estavam à sua volta eram obrigados a cultuá-lo em adoração ou a tremer de medo. Como escreveu Kravchinskii, com o benefício da visão retrospectiva, o terrorista era "orgulhoso como Satã rebelando-se contra Deus". O terrorismo era uma tentação, como recordavam alguns, porque era "mais vivo, mais beligerante".[72]

Terroristas russos de todas as tendências pagavam alegremente o tributo à sua santa padroeira, Vera Zasulich. Seu único tiro, disparado à queima-roupa contra o inimigo, foi, como muitos se lembravam, uma "faísca", um "sinal" para lançar a resistência armada contra o Estado. Imediatamente depois do 24 de janeiro, surgiu um slogan: "Às armas!" O poder do ato de Vera foi confirmado pelos efeitos eletrizantes de seu julgamento. No banco dos réus, com a defesa modesta de seu ato, expressa de maneira simples, ela conseguiu mais do que as décadas de propaganda que a precederam. Ela parecia ter feito os russos normalmente dóceis entrarem em ação.[73]

Embora nunca tenha se tornado uma mártir, seu desejo de pagar o preço supremo foi o mais inspirador de seus atos exemplares. Os terroristas sabiam que o custo de matar pela causa seria, muito provavelmente, morrer pela causa. Mas era um preço pago alegremente. O próprio martírio emprestava uma nobreza extra a um ato já em si nobre. Transformava o assassinato num ato supremo de autossacrifício. Embora Vera nunca tenha se tornado a mártir a que aspirava ser, para seus companheiros ela foi o exemplo mais puro da força desse impulso. "Achávamos que ela era a pessoa mais feliz da Terra", lembrou um radical, "e todos nós queríamos seguir seu exemplo." Ela era o símbolo do "autossacrifício heroico", uma "relíquia sagrada". Depois de Vera Zasulich, escreveu a famosa terrorista Vera Figner, os radicais se deram conta de que "se não houvesse mártires, também não haveria seguidores." A "era dos mártires" tinha começado. Lev Deich resumiu a questão sucintamente: "Portanto, estamos completamente justificados ao declarar Vera Zasulich a progenitora da luta terrorista na Rússia."[74]

Em junho de 1879, na cidade de Lipetsk, que era uma estação de águas, Mikhailov convocou uma reunião da facção terrorista do Terra e Liberdade. Ali, numa tarde ensolarada, aspirantes a terroristas encontraram um bosque sombreado, perfeito para um piquenique, e, incongruentemente, em meio a muita comida e garrafas de vodca, estruturaram uma nova organização. Duas decisões importantes foram tomadas. A primeira foi a de que a organização se tornaria oficialmente secreta, conspiratória e hierárquica, dirigida por um "Comitê Executivo" com poderes absolutos que subordinaria todos os membros à sua vontade. A segunda foi a de que o terrorismo teria um novo foco. Os terroristas tinham jurado concentrar todos os seus recursos num único ato: o assassinato do tsar.[75]

Alguns meses depois, circularam boatos de que Vera Zasulich, o ídolo dos terroristas, tinha chegado pessoalmente à Rússia para participar dos debates revolucionários. Para choque de muitos, diziam que essa heroína revolucionária era contra a "guinada para o terrorismo" e que viera à Rússia especificamente para dissuadir o movimento de tomar esse novo rumo perigoso. Poucos tiveram realmente condições de se encontrar com ela; sua mera presença na Rússia era um ato de agitação política, uma vez que a polícia ficaria alegríssima se conseguisse lhe pôr as mãos em cima. De modo que suas opiniões continuaram obscuras.[76]

Seja como for, seus atos já tinham falado muito mais alto que quaisquer palavras que ela pudesse pronunciar depois. No outono de 1879, o Terra e Liberdade não existia mais. Agora, o destino do movimento revolucionário estava nas mãos da primeira organização russa de fama internacional. Chamava a si mesma de A "Vontade do Povo".

> 2. *Atividade destrutiva e terrorista*
> *A atividade terrorista, que consiste na eliminação dos membros mais perniciosos do governo com o objetivo de defender o partido da espionagem e na punição dos atos mais flagrantes de violência e tirania por parte do Estado, etc., tem por objetivo acabar com o fascínio pelas forças governamentais, dar exemplos incessantes da possibilidade de lutar contra o Estado, despertar o espírito revolucionário do povo e dar-lhe fé no sucesso e, finalmente, desenvolver forças apropriadas para a batalha.(...)*

> 5. *Organização e execução de um golpe*
> À luz da opressão do povo, à luz do fato de que o governo, por meio da pacificação parcial, pode protelar por muito tempo um movimento revolucionário geral, o partido é chamado a tomar a iniciativa de um golpe e não esperar até aquele momento em que o povo esteja pronto para viver sem ele. Quanto aos meios de dar um golpe (...) (esta parte do ponto 5 não é apropriada para publicação).
>
> — Programa do Comitê Executivo da Vontade do Povo, 1879[77]

O partido que assumiu o nome grandioso de Vontade do Povo talvez nunca tenha chegado a ter sequer cem membros. Apesar disso, adotou esse nome sem nenhum resquício de ironia. Acreditava que, sob a superfície plácida das regiões do interior camponês da Rússia, havia um desejo reprimido de libertação do jugo tsarista. Era o medo, diziam os membros do partido, que silenciava as massas russas empobrecidas. Mas, para acabar com o poder do medo, era necessário que o governo supostamente invencível fosse apresentado como um mero "ídolo de ferro com pés de barro".[78]

O terrorismo faria desmoronar uma sociedade construída com base só na opressão e na exploração econômica. Então a voz do povo seria ouvida e sua vontade seria plenamente expressa. A evidência era incontrovertível. Entre os revolucionários, quem esqueceria os milhares de pessoas se acotovelando do lado de fora do tribunal depois da absolvição de Vera? Quem poderia ignorar o aumento repentino da simpatia pública por uma mulher terrorista, proclamada heroína por fazer o que os outros só sonhavam?

Cada ataque terrorista aumentaria ainda mais o apoio popular ao socialismo, até se tornar uma onda revolucionária. Para realizar esse sonho, não se devia recuar diante de nenhum método. Mikhailov triunfou mais uma vez com o novo programa da Vontade do Povo: "Os fins justificam os meios."[79]

A Vontade do Povo logo se transformou numa máquina secreta, governada com mão de ferro e extremamente eficiente. Os princípios de cautela e sigilo fanático de Mikhailov prevaleceram. O Comitê Executivo começou a dirigir as atividades a partir do centro. Tomava decisões de forma clandestina e era obedecido cegamente. Redes de células secretas deviam estender-se, como tentáculos, a partir desse comitê central.[80]

Por outro lado, o próprio movimento Vontade do Povo declarava seus objetivos publicamente. Seus textos publicados ilegalmente faziam de tudo para aumentar a mística do terrorismo. Contavam histórias gloriosas sobre a vida dos "mártires" e enumeravam os atos nefastos dos "traidores". Os folhetos e panfletos criavam a impressão de que os terroristas estavam à espreita em toda parte, assombrando silenciosamente o governo e seus sabujos, prontos para atacar a qualquer momento.[81]

Em 1880, todas as energias da organização estavam concentradas num único propósito. Seu objetivo foi descrito em termos militares como "atirar no centro". Em termos jurídicos, era justificado como "uma sentença de morte". Fosse como fosse, Alexandre II tinha de morrer.[82]

No dia 19 de novembro de 1879, a primeira bomba explodiu embaixo do vagão do trem onde estava o tsar quando ele já se aproximava de Moscou. A bomba fez o trem descarrilhar, mas o tsar escapou ileso. Por puro acaso, ele tinha seguido antes em outro trem. A segunda tentativa foi muito mais espetacular. A Vontade do Povo conseguiu infiltrar um de seus membros, que passou a trabalhar como operário no Palácio de Inverno do tsar. Usando dinamite que escondia embaixo do travesseiro à noite, o operário instalou uma bomba embaixo das tábuas do assoalho da sala de jantar formal do tsar. A bomba explodiu durante o jantar no dia 5 de fevereiro de 1880. Mais uma vez, Alexandre não estava na sala, e não lhe aconteceu nada. As únicas vítimas foram seus guardas.[83]

A sorte de Alexandre enfureceu a Vontade do Povo. Ele parecia invencível. E o terrorismo parecia cada vez menos eficiente. Em outubro de 1880, o próprio Alexandre Mikhailov foi preso, e o grupo viu-se privado de seu líder. Os membros entraram em desespero.

O incentivo veio de uma fonte completamente inesperada.

Em janeiro de 1881, um conspirador apareceu no quartel-general da Vontade do Povo. Levava no bolso uma pochete, que atirou em cima da mesa com um recado conciso: "De Nechaev, na Fortaleza." Continha um pacote de cartas do primeiro verdadeiro conspirador terrorista da Rússia. Nessas cartas, Nechaev expressava profunda admiração pelo trabalho da Vontade do Povo. Estava lhe oferecendo seus préstimos. Só precisava de um favorzinho — gostaria de ser libertado da Fortaleza Pedro e Paulo.[84]

Durante os anos de encarceramento, Nechaev não ficou ocioso. Lenta e cuidadosamente, observara os guardas da prisão e anotara mentalmente suas peculiaridades, preferências e tipos de conversa, além das tendências psicológicas. Logo estava em condições de ganhar sua confiança. Com o tempo, ele conseguiu, contra todas as probabilidades, criar uma espécie de culto radical entre eles. Empregando essa influência recém-adquirida, Nechaev conseguiu contrabandear sua correspondência para fora da prisão. Afirmava confiante que esses mesmos guardas estavam prontos para ajudar em sua fuga.[85]

O efeito dessa notícia sobre a Vontade do Povo foi eletrizante. Durante muito tempo, o nome de Nechaev havia sido usado como um xingamento, associado a uma crueldade maquiavélica. Como se tivesse tido uma centelha de inspiração, a Vontade do Povo reconheceu tudo o que tinha como legado de Nechaev. Como Vera Figner lembrou depois, "tudo o que continuava sendo uma mancha negra na personalidade de Nechaev desapareceu". Foi decidido por unanimidade que Nechaev devia ser libertado.[86] Apesar disso, esses planos tiveram de esperar. Primeiro era preciso fazer uma última tentativa para matar Alexandre.

A conspiração final foi estruturada de forma muito mais meticulosa. Vários membros da Vontade do Povo compraram um pequeno prédio em Malaia Sadovai, que ficava perto do trajeto percorrido habitualmente por Alexandre II quando ele saía do palácio todo domingo. O pretexto para a compra foi o estabelecimento de uma queijaria, mas o verdadeiro objetivo era cavar um túnel que partiria do porão para um lugar diretamente embaixo da rua. Ali os conspiradores poderiam colocar uma mina de dinamite, programada para explodir quando a carruagem de Alexandre passasse. Mas, dessa vez, a Vontade do Povo suplementou o plano inicial com arranjos alternativos. Se a mina falhasse, quatro homens estariam esperando ao longo do mesmo trajeto para atirar suas bombas de dinamite no veículo do tsar.[87]

No dia 1º de março de 1881, finalmente estava tudo pronto. A mina havia sido instalada; os homens que atirariam as bombas tomaram seus lugares. No começo, a sorte assombrosa de Alexandre parecia continuar a protegê-lo. A carruagem desviou-se do caminho minado de modo que o plano alternativo teve de ser posto em ação. No canal Catarina, o primeiro terrorista atirou sua bomba. A explosão sacudiu a carruagem de Alexandre, mas ele conseguiu se safar ileso. Com sua bravata característica, ele foi ver se alguém de sua comitiva havia sido ferido. Segundo a lenda, alguém lhe perguntou então se ele havia sido atingido.

— Não, graças a Deus — respondeu o tsar.

Dizem então que o homem que devia lançar a segunda bomba teria replicado:

— É cedo demais para agradecer a Deus.

E a segunda bomba foi lançada. Esta atingiu o alvo. O tsar caiu no chão, mortalmente ferido. Seu assassino ficou estendido a seu lado, também mortalmente ferido.[88]

E assim o tsar-libertador foi morto, em nome da liberdade. A história mostrou mais uma de suas ironias. Em janeiro de 1881, um dos assessores mais próximos do tsar propôs a Alexandre a criação de um órgão consultivo eleito para a Rússia. No dia em que ele foi assassinado, disposto como sempre a fazer um acordo, Alexandre declarara verbalmente sua disposição em implementar essa proposta. E assim nasceu o mito, que persistiu até hoje, de que Alexandre II morreu segurando ao peito a primeira "constituição" da Rússia.[89] Os terroristas tinham matado não só o tsar, mas também as esperanças liberais do país.

O julgamento dos assassinos de Alexandre começou no dia 26 de março. Para grande choque da Vontade do Povo, o público lamentou a morte do tsar como se um mártir tivesse sido sacrificado. Não houve contentamento popular; houve só choque e tristeza. O terrorismo, tolerado por tanto tempo, agora estava sendo repudiado abertamente como um mal extremista.[90]

Deixando de lado o protocolo, o Ministério da Justiça abriu o julgamento dos assassinos ao público. O promotor usou o exemplo do julgamento de Vera com um efeito magistral. Imitando Alexandrov, dramatizou os últimos momentos do tsar, descrevendo-os como uma morte heroica.

— E então ele caiu — disse o promotor liricamente —, um guerreiro em seu posto imperial na frente do perigo, caiu na batalha por Deus, pela Rússia e pela paz da Rússia, num combate mortal com os inimigos da Justiça, da Ordem, da Moralidade, da Vida Familiar e de tudo o que é forte e sagrado na sociedade humana.[91]

Os seis acusados estavam impassíveis. Para os membros da Vontade do Povo, depois do ato terrorista em si, o julgamento era o momento mais febrilmente esperado em suas carreiras revolucionárias. Durante o julgamento, como Vera antes deles, poderiam declarar as razões de seus atos. Poderiam expor seus motivos nobres. Em resumo, poderiam "fazer sua profissão de fé". Um dos terroristas, Andrei Zheliabov, fez exatamente isso. Interrogado sobre sua religião, ele declarou enfaticamente:

— Reconheço os ensinamentos de Cristo como a base de minhas convicções morais. Acreditava na verdade e na justiça. (...) Considero dever de um cristão sincero lutar em favor dos fracos e oprimidos e, se necessário for, sofrer por eles. Essa é a minha fé.[92]

No dia 3 de abril de 1881, cinco dos seis terroristas foram levados para o cadafalso. Todos, exceto um deles, estavam calmos, até mesmo radiantes. Todos tinham se preparado longamente para esse momento de sacrifício. Sofia Perovskaia, a única mulher dentre eles, deu-se conta de que se tornaria um novo símbolo para o movimento. Tinha tomado parte na maioria dos planos minuciosos da Vontade do Povo. Tinha dirigido pessoalmente os homens que lançariam as bombas no ataque contra o tsar. E agora ia morrer, imitando exatamente, como escreveu um companheiro, "o Cristo". Agora o nome de Perovskaia havia sido posto ao lado do de Vera no panteão dos santos revolucionários — a primeira mulher mártir.[93]

Foi sobre Sofia e Vera que Kravchinskii escreveu mais tarde: "As mulheres, é preciso confessar, são muito mais ricamente dotadas da chama divina que os homens. É por isso que quase todo o fervor religioso do movimento revolucionário russo deve, em grande parte, ser atribuído a elas; e, enquanto elas participarem, ele será invencível."[94]

CAPÍTULO 12

Os niilistas no exterior

Em 1878, os encantos da aldeia suíça de Sion eram desconhecidos para as hordas de turistas europeus que inundavam a Suíça todo verão. Aconchegada no vale do rio Ródano, cercada por picos de montanhas estonteantes, Sion não era mencionada no guia de viagem indispensável do europeu, o Baedeker. Para Dmitrii Klements, era exatamente isso o que dava a Sion o seu charme. Um bom amigo seu tinha um chalé nos morros acima da aldeia. Klements e Vera escolheram-no como a base a partir da qual pretendiam escalar as inumeráveis montanhas que o rodeavam.[i]

Klements e Vera viajavam sem mapas e sem guias, e Vera logo descobriu que Klements estava prestes a levá-la para longe das trilhas batidas. Todas as estradas que levavam a Sion logo se reduzem a pouco mais que picadas no meio do mato, percorridas por pastores em busca de novos pastos. Às vezes, até elas desapareciam, e Vera era obrigada a escalar a superfície nua das rochas. Para surpresa sua, embora fosse uma noviça, tinha força e vigor consideráveis.

A indiferença de Vera em relação ao conforto pessoal e às aparências foi utilíssima para ela durante esses meses. Ao pôr do sol, depois de consumir as provisões que tinham, fossem quais fossem, Vera e Dmitrii simplesmente se enroscavam na grama e dormiam até o amanhecer. E então, bem cedinho, procuravam uma das muitas cabanas de pastores espalhadas por toda aquela região remota. Construídas para serem abrigos temporários, essas cabanas ficavam à disposição de todos e, muitas vezes, continham um fogãozinho e uma chaleira. Vera e Dmitrii ferviam água para o chá, devoravam uma refeição rápida e depois partiam novamente.

Além do pastor ocasional, que tinha o maior prazer em lhes vender creme de leite e queijo, os dois não encontravam viv'alma. Em seu característico silêncio mútuo, deleitavam-se com os espetáculos visuais que sua viagem lhes proporcionava. Depararam-se com vistas deslumbrantes, geleiras escondidas e picos de rocha nua. Vera se lembrava de que Dmitrii se rejubilava com o prazer que ela sentia com as "suas" montanhas.

— Você tem tanto orgulho delas — comentou Vera — que a gente fica achando que são obra sua.

— E obra de quem elas são, a seu ver? — replicou ele. — Quem é que as criou?

Vera se recordava afetuosamente de que, para ela, ele as tinha criado, de tão vividamente que as descrevera quando ela ainda estava escondida no apartamentinho minúsculo de São Petersburgo.

Vera nunca se esqueceu da viagem com Dmitrii. Tempos depois, passaria um longo período nas montanhas, caminhando pelas florestas e indo em busca dos locais recomendados expressamente pelo Baedeker. Mas nada poderia se comparar àquelas semanas passadas sozinha com Dmitrii, que operaram uma espécie de milagre em sua alma. Durante algum tempo, ele conseguiu acabar com toda a ansiedade de Vera sobre os acontecimentos do passado e a incerteza do futuro. Nas montanhas, ela estava cercada unicamente pela bem-aventurança do presente. No alto das montanhas, olhando o mundo lá embaixo, ela muitas vezes teve a impressão de que havia "chegado à lua".

Mas logo Vera teve de descer das montanhas e enfrentar o mundo que ela, em parte, havia criado.

> *Durante 48 horas, a Europa esqueceu inteiramente a guerra, a paz, o sr. Bismarck, lorde Beaconsfield e o príncipe Gortchakof para ocupar-se exclusivamente com Vera Zasulich e a estranha aventura jurídica da qual essa mulher desconhecida era a heroína.*
>
> — G. Valbert, "Procès de Vera Zassoulitch",
> *Revue des Deux Mondes*, 1º de maio de 1878[2]

Para a Europa, o início de 1878 foi de grande ansiedade. Os tremores da guerra Russo-Turca de 1877 abalaram os alicerces da presunção das grandes potências europeias. Com as vitórias russas nos Bálcãs, a "Grande Crise Oriental" esperada há tanto tempo finalmente havia chegado. O "doente da Europa", o Império Otomano, finalmente estava nos estertores da agonia e uma Rússia agora agressiva estava ameaçando ocupar grandes faixas das terras balcânicas que tinham ficado órfãs. O equilíbrio delicado do poder político e da influência internacional, que tinha sido tão importante para a Europa desde a derrota de Napoleão em 1815, estava prestes a se desfazer.

Por isso, durante todo o ano de 1878, os jornais encheram suas páginas com notícias da difícil dança diplomática realizada por Disraeli, o inteligente primeiro-ministro inglês, Bismarck, o impositivo chanceler alemão, e Gorchakov, o ministro das Relações Exteriores da Rússia, lamentavelmente doente e senil. Os diplomatas europeus concordavam em que o triunfo da Rússia em San Stefano não se sustentaria por muito tempo, e uma Rússia isolada pouco poderia fazer contra uma investida da Europa unida. O antigo território otomano agora teria de ser cuidadosamente dividido para que o equilíbrio militar e político da Europa fosse restaurado. Foi convocado um "congresso", a ser realizado no mês de junho em Berlim. Ali, os líderes dos mais poderosos países do Ocidente se reuniram em pomposas salas de conferência, entre longas mesas arrumadas com a maior elegância para trinchar o Sudeste da Europa. Os leitores dos jornais europeus dos primeiros dias de 1878 poderiam ser perdoados por acreditarem que a cena política pertencia àqueles que tinham recebido um convite pessoal para lhe dar forma.[3]

E então, em meados de abril, a política foi invadida por alguns penetras. Vera Zasulich roubou a cena do palco europeu. Por um momento, a celebridade de uma russa jovem e misteriosa eclipsou todos aqueles estadistas europeus juntos. Seu nome ocupou as primeiras páginas de todos os jornais europeus. Seu retrato foi publicado com destaque nas revistas semanais. Durante meses a fio, os europeus esqueceram-se de seus homens poderosos e fixaram-se nas histórias de uma jovem assassina que, até então, era uma ilustre desconhecida.

"Que país estranho é a Rússia!", exclamou o correspondente do periódico francês *Le Temps*, expressando abertamente o que outros jornais europeus e americanos apenas sugeriam.[4] Para o Ocidente, o julgamento de Vera Zasulich era tanto a história dramática de uma terrorista inverossímil quanto um breve vislumbre de uma Rússia que ameaçava as fronteiras da Europa. Os ocidentais devoravam avidamente as histórias de um país oriental exótico e misterioso, onde autoridades governamentais sádicas lutavam contra jovens assassinos idealistas. Era uma terra romântica, cheia de extremos passionais.

Ao que parecia, só na Rússia a tirania era incrivelmente arbitrária e cruel. A Inglaterra e a França publicaram histórias extraordinárias de tortura de dissidentes e até dos mais inocentes cidadãos russos. Muitos jornalistas declararam que Vera não era a única russa a ter passado a juventude numa "masmorra vil", longe disso. E Bogoliubov não era o único dissidente a cair vítima de um representante do governo sedento de sangue. Um jornal francês condenou abertamente o Estado russo por seu regime "terrorista". Na Rússia havia Trepovs por toda a parte — torturadores refinados e elegantes. Circularam boatos de que Trepov tinha "violado" a dignidade feminina de Vera de alguma forma, ou que fizera vista grossa ao saber que um de seus subordinados havia feito isso. Quem melhor captou a disposição dos repórteres em acreditar até nas histórias mais fantasiosas a respeito da polícia russa foi um artigo do *New York Times* sobre um método de interrogatório supostamente russo, conhecido como o *cabinet bleu*, onde o suspeito ficava sentado numa cadeira especial que, a qualquer momento, podia ser jogada no chão. E, então, "mãos invisíveis" submetiam a parte inferior do corpo da vítima a "um flagelo cuja gravidade só era comparável à sua ignomínia".[5]

Com um assombro quase idêntico (e ilógico), repórteres europeus e americanos se maravilhavam com o fato de que apenas na Rússia um júri de cidadãos comuns absolveria uma assassina "por unanimidade e sem discussão" e "nas barbas das provas". O correspondente de *La Presse* fez pouco do fato absurdo de o júri russo desconsiderar as opiniões do "mundo civilizado". A polícia russa podia ter sido excepcionalmente cruel, mas o povo russo também era excepcionalmente sensível. De que outra maneira explicar, perguntou um repórter britânico, que um júri russo considerasse crime submeter um prisioneiro a "um castigozinho patriarcal com vara de vidoeiro"? Os russos não eram "singularmente insensíveis à distinção entre o certo e o errado", conjeturou ele. Eram, isso sim, "um povo peculiar que nunca fazia nada pela metade".[6]

E só na Rússia, era a impressão geral, seria possível encontrar uma mulher como Vera. Havia algo de irresistível em relação a essa radical jovem, porém heroica. Os repórteres franceses em particular apressaram-se em dizer que ela não era linda. Mas era admirável e atraente. "Tem olhos escuros muito vivos", escreveu um correspondente. Era "modesta e despretensiosa", acrescentou outro. Em todos os sentidos, sua feminilidade era acentuada para aumentar o contraste com seu ato violento e frio. O jornal ilustrado inglês *The Graphic* preferiu publicar um retrato antigo de Vera, tirado quando ela tinha 19 anos. No *Le Monde Illustré*, um desenho mostrava-a como uma heroína triste, recebendo melancolicamente as manifestações de simpatia que se seguiram à sua absolvição.[7]

Sua história foi escrita como se fosse um esboço da mais fantasiosa das novelas românticas. Nos jornais, até os detalhes citados da maneira mais acidental davam cor à narrativa: seu envolvimento "inocente" com Nechaev "quando era uma colegial de 17 anos", os anos passados "numa masmorra", a "perseguição constante por parte da polícia" e, por fim, sua participação misteriosa em "sociedades secretas" cujos nomes não eram mencionados. O romance de sua biografia era visto como peculiarmente russo. Seu "espírito estava mergulhado na tristeza russa, que é a imensidão e o silêncio das estepes".[8]

Quando os fatos pareciam insuficientes, eram acrescentados boatos — boatos também tomados de empréstimo aos argumentos da literatura romântica. Alguns artigos sugeriam que Vera era amante de Bogoliubov e que a tentativa de assassinato não passara de um ato de vingança pelo ser amado. Outros insistiam em dizer que Vera era membro de um misterioso comitê de assassinos que tinha lhe dado ordens secretas de atirar em Trepov, ordens que ela cumpriu obedientemente. Mais incríveis ainda eram as histórias de que o próprio tsar tomara providências para absolver Vera ao saber dos abusos de Trepov.[9]

Mas talvez a versão mais imaginativa tenha sido a do *The New York Times*, com o título A VERDADEIRA HISTÓRIA DO CASO DE SÃO PETERSBURGO. O correspondente do jornal em São Petersburgo revelou que Vera conhecia Trepov muito mais intimamente do que supunha o público. Em 1875, quando ela era governanta numa família nobre, Trepov havia sucumbido a seus encantos e se tornado seu amante. Quando ele a abandonou depois de alguns meses, Vera, envergonhada, voltou para seu antigo amante Bogoliubov, pedindo-lhe para vingar sua honra. Bogoliubov viajou para a Polônia e localizou Trepov em Varsóvia, onde chicoteou o velho general numa praça pública. Por isso é que Bogoliubov foi preso, açoitado e exilado para a Sibéria. O niilismo não tinha nada a ver com isso, garantia o articulista. Vera era apenas uma mulher desprezada.[10]

À medida que o ano de 1878 avançava, a fama de Vera atingia proporções extraordinárias. Os franceses ficaram particularmente fascinados por sua história. Na Itália, uma peça sobre o julgamento foi ao palco em Nápoles; como Anatolii Koni observou sarcasticamente, o juiz-presidente usava um glorioso capuz vermelho. Uma peça intitulada *Vera Zasulich* também foi representada em Lugano, na Suíça, sendo aplaudida freneticamente pelo público e gerando tumultos nas ruas. No final do ano, o periódico francês *Revue des Deux Mondes* declarou que ela era uma das pessoas mais importantes do ano. Numa feira parisiense dedicada ao artesanato da panificação, onde os padeiros davam formas extraordinárias aos seus produtos, um surpreso correspondente russo encontrou o rosto de Vera mostrado com destaque em massa de pão. "Que cidade estranha é Paris!", foi a exclamação que ele não conseguiu conter.[11]

Através de Vera, um novo mundo entrou na imaginação europeia: o "niilismo". Essa doutrina estrangeira, com seu nome enigmático, adquiriu um fascínio enorme para os europeus. Depois do julgamento de Zasulich, o niilismo parecia ao mesmo tempo perigoso e sedutor, violento e nobre. Era uma "seita" ou "religião" da destruição. Era "a negação de quase tudo o que as comunidades comuns prezam", pregada por "apóstolos fervorosos". Os niilistas submetiam-se a uma "mutilação moral para satisfazer um instinto selvagem de destruição". Tinham um "fanatismo frio", temperado pelo desejo de "sofrer pelos oprimidos". As mulheres niilistas em particular absorviam essas doutrinas com "avidez e frenesi".[12]

À medida que começou a escalada de violência na Rússia, os niilistas foram adquirindo uma importância cada vez maior aos olhos dos jornalistas estrangeiros. Pareciam ser astutos, ubíquos e onipotentes, dirigindo uma vasta rede internacional de sociedades secretas com adeptos em "todas as classes sociais". *The Times* divulgou a opinião surpreendente de um "agente da polícia secreta" da Rússia: "Os niilistas é que estão em toda parte. Se você vir dez pessoas juntas, nunca vai saber se nove delas são ou não niilistas."[13]

Em síntese: Vera e seu julgamento confirmaram para os europeus que a Rússia era um exótico país oriental, um "despotismo temperado por assassinatos". E o pior ainda estava por vir. "Há muito tempo a Rússia é considerada o palco da cena final de uma revolução pior que a Revolução Francesa", declarou o periódico inglês *Morning Star*. Os franceses mostraram um gosto especial por traçar paralelos revolucionários. Vera era incessantemente comparada a Charlotte Corday, a filha de um aristocrata que, em 1793, matou a facadas o radical jacobino Jean-Paul Marat. O ato de Vera, declarou *Le Bien Public* em termos escolhidos com o maior cuidado, inspirou "terror na alma daqueles que estão na cúpula, dos privilegiados com poder e fortuna". Gorchakov só confirmou essa opinião na cabeça dos europeus, ao dizer, um pouco impensadamente: "Há algo de podre no reino da Dinamarca."[14]

Em alguns círculos jornalísticos da Inglaterra e da França, houve mais que um certo prazer com o resultado do julgamento. A Rússia, que lutara tão corajosamente para libertar os Bálcãs e para participar da política das potências europeias, foi apresentada como um país "oriental" tirânico e atrasado. A Rússia acusara a Europa de táticas maquiavélicas por permitir que cristãos balcânicos definhassem sob o domínio turco. Agora, parecia que os "libertadores" russos não eram melhores que os supostos "opressores" otomanos.[15] Na verdade, a Rússia ainda era a terra dos tártaros.

O tom das matérias sugeria que os americanos e os europeus sentiam-se seguros em relação à doença russa do niilismo. Com todo o seu romantismo, crueldade e paixão, a história de Vera e dos niilistas parecia ser um drama tipicamente russo. Segundo os jornais ocidentais, a "lição" do julgamento de Vera Zasulich era somente para a Rússia — "uma advertência ao absolutismo".[16]

E então, nesse mesmo ano de 1878, começava a era dos assassinatos.

Isolados, os rebeldes são condenados à morte, mas seu exemplo não se perde, e outros descontentes surgem depois deles. Formam uma liga e, de derrota em derrota, finalmente chegam à vitória.

— ELISÉE RECLUS, *Le Révolté*, 1882[17]

Semanas depois do julgamento de Vera, a infecção terrorista cruzou as fronteiras da Rússia. Como se seguisse seu exemplo, no dia 11 de maio de 1878, um belo jovem chamado Max Hodel esperava no meio de uma multidão de Berlim que o cáiser Guilherme I passasse em sua carruagem. Quando esta se aproximou, Hodel atirou repetidamente no cáiser, acabando por esvaziar o tambor do revólver de seis balas. Os tiros não acertaram o alvo, e o cáiser saiu ileso. Hodel foi preso e interrogado exaustivamente, mas a polícia alemã ficou convencida de que o ato de Hodel era o ato de um homem solitário com perturbação mental.[18] Apesar disso, o jornal alemão *Allgemeine Zeitung* não conseguiu ignorar a conexão entre a comemoração da absolvição de Vera e os atos de um homem como Hodel.[19]

O cáiser, como seu congênere, o tsar Alexandre II, estava determinado a mostrar uma coragem a toda prova e continuou desfilando numa carruagem aberta sem nenhuma proteção extra. Essa obstinação quase lhe custou a vida. No dia 2 de junho de 1878, Karl Nobiling, um estudante de filosofia que se tornara um radical, apontou uma arma de dois canos para a carruagem do cáiser e conseguiu dar uma série de tiros no rosto, nos braços e nas costas do governante. Embora Guilherme já fosse um homem de 81 anos e embora tenha sangrado profusamente dos ferimentos, ele não morreu. Seu capacete e o casaco grosso pouparam-lhe a vida.[20]

A sociedade alemã ficou abalada. A simpatia pelo governante ferido foi expressa em fóruns públicos, e foram feitas orações para sua pronta recuperação. Mal se ouviu um murmúrio quando o governo reprimiu atividades sediciosas e prendeu centenas de suspeitos. Nada menos que 521 pessoas foram consideradas culpadas de crimes contra a pessoa do cáiser e condenadas a punições de graus variados de severidade. Bismarck, o chanceler alemão, considerou aquele momento objetivo para tentar alcançar um ideal acalentado há muito tempo: a dissolução do Parlamento alemão, a convocação de novas eleições e a promulgação de uma lei antissocialista. Conseguiu realizá-lo por inteiro em 9 de setembro de 1878. Depois dessa data, os socialistas alemães foram proibidos de formar sociedades, de publicar livros ou panfletos e até de se encontrarem em locais públicos sem a permissão do governo.[21]

Agora os investigadores alemães estavam convencidos de que ambas as tentativas contra a vida do cáiser eram, de alguma forma, parte de uma conspiração internacional. Pediram a ajuda da polícia russa para explorar qualquer conexão potencial com o movimento terrorista russo. O tsar concordou imediatamente em atender a esse pedido. Logo havia cooperação mútua entre os dois Estados para reprimir a atividade revolucionária.[22]

Mas a infecção disseminou-se ainda mais, e outros países europeus sucumbiram. Em outubro de 1878, o anarquista Juan Oliva Monacasi tentar matar o rei Alonso XII, da Espanha; um mês depois, Giovanni Passante esfaqueou o arquirreacionário rei Umberto I, da Itália. Examinando esses eventos internacionais a partir de seu reduto russo, o movimento Terra e Liberdade rejubilava-

O ANJO DA VINGANÇA 347

se com a consternação de toda a Europa com esses ataques. Sua revista, *Land and Freedom*, negava qualquer ligação com o terrorismo internacional, mas expressava uma aprovação monolítica. Os assassinatos eram sinais da "tempestade que estava por vir"; na verdade, da "revolução que estava por vir." O ano de 1878 sempre seria lembrado pela história, declarou *Land and Freedom*. Era o começo de uma nova era, e o assassinato era "a ideia do século."[23]

Os anarquistas europeus foram os primeiros a seguir o exemplo russo e transformá-lo numa postura ideológica. Piotr Kropotkin, um exilado russo, foi um dos primeiros a defender um novo caminho para o anarquismo. Depois que fugiu da Rússia em 1876 para escapar à prisão em seu país, viveu durante algum tempo na Suíça e logo se destacou nas fileiras do partido anarquista. Bem-educado e insinuante, com um olhar suave e uma barba longa e bem tratada, ele não tinha a menor semelhança com Bakunin, seu ardente predecessor anarquista. Para muitos, parecia a encarnação de um socialismo moderado, humanitário.[24] Mas, por baixo dessa superfície polida, Kropotkin alimentava um grande fascínio pela ação radical violenta.

Kropotkin conheceu Vera em 1878, poucos meses depois de ela ter fugido para a Suíça. Lembrou-se mais tarde do quanto a bravura daquela "moça heroica" o cativara. A coragem de Vera, sua modéstia e discrição e sobretudo sua celebridade súbita e vertiginosa convenceram Kropotkin de que ela era o modelo que os outros revolucionários deviam seguir. Depois de 1878, Kropotkin ocasionalmente sentia dúvidas profundas em relação aos atos individuais de violência. Mas, repetidas vezes, gloriosos atos terroristas russos despertaram nele a tentação de considerar o assassinato o verdadeiro caminho para a revolução.[25]

Elisée Reclus, amigo íntimo de Kropotkin e seu irmão de fé, ficou igualmente fascinado pelo terrorismo russo em 1878. No início da década de 1870, esse geógrafo francês que havia se tornado um exilado anarquista tinha granjeado na Suíça a fama de ser um intelectual da revolução. Durante muitos anos, insistira na "educação" e na propaganda persistente como formas de preparar o terreno para a ordem socialista do futuro. Mas, em 1878, Reclus provou, pela primeira vez, o vinho inebriante da revolta. Em julho desse ano, dois exilados russos errantes, Vera Zasulich e Dmitrii Klements, ficaram hospedados em sua casa durante a viagem que faziam pelas montanhas. Reclus ficou profundamente fascinado por esses "niilistas". Escreveu imediatamente ao irmão, dizendo ter descoberto "o sal da terra". Para Reclus, "sua devoção ao dever, seu desprezo pela morte, seu espírito de solidariedade, sua tranquilidade de alma me assombram, e fico vermelho de vergonha quando me comparo com eles". Por intermédio de Vera e Dmitrii, Reclus ficou convencido de que "uma nova sociedade de paz, alegria e amor" só poderia nascer quando os jovens "não tivessem medo de morrer".[26]

Em agosto de 1878, juntos, Kropotkin e Reclus redefiniram e reformularam o antigo slogan anarquista de "propaganda pela ação". Originalmente, essa expressão pretendia descrever a ação revolucionária prática de todos os tipos: greves, insurreições, revoltas. Agora essas táticas foram reduzidas a um foco mais concentrado no terrorismo puro e simples — o terrorismo da faca, do revólver, da bomba. Afinal de contas, os atos falam mais alto que as palavras. Numa sociedade em que a força era o princípio de governo, a propaganda por meio de palavras tinha um valor limitado. A única arma contra a violência era a própria violência. Como Zasulich, Hodel e Nobiling tinham mostrado, até ataques fracassados contra agentes do Estado abalavam os alicerces do poder governamental. O espírito da revolta era "contagioso" e logo se espalharia, constituindo todo um movimento.[27]

Kropotkin e Reclus foram convincentes em sua defesa da adoção dessa nova forma de "propaganda" como política anarquista oficial. Em 1879, lançaram um jornal, *Le Révolté*, que publicava artigos sobre a glória dos atos individuais de violência — "revolta permanente pela expressão verbal, pela escrita, pela adaga, pelo rifle, pela dinamite".[28] Durante três anos, tiveram um certo êxito. E então houve o assassinato espetacular de Alexandre II em 1881.

Em julho de 1881, enquanto a Europa ainda estava zonza com a notícia do ataque a bomba no canal Catarina em São Petersburgo, o congresso anarquista de Londres aprovou uma resolução formal declarando que uma nova era havia começado. "É absolutamente necessário," proclamava a resolução, "fazer de tudo para propagar, por atos, a ideia revolucionária e para despertar o espírito de revolta naqueles setores das massas populares que ainda alimentam ilusões sobre a efetividade dos métodos legais." Sinistramente, "as ciências técnicas e químicas" estavam sendo escolhidas como meios para esse fim.[29]

A partir de 1881, os anarquistas ficaram convencidos de que o terrorismo falava mais eloquentemente que "milhares de publicações e um dilúvio de palavras." Como a Vontade do Povo antes deles, os anarquistas europeus acreditavam que os atos de destruição gerariam ondas de choque que se espalhariam por toda a sociedade e "abalariam o colosso" do governo. A fraqueza e a covardia de Estados supostamente onipotentes seriam expostas. Por outro lado, o medo dos poderosos insuflaria esperança nos oprimidos. Os milhões que labutavam incessantemente reconheceriam seus defensores. Ataques a bomba e com armas de fogo soariam o alarme, acordariam as massas adormecidas e inspirariam os espoliados a tomarem o que era seu por direito.[30]

Acima de tudo, a inspiração do terrorismo poderia surgir não dos atos em si, mas do caráter superior daqueles que os perpetravam. Nas palavras de Kropotkin, os terroristas tornaram-se "almas intrépidas que sabem o que é necessário enfrentar para ter êxito" e "sentinelas solitárias que entram na batalha muito antes de as massas estarem suficientemente despertas para erguer abertamente a bandeira da insurreição".[31]

E com sua calma aceitação da detenção, do encarceramento e até da morte, transformavam-se em santos. "Essas cabeças que passam orgulhosas por dentro do laço da corda, proclamando à multidão, do alto do patíbulo, a promessa de um futuro melhor, não cairão inutilmente", declarou Kropotkin em 1879, depois da execução de Soloviev por sua tentativa contra a vida do tsar. E de novo, em 1881, ele insistia com os revolucionários para que seguissem o exemplo de Sofia Perovskaia e dos outros membros da Vontade do Povo para que "o sangue dos mártires não tenha sido derramado em vão". Todos os socialistas poderiam aprender com o exemplo dado por esses heróis sacrificados: "Pois que quadro seria mais comovente, mais sublime e mais belo que o dos esforços feitos pelos precursores das revoluções?"[32]

Kropotkin e Reclus não tinham o menor constrangimento em venerar aqueles que matavam. Para eles, o objetivo da violência não era a vingança, não era o ódio que a motivava. Os anarquistas não adotaram o assassinato pelo assassinato; adotaram-no por amor, por esperança, e sobretudo por um ideal de fraternidade universal. Na verdade, os terroristas eram obrigados a agir quando outros não podiam agir, eram forçados a erguer a mão contra os opressores das multidões. Homens como Soloviev, declarou Kropotkin, tinham um único objetivo: "Sacrificar-se para ajudar o povo a se libertar do jugo sob o qual gemeu durante séculos".[33]

Reclus lançou mão da pena para convencer os céticos. O anarquismo parecia um credo violento e caótico, escreveu ele, mas a aparência era o oposto da sua verdade. O mundo contemporâneo é que devia ser acusado de violência, miséria e caos. O anarquista desejava substituir essa realidade assustadora pelo ideal de séculos: o ideal da "fraternidade", tal como foi descrito pela primeira vez no Novo Testamento. Como os apóstolos de antigamente, os anarquistas desprezavam os prazeres da vida e viviam "com os miseráveis e os párias". Em nome daqueles que sofriam, os anarquistas lutavam contra "as fúrias que estão sempre levando o povo a choques hostis, e tudo isso deriva da submissão dos fracos aos fortes sob a forma de escravatura, servidão e prestação de serviços". Portanto, apesar de sua violência, o anarquista era como o Cristo em sua "devoção e autossacrifício."[34]

Na França, o apelo anarquista a heróis-mártires não foi ignorado por muito tempo. Em 1882, um jovem radical assassinou um rico industrial em Roanne, e uma série de ataques a bomba foi feita na região de Lyon. Uma das bombas foi detonada numa sala de espetáculos durante um concerto vespertino. Panfletos impressos por *Le Révolté* assumiam a autoria: "Sim, somos culpados de continuar com a prática de nossas teorias por todos os meios: pela palavra, pela pena, PELA AÇÃO — quer dizer, por atos revolucionários, quaisquer que sejam."[35]

As autoridades francesas logo se viram seguindo as pegadas de suas congêneres russa e alemã. Em 1883, para conter a violência anarquista, a polícia francesa prendia qualquer pessoa remotamente ligada a esse movimento. Sessenta e seis pessoas foram acusadas de promover o anarquismo, e Kropotkin estava entre elas. Obrigado a se pronunciar no tribunal, Kropotkin seguiu calmamente o exemplo de seus predecessores russos. Não negou nada e causou furor ao declarar que "quando um partido, como os niilistas da Rússia, encontra-se numa situação em que vai desaparecer ou responder à violência com a violência, não há motivo para hesitar, e deve necessariamente usar a violência".[36]

Seus acusadores não estavam em condições de protestar, afirmou Kropotkin. Afinal de contas, lembrou-lhes: "Essa ideia é tão justa e tão humana que os senhores mesmos, na França, aplaudiram Vera Zasulich por atirar num magistrado opressor, o general Trepov."[37]

A "propaganda pela ação" disseminou-se pela Europa e pela América em círculos cada vez maiores. Nos anos 1880, um homem em particular expandiu o alcance da violência radical nos dois continentes. Seus inimigos lhe deram o nome pejorativo de "General Bum-Bum" por seu amor pelas bombas, mas seu nome era Johann Most. Most talvez tenha sido o mais determinado e implacável de todos os agitadores anarquistas. Para ele, a violência não era nem o produto lamentável da opressão, nem um mal necessário a ser usado com parcimônia. Era, na verdade, a essência da revolução.

O ódio insaciável de Most pelo mundo de sua época nasceu da miséria de sua infância na Alemanha. Sua família era pobre; a madrasta, tirânica e abusiva. Tinha a mandíbula gravemente deformada, o que fazia seu rosto parecer horrivelmente feio até bem depois de chegar à idade adulta, quando deixou crescer uma longa barba para escondê-la. O amor ardente pela violência que marcou sua carreira revolucionária era, como ele próprio reconhecia, o produto de uma juventude "amargurada".[38]

Os primeiros sentimentos reais de "felicidade verdadeira" de Most tiveram lugar no socialismo. Como Vera antes dele, Most foi atraído para a camaradagem e a amizade encontradas nos círculos radicais. Em suas memórias, Most explicou a transformação que se operou nele durante suas primeiras reuniões socialistas na Suíça no começo dos anos 1860: "Comecei a me sentir um ser humano de verdade. (...) Comecei a viver no reino dos ideais.(...) A causa da humanidade passou a ser a minha causa."[39]

Mesmo em seus primeiros anos no movimento, Most era uma presença formidável num certo descompasso com os partidos social-democratas da Suíça e da Alemanha, ambos moderadíssimos. Um orador eloquente, tinha o carisma necessário para inspirar em seus ouvintes uma necessidade urgente de ação. Em 1878, Most acreditava que seu verdadeiro objetivo lhe havia sido revelado. Sem hesitar, Most exigiu mais violência, mais assassinatos. Os social-democratas alemães, abalados com a repressão de Bismarck, distanciaram-se da retórica extremista de Most. O próprio Most foi expulso da Alemanha em dezembro de 1878 e fugiu para a Inglaterra.[40]

Na segurança de Londres, Most fundou *Freiheit*, um jornal que defendia incansavelmente uma guinada para a violência no movimento socialista alemão. Em *Freiheit*, Most finalmente deu vazão à retórica feroz que se tornaria sua assinatura pelo resto de sua carreira revolucionária.

Freiheit logo se tornou o principal órgão europeu a defender a propaganda pela ação. "Atirem, queimem, esfaqueiem, envenenem e lancem bombas", escreveu Most. "Revolucionários com a coragem de suas convicções e a ousadia para o assassinato: preparar, apontar, FOGO!" Como Nechaev muitos anos antes dele, Most declarava abertamente: "Todos os métodos são justificáveis para chegarmos à revolução social." "Companheiros do *Freiheit*", escreveu ele, "propomos: assassinem os assassinos. Salvem a humanidade através do sangue, do ferro, do veneno e da dinamite."[41]

A retórica nechaevista não era desmotivada. Em 1880, Most publicou uma tradução do *Catecismo* de Nechaev no *Freiheit*, e também parecia igualmente familiarizado com as *Regras Gerais da Organização*. Durante os primeiros anos da década de 1880, Most utilizou incessantemente as táticas conspiratórias de Nechaev. Quando o *Freiheit* foi proibido na Alemanha, ele passou a distribuir seu jornal pelo correio, usando endereços falsos de remetente. Quando a polícia alemã ameaçou abrir toda a correspondência do país para evitar que o jornal chegasse a seus assinantes, Most usou contrabandistas para transportar milhares de exemplares pela fronteira alemã. Em 1879 e 1880, Wilhelm Hasselman, um colaborador íntimo, foi para a Alemanha a fim de radicalizar o movimento social-democrata, criando uma organização secreta baseada num sistema de células para fazer agitação e propaganda. As células adotaram toda a parafernália da conspiração e do terror: tinta invisível, senhas secretas, revólveres e dinamite.[42]

Em 1881, Most finalmente foi longe demais. No dia 19 de março desse ano, comemorou alegremente o assassinato de Alexandre II na primeira página do *Freiheit*. FINALMENTE!, gritava a manchete. "Genuína propaganda pela ação!", proclamou um Most exultante. "Que mais soberanos sejam mortos!" Com detalhes sinistros, descreveu a forma pela qual a bomba "caiu aos pés do déspota, sacudiu-lhe as pernas, abriu-lhe a barriga e causou muitos outros ferimentos". Most chegou a se rejubilar até com a morte lenta do tsar "em meio a grandes sofrimentos". O tsar morreu, "como merecia morrer — como um cão".

Isso foi demais, até mesmo para o governo inglês, orgulhoso de sua tolerância. Most foi preso imediatamente e acusado de calúnia e de incentivo ao assassinato, de acordo com a Lei dos Crimes contra a Pessoa.[43]

Seu julgamento em abril de 1881, como o de Vera anos antes, foi a sensação do ano. Foram vendidos ingressos para a sala de audiências, que ficou lotada tanto de simpatizantes quanto de detratores que queriam ter um vislumbre que fosse do *émigré* terrorista. O advogado de Most fez o possível para conseguir sua absolvição com base na liberdade de expressão. Mas, quando tentou argumentar que a autoria do artigo anônimo não podia ser provada tecnicamente, Most recusou-se a cooperar, insistindo em dizer: "Eu escrevi aquelas palavras exatamente com esse sentido." O júri inglês não hesitou em considerá-lo culpado. Most foi condenado a dezesseis meses de trabalhos forçados.[44]

Enquanto Most estava encarcerado na prisão de Clerkenwell, sua causa recebeu outro golpe. Em 1882, os ingleses ficaram estarrecidos com um ataque terrorista inteiramente autóctone. Quatro republicanos radicais da Irlanda, que se apresentavam como "Os Invencíveis", esfaquearam lorde Frederick Cavendish, o secretário de Estado do governo inglês responsável pela Irlanda, e Thomas Burke, o subsecretário, no parque Phoenix, em Dublim. Os assassinos foram hediondos — as vítimas foram abertas ao meio com bisturis cirúrgicos de lâmina longa. O *Freiheit*, mesmo na ausência de Most, elogiou os assassinos do parque Phoenix, que também "aniquilaram tão esplendidamente os representantes malignos de um governo maligno". Depois disso, a polícia inglesa declarou guerra ao jornal. Foram feitas numerosas prisões. Tinta e máquinas de linotipia foram confiscadas. Quando Most foi solto em 1882, não tinha futuro na Inglaterra. De modo que fugiu de novo, agora para os Estados Unidos.[45]

Os radicais *émigrés* dos Estados Unidos receberam-no entusiasticamente. Primeiro em Nova York, depois em Chicago, ele pregou a "propaganda pela ação" a multidões de anarquistas descontentes. Most exortava seus ouvintes a lançarem mão de todo e qualquer tipo de ação armada contra o Estado — revólveres, bombas, facas e até venenos. Em 1885, publicou um livro com base numa pesquisa cuidadosa: *Revolutionary War Science: A Little Handbook of Instruction in the Use and Preparation of Nitroglicerine, Dynamite, Gun-Cotton, Fulminating Mercury, Bombs, Fuses, Poisons, Etc. Etc.* [A ciência da guerra revolucionária: Um manual conciso de instrução no uso e preparo de nitroglicerina, dinamite, algodão-pólvora, mercúrio fulminante, bombas, detonadores, venenos, etc.] A essa altura, sua necessidade de destruir não poderia ser saciada com alvos para o assassinato. Ele desejava ações maiores, mais cataclísmicas: "Ateiem fogo às casas, ponham veneno em todos os tipos de comida (...), enterrem minas cheias de explosivos, amolem suas facas, carreguem seus revólveres, ponham-lhes espoletas, encham as bombas e deixem tudo preparado!"[46]

À medida que os anarquistas norte-americanos impregnavam-se da propaganda de Most, alguns se sentiram inexoravelmente arrastados para o caminho terrorista. Quando uma bomba explodiu durante uma manifestação no Haymarket de Chicago no dia 4 de maio de 1886, a "propaganda pela ação" finalmente chegou aos Estados Unidos. Como seus predecessores europeus, a polícia de Chicago não perdeu tempo. Oito homens foram presos e acusados pelo crime, embora não tenha sido encontrada nenhuma prova de que qualquer deles tenha lançado a bomba. O julgamento causou furor, elevando o anarquismo à condição de obsessão nacional. Quase como se fosse uma imagem reflexa do julgamento de Vera, o júri de Chicago condenou homens que provavelmente eram inocentes. Quatro deles foram enforcados e chegaram instantaneamente ao tipo de "martírio" ao qual a própria Vera nunca chegou.[47]

Nos anos seguintes aos acontecimentos do Haymarket, a campanha terrorista de Most continuou dando frutos. Alexander Berkman, um linotipista do *Freiheit*, era um *émigré* de origem lituana que se converteu ao radicalismo depois de sua chegada aos Estados Unidos na tenra idade de 17 anos. Em 1892, Berkman ansiava por reenergizar um movimento anarquista em declínio com um único ato espetacular. Resolveu assassinar Henry Clay Frick, o industrial que, naquele mesmo ano, acabou violentamente com a greve da Homestead Steel, na Pensilvânia, matando dez operários. Berkman entrou audaciosamente no gabinete de Frick, em Pittsburgh, deu-lhe dois tiros no pescoço e depois o esfaqueou várias vezes na perna. Frick sobreviveu, e Berkman passou quatorze anos na cadeia.

Durante o interrogatório, Berkman confessou ter adotado o nome falso de Rathmetov para realizar esse ato. A polícia de Pittsburgh não tinha a menor ideia da referência que ele estava fazendo, mas Berkamn escolhera esse nome em homenagem a seu personagem favorito do romance *O que fazer?* de Tchernichevski.[48]

Esses tributos aos pioneiros russos do radicalismo eram comuns. Lendas sobre os terroristas russos tiveram grande divulgação entre os anarquistas norte-americanos. A tradução do *Catecismo* de Nechaev por Most tornou-se leitura obrigatória, e alguns anarquistas empreendedores escreveram e produziram uma peça de teatro sobre os assassinos de Alexandre II. Sofia Perovskaia foi apresentada como "uma nobre moça anarquista". Os "niilistas" tornaram-se os ídolos do momento. O próprio Most confessou à famosa anarquista Emma Goldman seu desprezo pelas mulheres em geral e pelas mulheres radicais em particular. Só fazia exceção para uma única nacionalidade — as russas. Tendo em vista os exemplos de Sofia Perovskaia, Vera Zasulich e a própria Emma Goldman, as mulheres russas tinham, obviamente, todas as condições para se tornarem verdadeiramente revolucionárias.[49]

Não foi de surpreender que, no fim do século XIX, o terrorismo tenha se tornado conhecido no mundo inteiro como "o método russo". O que originalmente parecia tão exótico no distante contexto russo, agora, de perto, mostrava ser uma ameaça terrível. No Ocidente em particular, os niilistas russos pareciam justificados na sua pátria autoritária, mas repugnantes na Europa e nos Estados Unidos, tão solidamente "liberais". William Gladstone, o grande primeiro-ministro britânico, expressou petulantemente a sua hipocrisia em 1893: "Essa forma de anarquia é o niilismo russo transmitido por contágio a alguns súditos impotentes de outros países. Na Rússia, os niilistas tiveram muito a dizer, se não em seu favor, ao menos contra seus oponentes. Em outros países, é, em geral, um niilismo sem causa e, por conseguinte, degenerado."[50]

Um romance de Alexandre Dumas nunca nos deu tanto prazer quanto essas aventuras extraordinárias.

— Le Temps, 24 de abril de 1878

O niilismo tinha chegado ao exterior. À medida que a violência tornava-se um brutal fato político em muitos países ocidentais, a imaginação do mundo literário e intelectual foi inflamada pelas visões de misteriosos radicais estrangeiros chegando ao solo ocidental, trazendo consigo uma caixa de Pandora de rebelião violenta.

As fontes desse fascínio eram, evidentemente, as infindáveis histórias sobre niilistas publicadas pelos jornais ocidentais. Principalmente depois do assassinato de Alexandre II, os niilistas tornaram-se uma obsessão. Artigos com títulos como "O segredo do niilismo" e "Conversas com um niilista" apareceram nos jornais. Os niilistas eram entrevistados e analisados. Sua constituição psicológica era examinada e até suas características físicas eram tipificadas. As mulheres despertavam um interesse particular — pareciam possuir ao mesmo tempo o traço feminino da empatia pelos oprimidos e a necessidade masculina de violência. Embora, nas palavras do *New York Times*, tivessem sido chamadas de "anjos destruidores" que perpetravam "o terrorismo vermelho na Rússia", continuavam impenetráveis e, por isso, fascinantes, misteriosas.[51]

E então, em 1883, a Europa finalmente encontrou um homem disposto a ser um porta-voz niilista — um homem que se ofereceu espontaneamente a dar um vislumbre único da mentalidade do radicalismo russo do ponto de vista da experiência pessoal. E o niilismo não poderia ter achado um representante mais eloquente nem mais arrojado do que Sergei Kravchinskii.

Em 1880, Kravchinskii tinha se resignado a uma vida de exilado permanente na Europa. Principalmente depois de se casar, em 1879, Kravchinskii só participou indiretamente do movimento radical russo. Impedido da ação direta, desenvolveu seus talentos de escritor, orador e intelectual público. A boa aparência, o ar de candura e seu grande refinamento facilitaram sua admissão nos círculos intelectuais europeus; Kravchinskii era exatamente o tipo de radical chique e romântico com quem os esquerdistas europeus gostavam de ser associados.[52]

Imediatamente depois de 1881, com a Europa ainda abalada com o assassinato de Alexandre II, Kravchinskii resolveu escrever um livro que revelaria o niilismo russo ao Ocidente e com o qual faria nome. Publicado em 1882 na Itália com o título de *La Russia Sotteranea*, logo foi traduzido para o inglês como *Underground Russia* [A Rússia subterrânea]. Com o tempo, seu popular estilo floreado e seu tema exótico fizeram dele uma febre europeia.

Em *A Rússia subterrânea*, Kravchinskii entoou um extraordinário canto de vitória aos heróis do niilismo russo. O livro confirmava as impressões mais românticas da Europa sobre o radicalismo russo: que a Rússia era uma terra de tirania e crueldade incessantes; que o espírito de resistência e revolta impregnava todas as classes; e que existia uma coorte particular de indivíduos abnegados e virtuosos preparados para sofrer até a morte em nome da liberdade russa.

Na Rússia de Kravchinskii, os soldados patrulhavam as ruas, praticamente transformando as cidades em "campos militares". A detenção, o encarceramento e o exílio ocorriam sob o mínimo pretexto — um boato vago ou um único panfleto. As próprias prisões não passavam de câmaras de tortura, onde os guardas praticavam uma "crueldade vil e inútil" para agradar a seus superiores. Nessas condições, os russos comuns definhavam, sendo pouco mais que escravos "exauridos pela fome, alquebrados pela labuta", uma vida "cheia de sofrimento, de dor, de desmandos".[53]

Num mundo assim, o desejo de uma revolução violenta era natural, o mais "espontâneo" dos impulsos. Na Rússia, explicou Kravchinskii, "um homem tem de ser cego ou hipócrita para acreditar na possibilidade de qualquer melhoria que não seja por meios violentos". O medo paralisava a maioria, mas alguns indivíduos nobres ousavam lutar. Eram personagens românticas — ousadas, intrépidas e altruístas. Cada revolucionário "faz em seu coração um juramento solene de consagrar toda a sua vida, toda a sua força, todos os seus pensamentos à libertação do povo". Cada revolucionário se consolava e se inspirava com uma visão, com uma "ideia sublime", que lhe permitia suportar o sofrimento e "enfrentar a morte com um olhar de entusiasmo e um sorriso de felicidade". Kravchinskii deixou-se fora da história, mas resquícios de seu espírito exuberante marcam todas as páginas.[54]

Em *A Rússia subterrânea*, os terroristas eram heróis. Motivados "pelo pesar e pela raiva", voltavam-se contra os opressores do povo. Defensores da "humanidade ultrajada", também eram "orgulhosos como Satã", recusando-se a se curvar ao jugo do despotismo. Kravchinskii compreendia seu público europeu: o terrorismo parecia ser, para muitos, "nobre, terrível e irresistívelmente fascinante".⁵⁵ Ele salpicou *A Rússia subterrânea* com hagiografias de seus amigos e conhecidos. Um grande número de retratos sedutores é apresentado aqui. Alguns radicais eram idealistas sonhadores, outros maquiavélicos empedernidos; alguns eram terríveis e poderosos, outros, modestos e angelicais. Mas todos eles eram personalidades dignas de veneração.

Kravchinskii não poupou elogios a duas mulheres em particular, mulheres da nobreza que tinham se tornado terroristas e que ele admirava: Vera Zasulich e Sofia Perovskaia. Em *A Rússia subterrânea*, elas são apresentadas como contrastes chocantes. Vera não era bela; Sofia era. Vera era calada e taciturna, Sofia era cheia de vivacidade e voluntariosa. Mas, entre elas, havia os traços comuns de uma mulher modesta e altruísta que disfarçava, por baixo de um exterior simples, uma vontade de ferro, uma paixão pela revolução e um impulso angelical pelo martírio.⁵⁶

A descrição de Kravchinskii, combinada ao sumário de Alexandrov no julgamento, formou a imagem de Vera que persistiu para sempre no Ocidente. É um estudo de contradições. Vera era "o anjo da vingança" que deu ao terrorismo "sua auréola divina, além da sanção do sacrifício e da opinião pública". Sua modéstia escondia uma vida interior reflexiva quase delirante. Quando um certo estado de espírito tomava conta dela, escreveu Kravchinskii, ela buscava consolo junto à natureza, às vezes perambulando sozinha a noite toda. Nas palavras de Kravchinskii, ela tinha "a sensibilidade da mais elevada poesia".⁵⁷

A aspiração essencial de Vera era uma vida de ação. "Vera gostaria de atirar em Trepov todos os dias, ou ao menos uma vez por semana. E, como isso não era possível, ela ficava irritada." E quando a lembravam de que "não podemos nos sacrificar todos os domingos, como Nosso Senhor é sacrificado", Vera lutava para aceitar o destino. Era, em síntese, "uma mulher de grandes decisões e de grandes ocasiões".⁵⁸

O livro de Kravchinskii sobre os niilistas idealizados chegou à Inglaterra em 1883, e o próprio Kravchinskii o seguiu logo depois. Conseguiu encantar os britânicos tanto quanto os russos. Friedrich Engels caracterizou-o como "sonhador, sensível", e George Bernard Shaw viu nele "o coração de uma criança afetuosa". *A Rússia subterrânea* causou uma impressão profunda em muita gente, e não demorou para a ficção adotar todo um panteão de personagens niilistas. Os niilistas começaram a aparecer até nas expressões literárias mais improváveis. As mulheres niilistas, em particular, foram utilizadas para dar sabor a obras de ficção românticas que, sem elas, seriam convencionais.[59]

Elas apareceram nos lugares mais inesperados. Podiam ser encontradas em salas de visitas inglesas, como em *Mademoiselle Ixe*, o pseudônimo de Mary Hawkers. Nesse romance empolgante, uma niilista torna-se governanta e, contra todas as probabilidades, dá um tiro numa autoridade do governo russo na casa de seus patrões. A cena inteira parece uma descrição da tentativa de assassinato de Trepov por Vera, transposta para uma propriedade rural na Inglaterra. Enquanto a vítima cai no chão com um estrondo, a governanta niilista permite calmamente ser desarmada, explicando concisamente que sua vítima era "o inimigo do meu povo e da humanidade também". Em *Miss Brown*, de Vernon Lee, uma suposta ex-niilista, Madame Elaguine, chega da Rússia para seduzir o protagonista suscetível, Walter Hamlin. Hamlin sente-se particularmente atraído pelo exotismo passional dessa jovem que lhe conta uma história aterrorizante sobre uma misteriosa sociedade secreta determinada a executá-la como traidora.[60]

Às vezes, os leitores tinham de ser levados à Rússia para sentir todo o sabor da atmosfera niilista. No romance *On Peter's Island* [A ilha de Pedro], de Arthur e Mary Ropes, um norte-americano viaja até o centro do radicalismo russo e envolve-se com o mundo conspirador de uma sociedade secreta niilista, na qual os membros são conhecidos apenas por números e os inimigos são assassinados com uma precisão fria e impiedosa. O protagonista fica particularmente encantado com uma jovem ruiva de cabelos curtos, que é a quintessência da mulher radical russa: tímida, reticente e, apesar disso, corajosa a ponto de tramar o assassinato do tsar.[61]

Alguns dos mais célebres autores europeus não conseguiram resistir à tentação de escrever sobre o niilismo russo. Um dos mais improváveis acabou sendo um dos primeiros: Oscar Wilde. Por estranho que pareça, o homem cuja obra seria caracterizada mais tarde como "hedonismo estético," escolheu Vera Zasulich como tema de sua primeira peça de teatro. *Vera, ou os niilistas*, não têm nada do tom satírico e cínico pelo qual Wilde se tornaria tão conhecido mais tarde. É, em vez disso, uma tragédia, uma tentativa sincera da parte de Wilde de entrar no mundo dos niilistas e expor o que ele chamava de sua "paixão" essencial".[62]

Infelizmente, o resultado não passou de um melodrama. *Vera* é uma peça cheia de sociedades secretas com juramentos complicados, sonhos passionais de revolução violenta e atos nobres de altruísmo. O pano de fundo é a Rússia das reportagens de jornal da Inglaterra — uma tirania monstruosa, onde a lei marcial ameaça a todo momento e onde os condenados marcham diariamente para seu destino na Sibéria. O tsar da peça é um tirano contumaz, que não pensa em mais nada além de trancafiar um monte de russos, uma vez que, em suas palavras, "há gente demais na Rússia, há dinheiro demais gasto com essa gente".

Vera é o centro da peça, uma mulher niilista por excelência. É uma camponesa comum cujo irmão foi mandado para a Sibéria e cujo desejo de vingança contra o Estado russo leva-a até a sala do trono do tsar. Como a Vera Zasulich das reportagens dos jornais, Vera Sabouroff é a quintessência da contradição: uma assassina fria com o coração de uma mulher sensível. Ela é "tão difícil de capturar quanto uma loba, e duas vezes mais perigosa". E não recua diante da ideia de matar.

Mas Wilde simplesmente não conseguiu resistir a dar a Vera um defeito feminino por excelência: a capacidade de se apaixonar perdidamente pelo homem errado. Num voo da imaginação wildiana, Vera fica louca por um outro conspirador, um homem particularmente ousado e nobre que, como ela descobre mais tarde, é Alexis, o herdeiro do trono russo. Embora Alexis tenha simpatia pelos niilistas, torna-se um alvo deles assim que o pai morre. E Vera é a pessoa escolhida para assassiná-lo. Sua vontade férrea e seu coração de mulher entram em choque. Só há uma solução: a morte. No final melodramático da coroação, Vera não atira no tsar, atira em si mesma. Suas últimas palavras são: "Salvei a Rússia!"

Não é de surpreender que a primeira peça de teatro de Wilde tenha sido um fracasso dramático. Por pura coincidência, sua estreia havia sido marcada para o final de 1881, depois do assassinato de Alexandre II, e Wilde concordou em adiar a apresentação por algum tempo. A estreia aconteceu em Nova York, em agosto de 1883. A reação dos críticos foi uniformemente negativa: "irreal", "fantasiosa" e "disparate dramático". Mas Wilde insistiu em dizer que suas intenções eram absolutamente sérias. Queria, disse ele, mostrar "a moderna Rússia niilista, com todo o terror de sua tirania e a maravilha de seus martírios".[63]

Três anos depois, Henry James, o romancista inglês nascido nos Estados Unidos, esperava ter êxito onde Wilde fracassara. *The Princess Casamassima* [A princesa Casamassima], de James, é o mais idiossincrático de seus romances, uma tentativa séria de entrar num mundo claramente diferente do seu, um mundo de conspirações implacáveis e assassinatos políticos. Hyacinth, o protagonista, é filho ilegítimo de um nobre e, portanto, um rebelde natural contra as classes superiores. É facilmente atraído para uma sociedade secreta consumida por ideais revolucionários. Quando conhece a princesa Casamassina, sem querer arrasta essa aristocrata elegante para sua vida radical clandestina.

Mas, no fim, James, como Wilde, não conseguiu captar a combinação contraditória de altruísmo e violência que era a marca registrada do autêntico radicalismo russo. Suas personagens são verdadeiramente jamesianas, cheias de contradições internas e hesitações. Apesar de suas origens humildes, Hyacinth é sensível e escrupuloso demais para se tornar realmente um fanático. E a princesa, a nobre que se tornou niilista, nunca passa de uma radical etérea, mergulhada na revolução para satisfazer sua sede de sensações fortes. Em síntese: James era por demais o artista do experimental e do fugidio para dar conta de algo tão cheio de arestas e tão real quanto o terrorismo niilista.[64]

Numa abordagem menos séria, nem mesmo *sir* Arthur Conan Doyle resistiu à tentação de incluir um niilista russo numa de suas histórias de Sherlock Holmes. Em "The Adventure of the Golden Pince-nez" [A aventura do pincenê de ouro], o assassino é nada menos que uma mulher niilista míope e sem graça. A história é curtinha, mas Doyle não deixa de incluir alusões a assassinatos, sociedades secretas e um amor eterno por uma causa que evoca o amor passional do sacrifício. Além de tudo, inclui uma personagem niilista que ele descreve como alguém que possui "uma certa nobreza" e "elegância no queixo desafiador e na cabeça erguida, que despertam respeito e admiração".[65]

Seja como for, os niilistas eram temidos e admirados, os produtos de uma cultura estrangeira com sua bravura desesperada e sua crueldade fria. Uma profunda ambivalência a seu respeito dava-lhes charme — era difícil saber se era o caso de elogiá-los por seu idealismo ou condená-los por seu extremismo.

Mas, no fim, o homem que havia dado o niilismo à luz em solo russo também estava fadado a mandá-lo para o exterior. O romance europeu mais popular sobre o radicalismo russo foi escrito por ninguém menos que o próprio Ivan Turguêniev.

Turguêniev escreveu o romance *Solo virgem* na década de 1870, durante o auge do movimento "em direção ao povo". Como em *Pais e filhos*, ele tentou captar o espírito do radicalismo, principalmente o que via como seus nobres impulsos idealistas e populistas. Mas, ao contrário de sua obra-prima anterior sobre o niilismo, *Solo virgem* nunca conseguiu cativar o público russo. Suas personagens foram consideradas rasas e sem vida, inventadas por um homem que passara um período grande demais da vida longe de sua terra natal.

Mas, no exterior, o livro virou moda. Traduzido para todas as principais línguas europeias, foi elogiado por grandes personalidades literárias, como Gustave Flaubert e Henry James. Não há dúvida de que James fez muitos empréstimos a *Solo virgem* quando escreveu *A princesa Casamassima*.[66]

Depois do julgamento de Vera Zasulich em 1878, *Solo virgem* foi elevado à condição de profecia, dessa vez por causa de sua descrição de uma mulher revolucionária, Marianna. Críticos alemães e franceses logo perceberam as semelhanças extraordinárias entre Marianna e Vera, apesar do fato de Turguêniev só ter ouvido falar de Vera em 1878. Os paralelos em termos de aparência física eram particularmente impressionantes: olhos acinzentados, cabelos castanhos e um longo nariz aquilino. Como Vera, Marianna é uma pária de origem nobre criada por parentes ricos e, como Vera, rebela-se contra sua condição de subordinada. Para se libertar, Marianna lê a literatura revolucionária e, desse modo, supera seu sofrimento pessoal com a determinação de ajudar aqueles que tiveram menos sorte na vida. O mais importante de tudo é o impulso de Marianna de se sacrificar pelo povo. "Às vezes me parece", declara Marianna fervorosamente, "que sofro por todos os oprimidos — os deserdados, na Rússia; ou melhor, não sofro, fico indignada por eles. Revolto-me; estou pronta a dar minha vida por eles." Talvez tenha sido exatamente esta passagem que levou um jornalista do periódico *Revue des Deux Mondes* a explicar que, "como Marianna, Vera não se importava com a própria desgraça, ela sofria pelos oprimidos, pelos deserdados. Ou então não sofria, ficava indignada e revoltava-se. Foi inspirada a agir contra a própria impotência".

Talvez inspirado por sua própria profecia, Turguêniev escreveu realmente sobre Vera em 1878. Compôs a pequena obra poética intitulada "O umbral", por onde uma "moça" está prestes a passar para entrar num mundo de "sofrimento" e "sacrifício". Quando ela dá o passo fatal, uma voz anônima entoa a última palavra do poema: "Santa!"[67]

> *Em meio ao entusiasmo universal e a uma verdadeira adoração, Zasulich preservou toda a simplicidade de seu modo de ser, toda a pureza de sua pessoa que a distinguiam antes de seu nome ficar cercado pela auréola de uma glória imortal. Essa glória, que teria virado a cabeça do estoico mais comedido, deixou-a tão fleumática e indiferente que o fato seria absolutamente inacreditável se não fosse comprovado por todos os que se aproximavam dela, mesmo que só por um momento.*
>
> — SERGEI KRAVCHINSKII, *Rússia subterrânea*[68]

Pelo resto da vida, a celebridade perseguiu Vera aonde quer que ela fosse. Desde os primeiros momentos sobre sua fuga para a Suíça, seus movimentos eram seguidos de perto. Boatos repetidos sobre sua volta à Rússia foram publicados por vários jornais, assim como histórias estranhas de sua participação em diversos eventos e até sobre sua reclusão em alguns conventos.[69] Sua fama eclipsou inteiramente o malfadado Trepov, que nunca era mencionado em reportagens de jornais sem que fosse vinculado ao caso Zasulich. Quando Trepov morreu, em 1889, seus obituários concentraram-se na tentativa de Vera de matá-lo onze anos antes. Em 1918, o sobrinho de Trepov recebeu o mesmo tratamento: a notícia da morte de Mikhail Trepov foi acompanhada de uma história sobre seu famigerado tio, que levou um tiro da lendária Vera Zasulich.[70]

Durante as décadas de 1870 e 1880, tanto na Rússia quanto na Europa, Vera foi universalmente reconhecida como a mulher que inspirou o terrorismo russo. Em fevereiro de 1880, quando explodiu a bomba embaixo da sala de jantar do tsar, os jornais europeus especularam que Vera estava em São Petersburgo, envolvida nesses eventos criminosos. Quando o tsar foi assassinado, Vera foi considerada a mulher que levara os niilistas a tomarem a estrada para o terrorismo. Parecia que poucos repórteres conseguiam resistir à tentação de remontar até ela a longa série de ataques terroristas russos. Ela havia sido crucial para tornar "o assassinato político um meio reconhecido de ação" e foi "considerada uma espécie de Joana d'Arc ideal do partido". Sem dúvida alguma, ela foi "uma heroína da revolução," um dos "Anjos Destruidores russos."[71]

Vários movimentos socialistas europeus tentaram fazer dela o seu símbolo. Os anarquistas franceses escreveram para ela em Genebra, convidando-a a participar de recepções em Paris, onde prometiam juntar milhares de simpatizantes. Os anarquistas alemães pediram-lhe para escrever cartas condenando a social-democracia alemã. Henri Rochefort, o socialista francês exilado que ajudara a conseguir para Vera um apartamento secreto em Genebra logo depois de sua chegada ali, estava determinado a explorar a celebridade sob sua proteção. Poucos dias depois de sua chegada, o cavalheiro impecável veio ao apartamento de Vera para convidá-la para jantar com alguns de seus amigos franceses.

Vera, não achando a fama europeia menos insuportável que a russa, no começo recusou sistematicamente todos os convites. Mas fez uma exceção certa vez, da qual se arrependeu para o resto da vida. Concordando em comparecer ao apartamento de Rochefort para jantar, Vera chegou vestida daquele seu jeito niilista, desmazelada como sempre. A residência esplêndida de Rochefort estava cheia de convidados vestidos a rigor, a nata da *intelligentsia* francesa e suíça. O lugar designado para Vera foi a cabeceira de uma mesa sobre a qual havia um banquete suntuoso, e ela foi recebida como a heroína revolucionária da Rússia. Horrorizada e irritada com essa manifestação da postura radical chique, Vera ficou ali sentada durante algum tempo num silêncio mortal. Finalmente, pediu a Klements que a levasse para casa.[72]

Klements, que continuou vivendo com ela durante alguns meses depois de sua aventura nas montanhas, arrancou-a da multidão de observadores curiosos e admiradores empolgados. Ela estava particularmente determinada a evitar a participação pública nas rixas da ala esquerda europeia. Em sua condição de *émigrée*, primeiro ela conhecia muito pouco a social-democracia alemã, e menos ainda o anarquismo europeu. Seu espírito permanecia na Rússia, onde seus amigos e companheiros continuavam lutando em sua ausência.[73]

Às vezes, a solidão ameaçava esmagá-la. Sentia-se vazia sem o movimento e não queria mais nada além de voltar para os dias de animada atividade, quando vivia no meio dele, como em Kiev ou na Comuna Inglesa de São

Petersburgo. Com os holofotes da fama sobre ela, as pessoas pareciam vê-la como um fenômeno. Poucos conheciam realmente a pessoa que ela era.

Em agosto de 1878, em desespero, Vera escreveu uma carta confusa de Genebra para sua velha amiga Masha. Achava que Masha tinha esfriado com ela. Houve tantos mal-entendidos entre as duas nos meses seguintes à tentativa de assassinato que Vera queria acabar com a tensão e ressuscitar essa amizade. Enquanto o mundo tratava-a como celebridade, privadamente Vera confessava seu arrependimento amargo em relação àquele dia de janeiro. Uma após outra, consequências funestas seguiram-se a seu ato. Tornar-se uma celebridade da noite para o dia mostrou-lhe o lado "repulsivo" dos seres humanos. Sua condição de criminosa na Rússia a havia separado de seus amigos e familiares e ela fora isolada do movimento revolucionário. Mas, acima de tudo, a fama e o exílio afastaram-na da única amiga por quem ela realmente sentira afeto durante todos os anos de luta.

No fim, Vera ficou convencida de que os acontecimentos do dia 24 de janeiro tinham prejudicado uma amizade maravilhosa. O êxito imprevisto de Vera e o fracasso igualmente imprevisto de Masha criaram uma barreira insuperável entre elas. Agora, Vera era conhecida como a primeira mulher terrorista da Rússia, e Masha foi esquecida. Mas Vera teria feito qualquer coisa para mudar a história. Quando pensava nas vicissitudes do destino, ela dizia que "lágrimas me vinham aos olhos". Foi "o tipo de castigo", acrescentou, que nem o próprio Trepov "teria inventado se tivesse a imaginação de um gênio".[74]

Vera nunca recebeu resposta da carta que mandou a Masha. Na noite de 11 de outubro, antes de Masha conseguir pôr no correio as linhas que escrevera a Vera, seu apartamento foi invadido por policiais que estavam em busca de provas relacionadas ao assassinato de Mezentsev. Determinada a não dar à polícia o que ela estava procurando, Masha atirou duas vezes nos agentes, mas não acertou nenhum tiro. Desesperada, tentou destruir a carta para Vera, rasgando-a e engolindo os pedaços. Mas era tarde demais. Os policiais arrancaram-lhe o revólver da mão e tiraram-lhe os fragmentos de papel da boca. Masha foi julgada e considerada culpada por ação armada contra o Estado. Foi condenada a trabalhos forçados e ao exílio.[75]

Esse novo golpe quase esfrangalhou os nervos já frágeis de Vera. Enquanto ficava ali na Suíça sem fazer nada, sua amiga mais íntima era levada para uma vida de sofrimento incessante. Como escreveu depois a um conhecido dos velhos tempos, Vera tinha passado todo o ano de 1878 tentando recuperar o equilíbrio e "ficar de bem" com seu destino. Mas então, acrescentou ela num código revolucionário, recebeu a notícia da "doença" de Masha. Agora, como ela descobriu, as duas "nunca mais poderiam fazer as pazes".[76]

Seus amigos de Genebra não viam nela a mulher calada e tímida, mas no fundo bem-humorada, a mulher que Vera tinha sido na Rússia. Estavam, ao contrário, cada vez mais preocupados com o estado de espírito sombrio de Vera, que, às vezes, desembocava numa penosa depressão. No fim de 1878, ela chegou à conclusão de que precisava de um apartamento só seu, pois não conseguia tolerar a presença de outras pessoas por nenhum período de tempo. Voltou a seus amados livros e cercou-se de pilhas de material de leitura. Às vezes, saía de sua existência monástica e passava longas noites com os amigos Deich e Kravchinskii, seus companheiros de exílio. Eles debatiam animadamente as últimas notícias, e Vera até se envolvia em discussões acaloradas com as pessoas presentes. Mas, muitíssimas vezes, fechava-se num silêncio completo e recusava-se até a sair de seu apartamento por dias e dias. Kravchinskii, cuja personalidade exuberante achava a melancolia de Vera um pouco irritante, repreendeu-a muitas vezes por sua tendência à "autocrítica". Atribuía seu mau humor à "doença especial dos russos, de ficarem sondando a própria cabeça, mergulhando em suas profundezas, dissecando-a impiedosamente em busca de defeitos, sempre imaginários, e sempre exagerados".[77]

Vera acreditava ter bons motivos para se criticar: sem querer, o que agora lamentava profundamente, incentivara dezenas de russos a seguirem suas pegadas. Era pessoalmente responsável pela "guinada para o terrorismo" na Rússia. A carga dessa responsabilidade pesava muito sobre seus ombros. Cada novo incidente era um choque para seu organismo; ela se sentia responsável tanto pela vida das vítimas quanto pelo destino dos assassinos. Tinha plena consciência do quão terrível foi cometer esse "crime", reconhecendo que até a fama que se seguiu a seu ato estava manchada pelo próprio ato. Vera achava o desfile de imitadores simplesmente insuportável.

Olga Liubatovich, que mais tarde se tornou outra terrorista famosa, lembrava-se da reação de Vera à notícia da tentativa de Alexander Soloviev de matar o tsar no dia 4 de abril de 1879. Enquanto os outros radicais que estavam na Suíça rejubilavam-se, Vera fechou-se num silêncio mortal. Continuou reclusa em seu quarto por vários dias, recusando-se a ver quem quer que fosse. Algumas semanas depois, escreveu a seu amigo e agora seu amante, Lev Deich. No dia em que recebeu a notícia da tentativa de assassinato por parte de Soloviev, disse Vera a Deich, deu uma longa caminhada debaixo de chuva, até ficar completamente ensopada. O terrorismo a enchia de angústia. Ela temia que fosse "a fase terminal do movimento". Uma visão de fracasso absoluto a atormentava: os revolucionários esmagados pelas forças da reação, repudiados pela sociedade e, por isso, chegando a um "colapso espiritual". Em resumo, "tudo estaria perdido". Era impossível tolerar essa reviravolta dos acontecimentos, escreveu ela, "sobre a qual meu ato teve tanta influência".[78]

Naquele mesmo dia, depois daquela caminhada na chuva, durante a qual estava fora de si, Vera tomou uma decisão importante. Apesar de ser uma das mulheres mais procuradas na Rússia, voltaria. Se tinha tido tanta influência para motivar outros a cometerem atos terroristas, com certeza seria igualmente persuasiva no sentido de convencer seus companheiros a abandonarem sua obsessão pelo o terrorismo, pois era um beco sem saída.[79]

Outros companheiros que estavam na Suíça concordaram com ela: estava na hora de fazer os radicais russos voltarem ao verdadeiro espírito do socialismo. Em agosto de 1879, Deich e Liubatovich declararam que a acompanhariam em sua viagem de volta. Foram feitos planos complicados: primeiro os conspiradores alugaram uma casa em Montreux para não despertar suspeitas na polícia de Genebra. De Montreux, viajaram de trem, passando por Berna e Berlim. Na fronteira, vestiram-se de comerciantes judeus e fizeram de conta que falavam mal o russo para confundir os guardas. Foi uma viagem enervante e desesperada, mas Vera ficou felicíssima. Finalmente, estava voltando para casa.[80]

Embora não esteja claro o que Vera esperava encontrar ao chegar, deve ter sido um choque descobrir que chegara tarde demais. O terrorismo já se tinha enraizado profundamente na psique do movimento revolucionário russo, e nem mesmo a primeira terrorista russa conseguiu diminuir o entusiasmo de seus seguidores. Pior ainda: foi impedida de tentá-lo. Como a polícia a considerava uma criminosa política extremamente perigosa e teria feito qualquer coisa para lhe pôr as mãos em cima, ela foi obrigada a ficar escondida em São Petersburgo. Poucos de seus antigos companheiros chegaram a saber que ela tinha voltado.

Mais tarde, Lev Deich declarou que muitos aspirantes a terroristas disseram-lhe depois que, "se a própria Vera Zasulich era contra o terrorismo, então esse meio de luta deve estar errado". Mas poucos deles parecem ter agido de acordo com essa conclusão. O partido da Vontade do Povo estava ficando cada vez mais forte, e muitos dos radicais russos mais ativos participaram de conspirações terroristas. Vera, Deich e alguns outros tentaram formar uma organização alternativa mais pacífica, mais concentrada nos camponeses. Chamando a si mesmos de "Repartição Negra", numa referência ao desejo dos camponeses de que houvesse uma redistribuição de todas as terras cultiváveis, Vera e os outros tentaram se reconectar às aldeias do Sul, onde tinham pregado a revolução tantos anos antes. Mas não adiantou. Ninguém queria se juntar a eles. Quem haveria de querer voltar a uma estratégia revolucionária antiga e fracassada quando a possibilidade de assassinar o tsar estava tão estonteantemente próxima?

Logo depois que se espalharam boatos de que a polícia russa estava verificando a validade de todos os passaportes de viajantes que chegavam a São Petersburgo, Deich e Zasulich resolveram fugir para o exterior de novo. De certa forma, ficaram felizes por ir embora, achando o clima revolucionário russo hostil a suas ideias. Mas, quando deixaram a Rússia em janeiro de 1880, ainda estavam ingenuamente convencidos de que, nas palavras de Deich, "a paixão da maioria dos jovens de vanguarda pelo terrorismo logo acabaria, e então seria possível, mais uma vez, voltar à Rússia e trabalhar no meio do povo".[81]

> *Bom, se existem aqueles que ainda querem retomar o terrorismo, deviam perguntar a si mesmos: o que farão na fase do terrorismo? E como, durante essa fase, pagarão por ele?*
>
> — VERA ZASULICH, "A propósito dos Últimos Acontecimentos"[82]

Como a paixão pelo terrorismo na Rússia não acabou, Vera ficou mais determinada ainda a lutar contra ele. Pelo resto da vida, assumiu repetidas vezes o desafio de condenar a tática política que um dia adotara tão fervorosamente. Em vários artigos muito bem pensados, ela explicou sua conversão. Embora a paixão pelo terrorismo fosse perdoável, escreveu ela, e embora os atos terroristas parecessem arautos da revolução inevitável, sempre eram, a longo prazo, gestos pusilânimes. Na verdade, afirmou Vera, o terrorismo só exauria a força dos revolucionários e testava a tolerância da sociedade. Não poderia criar as condições para a revolução. Gloriosos atos de indivíduos heroicos acabavam sendo performances individuais destinadas ao aplauso, mas não tinham condições de inspirar uma ação das massas. "Indivíduos liberais", escreveu ela, "podem manifestar simpatia pelo heroísmo dos terroristas, mas não sentem por isso um desejo maior de agir e de se arriscar." O resultado é que os ataques terroristas caíram um a um no vasto silêncio das massas.[83]

No entanto, mais extraordinária ainda foi a disposição dessa ex-terrorista em condenar o terrorismo por razões morais. Em 1901, ela formulou precisamente a angústia ética que a havia atormentado desde o dia de sua absolvição. Mesmo que atirar numa autoridade tsarista fosse "necessário", como justificar moralmente um ato desses? Por estranho que pareça, ela tomou emprestado um argumento do romancista mais conservador da Rússia, Dostoiévski. Quem consentiria em criar um reino de paz e liberdade ao preço de torturar uma criança? Vera formulou essa pergunta ao contrário e declarou que a única pessoa que teria o direito de consentir seria a pessoa que concordasse em ser essa criança. Os terroristas só poderiam matar pela humanidade se também estivessem dispostos a sofrer e morrer pela humanidade. Será que todos os futuros terroristas estariam dispostos a pagar esse preço?

Apesar de toda a sua argumentação precisa e eloquente, Vera não ficou inteiramente imune à tentação de apoiar o terrorismo e, de quando em quando, sucumbia a seu fascínio. O mais evidente de seus lapsos aconteceu em 1880, na véspera das comemorações do jubileu de prata do reinado de Alexandre II. Naquele ano, Vera escreveu um artigo cheio de retórica violenta em favor do assassinato. Nesse texto singular, todas as suas esperanças juvenis de um apocalipse revolucionário iminente, todo o seu ódio ao tsar como o demônio que esmagava os sonhos revolucionários, vieram à tona impetuosamente e transbordaram num discurso catártico. "Que aquele velho repulsivo, tremendo de medo e de ódio em seu Palácio de Inverno, celebre o 25º. aniversário de suas atrocidades!", vociferou ela. Os russos comuns, como os súditos de todos os "despotismos asiáticos", esperavam ansiosamente pelo dia de sua morte.

"Ah, Karakozov", escreveu ela com uma devoção pouco característica, "se algum dia o povo russo chegar a ter uma existência humana, se a liberdade e a justiça popular não desaparecerem do solo russo(...) então a você, sobretudo a você, deve ser erigido um monumento no fórum da nova era." Os atos terríveis da nova geração anunciaram "a esperança de uma nova salvação". "Que o tirano comemore seu jubileu", profetizou ela sinistramente, pois vai ser "o último triunfo do Império Russo." Os fogos de artifício tornar-se-ão o símbolo "de sua demolição e destruição".[84]

Em março de 1881, seu desejo foi satisfeito — o velho "tirano" morreu. Impaciente, Vera esperou notícias de que a Rússia finalmente tinha se libertado. Se a Rússia aproveitasse o momento e exigisse uma constituição, liberdade de imprensa e direitos humanos básicos, então ela poderia voltar a seu país e retomar seu antigo trabalho de pregar a revolução ao povo. Será que esse era o apocalipse revolucionário pelo qual esperara durante toda a sua vida?

Mas as novas esperanças morreram tão depressa quanto as antigas. Como ela previra originalmente, os russos comuns continuaram silenciosos como sempre. O momento da salvação nunca chegou. Na verdade, um novo tsar subiu ao trono, mais reacionário e déspota que seu pai. O assassinato de Alexandre II acabou sendo "muito barulho por nada".[85]

Depois de 1881, a fé de Vera no terrorismo acabou para sempre. Agora ela era conhecida como a terrorista russa que renunciara ao terrorismo. Uma nova fase de sua carreira revolucionária estava prestes a começar.

Epílogo

Em 1880, foi feita a Vera Zasulich uma proposta incrível. Um grupo de *émigrés* radicais russos resolveu tornar o radicalismo russo palatável para o público leitor europeu. Talvez incentivados pelo fascínio intenso que Vera e os niilistas russos tinham despertado na imprensa europeia, queriam lançar um novo periódico, *The Nihilist*. As páginas seriam cheias de artigos claros sobre o socialismo russo, escritos por luminares como Piotr Lavrov e Piotr Kropotkin. Vera trabalharia como editora, e sua fama garantiria assinantes. A ideia parecia tão promissora que ninguém menos que Karl Marx apoiou-a, sugerindo que Friedrich Engels poderia ser convencido a financiá-la.[1]

Essa proposta nunca se materializou. Mas o simples fato de ter existido indicava a guinada que o radicalismo de Vera estava prestes a dar. Nunca mais Vera estaria nas linhas de frente da revolução. Nunca mais participaria de alguma conspiração para uma revolta ou assassinato. Em vez disso, nos anos 1880, ela começaria uma nova fase de sua carreira, uma fase que talvez fosse mais apropriada a seu temperamento e caráter: assumiria o papel mais tranquilo e intelectual de teórica do marxismo.

A vida da jovem assassina acabara.

Sempre uma pessoa introspectiva, com um amor intenso pela leitura teórica e pelo debate intelectual, durante as décadas seguintes Vera canalizou suas energias para os estudos e a escrita. O resultado foi um dilúvio de artigos sobre a filosofia e a teoria socialistas; traduções de obras teóricas e literárias alemãs e francesas para o russo, entre as quais o "Manifesto Comunista"; e interpretações marxistas de Voltaire e Rousseau que dariam livros e que, mesmo inacabadas, despertaram a admiração de contemporâneos socialistas russos como Anatolii Lunacharskii e Vladimir Lenin.[2]

A produtividade de Vera não foi acidental. Ela fugia da vida em sociedade e tornou-se reclusa a ponto de chegar ao ascetismo. Sua rotina era invariável: toda manhã ela levantava-se, preparava um bule de café preto bem forte, que tomava sem açúcar, e pegava imediatamente pena e papel. Só parava para fumar ou, de vez em quando, para comprar mantimentos, em geral nada mais que um pedaço de carne. À noite, quando estava cansada de escrever, deitava-se em sua cama amarfanhada com mais um tomo de teoria socialista. Era, como ela própria reconhecia, uma vida penosamente solitária. Mesmo assim, num outro sentido, ela tinha encontrado sua vocação.[3]

Apesar de seu temor quase misantrópico de envolvimento social, Vera nunca perdeu sua condição de celebridade. Seus cabelos desgrenhados e suas roupas de inspiração niilista, sua aura de fumaça de cigarro, sua seriedade filosófica e sobretudo sua reticência cercavam-na com uma atmosfera de mistério. Embora não procurasse companhia, seus simpatizantes queriam estar com ela. Radicais russos exilados percorriam toda a Europa para se encontrarem com ela, e os europeus muitas vezes ficavam alternadamente encantados e confusos em sua presença. A socialista Lydia Dan lembrava-se de seu primeiro encontro com Vera: "Foi como se um fiel ortodoxo visse um ícone descer da moldura e vir em sua direção."[4]

Para os radicais em particular, tanto europeus quanto russos, ela irradiava um envolvimento puro e imaculado com o socialismo. Em todos os seus textos teóricos, no trabalho editorial e nas atividades organizacionais, ela só pensava em encorajar os oprimidos a se revoltarem e conquistarem a liberdade. Não se preocupava com a coerência lógica dos pontos mais refinados da teoria. Evitava o facciosismo e as lutas internas. Alguns a acusaram por isso, dizendo tratar-se de confusão filosófica. Mas ela só queria o bem do movimento revolucionário como um todo.[5]

Mais tarde, a maioria dos escritos de Vera caiu no esquecimento, com uma única exceção extraordinária: a correspondência de Vera com o próprio Karl Marx. Em 1881, houve um debate feroz entre seus amigos emigrados sobre a estratégia revolucionária mais adequada para a Rússia. Vera resolveu escrever pessoalmente a Karl Marx e fazer-lhe a pergunta que afligia os socialistas russos que leram sua obra: a Rússia tinha de se tornar capitalista antes de poder se tornar revolucionária? Será que a comuna camponesa russa poderia servir de base para um futuro comunismo russo? Ou a Rússia precisava passar pelo penoso processo de destruição da vida camponesa para desenvolver uma verdadeira classe operária industrial?

Essa questão técnica mascarava um dilema mais profundo, mais angustiante, como Vera revelou de forma pungente em sua carta. Era realmente verdade, perguntou ela, que os camponeses da zona rural russa precisavam primeiro se tornar trabalhadores sem terras "atirados nas ruas" das cidades russas, à mercê da classe capitalista em ascensão, a fim de se tornarem verdadeiros revolucionários? Quantas "décadas", ou mesmo "séculos", os socialistas russos teriam de esperar para que tudo isso acontecesse?

Desse modo, Vera apresentou de forma audaciosa e concisa o obstáculo supremo ao marxismo enfrentado pelos socialistas russos. Marx parecia condenar os revolucionários russos a uma inatividade interminável, esperando o surgimento de uma autêntica classe operária russa. Para aqueles que tinham passado tanto tempo nas aldeias e nas fábricas, pregando suas ideias, essa passividade era algo impensável.

Marx talvez tenha ficado encantado com a combinação do status de celebridade de Vera e sua pergunta direta, quase ingênua. Em sua resposta, procurou apaziguar-lhe os seus temores. Talvez, disse ele à sua "Cara Cidadã", os russos não tivessem de esperar o surgimento de condições capitalistas perfeitas. Talvez a Rússia rural atrasada fosse uma exceção à sua regra. Conforme se viu, Marx vinha acompanhando os eventos russos com o maior cuidado e ficara profundamente impressionado com o radicalismo ativo e fervoroso de Vera e seus companheiros. Garantiu a ela que sua teoria da "necessidade histórica" do capitalismo foi escrita tendo a Europa em mente. Para Marx, os russos eram discípulos avançados e, por isso, talvez conseguissem queimar uma etapa em sua educação revolucionária.[6]

Pode ter sido essa carta que facilitou a conversão final de Vera ao marxismo. A resposta de Marx reconhecia o sofrimento do povo russo e concordava que suas necessidades podiam ter um peso maior que as leis férreas da teoria abstrata. Ela continuou estudando a obra de Marx e Engels e encontrou ali uma doutrina socialista que combinava muito bem com seus gostos filosóficos. O marxismo requeria um conhecimento enorme de economia, política e filosofia e, por isso, exigia o que Vera sempre tinha feito de livre e espontânea vontade: ler e refletir. Junto com George Plekhanov, o ex-populista que logo se tornaria conhecido como o pai do marxismo russo, ela dedicou seu tempo e energia a fazer proselitismo em prol do marxismo, principalmente entre os *émigrés* russos e entre seus contatos na terra natal.[7]

Vera e Plekhanov tentaram convencer os radicais russos de que os fracassos perpétuos do socialismo em seu país, em suas consecutivas encarnações nechaevista, populista e terrorista, estavam diretamente ligados a seu caráter "anticientífico". Em um de seus artigos mais influentes, escrito em 1890, ela avisava seus compatriotas de que estavam num momento crítico da história revolucionária. A decepção com o trabalho entre "o povo", assim como os fracassos espetaculares dos ataques terroristas, exigia uma reavaliação completa das metas e estratégias do socialismo revolucionário. Estava na hora de os russos aceitarem "a única visão de mundo revolucionária que era possível: o socialismo científico dos operários". Ironicamente, em contradição quase frontal com a carta do próprio Marx a ela, Vera disse aos russos: "Só despertando os operários é que poderemos atraí-los para a luta pela liberdade política. Sem os operários, não há luta nenhuma."[8]

Por causa de seus artigos e traduções, o prestígio de Vera entre os marxistas aumentou. No fim da década de 1890, quando viveu em Londres durante três breves anos, ela fez amizade com personalidades célebres como Friedrich Engels e a filha de Marx, Eleanor Aveling. Sua amizade com Engels tornou-se tão íntima que ela cuidou dele quando estava agonizando e foi uma das figuras mais proeminentes em seu funeral, em 1895. Em 1899, Vera também conquistou o respeito de outro marxista importante, Vladimir Lenin. Ele havia lido sua obra e estava impressionado com sua capacidade intelectual. E disse à sua mulher: "Espere só até você conhecer Zasulich; ela é um ser humano claro como o cristal."[9]

Em 1900, Vera, Lenin e um grande número de outros importantes marxistas russos reuniram-se em Munique para fundar o jornal marxista intitulado *Iskra* [A Faísca]. Parecia o momento perfeito. O marxismo estava florescendo na Rússia, em parte porque as sementes da industrialização estavam germinando. Pela primeira vez, os socialistas viram as perspectivas de um proletariado russo florescente. Em Munique, uma atmosfera inebriante envolveu Vera e os outros, uma atmosfera que lembrava muito os dias passados em Kiev nos anos 1870. Vera chegou até a morar num apartamento comunal com alguns de seus companheiros. Os camaradas revolucionários achavam-no um lugar agradável, onde qualquer um podia tomar uma xícara de chá ou conseguir um lugar para ficar. Em 1902, depois que todo o grupo se mudou para Londres, com seus arranjos comunais e tudo, Leon Trotski fez-lhe uma visita. Fez uma descrição pouco surpreendente do que encontrou no apartamento de Vera: "Uma bagunça daquelas." Os revolucionários entravam e saíam da sala comunal do apartamento, que estava sempre cheia de fumaça e de pratos e xícaras de café sujos. Lenin ficou mais surpreso ainda com a quantidade de pessoas que passavam por ali todos os dias. Era "mais que uma casa de portas abertas, era uma via pública". A mulher de Lenin, Nadezhda Krupskaia, confirmou que Vera vivia como uma "niilista". Seu quarto era uma baderna: o chão vivia coberto de cinza de cigarro e a mesa, de livros e papéis. E as comidas que Vera preparava estavam cada vez mais horrorosas. "Lembro-me dela fritando carne no fogão a óleo", escreveu Krupskaia, "e depois cortando os pedaços com tesouras e colocando-os na boca."[10]

Vera dedicou-se de corpo e alma ao jornal, trabalhando diligentemente em suas tarefas editoriais e contribuindo com numerosos artigos. Mas sua felicidade não duraria. Havia tensões latentes entre as poderosas personalidades do corpo editorial. Elas explodiram em 1903, durante o que se tornou famoso com o nome de Segundo Congresso do Partido Operário Social-Democrata Russo, que se realizou em Bruxelas. Ali, Lenin surpreendeu seus companheiros com o fervor de sua insistência em dizer que os marxistas russos não podiam se dar ao luxo de constituir um movimento de massas. Em vez disso, afirmou ele repetidamente, o que eles tinham de formar era um grupo de revolucionários extremamente organizado e firmemente unido, que exerceria um papel decisivo na determinação dos objetivos e estratégias do partido. Vera não deve ter sido a única a ver o fantasma de Nechaev por trás dessas palavras.[11]

Como um nechaevista típico, Lenin preparou-se imediatamente para praticar o maquiavelismo que pregava. Para choque dos presentes ao Congresso, Lenin propôs eliminar os adversários potenciais removendo-os do conselho editorial do *Iskra*, entre outras coisas. Segundo as próprias palavras de Lenin,

Vera era "improdutiva". Os biógrafos de Vera ficaram perplexos com o silêncio que envolveu Vera durante o Congresso. Ela não se manifestou nem uma única vez contra Lenin. Mas, pelo resto da vida, Vera nunca esqueceu seu primeiro vislumbre da semelhança impressionante de Lenin com Sergei Nechaev.[12]

Depois do Congresso, os social-democratas russos dividiram-se em bolcheviques e mencheviques. Lenin e suas novas ideias conspiratórias constituíam o âmago da facção bolchevique. Vera ficou do lado dos mencheviques. Depois que a revolução de 1905 varreu a Rússia e a liberalização abriu as algemas da política russa, Vera voltou à sua pátria. Mas, a essa altura, seu ativismo tinha esmorecido. Estava com 57 anos e talvez tenha sentido finalmente que poderia desempenhar o papel de "heroína aposentada" que rejeitara por tanto tempo.

Em 1906, ela comprou um chalezinho de verão e passou a se dedicar à jardinagem. Em seus momentos de folga, começou a escrever suas memórias. Embora a deflagração da Primeira Guerra Mundial a tenha instigado por algum tempo e ela tenha defendido veementemente a guerra contra a Alemanha, sua voz contava pouco a essa altura. Outros radicais, cheios de uma energia mais passional, passaram à sua frente e eclipsaram-na.[13]

Depois da Revolução de Outubro de 1917, Vera bebeu até o fim a taça da decepção. Os bolcheviques e suas táticas deixaram-na estarrecida. Era a nova "autocracia", com sua "Guarda Vermelha" que lembrava muito a polícia tsarista. Vera convocou as cabeças mais progressistas da sociedade russa para lutar contra esse novo mal. "Em suas publicações", escreveu ela, como se estivesse se dirigindo a seus interlocutores bolcheviques, "vocês declaram de quando em quando que o seu reinado não terá fim. Penso, ao contrário, que não vai durar muito, mesmo que eu não acrescente 'graças a Deus', porque vocês ainda vão ter tempo de fazer muito mal irremediável em sua terra natal." Sua visão sobre Lenin era igualmente sombria: "Ele estava disposto a mentir (...) se essa mentira, na cabeça dele, fosse útil à classe operária." Com sua irmã, ela foi mais direta: "Tudo o que me foi caro durante toda a minha longa vida desmoronou e morreu."[14]

Em 1919, Vera escreveu seus últimos pensamentos: "A Rússia que eu conheci e amei acabou." Morreu em maio desse ano. Quando finalmente foi levada de seu apartamento no Lar dos Escritores, em São Petersburgo, seus amigos ficaram consternados, mas não chocados, ao descobrirem que os cômodos que ela ocupava estava tão apinhados de xícaras, copos e cinzeiros sujos, e de livros, que simplesmente não havia lugar para sentar.[15]

Seu funeral foi discreto e dele participaram alguns de seus antigos companheiros, entre eles o mais íntimo de todos, Lev Deich. A mulher que um dia fora a mais famosa revolucionária de toda a Europa agora estava praticamente esquecida. A fama de Vera ficou ligada por pouco tempo a uma lembrança apagada dos eventos de 1878. Seu obituário no *The New York Times* foi publicado com dois anos de atraso e era constituído de apenas três frases. "Entre seus crimes", declarou erroneamente o correspondente, "estava o assassinato do general Trepoff, chefe de polícia de São Petersburgo, em 1878".[16] Depois de todos os seus anos de ativismo revolucionário, foi só da assassina que se lembraram.

Sua morte a fez voltar à obscuridade de onde ela surgira.

> *Parece-lhe que, em meu último romance,* Os irmãos Karamazov, *havia muito de profético. Mas espere só para ver a continuação. Nela, Aliosha vai deixar o mosteiro e se tornar anarquista. E meu puro Aliosha vai matar o tsar.*
>
> — Fiódor Dostoiévski, carta a Aleksei Suvorin, fevereiro de 1881[17]

Só há provas dispersas de que Fiódor Dostoiévski tenha sido influenciado por Vera Zasulich e por ter presenciado aquele julgamento célebre. Além de umas poucas palavras sobre ela a Grigorii Gradovskii em 1878, temos pouca evidência direta de que ele tenha pensado nela de novo. Mas há alguns indícios tentadores de que o caso Zasulich ficou na cabeça de Dostoiévski pelo resto de sua vida. Os mais importantes são as passagens que descrevem o julgamento de Dmitrii Karamazov em *Os irmãos Karamazov*. O ambiente do julgamento da ficção pode muito bem ter sido transplantado da São Petersburgo de 1878. "Os ingressos para o julgamento foram disputados a tapa", explica o narrador do romance, e todos os lugares foram ocupados por "advogados, damas da sociedade e até várias personalidades ilustres". O juiz-presidente, muito parecido com Anatolii Koni, é um "homem humano e culto", um "homem de ideias avançadas". O advogado é "célebre", causando grande alvoroço ao entrar na sala de audiências. A descrição que Dostoiévski faz do sumário do advogado lembra muitíssimo o discurso de Alexandrov em 31 de março de 1878, e a reação da multidão a esse sumário completa o quadro: "O entusiasmo do público explodiu como uma tempestade irresistível. Acabar com ele estava fora de questão: as mulheres choravam, muitos dos homens também choravam, até mesmo duas personalidades importantes derramaram lágrimas."[18]

Mais interessantes ainda são os comentários mais genéricos de Dostoiévski a um amigo, nos quais ele esboça um retrato que planejara fazer da geração de Vera. Pensando na continuação de *Os irmãos Karamazov*, o romancista prometeu um livro que certamente chocaria seus leitores. Ele estava querendo transformar aquele seu gentil ex-monge, Aliosha Karamazov, num terrorista.[19]

Aliosha, o terrorista — os leitores de Dostoiévski vão achar difícil imaginar uma coisa dessas. Em *Os irmãos Karamazov*, Aliosha é o interlocutor despretensioso e beato de seus irmãos mais impetuosos, principalmente Ivan. Na verdade, é Ivan, o rebelde leigo, que parece ter muito mais probabilidade de assumir a causa do assassinato. Embora Ivan, numa fúria *à la* Bakunin, revolte-se contra a injustiça de Deus, é Aliosha que procura acalmar suas paixões com um fraterno beijo cristão. Dostoiévski chega até a concluir o romance com as palavras finais de Aliosha no funeral do menino Iliusha. Sua mensagem é inequivocamente cristã, falando de reconciliação, de amor e da promessa de ressurreição e vida eterna.[20]

Como um homem desses se torna um assassino? Não sabemos como Dostoiévski planejava operar a transformação, mas a ideia evoca a imagem da própria Vera. No banco dos réus de seu julgamento, Vera era o retrato de uma terrorista abnegada. Era modesta e sensível e, apesar disso, assumiu a importante tarefa de vingar a injustiça e redimir a honra de um sofredor como ela. Ela declarou "É difícil erguer a mão contra outro ser humano." Esta afirmação inspirou o único comentário de Dostoiévski sobre seu ato depois do julgamento: "Sua hesitação teve mais moralidade do que poderia ter o sangue derramado."[21] Ele pode ter chegado à conclusão de que era exatamente o amor de Aliosha, e não a rebeldia de Ivan, que poderia levar ao caminho do terrorismo.

Começar como monge e acabar como terrorista — esse não foi um caminho inusitado para os companheiros de Vera. O que começou como um desejo fervoroso de se dedicar a Deus e a seu amor tornou-se um anseio muito humano e muito terreno de salvação material. A fé em Deus foi transposta para a fé no ser humano — e, desse modo, o Reino de Deus foi trazido para a terra. O radical não abandonou o amor que o consumiu originalmente em sua condição de fiel. Talvez esse amor tenha ardido com mais luz ainda: amor pelos oprimidos, amor pelos companheiros, amor por uma ordem futura perfeita; um amor que dava poder aos atos de bravura e despertava o desejo do martírio.

Havia só um obstáculo a esse tipo de amor: os principados e os poderes do mundo daquela época. Deteriorado com os pecados da desigualdade e da injustiça, o presente não poderia ser resgatado. O apocalipse tinha de acontecer. Por isso, o amor ditava a destruição — e tornou-se um amor tão intenso que se misturou ao ódio. O Estado era visto como uma hidra, cujos tentáculos se aprofundavam cada vez mais no movimento e martirizava seus apóstolos mais queridos. A morte tinha de ser paga com a morte.

Mas não se devia temer a morte. Aqueles que amavam tanto que estavam dispostos a matar, também amavam a ponto de estarem dispostos a morrer. A morte coroava todo ato de violência com um halo, elevando o assassino à condição de santo. Provava que o sangue não era um fim em si mesmo, mas sim um meio, um sacrifício voluntário em favor do reino da justiça futura.

Foi assim que o amor levou ao terrorismo.

Foram precisos 75 anos para essa ideia tentadora de Dostoiévski receber uma elaboração indireta. Escrevendo durante os anos da Guerra Fria, o existencialista francês Albert Camus procurou explicar a si mesmo e aos outros onde foi que seu século estarrecedor errou. Encontrou suas explicações no passado, e falou da Rússia, onde foram plantadas as sementes dos desastres totalitários de sua própria geração. Camus acreditava que os terroristas russos do século XIX, tão convencidos da beleza de seus atos, prepararam o caminho para a violência em massa em nome da justiça que, na Rússia soviética e em outros lugares, tornou-se conhecida como "o Terror".

Por incrível que pareça, Camus começou com Vera Zasulich e o tiro que ela deu em Trepov. Esse ato deu início, nas palavras de Camus, à era dos "assassinos escrupulosos". Depois de Vera, pessoas que se diziam amantes da humanidade dedicaram-se ao assassinato e participaram de um "apostolado sangrento de trinta anos". Seu terrorismo, mesmo que brutal, não foi motivado pelo ódio nem pela vingança. Foi motivado por um ideal perfeito, um futuro perfeito, pelos quais era preciso sacrificar vidas individuais. Eles tentaram mitigar seus sofrimentos morais com seus "escrúpulos", sua vontade estrita de provar, na força se necessário, que vale a pena morrer por tudo o que vale a pena matar. Para Vera e para os terroristas russos depois dela, o assassinato e o martírio estavam entrelaçados para criar o ato de violência perfeitamente humanista.

Matar e morrer — o futuro só poderia nascer quando os homens estivessem dispostos a ambas essas coisas. "Não há dúvida de que os terroristas queriam destruir", escreveu Camus, "fazer o absolutismo cambalear com o choque da explosão das bombas. Mas, seja como for, sua morte pretendia recriar uma comunidade baseada no amor e na justiça e, desse modo, retomar uma missão que a Igreja traíra." Assim, da tumba do antigo Deus, nasceu uma nova divindade, que prometia redimir tanto o assassinato quanto o martírio.[22]

Amor e justiça, nascidos do terror. Essa foi a tentação suprema do terrorista. Foi a crença passional e feroz de que, nas palavras da própria Vera, "por toda parte, o heroísmo, a luta e a revolta sempre estão ligados ao sofrimento e à morte".[23]

Notas

1. A assassina

1. Stepniak [Sergei Kravchinskii], *Underground Russia: Revolutionary Profiles and Sketches from Life* (Londres: Smith, Elder, 1883), p. 38 [*A Rússia subterrânea*, Editora Lisboa, 1882].
2. Esta passagem foi extraída de Evtikhii Karpov, "V. I. Zasulich — na kanune pokusheniia", *Vestnik literatury* 6 (1919), pp. 2-4.
3. *Sankt-Peterburgskie Vedomosti*, n° 27 (27 de janeiro de 1878), p. 3; A. F. Koni, *Vospominaniia o dele Very Zasulich* (Moscou: Academia, 1933), p. 119.
4. Katerina Breshkovskaia, *Hidden Springs of the Russian Revolution* (Stanford: Stanford University Press, 1931), pp. 155-156.
5. A narrativa que se segue foi retirada de Vera Zasulich, *Vospominaniia* (Moscou, 1931), pp. 65-70.
6. Descrições contemporâneas de São Petersburgo podem ser encontradas em: J. M. Buckley, *The Midnight Sun, the Tsar, and the Nihilist* (Boston: D. Lothorp, 1886); Isabel F. Hapgood, *Russian Rambles* (Nova York: Houghton, Miflin, 1895); John Geddie, *The Russian Empire: Its Rise and Progress* (Londres: T. Nelson and Sons, 1885); W. E. Curtis, *Russia: The Land of the Nihilist* (Chicago: Belford, Clarke, c. 1888); Wickham Hoffman, *Leisure Hours in Russia* (Londres: George Bell and Sons, 1883); Augustus J. C. Hare, *Studies in Russia* (Nova York: George Routledge and Sons, c. 1885); Donald Mackenzie Wallace, *Russia* (Nova York: Henry Holt, 1905); Teophile Gautier, *Russia,* trad. Florence MacIntyre Tyson (Filadélfia: International Press, 1905).
7. W. Bruce Lincoln, *Sunlight at Midnight: St. Petersburgh and the Rise of Modern Russia* (Nova York: Basic Books, 2000), pp. 1, 7-8; James H. Bater, "Between Old and New: St. Petersburgh and the Late Imperial Era" em Michael Hamm, org., *The City in Late Imperial Russia* (Bloomington: Indiana University Press, 1986), pp. 43-78.

8. Lincoln, *Sunlight*, pp. 125; Gautier, *Russia*, p. 111, 113-117; Buckley, *Midnight Sun*, p. 165.
9. Lincoln, *Sunlight*, pp. 127-129; Gautier, *Russia*, pp. 118-123; Geddie, *Russian Empire*, p. 310.
10. Bater, "St. Petersburgh", pp. 65; Hapgood, *Russian Rambles*, pp. 41-42; Lincoln, *Sunlight*, p. 127; Gautier, *Russia*, pp. 160-164.
11. Hapgood, *Russian Rambles*, pp. 41-42; Gautier, *Russia*, pp. 139-140.
12. Lincoln, *Sunlight*, p. 131; Hapgood, *Russian Rambles*, pp. 54, 59.
13. Zasulich, *Vospominaniia*, p. 66; Hapgood, *Russian Rambles*, p. 7-9, 67-69.
14. Dentre as descrições literárias da situação difícil dos peticionários, temos: Fiódor Dostoiévski, *Notes from Underground* (Nova York: Penguin, 1991), p. 4 [*Notas do subsolo* (LP & M, 2008); Notas do subterrâneo (Editora 34, 2000; *Memórias do subsolo* (Paulicéia, 1992)]; e Alexander Herzen, *My Past and Thoughts* (Berkeley: University of California Press, 1973), pp. 263-266.
15. Koni, *Vospominaniia*, p. 118.
16. Zasulich, *Vospominaniia*, p. 66.
17. A descrição da sala de audiências de Trepov foi extraída de "Pokushenie na zhin s-peterburgskogo gradonachalnika F. F. Trepova", *Sankt-Peterburgskie Vedomosti*, nº 2 (24 de janeiro de 1878), pp. 1-3. Retrato em I. Bozherianov, *Nevskii Prospekt, 1703-1903* (São Petersburgo: A. I. Vilborg, 1903); D. Gertsenshtein, "Tridsat let tomu nazad", *Byloe* 6 (1907), p. 250.
18. Estes e os detalhes seguintes do tiro podem ser encontrados em Zasulich, *Vospominaniia*, pp. 66-67; "Pokushenie na zhizn", pp. 1-3; e Koni, *Vospominaniia*, pp. 108-110, 114-118.
19. Koni, *Vospominaniia*, pp. 62-63; Gosudarstvennyi arkhiv Rossiiskoi federatsii (daqui em diante GARF, fond (f.) 109, Sekretnyi arkhiv III-ego otdeleniia (daqui em diante Sekretnyi arkhiv), opis (op.) 11, delo (d.) 717, list (l.) 4; M. Popov, "Iz moego revoliutsionnogo proshlogo," *Byloe* 5 (1907), pp. 297-299.
20. Koni, *Vospominaniia*, p. 62.
21. Koni, *Vospominaniia*, p. 62.
22. *Novoe Vremia*, nº 687 (26 de janeiro de 1878), p. 3; *Sankt-Peterburgskie Vedomosti*, nº 27 (27 de janeiro de 1878), p. 3; *Severnyi Vestnik*, nº 27 (27 de janeiro de 1878), p. 2; *Nedelia*, nº 5 (29 de janeiro de 1878), pp. 174-174.
23. *Sankt-Peterburgskie Vedomosti*, nº 24 (24 de janeiro de 1878), p. 2; *New York Times*, 6 de fevereiro de 1878, p. 1; *Times* (Londres), 6 de fevereiro de 1878. P. 5; *Le Temps*, 10 de fevereiro de 1878, p. 2.

24. *Nedelia*, nº 10 (5 de março de 1878), p. 333; *Moskovskie Vedomosti*, nº 26 (27 de janeiro de 1878), p. 2; *Severnyi Vestnik*, nº 27 (27 de janeiro de 1878), p. 2; *Morning Post*, 19 de fevereiro de 1878, p. 4; *News of the World*, 24 de fevereiro de 1878, p. 2; *Le Temps*, 10 de fevereiro de 1878, p.2
25. Koni, *Vospominaniia*, p. 69.
26. GARF, f. 109, Sekretnyi arkhiv, op. 1, d. 717, l. 3.
27. GARF, f. 109, Sekretnyi arkhiv, op. 1, d. 171, ll. 2, 3, 10, 19, 31, 37.
28. Jay Bergman, *Vera Zasulich: A Biography* (Stanford: Stanford University Press, 1983), p. 35.
29. Koni, *Vospominaniia*, p. 66.
30. Lincoln, *Sunlight*, pp. 151-154.
31. Os relatórios sobre a descoberta de panfletos em toda a Rússia estão em GARF, f. 109, 3-ia ekspeditsiia (eksp.), op. 163 (1878), d. 68.1, ll. 36, 54-56. O texto dos panfletos foi publicado em V. I. Nevskiii, org., *Istoriko-revoliutsionnyi sbornik* (Leningrado: Gosudarstvennoe izdatelstvo, 1924). Vol. 2, pp. 331-336.
32. Breshkovskaia, *Hidden Springs*, pp. 155-156; A. Iakimova, "Pamiati Marii Aleksandrovny Kolenkinoi-Bogorodskoi", *Katorga i ssylka* 31 (1927), p. 180; Karpov, "V. I. Zasulich", p. 4.

2. Sonhos de martírio

1. Stepniak, *Underground Russia*, 116.
2. As descrições de Vera podem ser encontradas em P. M. Plekhanova, "Stranitsa iz vospominanii o V. I. Zasulich", em L. G. Deich, org., *Gruppa "Osvobozhdenie truda": Iz arkhivov G. V. Plekhanova, V. I. Zasulich, i L. G. Deicha* (Moscou-Leningrado, 1926), vol. 3, p. 85; L. S. Fedorchenko, "Vera Zasulich", *Katorga i ssylka* 23 (1927), p. 301; e Lev Deich, *Za polveka* (Newtonville, MA: Oriental Research Partners, 1975), vol. 1, pp. 257-263.
3. Deich, *Za polveka*, vol. 1, p. 260.
4. GARF, f. 109, 3-ia eksp. Op. 163 (1878), d. 68.1. l. 40.
5. As biografias existentes de Vera são incompletas e até errôneas, em grande parte por dependerem do depoimento que Vera prestou mais tarde em seu julgamento e do sumário de seu advogado de defesa. Conforme se verá no Capítulo 10, essas fontes são duvidosas em graus variados. As descrições mais acuradas dos primeiros anos de vida de Vera estão em Evelyn Meincke, *Vera Ivanovna Zasulich: A Political Life* (Ann Arbor, MI: University Microfilms International, 1984); Margaret Maxwell, *Narodniki Women: Russian Women Who Sacrificed*

Themselves for the Dream of Freedom (Nova York: Pergamon Press, 1990), pp. 3-49; Bergman, *Zasulich*; Wolfgang Geheiros, *Vera Zasulichy und die russische revolutionäre Bewegung* (Munique: R. Oldenbourg Verlag, 1977).

6. M. Tsebrikov, *Materialy dlia geografii i statistiki Rossii, sobrannye ofitserami generalnogo shtaba: Smolenskaia guberniia* (São Petersburgo: Tipografiia departamenta generalnago shtaba, 1862), p. 65; V. S. Orlov, *Gzhatsk. Goroda Smolenshchiny; ocherki po istorii gorodov Smolenskoi oblasti s drevnikh vremen do nashikh dnei* (Smolensk: Smolenskoe knizhnoe izd-vo, 1957).
7. Tsebrikov, *Materialy*, p. 49.
8. Tsebrikov, *Materialy*, p. 93.
9. As descrições da educação típica de um mulher da nobreza estão em Priscilla Roosevelt, *Life on the Russian Country Estate: A Social and Cultural History* (New Haven: Yale University Press, 1995), p. 182; e em Aleksandra Uspenskaia, "Vospominaniia shestidesiatnitsy", *Byloe* 22 (1918), p. 19.
10. Uspenskaia, "Vospominaniia", p. 19.
11. Roosevelt, *Life*, pp. 240-242; E. Vodovozova, *Na zare zhizni* (Moscou, 1964), vol. 1, pp. 150-152; Barbara Alpern Engel, "Mothers and Daughters: Family Patterns and the Female Intelligentsia", em David L. Ransel, org., *The Family in Imperial Russia* (Urbana: University of Illinois Press, 1978), pp. 44-59, 48.
12. Uspenskaia, "Vospominaniia", p. 19.
13. Uspenskaia, "Vospominaniia", p. 19.
14. Uspenskaia, "Vospominaniia", p. 20.
15. Uspenskaia, "Vospominaniia", p. 20.
16. Bergman, *Zasulich*, p. 2.
17. Vera Zasulich, "Masha. S pometami Plekhanovoi P. M. i L. G. Deicha", Rossiiskaia natsionalnaia biblioteka, Otdel rukopisei (daqui em diante, RNB, OR), Dom Plekhanova, f. 1098, op.1, d. 95, l. 1.
18. Zasulich, "Masha", l. 1: Roosevelt, *Life*, pp. 171-174.
19. Leon Tolstoi, *Childhood, Boyhood, Youth* (Nova York: Penguin, 1964), p. 52. A tese da infância feliz do século XIX como "mito" da nobreza russa é defendida eloquentemente em Andrew Baruch Wachtel, *The Battle for Childhood: Creation of a Russian Myth* (Stanford: Stanford University Press, 1990). Ver também M. Marina, "Golovino", *Russkii arkhiv* 3 (1915), p. 44.
20. Roosevelt, *Life*, pp. 172-173.
21. P. V. Pasevev, "Iz epokhi krepostnogo prava", *Istoricheskii vestnik* 96 (1904), p. 809.

22. Wachtel, *Battle*, pp. 125-126; Tolstói, *Childhood*, pp. 34-35, 53.
23. Wachtel, *Battle*, pp. 129-130; V. Glinskii, "Iz letopisi sela Sergeevki", *Istoricheskii vestnik* 58 (1894), p. 61; Zasulich, "Masha", l. 9. Sentimentos parecidos são encontrados em Pasevev, "Iz epokhi", p. 810.
24. Roosevelt, *Life*, pp. 177-179.
25. Citado em Roosevelt, *Life*, p. 160.
26. Zasulich, "Masha", ll. 4, 11.
27. Zasulich, "Masha," ll .3-4; Zasulich, *Vospominaniia*, p. 10.
28. Zasulich, "Masha", l. 3; Zasulich, *Vospominaniia*, p. 15.
29. Zasulich, *Vospominaniia*, pp. 10, 11, 15; Zasulich, "Masha", ll. 3, 4, 7.
30. Wachtel, *Battle*, pp. 119-121; Uspenskaia, "Vospominaniia", p. 21; Vodovozova, *Na zare zhizni*, p. 134; Zasulich, *Vospominaniia*, p. 16.
31. Uspenskaia, "Vospominaniia", p. 21.
32. Zasulich, *Vospominaniia*, p. 16.
33. Citado em Jane E. Good e David R. Jones, *Babushka: The Life of the Russian Revolutionary E. K. Breshko-Breshkovskaia* (Newtonville, MA: Oriental Research Partners, 1991), p. 7.
34. Good e Jones, *Babushka*, pp. 7-8.
35. Peter Kolchin, *Unfree Labor: American Slavery and Russian Serfdom* (Cambridge, MA: Belknap Press, 1987), pp. 52-53.
36. Kolchin, *Unfree Labor*, pp. 3, 63.
37. Roosevelt, *Life*, p. 103-104, 262-263, 246-248.
38. Steven L. Hoch, *Serfdom and Social Control in Russia: Petrovskoe, a Village in Tambov* (Chicago: University of Chicago Press, 1986), pp. 51-52, 55, 59-62; Kolchin, *Unfree Labor*, pp. 106-107, 151.
39. Kolchin, *Unfree Labor*, p. 121; Hoch, *Serfdom*, pp. 163-164, 173-176.
40. L. Obolenskii, "Kartinki proshlogo", *Istoricheskii vestnik* 106 (1906), pp. 115-116.
41. V. A. Shompulev, "Mnimoumershii", *Russkaia starina* 194 (maio de 1898), pp. 347-349.
42. Roosevelt, *Life*, pp. 186-187; Kolchin, *Unfree Labor*, pp. 112-113.
43. Kolchin, *Unfree Labor*, pp. 261-263, 281-285.
44. V. Shompulev, "Provintsialnye tipy sorokovykh godov", *Russkaia starina* 95, nº 8 (agosto de 1898), p. 326.
45. Kolchin, *Unfree Labor*, pp. 57, 117; Hoch, *Serfdom*, p. 119.
46. Aleksandr Nikitenko, *Up from Serfdom: My Childhood and Youth in Russia, 1804-1824*, trad. Helen Saltz Jacobson (New Haven: Yale University Press, 2001), p. 169.

47. Em suas autobiografias, os nobres simplesmente deixavam de lado suas experiências da vida camponesa ou falavam abertamente de seus pais como pessoas "boas" com os camponeses. Isso fica evidente nas seguintes páginas de suas autobiografias: *Deiateli SSSR i revoliutsionnogo dvizheniia Rossii: Entsiklopedicheskii slovar Granat* (Moscou: Sovietskaia Entsiklopediia, 1989), pp. 28-29, 42-43, 72, 86-087, 164, 238, 305, 317-318, 515, 577-578. As duas exceções são apenas as das páginas 105, 613-614. Nesse sentido, eram como o resto da nobreza russa e apegavam-se a um "mito do camponês satisfeito", derivado de lembranças pessoais de amizade com os camponeses em suas propriedades rurais. Ver Wachtel, *Battle*, pp. 111-114.
48. Zasulich, *Vospominaniia*, p. 16.
49. Zasulich, *Vospominaniia*, p. 16.
50. De longe a biografia mais detalhada e completa da vida e do pensamento de Bakunin está em Arthur P. Mendel, *Michael Bakunin: Roots of Apocalypse* (Nova York: Praeger Publishers, 1981). Carta citada na p. 62.
51. Mendel, *Bakunin*, pp. 48, 62.
52. Paul Avrich, *Anarchist Portraits* (Princeton: Princeton University Press, 1988), pp. 5-6.
53. Mendel, *Bakunin*, pp. 14-15.
54. Mendel, *Bakunin*, pp. 15-16.
55. Mendel, *Bakunin*, pp. 22, 24.
56. "Bukh, Nikolai Konstantinovich" e "Sidorenko, Evgenii Matveevich", em *Deiateli*, pp. 42, 414; Good e Jones, *Babushka*, p. 6. As raízes religiosas do radicalismo russo do século XIX são discutidas a partir de muitos ângulos diferentes na literatura, mas um estudo completo ainda está por ser feito. Para dispor de uma descrição das primeiras narrativas religiosas e de sua influência sobre as mulheres revolucionárias, ver Hilde Hoogenboom, "Vera Figner and Revolutionary Autobiographies: The Influence of Gender on Genre", em Rosalind K. Marsh, org., *Women in Russia and Ukraine* (Cambridge: Cambridge University Press, 1996), pp. 86-86.
57. "Moreinis-Muratova, Fanni Abramova" e "Dobruskina, Genrieta Nikolaevna", em *Deiateli*, pp. 291, 119.
58. Hilde Hoogenboom defende a ideia de que este foi um fenômeno que aconteceu exclusivamente entre as mulheres revolucionárias. Ver Hoogenboom, "Vera Figner", p. 85. Um argumento semelhante é defendido por Engel, "Mothers", p. 125. Mas está claro que, em suas autobiografias, os homens mencionavam tão

frequentemente quanto as mulheres a religiosidade de seus primeiros anos como um impulso ao ascetismo. Além de Bakunin, ver "Pribilev, Aleksandr Vasilievich", "Chernavskii, Mikhail Mikhailovich" e "Chuiko, Vladimir Ivanovich", em *Deiateli*, pp. 344-346, 563-564, 581-582; citação de Figner em Vera Figner, *Memoirs of a Revolutionist* (De Kalb: Northern Illinois University Press, 1991), p. 33, e *Deiateli*, p. 461; "Golovina (urozhd. Iurgenson), Nadezhda Aleksandrovna", *Deiateli*, p. 72.

59. "Pribilev, Aleksandr Vasilievich", "Chernavskii, Mikhail Mikhailovich", "Cherniavskaia-Bokhanovskaia, Galina Fedorovna" e "Chuiko, Vladimir Ivanovich", em *Deiateli*, pp. 344-346, 563-564, 581-582, 605.
60. Zasulich, *Vospominaniia*, pp. 3-14.
61. Anatoli Mazour, *The First Russian Revolution, 1825: The Decembrist Movement* (Stanford: Stanford University Press, 1969), pp. 127, 164, poema citado na p. 127; Gregory Frieden, "By the Walls of Church and State: Literature and Authority in Russia's Modern Tradition", *Russian Review* 52, nº 2 (abril de 1993), pp. 157-159.
62. Zasulich, *Vospominaniia*, p. 15.
63. RNB, OR, Dom Plekhanova, f. 1098, op.1, d. 29, I.1.
64. Zasulich, "Masha", l. 23.
65. Zasulich, *Vospominaniia*, p. 16, 17.
66. Zasulich, *Vospominaniia*, p. 16.

3. Os niilistas

1. Descrições do incidente apresentado a seguir podem ser encontradas em Daniel R. Brower, *Training the Nihilists: Education and Radicalism in Tsarist Russia* (Ithaca: Cornell University Press, 1975), pp. 128-129; Franco Venturi, *Roots of Revolution: A History of the Populist and Socialist Movements in the 19th Century* (Londres: Phoenix Press, 2001), pp. 226-228; Abbot Gleason, *Young Russia: The Genesis of Russian Radicalism in the 1860s* (Chicago: University of Chicago Press, 1980), pp. 152-155; Edvard Radzinsky, *Alexander II: The Last Great Tsar*, trad. Antonina W. Bouis (Nova York: Free Press, 2005), pp. 135-138.
2. Nicholas V. Riasanovsky, *Nicholas I and Official Nationality in Russia, 1825-1855* (Berkeley: University of California Press, 1969), p. 223n.
3. A história da educação de Alexandre II está em Radzinsky, *Alexander II*, pp. 49-50, 52-53.
4. Radzinsky, *Alexander II*, p. 49.

5. David Saunders, *Russia in the Age of Reaction and Reform* (Londres: Longman, 1992), pp. 204-205; citação da p. 205.
6. Bruce Lincoln, *The Great Reforms* (Dekalb: Northern Illinois University Press, 1990), pp. 37-38; Larissa Zakharova, "Autocracy and the Reforms of 1861-1874 in Russia", em Bem Eklof *et al.*, orgs., *Russia's Great Reforms, 1855-1881* (Bloomington: Indiana University Press, 1994), p. 21.
7. Lincoln, *Great Reforms*, pp. 42-43; Zakharova, "Autocracy", p. 23.
8. Incidente contado em Lincoln, *Great Reforms*, p. 49; há uma outra versão em Adam B. Ulam, *Prophets and Conspirators in Prerevolutionary Russia* (New Brunswick, NJ: Transaction Publishers, 1998), p. 30.
9. Herzen, *My Past and Thoughts*, p. 533.
10. Kolchin, *Unfree Labor*, pp. 179-180.
11. Citado em Hugh Seton Watson, "Preparation of the Reform" em Terence Emmons, org., *Emancipation of the Russian Serfs* (Nova York: Holt, Rinehart, and Wisnton, 1970), p. 57.
12. Saunders, *Russia*, pp. 217-218, citação da p. 217; Lincoln, *Great Reforms*, p. 68; Zakharova, "Autocracy", p. 32.
13. Lincoln, *Great Reforms*, pp. 87-88; Zakharova, "Autocracy", p. 32.
14. Lincoln, *Great Reforms*, pp. 87-88.
15. Daniel Field, *Rebels in the Name of the Tsar* (Boston: Unwin Hyman, 1980), pp. 33-34.
16. Kolchin, *Unfree Labor*, p. 50.
17. Lincoln, *Great Reforms*, p. 164; citações de Saunders, *Russia*, p. 241.
18. Susan K. Morrissey, *Heralds of Revolution: Russian Students and the Mythologies of Radicalism* (Oxford: Oxford University Press), p. 22; Gleason, *Young Russian*, pp. 118-119.
19. Morrissey, *Heralds*, pp. 22-23; Brower, *Training*, pp. 122-124; Vera Zasulich mostra as *skhodki* em primeira mão em Zasulich, *Vospominaniia*, p. 26.
20. Brower, *Training*, pp. 129-130; Lincoln, *Great Reforms*, p. 166.
21. Zasulich, "Masha", l. 35.
22. Brower, *Training*, pp. 1 2-103.
23. Brower, *Training*, pp. 42, 44, 103 (citação), 114. Sobre o mito do efeito das classes baixas sobre o radicalismo estudantil, ver Morrissey, *Heralds*, p. 23.
24. Sobre a transição para a escola como um "trauma", ver Wachtel, *Battle*, pp. 129-130.
25. Mendel, *Bakunin*, pp. 11-13.

26. Zasulich, "Masha," ll. 25-27; os detalhes das regras e do currículo das escolas estão em Uspenskaia, "Vospominaniia", pp. 22-23.
27. Zasulich, "Masha", ll. 26, 35-36.
28. Ver as memórias de "Drei, Mikhail Ivanovich", "Ivanovskaia, Praskovia Semenovna", "Salova, Neonila Mikhailovna" e "Olovennikova, Elizaveta Nikolaevna", em *Deiateli*, pp. 131, 152, 318, 397.
29. Ver Brower, *Training*, pp. 147, 154-155, e as memórias em *Deiateli*, pp. 131, 152, 318, 397.
30. Ivan Turguêniev, *Fathers and Sons*, trad. Rosemary Edmonds (Nova York: Penguin, 1975), pp. 94-95. [*Pais e filhos*, Martin Claret, 2006; Cosac & Naify, 2004; Abril Cultural, 1981; Pongetti, 1958; Ediouro, s/d].
31. Ivan Turguenev, "Apropos of Fathers and Sons," em *Fathers and Sons*, trad. e org. Michael R. Katz (Nova York: W.W. Norton, 1996), p. 161.
32. Frank Friedeberg Seeley, *Turguenev: A Reading of His Fiction* (Cambridge: Cambridge University Press, 1991), pp. 7-8; Leonard Shapiro, *Turguenev: His Life and Times* (Nova York: Random House, 1978), pp. 2-6.
33. Seeley, *Turguenev*, pp. 9-10; Shapiro, *Turguenev*, pp. 19-22; Fiódor Dostoiévski, *The Devils* (Nova York: Penguin, 1971), pp. 98-99, 368-381.
34. Seeley, *Turguenev*, pp. 14-15; Shapiro, *Turguenev*, pp. 43-44, 68-69, 87-93.
35. As melhores descrições das preocupações intelectuais da geração dos anos 1840 estão em Isaiah Berlin, "A Remarkable Decade", em *Russian Thinkers* (Nova York: Penguin, 1979), pp. 115-135 (citação da p. 132); e Andrzej Walicki, *The Slavophile Controversy* (Notre Dame: University of Notre Dame Press, 1989), pp. 336-393.
36. E. H. Carr, *Romantic Exiles: A Nineteenth-Century Portrait Gallery* (Londres: Penguin, 1933), p. 13.
37. Walicki, *Slavophile Controversy*, pp. 446-447; Berlin, *Russian Thinkers*, pp. 126-127.
38. Walicki, *Slavophile Controversy*, pp. 359-361; Berlin, *Russian Thinkers*, pp. 134-135.
39. Walicki, *Slavophile Controversy*, p. 349; Berlin, *Russian Thinkers*, p. 126.
40. Martin Malia, *Alexander Herzen and the Birth of Russian Socialism, 1812-1855* (Cambridge: Harvard University Press, 1961), pp. 330-331; citação extraída de Venturi, *Roots*, pp. 32-33.
41. Aleksandr Herzen, *From the Other Shore* (Londres: Weidenfeld and Nicolson, 1956), p. 3.

42. Ulam, *Prophets*, pp. 38-39.
43. Herzen, *Other Shore*, p. 141. Aileen Kelly elogia a ambivalência de Herzen por considerá-la um desejo de evitar o "determinismo doutrinário de Esquerda e Direita". Aileen Kelly, *Views from the Other Shore: Essays on Herzen, Chekhov, and Bakhtin* (New Haven: Yale University Press, 1999), p. 14. Martin Malia, por outro lado, vê essa ambivalência como "irresponsabilidade política" de um "espectador ocioso", que não tinha interesse por nenhuma atividade prática de reforma. Ver Malia, *Alexander Herzen*, pp. 384-385.
44. Evgeny Lampert, *Sons Against Fathers* (Oxford: Oxford University Press, 1965), pp. 183-184.
45. V. I. Zasulich, *Revoliutsionery iz burzhuaznoi sredy* (São Petersburgo: Gosudarstvennoe izdatel'stvo, 1921), pp. 40-41.
46. Turguêniev, *Fathers and Sons* (Edmonds), pp. 86, 93, 121-122.
47. Isaiah Berlin foi quem melhor captou essa ambivalência, em *Fathers and Children: Turgenev and the Liberal Predicament* (Oxford: Oxford University Press, 1972).
48. Os diálogos de Bazárov aqui e nos dois parágrafos seguintes foram traduzidos de Turguêniev, *Fathers and Sons* (Edmonds), pp. 123-128.
49. Citado em Venturi, *Roots*, p. 35.
50. Ludwig Buchner, *Force and Matter: Empirico-Philosophical Studies, Intelligibly Rendered*, trad. J. Frederick Collingwood (Londres: Trubner, 1870), pp. lxxvii, 392 [*Força e matéria*, Lello Editores, 1958; *Força e matéria*, Chardron, 1926, 1911.]
51. Turguêniev, *Fathers and Sons* (Edmonds), pp. 119-120. A popularidade incrível de Buchner e a popularidade do "cientificismo" na Rússia em geral são discutidas em James Allen Rogers, "Darwinism, Scientism, and Nihilism", *Russian Review* 19, nº 1 (janeiro de 1960), pp. 11-12.
52. Buchner, *Force and Matter*, p. 28-29, 34, 249-250.
53. Turguêniev, *Fathers and Sons* (Edmonds), p. 116.
54. Buchner, *Force and Matter*, p. lxxxi.
55. Turguêniev, *Fathers and Sons* (Edmonds), pp. 181-182, 289. A discussão sobre o caráter essencialmente romântico de Bazárov está em William C. Brumfield, "Bazarov and Rjazanov: The Romantic Archetype in Russian Nihilism", *Slavic and East European Journal*, 21, nº 4 (1977), p. 501.
56. Peter Kropotkin, *Memoirs of a Revolutionist* (Montreal: Black Rose Books, 1989), pp. 278-280 [*Memórias de um revolucionário*, Livraria José Olympio Editora, 1943].

57. Há uma descrição dos incêndios em Gleason, *Young Russia*, pp. 166-170 (citação da p. 167).
58. Citado em *Fathers and Sons* (Katz), p. 162.
59. Berlin, *Fathers and Children*, pp. 29-30; Peter C. Pozefsky, "Smoke as 'Strange and Sinister Commentary on Fathers and Sons': Dostoevskii, Pisarev, and Turguenev on Nihilists and Their Representations", *Russian Review* 54 (outubro de 1995), pp. 571-572.
60. Berlin, *Fathers and Children*, p. 30.
61. Citado em *Fathers and Sons* (Katz), pp. 173.
62. O comentário de Pisarev foi traduzido em *Fathers and Sons* (Katz), p. 185-206 (citação da pp. 190, 189).
63. Ronald Hingley, *Nihilists: Russian Radicals and Revolutionaries in the Reign of Alexander II, 1855-1881* (Nova York: Delacorte Press, 1969), p. 16; Kropotkin, *Memoirs*, pp. 278-271; ver também Peter C. Pozefsky, *The Nihilist Imagination: Dmitriii Pisarev and the Cultural Origins of Russian Radicalism, 1860-1868* (Nova York: Peter Lang, 2003), pp. 172-174. Citação de Herzen em Brumfield, "Bazarov", p. 495.
64. Zasulich, "Masha", l. 36.
65. Zasulich, *Revoliutsionery*, pp. 40-41.

4. A nova humanidade

1. Descrições da cena são encontradas em Radzinsky, *Alexander II*, p. 161, e em Gleason, *Young Russia*, p. 226-228.
2. Peter Kropotkin, *Ideals and Realities in Russian Literature* (Westport, CT: Greenwood Press, 1970), p. 281 [*Ideais e realidades na literatura russa*, Editora Meridiano, Lisboa, 1971].
3. Todo este trecho está em Nikolai Valentinov (N. V. Volsky), *Encounters with Lenin*, trad. Paulo Rosta e Brian Pearce (Londres: Oxford University Press, 1968), pp. 69-71, 65-66.
4. Joseph Frank, "Nikolai Chernyshevskii: A Russian Utopia", em Joseph Frank, *Through the Russian Prism: Essays on Literature and Culture* (Princeton: Princeton University Press, 1990), p. 187.
5. As discussões das reações ao romance estão em Frank, "Chernyshevskii", pp. 187-188; Irina Paperno, *Chernyshevskii and the Age of Realism* (Stanford: Stanford University Press, 1988), pp. 26-29, 36; e Andrew M. Drozd, *Chernyshevskii's What Is to Be Done? A Reevaluation* (Evanston: Northwestern University Press, 2001), pp. 9-10, citação da p. 9.

6. Francis B. Randall, *N. G. Chernyshevskii* (Nova York: Twayne, 1967), p. 24; Venturi, *Roots*, pp. 132-133. A relevância do fato de Tchernichevski ser filho de sacerdote para sua ideologia socialista salvacionista é discutida em Laurie Manchester, "The Secularization of the Search for Salvation: The Self-Fashioning of Orthodox Clergymen's Sons in Late Imperial Russia", *Slavic Review* 57, nº 1 (primavera de 1998), pp. 50-76.
7. Randall, *N. G. Chernyshevskii*, p. 29; citação em Michael R. Katz, "Introduction", em Nikolai Chernyshevsky, *What Is to Be Done?*, trad. Michael R. Katz (Ithaca: Cornell University Press, 1989), p. 8.
8. Paperno, *Chernyshevskii*, pp. 81-84.
9. N. G. O. Pereira, *The Thought and Teachings of N. G. Cernysevskij* (Paris: Mouton, 1975), p. 26.
10. Paperno, *Chernyshevskii*, pp. 41, 45-48.
11. Insights similares do socialismo marxista estão em Andrzej Walicki, *Marxism and the Leap to the Kingdom of Freedom: The Rise and Fall of the Communist Utopia* (Stanford: Stanford University Press, 1995); e em Igal Halfin, *From Darkness to Light: Class, Consciousness, and Salvation in Revolutionary Russia* (Pittsburgh: University of Pittsburgh Press, 2000).
12. Em Mendel, *Bakunin*, pp. 36-112, há uma descrição completa da adoção de Schelling, Fichte e Hegel por Bakunin.
13. Mendel, *Bakunin*, pp. 156, 175.
14. Ver "Aptekman, Osip Vasilievich", "Ivanova-Boreisho, Sofia Andreevna" e "Drei, Mikhail Ivanovich", em *Deiateli*, pp. 4-5, 144, 131.
15. "Pribylev, Aleksandr Vasilievich", em *Deiateli*, p. 3.
16. Venturi, *Roots*, pp. 134-135; Ludwig Feuerbach, *Principles of the Philosophy of the Future*, trad. Manfred Vogel (Indianápolis: Hackett Publishing, 1986), p. 53 [*Princípios da filosofia do futuro*, Edições 70, 2002]. A importância de Feuerbach na Rússia é discutida em Pereira, *Thought*, pp. 13-15.
17. Venturi, *Roots*, p. 134; Paperno, *Chernyshevskii*, pp. 54-55.
18. Peter C. Pozefsky, "Love, Science, and Politics in the Fiction of Shestidesiatnitsy N. P. Suslova and S. V. Kovalevskaia", *Russian Review* 58 (julho de 1999), p. 363; Feuerbach, *Principles*, pp. 54-55.
19. O apego de Tchernichevski ao fourierismo é discutido em Venturi, *Roots*, p. 137.
20. Charles Fourier, *Theory of the Four Movements*, orgs. Gareth Stedman Jones e Ian Patterson (Cambridge: Cambridge University Press, 1996), pp. 88, 190.
21. Fourier, *Theory*, pp. xiv-xv, 4.

O ANJO DA VINGANÇA 393

22. Fourier, *Theory*, pp. 13-14, 20-21, 46-47.
23. Fourier, *Theory*, pp. 72-75, 91, 109-115, 172-174. Os "pretendentes" que perdessem na competição por sua "virgem" predileta seriam considerados "feridos" e seriam "consolados" por um grupo do sexo oposto escolhido a dedo.
24. Fourier, *Theory*, pp. 48-50, 159, 292-293.
25. Venturi, *Roots*, pp. 138, 156-157; Pereira, *Thought*, pp. 65-66; Paperno, *Chernyshevskii*, p. 77 (citação).
26. Seu desprezo intolerante pelos inimigos é descrito em N. G. O. Pereira, "N. G. Chernyshevskii as Architect of the Politics of Anti-Liberalism in Russia", *Russian Review* 32, nº 3 (julho de 1973), pp. 276-277.
27. Pereira, *Thought*, pp. 29-30.
28. Pereira, *Thought*, p. 76.
29. Vladimir Nabokov, *The Gift* (Nova York: Vintage, 1991), p. 276.
30. Chernyshevsky, *What Is to Be Done?*, p. 48.
31. Chernyshevsky, *What Is to Be Done?*, pp. 139-140.
32. Chernyshevsky, *What Is to Be Done?*, pp. 93-94, 153-154.
33. Chernyshevsky, *What Is to Be Done?*, p. 150.
34. Chernyshevsky, *What Is to Be Done?*, pp. 170-172.
35. Katz, introdução, *What Is to Be Done?*, pp. 26-27.
36. Os aspectos filosóficos do egoísmo racional são discutidos em N. G. Chernyshevsky, "The Anthropological Principle in Philosophy", em N.G. Chernyshevsky, *Selected Philosophical Essays* (Moscou: Foreign Languages Publishing House, 1953), pp. 124-132; Frederick C. Barghoorn, "The Philosophic Outlook of Chernyshevskii: Materialism and Utilitarianism", *American Slavic and East European Review* 11 (1947), pp. 42-56; e Chernyshevsky, *What Is to Be Done?*, pp. 116-118.
37. Chernyshevsky, "Anthropological Principle," pp. 130-131. No romance, a metáfora da doença é usada nas páginas 197-198. Sobre as ideias de Tchernicshevski a respeito do bem e do mal, ver Randall, *Chernyshevskii*, pp. 78-79.
38. Chernyshevsky, *What Is to Be Done?*, p. 121.
39. Chernyshevsky, *What Is to Be Done?*, p p.189-199.
40. Chernyshevsky, *What Is to Be Done?*, p. 195.
41. Alexander Herzen, *Who Is to Blame? A Novel in Two Parts* (Ithaca: Cornell University Press, 1984). Há uma discussão excelente sobre o romance em Svetlana Grenier, "Herzen's *Who Is to Blame?* The Retoric fo the new morality", *Slavic and East European Journal* 39, nº 1 (primavera de 1995), pp. 14-28.

42. A história pode ser encontrada em Edward Hallet Carr, *The Romantic Exiles* (Nova York: Penguin, 1933), pp. 53-134.
43. Pereira, *Thought*, p. 79; Paperno, *Chernyshevskii*, pp. 121-122.
44. Pereira, *Thought*, pp. 97-88; Paperno, *Chernyshevskii*, pp. 102-103, citação da p. 120.
45. Chernyshevsky, *What Is to Be Done?*, pp. 264-266, 305-307.
46. Chernyshevsky, *What Is to Be Done?*, p. 326.
47. Chernyshevsky, *What Is to Be Done?*, p. 252.
48. Chernyshevsky, *What Is to Be Done?*, pp. 365-371, 376-377. Esta seção do capítulo deve-se grandemente à análise de Paperno, *Chernyshevskii*, p. 195-222, e às notas de William Wagner na tradução de *What Is to Be Done?* feita por Katz, pp. 364-379.
49. Chernyshevsky, *What Is to Be Done?*, p. 370n.
50. Chernyshevsky, *What Is to Be Done?*, pp. 370-371; Pereira, *Thought*, p. 82.
51. Chernyshevsky, *What Is to Be Done?*, pp. 378.
52. Chernyshevsky, *What Is to Be Done?*, p. 367n; Paperno, *Chernyshevskii*, pp. 214-215.
53. Chernyshevsky, *What Is to Be Done?*, pp. 372, 379; Paperno, *Chernyshėvskii*, pp. 195, 210-212, 218.
54. Drozd, *Chernyshevskii's(...) Reeavaluation*, pp. 11-13.
55. Paperno, *Chernyshevskii*, pp. 28-29.
56. Katz, "introdução," *What Is to Be Done?*, p. 32; Valentinov, *Encounters*, p. 67.
57. Richard Stites, *The Women's Liberation Movement in Russia: Feminism, Nihilism, and Bolshevism, 1860-1930* (Princeton: Princeton University Press, 1990), pp. 106-107.
58. Stites, *Women's Liberation*, pp. 109-111.
59. Stites, *Women's Liberation*, pp. 107-108; Mendel, *Bakunin*, p. 258; Valetinov, *Encounters*, pp. 61-62.
60. Stites, *Women's Liberation*, p. 108.
61. Zasulich, "Po povodu iubileia Alexaksandra II", Rossiiskii gosudarstvennyi arkhiv sotsialno-politicheskoi istorii (daqui em diante, RGASPI), f. 262, p. 1, d. 4, l. 4; Chernyshevsky, *What Is to Be Done?*, p. 376n.
62. Citado em Valentinov, *Encounters*, p. 63.
63. Zasulich, *Vospominaniia*, p. 18.
64. Zasulich, *Vospominaniia*, p. 15; Stites, *Women's Liberation*, p. 101.
65. Stites, *Women's Liberation*, pp. 94-96.
66. Paperno, *Chernyshevskii*, p. 214.

67. Stites, *Women's Liberation*, pp. 107-111.
68. R. A. Kovnator, "V. I. Zasulich (K istorii russkoi kritiki)", em V. I. Zasulich, *Stati o Russkoi literature* (Moscou: Khudozhestvennaia literatura, 1960), p. 5; Zasulich, *Vospominaniia*, p. 15.
69. Zasulich, "D. I. Pisarev i N. A. Dobroliubov", em Zasulich, *Stati*, pp. 199-201.
70. Zasulich, "Masha", ll. 39, 49-50; Zasulich, *Vospominaniia*, pp. 114-115 (n. 15).
71. Zasulich, "Po povodu", l. 4.
72. Fiddor Dostoiévski, *Notes from Underground* e *The Grand Inquisitor* (Nova York: Penguin, 1991), p. 19.
73. A melhor discussão sobre a polêmica entre Dostoiévski e Tchernichevski está em Joseph Frank, *Dostoevsky: The Stir of Liberation* (Princeton: Princeton University Press, 1986), pp. 312-331.
74. Dostoiévski, *Notes*, pp. 34, 112-113.
75. Dostoiévski, *Notes*, p. 32.
76. Dostoiévski, *Notes*, p. 31.

5. Os demônios

1. Há descrições da tentativa de assassinato por parte de Karakozov em Gleason, *Young Russia*, pp. 324-328; Ulam, *Prophets*, pp. 1-5 (citação da p. 3); e Radzinsky, *Alexander II*, pp. 177-180.
2. Chernyshevsky, *What is to Be Done?*, p. 288.
3. Gleason, *Young Russia*, p. 299.
4. Venturi, *Roots*, p. 331 (citada); Ulam, *Prophets*, p. 156.
5. Venturi, *Roots*, p. 332.
6. Venturi, *Roots*, pp. 331-334; Gleason, *Young Russia*, pp. 302, 304-305.
7. Chernyshevsky, *What Is to Be Done?*, p. 369n.
8. Chernyshevsky, *What Is to Be Done?*, pp. 275, 277-279, 281-282; Paperno, *Chernyshevskii*, p. 208.
9. Chernyshevsky, *What Is to Be Done?*, p. 273n.
10. O texto que se segue baseia-se em Venturi, *Roots*, pp. 336-339 (citação da p. 337); Gleason, *Young Russia*, pp. 316-317, 322-323, 330-331; Ulam, *Prophets*, pp. 158, 166-167.
11. Nikolai Dobroliubov, "When Will the Real Day Come?", em Ralph E. Matlaw, org., *Belinsky, Chernyshevsky, and Dobroliubov: Selected Criticism* (Bloomington: Indiana University Press, 1962), pp. 189, 193.

12. A discussão a seguir a respeito de sua cooperativa operária baseia-se em Uspenskaia, "Vospominaniia", pp. 25-26.
13. Zasulich, *Vospominaniia*, pp. 18-19.
14. Zasulich, *Vospominaniia*, p. 20.
15. Zasulich, *Vospominaniia*, pp. 19-20.
16. Zasulich, *Vospominaniia*, p. 19.
17. Zasulich, *Vospominaniia*, p. 58.
18. Dobroliubov, "When Will the Real Day Come?", em Matlaw, *Belinsky, Chernyshevsky, and Dobroliubov*, pp. 177-226.
19. Zasulich, "N. A. Dobroliubov", em Zasulich, *Stati*, pp. 260-269.
20. Zasulich, *Vospominaniia*, p. 59. Nikolai Volsky disse que Lenin também achou "Quando virá o dia da verdade?" um texto incrivelmente inspirador. Valentinov, *Encounters*, p. 68.
21. Aqui e ao longo de todo o livro, vou usar uma versão do *Catechism of a Revolutionary*, de Nechaev, que se baseia quase inteiramente na tradução de Alan Kimball, com comentários, e que pode ser encontrada em http://www.uoregon.edu/~kimball/Nqv.catechism.thm.htm.
22. Como vai ficar claro neste e no próximo capítulo, fico em débito com três livros excelentes sobre Nechaev: Philip Pomper, *Sergei Nechaev* (New Brunswick: Rutgers University Press, 1979), aqui pp. 24-25; Stephen Cochrane, *The Collaboration of Nechaev, Ogarev, and Bakunin in 1869: Nechaev's Early Years* (Giessen: Wilhelm Schmitz Verlag, 1977), aqui pp. 26-27; e F. M. Lure, *Nechaev: Sozidatel razrusheniia* (Moscou: Moladaia Gvardia, 2001), aqui p. 47; também usei a descrição da própria Vera em V. I. Zasulich, "Nechaevskoe delo", em Deich, *Gruppa "Osvobozhdenie truda"*, vol. 2, pp. 22-72.
23. Pomper, *Nechaev*, p. 1; Cochrane, *Collaboration*, p. 25; Lure, *Nechaev*, p. 48.
24. Pomper, *Nechaev*, pp. 15-16.
25. Pomper, *Nechaev*, pp. 4-5; Cochrane, *Collaboration*, p. 3; Lure, *Nechaev*, p. 28.
26. Cochrane, *Collaboration*, p. 1; Pomper, *Nechaev*, pp. 5-6.
27. Cochrane, *Collaboration*, pp. 3-4; Pomper, *Nechaev*, pp. 5-6.
28. Cochrane, *Collaboration*, pp. 4, 15.
29. Cochrane, *Collaboration*, p. 3; Pomper, *Nechaev*, p. 11.
30. Cochrane, *Collaboration*, p. 9.
31. Cochrane, *Collaboration*, p. 11; Pomper, *Nechaev*, p. 14
32. Cochrane, *Collaboration*, pp. 17, 21; Pomper, *Nechaev*, p. 22.
33. Pomper, *Nechaev*, p. 22 (citação).

34. Cochrane, *Collaboration*, p. 25.
35. Cochrane, *Collaboration*, pp. 45-47.
36. Zasulich, "Nechaevskoe delo", p. 34; Lev Nikiforov, "Moi tiurmy", *Golos minuvshego* 5 (1914), p. 169. Citação de Pomper, *Nechaev*, p. 45.
37. Zasulich, "Nechaevskoe delo", p. 28; Nikiforov, "Moi tiurmy", p. 170.
38. Nechaev, *Catechism*.
39. O trecho a seguir foi descrito em Zasulich, *Vospominaniia*, pp. 58-60.
40. Uspenskaia, "Vospominaniia", p. 28.
41. Lure, *Nechaev*, pp. 51-52; Cochrane, *Collaboration*, pp. 51-52; descrito na íntegra em Zemfir Ralli Arbore, "Sergei Gennadievich Nechaev", *Byloe* 7 (1906), p. 142.
42. Pomper, *Nechaev*, pp. 56-57; republicado. em Cochrane, *Collaboration*, pp. 52-55.
43. Cochrane, *Collaboration*, pp. 56-59.
44. Cochrane, *Collaboration*, p. 50; Pomper, *Nechaev*, p. 26; citação do Novo Testamento, Lucas 3:9, 17.
45. Nechaev, *Catechism*.
46. Zasulich, "Nechaevskoe delo", p. 28.
47. Zasulich, "Nechaevskoe delo", pp. 29-30.
48. Zasulich, "Nechaevskoe delo", p. 32; Nikiforov, "Moi tiurmy", p. 170; Ralli Arbore, "Sergei Gennadievich Nechaev", p. 238.
49. Zasulich, "Nechaevskoe delo", p. 31.
50. Zasulich, "Nechaevskoe delo", p. 31; Cochrane, *Collaboration*, pp. 59-62.
51. Zasulich, "Nechaevskoe delo", p. 31.
52. Lure, *Nechaev*, pp. 67-68.
53. Nechaev, *Catechism*.
54. O trecho seguinte é de Zasulich, *Vospominaniia*, pp. 59-62.
55. Zasulich, "Nechaevskoe delo", pp. 32, 34; Uspenskaia, "Vospominaniia", p. 30.
56. Zasulich, "Nechaevskoe delo", pp. 34-35; Nikiforov, "Moi tiurmy", pp. 171-172.
57. Citado em Aileen Kelly, *Mikhail Bakunin: A Study in the Psychology and Politics of Utopianism* (Oxford: Clarendon Press, 1982), p. 270.
58. Kelly, *Bakunin*, pp. 123-150.
59. Mendel, *Bakunin*, pp. 224, 225-227.
60. Kelly, *Bakunin*, p. 112; Michael Bakunin, "The Reaction in Germany", em Arthur Lehning, org., *Michael Bakunin: Selected Writings* (Londres: Jonathan Cape, 1973), p. 55, 56, citação da pp. 58.
61. Mendel, *Bakunin*, p. 373; Bakunin, "Reaction", p. 58.
62. Cochrane, *Collaboration*, p. 114.

63. Pomper, *Nechaev*, p. 69; Mendel, *Bakunin*, pp. 317-318.
64. Lure, *Nechaev*, p. 101; Pomper, *Nechaev*, p. 84.
65. Cochrane, *Collaboration*, pp. 147, 151.
66. Cochrane, *Collaboration*, p. 138.
67. Nechaev, *Catechism*.
68. Cochrane, *Collaboration*, p. 135.
69. Cochrane, *Collaboration*, p. 135.
70. Cochrane, *Collaboration*, p. 115.
71. GARF, f. 109, 3-ia eksp., op. 154 (1869), d. 112 1, p. 19.

6. A fortaleza

1. O trecho que se segue é um resumo de Anônimo, "Belyi Terror", *Kolokol*, 1º de janeiro de 1867, p. 1889-1895.
2. Ulam, *Prophets*, p. 8.
3. Ulam, *Prophets*, pp. 163-168.
4. Zasulich, "Po povodu", l. 4; Ralli Arbore, "Nechaev", p. 137.
5. Jonathan Daly, *Autocracy Under Siege: Security Police and Opposition in Russia, 1866-1905* (De Kalb: Northern Illinois University Press, 1998), pp. 12-13; Ronald Hingley, *The Russian Secret Police: Muscovite, Imperial Russian, and Soviet Political Security Operations, 1565-1970* (Londres: Hutchinson, 1970), p. 31; Charles A. Ruud e Sergei A. Stepanov, *Fontanka 16: The Tsar's Secret Police* (Montreal e Kingston: McGill-Queen's University Press, 1999), p. 25.
6. Daly, *Autocracy*, pp. 12-13; Hingley, *Police*, p. 32.
7. Hingley, *Police*, pp. 32-33, 39-40.
8. Daly, *Autocracy*, p. 15; Hingley, *Police*, p. 43.
9. Hingley, *Police*, pp. 44-46; Daly, *Autocracy*, p. 16.
10. Joseph Frank, *Dostoevsky: The Years of Ordeal, 1850-1859* (Princeton: Princeton University Press, 1983), pp. 55-58.
11. Hingley, *Police*, pp. 49, 51.
12. Daly, *Autocracy*, p. 16; Hingley, *Police*, p. 53.
13. Daly, *Autocracy*, p. 19.
14. Daly, *Autocracy*, p. 19; Ruud e Stepanov, *Fontanka 16*, pp. 32-33; Hingley, *Police*, pp. 55-56.
15. "Trepov", em F. A. Brokgauz e I. A. Efron, orgs., *Entsiklopedicheskii slovar* (São Petersburgo: I. A. Efron, 1890-1907), vol. 34 (1902), pp. 175-176; Koni, *Vospominaniia*, pp. 64-66.

O ANJO DA VINGANÇA 399

16. Daly, *Autocracy*, p. 19; Hingley, *Police*, p. 55.
17. Crochrane, *Collaboration*, p. 72.
18. Pomper, *Nechaev*, p. 70; Cochrane, *Collaboration*, p. 101; Lure, *Nechaev*, p. 114.
19. Cochrane, *Collaboration*, p. 313.
20. Lure, *Nechaev*, p. 114.
21. GARF, f. 109, 3-ia eksp., op. 54 (1869), d. 112.1, l. 19; Pomper, *Nechaev*, p. 72.
22. Há exemplos em GARF, f. 109, 3-ia eksp., op. 54 (1869), d. 112.1, ll. 49, 57, 59.
23. GARF, f. 109, 3-ia eksp., op. 54 (1869), d. 112.1, ll. 170; e d. 112.4, l. 11.
24. GARF, f. 109, 3-ia eksp., op. 54 (1869), d. 112.1, ll. 49, 171.
25. Uspenskaia, "Vospominaniia", p. 31.
26. Uspenskaia, "Vospominaniia", pp. 30-31; GARF, f. 109, 3-ia eksp., op. 54 (1869), d. 112.1, l. 199.
27. GARF, f. 109, 3-ia eksp., op. 54 (1869), d. 112.1, l. 217; Rossiiskii gosudarstvnennyi istoricheskii arkhiv (daqui em diante, RGIA), f. 1280, op. 1, d. 346, l. 80.
28. Zasulich, "Masha", ll. 31-32.
29. David M. Skipton, "St. Petersburgh Jails", *Rossica Journal* 128-129 (outubro de 1997), p. 54; Nikiforov, "Moi tiurmy", p. 179.
30. Peter Kropotkin, *In Russia and French Prisons* (Nova York: Schocken Books, 1971), pp. 59, 236.
31. Bruce F. Adams, *The Politics of Punishment: Prison Reform in Russia, 1863-1917* (De Kalb: Northern Illinois University Press, 1996), pp. 46-47.
32. GARF, f. 109, 3-ia eksp., op. 54 (1869), d. 112.4, ll. 19, 25.
33. Nikiforov, "Moi tiurmy", pp. 180-181.
34. Zasulich, "Masha", ll. 31-32.
35. Barabanova *et al.*, *Tainy "Russkoi Bastilii"* (Spb: Beloe i Chernoe, 1996), pp. 88-89.
36. GARF, f. 124, op. 1, d. 13 (chast' xi), l. 96.
37. Kropotkin, *Memoirs*, p. 320.
38. Há uma história da Fortaleza Pedro e Paulo nos anos 1870-1900 em M. N. Gernet, *Istoriia tsarskoi tiurmy* (Moscou: Gosudarstvennoe isdatelstvo iuridicheskoi literatury, 1961), vol. 3, pp. 141-215.
39. Kropotkin, *Memoirs*, pp. 321-322; M. N. Gernet, *Istoriia*, vol. 2, pp. 240-277, 425-431.
40. Ulam, *Prophets*, p. 239; Nikiforov, "Moi tiurmy", p. 182. Sobre as similaridades com a Bastilha, ver Simon Schama, *Citizens: A Chronicle of the French Revolution* (Nova York: Knopf, 1989), pp. 389-394.

41. Kropotkin, *Memoirs*, pp. 326-328; Nikiforov, "Moi tiurmy", p. 183.
42. RGIA, f. 1280, op. 1., d. 347, ll. 320, 373.
43. GARF, f. 109, 3-ia eksp., op. 54 (1869), d. 112.4, l. 19.
44. Nechaev, *Catechism*.
45. Cochrane, *Collaboration*, p. 222.
46. Uspenskaia, "Vospominaniia", p. 32.
47. Cochrane, *Collaboration*, p. 219.
48. Ver Nechaev, *Catechism*, em relação à análise que se segue.
49. A íntegra do documento foi republicada em Cochrane, *Collaboration*, p. 223-226.
50. Nechaev, *Catechism*.
51. Uspenskaia, "Vospominaniia", p. 33.
52. Uspenskaia, "Vospominaniia", p. 35; Pomper, *Nechaev*, pp. 102-106.
53. Zasulich, "Nechaevskoe delo", p. 52.
54. Zasulich, "Nechaevskoe delo," p. 60.
55. Cochrane, *Collaboration*, p. 168-168.
56. Zasulich, "Nechaevskoe delo", p. 62.
57. Zasulich, "Nechaevskoe delo", pp. 64-65.
58. Pomper, *Nechaev*, p. 113; Lure, *Nechaev*, p. 166.
59. Lure, *Nechaev*, p. 166; Pomper, *Nechaev*, pp. 114-115.
60. Pomper, *Nechaev*, p. 115.
61. Pomper, *Nechaev*, pp. 117-118.
62. Uspenskaia, "Vospominaniia", pp. 34-35.
63. Lure, *Nechaev*, p. 171.
64. Ruud e Stepanov, *Fontanka 16*, pp. 34-35; RGIA, f. 1280, op. 1, d. 346, d. 346, l. 80.
65. RGIA, f. 1280, op. 1, d. 345, l. 80; GARF, f. 109, 3-ia eksp., op. 54 (1869), d. 112.4, ll. 6, 11.
66. Boris Kozmin, *Nechaev i nechaevtsy: Sbornik materialov* (Moscou, 1931), pp 31-32.
67. A. Kunkl, "Melochi proshlogo", *Katorga i ssylka* 38 (1928), p. 80.
68. Kunkl, "Melochi", pp. 80-81.
69. GARF, f. 124, op. 1, d. 2, l. 2.
70. Kunkl, "Melochi," p. 81.
71. Ruud e Stepanov, *Fontanka 16*, pp. 34-35; Nikiforov, "Moi tiurmy", p. 196-197.
72. Daly, *Autocracy*, pp. 20-21; Ruud e Stepanov, *Fontanka 16*, pp. 35-36.

O ANJO DA VINGANÇA   401

73. GARF, f. 124, op. 1, d. 7 (chast v), l. 180; GARF, f. 124, op. 1 d. 1, l. 20.
74. Kozmin, *Nechaev*, p. 167.
75. O depoimento de Zasulich está em *Pravitelstvennyi vestnik* 161 (1871), p. 2.
76. Kozmin, *Nechaev*, p. 167.
77. Kozmin, *Nechaev*, p. 168.
78. Pomper, *Nechaev*, p. 121.
79. Pomper, *Nechaev*, pp. 109-110; Michael Confino, *Daughter of a Revolutionary: Natalie Herzen and the Bakunin-Nechayev Circle* (LaSalle, IL: Library Press, 1974), p. 21.
80. Confino, *Daughter*, pp. 38-39.
81. "Natalie Herzen to Sergey Nechayev" e Natalie Herzen, "Diary", em Confino, *Daughter*, pp. 170, 216-219; Pomper, *Nechaev*, pp. 151-152.
82. Mendel, *Bakunin*, pp. 317, 351.
83. Pomper, *Nechaev*, pp. 167-186, 198-200.
84. Dostoiévski, *Devils*, p. 404 [*Os demônios*, Editora 34, 2004].
85. D. C. Offord, "The *Devils* in the Context of Contemporary Russian Thought and Politics", em W. J. Leaterbarrow, org., *Dostoevsky's* The Devils: *A Critical Companion* (Evanston: Northwestern University Press, 1999), pp. 69-70. A melhor análise da "veracidade" de *Os demônios* está em Joseph Frank, "*The Devils* and the Nechaev Affair", em Frank, *Through the Russian Prism*, pp. 137-152.
86. Dostoiévski, *Devils*, pp. 405-410.
87. Albert Camus, *The Rebel: An Essay on Man in Revolt* (Nova York: Vintage, 1991), p. 165.
88. Zasulich, "Nechaevskoe delo", pp. 69-70.
89. Zasulich, "Nechaevskoe delo", p. 69.

7. Em direção ao povo

1. A história que se segue foi extraída de Deich, *Za polveka*, vol. 1, pp. 179-189.
2. Stepniak, *Underground Russia*, p. 25.
3. Há descrições gerais do movimento "em direção ao povo" em Venturi, *Roots*, pp. 469-506; Ulam, *Prophets*, pp. 203-233; e Richard Stites, *The Russian Revolutionary Intelligentsia* (Arlington Heights, IL: Harlan Davidson, 1970), pp. 111-128. Nessas descrições, o movimento é apresentado como "populista", isto é, concentrado no campesinato e excluindo os operários. Tipicamente, o "movimento da classe operária" é retratado como um processo distinto. Debates intensos na literatura da década de 1970 tentaram determinar se o movimento

da classe operária instigou o movimento entre os camponeses, ou vice-versa. Ver Reginald E. Zelnik, "Populists and Workers: The First Encounter Between Populist Students and Industrial Workers in St. Petersburg, 1871-74", *Soviet Studies* 24, nº 2 (outubro de 1972), pp. 251-269; e Pamela Sears McKinsey, "From City Workers to Peasantry: The Beginning of the Russian Movement 'to the People'", *Slavic Review*, 38, nº 4 (dezembro de 1979), p. 629-649. Richard Pipes argumentou de forma convincente que "populismo" foi um termo usado muito tempo depois pelos marxistas russos para se distinguirem de seus predecessores socialistas russos. Ver Richard Pipes, "Narodnichestvo: A Semantic Inquiry", *Slavic Review* 23, nº 3 (setembro de 1964), pp. 441-458. Como veremos adiante, as descrições autobiográficas da época demonstram que, muitas vezes, aqueles que participaram do movimento "em direção ao povo" viajavam da cidade para o campo e depois voltavam, pregando uma doutrina semelhante a camponeses e aos operários, e a maioria deles via todas as suas atividades como parte do mesmo impulso revolucionário. Neste capítulo, as dimensões evangelistas desse processo constituirão o foco.

4. Philip Pomper, *Peter Lavrov and the Russian Revolutionary Movement* (Chicago: University of Chicago Press, 1972), pp. 95-97.
5. Ulam, *Prophets*, p. 208.
6. Peter Lavrov, *Historical Letters*, trad. James P. Scanlan (Berkeley: University of California Press, 1967), p. 139 [*Cartas históricas*, Editorial Estampa, Lisboa, 1987].
7. Lavrov, *Historical Letters*, pp. 139-140, 160, 307-309.
8. Lavrov, *Historical Letters*, p. 172.
9. Citado em Venturi, *Roots*, p. 504.
10. M. F. Frolenko, *Zapiski semidesiatnika* (Moscou: Vsesoiuznoe obshchestvo politicheskikh katorzhan i ssylno-poselentsev, 1927), p. 44; Breshkovskaia, *Hidden Springs*, p. 27; Kropotkin, *Memoirs*, pp. 300-302.
11. Venturi, *Roots*, p. 501; Frolenko, *Zapiski*, p. 47; Breshkovskaia, *Hidden Springs*, pp. 40-41. Para dispor de uma descrição particular da abordagem populista às seitas religiosas, ver Alexander Etkind, "Whirling with the Other: Russian Populism and Religious Sects", *Russian Review* 62, nº 4 (outubro de 2003), pp. 565-588.
12. "Praskovia Ivanovskaia", em Barbara Alpern Engel e Clifford N. Rosenthal, orgs., *Five Sisters: Women Against the Tsar* (Nova York: Schocken Books, 1977), pp. 105-106; Kropotkin, *Memoirs*, p. 305; Deich, *Za polveka*, vol. 1, pp. 185-186;

Vladimir Debagorii-Mokrievich, *Vospominaniia* (São Petersburgo, 1906), pp. 134-135, 130.
13. Frolenko, *Zapiski*, p. 45; Breshkovskaia, *Hidden Springs*, p. 23; "Ivanovskaia", pp. 102-104.
14. Kropotkin, *Memoirs*, pp. 222-223.
15. Breshkovskaia, *Hidden Springs*, pp. 34-35.
16. Figner, *Memoirs*, p. 50.
17. "Ivanovskaia", p. 104; A. Golovina-Iurgenson, "Moi vospominaniia (Iz revoliutsionnoi deiatelnosti 70-80kh godov), *Katorga i ssyka* 6 (1923), p. 30.
18. Debagorii-Mokrievich, *Vospominaniia*, p. 63.
19. Debagorii-Mokrievich, *Vospominaniia*, pp. 61-62.
20. V. N. Figner, "Protsess 50-ti, *Katorga i ssylka* 33 (1927), p. 11; Golovina-Iurgenson, "Moi vospominaniia", p. 32; Ulam, *Prophets*, pp. 218-219, 227.
21. A. A. Kunkl, *Dolgushintsy* (Moscou: Vsesoiuznoe obshchestvo politicheskikh katorzhan i ssylno-poselentsev, 1931), p. 212. Para dispor de uma outra tradução, ver Venturi, *Roots*, p. 499.
22. Kropotkin, *Memoirs*, p. 300; Breshkovskaia, *Hidden Springs*, p. 50.
23. Kunkl, *Dolgushintsy*, p. 213.
24. Ulam, *Prophets*, p. 11; Osip Aptekman, *Obshchestvo 'Zemlia I volia' 70kh gg.* (Petrogrado, 1924), p. 15; Venturi, *Roots*, p. 502; F. Kon, "Khozhdenie v narod", *Katorga i ssylka* 11 (1924), p. 16.
25. Em relação à análise que se segue, devo muito a Erich Haberer, *Jews and Revolution in Nineteenth-Century Russia* (Cambridge: Cambridge University Press, 1995), pp. 94, 97-99.
26. Haberer, *Jews*, pp. 81-82.
27. Deich, *Za polveka*, vol. 1, p. 32.
28. Haberer, *Jews*, pp. 5, 10-11.
29. Haberer, *Jews*, pp. 15-16, 18-19.
30. Haberer, *Jews*, pp. 58-59.
31. Deich, *Za polveka*, vol. 1, p. 11; Haberer, *Jews*, p. 60; "Aptekman, Osip Vasilievich", em *Deiateli*, p. 7.
32. Haberer, *Jews*, p. 68. Mais sobre a abordagem de Axelrod à questão judaica em Abraham Ascher, "Pavel Axelrod: A Conflict Between Jewish Loyalty and Revolutionary Dedication", *Russian Review* 24, nº 3 (julho de 1965), pp. 249-265.
33. Aptekman, *Obshchestvo*, pp. 164-168.
34. Aptekman, *Obshchestvo*, p. 89.

35. Kropotkin, *Memoirs*, p. 299.
36. "Ivanovskaia", pp. 108-109; Deich, *Za polveka*, vol. 1, pp. 172-173; Golovina-Iurgenson, "Moi vospominaniia", p. 30.
37. Deich, *Za polveka*, vol. 1, pp. 188-189; "Ivanovskaia", pp. 107-108.
38. Popov, "Iz moego", p. 279; Deich, *Za polveka*, vol. 1, pp. 199-200; Debagorii-Mokrievich, *Vospominaniia*, pp. 148-149.
39. Deich, *Za polveka*, vol. 1, p. 193; Aptekman, *Obshchestvo*, p. 163.
40. Debagorii-Mokrievich, *Vospominaniia*, pp. 173-174; Aptekman, *Obshchestvo*, p. 145. Para uma análise da fé camponesa no tsar, ver Field, *Rebels*.
41. "Ivanovskaia", p. 105; Golovina-Iurgenson, "Moi vospominaniia", p. 30.
42. Deich, *Za polveka*, vol. 1, pp. 207-208.
43. Kovnator, "Zasulich", em Zasulich, *Stati*, p. 5.
44. GARF, f. 109, 3-ia eksp., op. 163 (1878), ll. 40, 42.
45. Zasulich, "Masha", ll. 30-31.
46. B. K. "Nechaevets v ssylke (Pismo E.I . i L. P. Nikiforovykh V. I. Zasulich)", *Katorga i ssylka* 10 (1924), p. 159.
47. B. K., "Nechaevts", p. 159; I. D. Pariiskii, "V. I. Zasulich v Soligaliche", em L. Belorussov et al., *Istoricheskii sbornik. Trudy Soligalichskogo Otdela Kostromskogo Nauchnogo Obshchestva*, vol. 3 (Soligalich, 1924), pp. 19-20.
48. Pariiskii, "Zasulich", p. 17-18; GARF, f. 109, 3-ia eksp., op. 163 (1878), l. 42.
49. Pariiskii, "Zasulich", p. 21; L. S. Fedorchenko (N. Charov), *Vera Ivanovna Zasulich; Zhizn i deiatelnost* (Moscou: Novaia Moskva, 1926), p. 28.
50. Fedorchenko, *Zasulich*, p. 33.
51. Marshall Shatz, "Introduction", em Michael Bakunin, *Statism and Anarchy*, trad. Marshall Shatz (Cambridge: Cambridge University Press, 1990), pp. xxix, xxxi, xxxv, xxxvi; [*Estatismo e anarquia*, Editora Imaginário, 2003]; Bakunin, *Statism and Anarchy*, p. 197.
52. Bakunin, *Statism and Anarchy*, pp. 203, 212, 214, 216.
53. Pariiskii, "Zasulich," pp. 22.
54. L. Deich, "Vera Ivanovna Zasulich", em Zasulich, *Revoliutsionery*, p. 6; Bakunin, *Statism and Anarchy*, pp. 61-62; Vera Zasulich, "Otkrovennye rechi. Vospominaniia o 1870-kh gg; rassuzhdenie o kharaktere svoego uma", em RNB, OR, Dom Plekhanova, f. 1098, op. 1, d. 29, l. 1.
55. Fedorchenko, *Zasulich*, p. 33. Os socialistas russos da época chamavam a si mesmos de "bakuninistas", para se distinguirem dos "lavrovistas", ou seguidores de Piotr Lavrov. Raramente era usado o termo "anarquismo." Na verdade, nas

memórias publicadas muito depois da revolução de 1917, os radicais de 1870 persistiam no uso do termo "bakuninismo" para se referirem à sua antiga ideologia.
56. Fedorchenko, *Zasulich*, pp. 33-34.
57. A guinada para o bakuninismo é descrita em Venturi, *Roots*, pp. 570-572; A. Iakimova, "Bolshoi protsess, ili 'protsess 193-kh': O revoliutsionnoi propagande v imperii", *Katorga i ssylka* 37 (1927), pp. 12-13; e Aptekman, *Obshchestvo*, p. 180.
58. Breshkovskaia, *Hidden Springs*, p. 8; Deich, *Za polveka*, vol. 1, p. 263.
59. Iakimova, "Pamiati", pp. 12-13; Breshkovskaia, *Hidden Springs*, p. 31.
60. Iakimova, "Pamiati", p. 178-179; Frolenko, *Zapiski*, p. 93; GARF, f. 109, 3-ia eksp., op. 163 (1878), d. 68.1, l. 42.
61. Debagorii-Mokrievich, *Vospominaniia*, p. 302.
62. Deich, *Za polveka*, vol. 1, pp. 234-235, 237-238, 256.
63. Deich, *Za polveka*, vol. 1, p. 259; Kravchinskii, *Underground Russia*, pp. 123-124.
64. Deich, *Za polveka*, vol. 1, pp. 239-240.
65. Venturi, *Roots*, pp. 560-562 (citação da p. 561); "Pribyleva-Korba, Anna Pavlovna" e "Cherniavskaia-Bokhanovskaia, Galina Fedorovna", em *Deiateli*, pp. 377, 586.
66. Frolenko, *Zapiski*, pp. 59-60.
67. Frolenko, *Zapiski*, pp. 97-99; Debagorii-Mokrievich, *Vospominaniia*, pp. 301-303.
68. Debagorii-Mokrievich, *Vospominaniia*, p. 304.
69. O trecho a seguir foi retirado de M. Frolenko, "Iz vospominanii o Vere Ivanovne Zasulich", *Katorga i ssylka* 10 (1924), pp. 241-247; e Frolenko, *Zapiski*, pp. 60-62.
70. Deich, *Za polveka*, vol. 2, pp. 80-82.
71. Golovina-Iurgenson, "Moi vospominaniia", p. 33; Frolenko, *Zapiski*, pp. 99-100.
72. Debagorii-Mokrievich, *Vospominaniia*, pp. 160-161.
73. O trecho que se segue foi extraído de Deich, *Za polveka*, vol. 2, pp. 80-82.
74. Há relatos do caso Chigirin em Field, *Rebels*, pp. 113-202; Venturi, *Roots*, pp. 581-484; e Ulam, *Prophets*, pp. 257-261.
75. Field, *Rebels*, pp. 122-123; Debagorii-Mokrievich, *Vospominaniia*, p. 216.
76. Debagorii-Mokrievich, *Vospominaniia*, p. 206. Os debates sobre a "ética" do caso Chigirin continuaram muito tempo depois de ele ter sido encerrado. Ver Field, *Rebels*, pp. 163-169; e Zasulich, *Vospominaniia*, p. 76.
77. Debagorii-Mokrievich, *Vospominaniia*, pp. 267-268; Deich, *Za polveka*, vol. 2, pp. 122-123.
78. Deich, *Za polveka*, vol. 2, pp. 131-132.
79. Deich, *Za polveka*, vol. 2, pp. 120-121, 131; Frolenko, *Zapiski*, p. 100.

80. Debagorii-Mokrievich, *Vospominaniia*, pp. 269; Frolenko, *Zapiski*, p. 100.
81. Debagorii-Mokrievilch, *Vospominaniia*, pp. 240-241. A íntegra do texto do edito foi publicada em Field, *Rebels*, pp. 172-174.
82. Field, *Rebels*, pp. 175-180; Debagorii-Mokrievich, *Vospominaniia*, p. 239; Deich, *Za polveka*, vol. 2, pp. 13-14.
83. Field, *Rebels*, pp. 185-186, 193-194; Frolenko, *Zapiski*, p. 101.
84. Deich, *Za polveka*, vol. 2, pp. 90-91. Lev Deich, "Valerian Osinskii (K 50-letiu ego kazni)", *Katorga i ssylka* 54 (1929), p. 14. Neste artigo, Deich contradiz o que havia declarado em *Za polveka* e afirma ter mandado Vera e Masha para São Petersburgo. Mas outros inúmeros relatos confirmam que Vera passou o verão de 1877 em Penza.

8. A prisão europeia

1. Popov, "Iz moego", pp. 272-273; Iakov Emelianov, "Vospominaniia, o brate A. S. Emelianove (Bogoliubove)," *Katorga i ssylka* 11 (1930), p. 179.
2. Há uma descrição completa da manifestação da praça Kazan em Pamela Sears McKinsey, "The Kazan Square Demonstration and the Conflict Between Russian Workers and *Intelligenty*", *Slavic Review* 44, n.º 1 (primavera de 1985), pp. 83-103. Ver também Aptekman, *Obshchestvo*, p. 189; Venturi, *Roots*, p. 544; Ulam, *Prophets*, pp. 253-254.
3. McKinsey sugere que o número de bakuninistas e de lavrovistas na manifestação era o mesmo. Ver McKinsey, "Kazan", pp. 84-90. Outras fontes sublinham que o bakuninismo havia se tornado a doutrina predominante nas cidades. Ver Aptekman, *Obshchestvo*, p. 189; e Ulam, *Prophets*, pp. 253-254.
4. Koni, *Vospominaniia*, p. 4; Ulam, *Prophets*, p. 254; Venturi, *Roots*, p. 544; McKinsey, "Kazan", p. 95. Há uma reportagem de uma testemunha ocular estrangeira em "Russian Students", *Times* (Londres), 2 de janeiro de 1877, p. 6.
5. McKinsey, "Kazan", p. 95; Koni, *Vospominaniia*, p. 4; "Russian Students", p. 6.
6. McKinsey diz que alguns operários achavam que os manifestantes eram "poloneses" ("Kazan", p. 95). Mais tarde, este argumento foi disseminado por radicais decepcionados que estavam tentando justificar os ataques dos operários. Koni, *Vospominaniia*, pp. 7-8.
7. "Russian Students", p. 6; Plekhanov citado em Aptekman, *Obshchestvo*, p. 190. Apesar desse fracasso patente, mais tarde alguns historiadores soviéticos persistiram em chamá-la de "primeira manifestação operária russa". Ver E. A. Korolchuk, org., *Pervaia rabochaia demonstratsiia v Rossii* (Moscou, 1927). Até

Venturi a chama de momento "significativo" do movimento da classe operária em *Roots*, p. 545.
8. Citado em Aptekman, *Obshchestvo*, p. 190.
9. Popov, "Iz moego", p. 288.
10. Koni, *Vospominaniia*, pp. 4-5; também há uma caracterização de Palen em Wortman, *Development*, pp. 277-278.
11. Koni, *Vospominaniia*, pp. 5, 19; Daly, *Autocracy*, p. 22.
12. *Zapiska Ministra Iustitsii Grafa Palena: Uspekhi revoliutsionnoi propagandy v Rossii* (Genebra: Tipotrafiia gazety Rabotnik, 1875), pp. 8, 10. Ver também Ruud e Stepanov, *Fontanka 16*, pp. 39-40.
13. Daly, *Autocracy*, p. 21; *Zapiska*, p. 11.
14. *Zapiska*, pp. 23, 24.
15. Carta de Evreinov, Promotor do Supremo Tribunal de Odessa, a Palen, que pode ser encontrada no apêndice 2 de Koni, *Vospominaniia*, pp. 343-344.
16. Koni, *Vospominaniia*, p. 5.
17. "Russian Students", p. 6.
18. S. S. Tatishchev, *Imperator Alexander II: Ego zhizn i tsarsvovanie* (São Petersburgo: A. S. Suvorin, 1911), vol. 2, p. 549; Koni, *Vospominaniia*, p. 6.
19. Henry Mayhew e John Binney, *The Criminal Prisons of London* (Londres: Griffin, Bohn, 1862), p. 120.
20. B. M. Kirikov, org., *Arkhitektory-stroiteli Sankt Peterburga serediny XIX-nachala XX veka* (São Petesburgo: Piligrim, 1996), p. 203; Gertsehstein, "Tridsat let". Para uma história concisa da Casa de Detenção Preliminar de São Petersburgo, ver Mikhail N. Gernet, *Istoriia tsarskoi tiurmy*, vol. 3 (Moscou, 1952), pp. 361-367 (foto da p. 357). Uma história mais completa pode ser encontrada em Viktor N. Nikitin, *Tiurma i ssylka, 1560-1880* (São Petersburgo, 1880), pp. 499-519. Não existe artigo nem uma abordagem com a amplitude de um livro sobre a história da prisão.
21. Adams, *The Politics of Punishment*, pp. 65-67.
22. Adams, *The Politics of Punishment*, p. 70.
23. Mayhew e Binney, *Criminal Prisons*, p. 120.
24. Naturalmente, a literatura sobre o encarceramento e a reforma dos presos é vasta. As obras mais conhecidas são Michel Foucault, *Discipline and Punish: The Birth of the Prison* (Nova York: Vintage, 1979) e Michael Ignatieff, *A Just Measure of Pain: The Penitentiary in the Industrial Revolution* (Nova York: Pantheon, 1978). A história do encarceramento na França pode ser encontrada

em Patricia O'Brien, *The Promise of Punishment: Prisons in Nineteenth-Century France* (Princeton: Princeton University Press, 1981) e, nos Estados Unidos, em Michael Meranze, *Laboratories of Virtue: Punishment, Revolution, and Authority in Philadelphia, 1760-1835* (Chapel Hill: University of North Carolina Press, 1996). Para este caso, a obra mais relevante é Robin Evans, *The Fabrication of Virtue: English Prison Architcture, 1750-1840* (Cambridge: Cambridge University Press, 1982), pp. 349, 354, 357-358.

25. Evans, *Fabrication*, pp. 115-116; Mayhew e Binney, *Criminal Prisons*, p. 119.
26. Evans, *Fabrication*, pp. 115-116, 333.
27. Evans, *Fabrication*, p. 326. Este conceito de solidão como um caminho para a reforma foi debatido antes nos Estados Unidos. Ver Meranze, *Laboratories*, pp. 227-228, 257-265; e Frederick Howard Wines, *Punishment and Reformation: A Study of the Penitentiary System* (Nova York: Thomas Y. Crowell, 1919), pp. 157-167.
28. Mayhew e Binney, *Criminal Prisons*, pp. 122-123.
29. Evans, *Fabrication*, p. 346; Norman Johnston, *The Human Cage: A Brief History of Prison Architecture* (Filadélfia: American Foundation, 1973), pp. 34-37.
30. Nikitin, *Tiurma*, p. 516.
31. *Golos*, n.º 212 (2 de agosto de 1875), p. 12; *Sankt-Peterburgskie Vedomosti*, nº 217 (17 de agosto de 1875), p. 1.
32. Gernet, *Istoriia*, p. 361.
33. *Polnoe sobranie zakonov Rossiiskoi Imperii* (São Petersburgo, 1877), col. 2, vol. 50, parte 1, 1875, pp. 268.
34. *Polnoe sobranie zakonov*, col. 2, vol. 50, parte 1, 1875, pp. 268-269.
35. *Polnoe sobrani zakonov*, col. 2, vol. 50, parte 1, pp. 268-269.
36. Adams, *Politics of Punishment*, pp. 52-53.
37. I. Dzhabadari, "V nevole", *Byloe* 5 (1906), pp. 45-46.
38. Sergei Glagol, "Protsess pervoi susskoi terroristki", *Golos minusvshego* 7/9 (setembro de 1918), p. 147; S. Sinegub, "Vospominaniia chaikovtsa", *Byloe* 10 (1906), p. 49.
39. Ver M. Fedorov, "Iz vospominanii po upravleniiu S. Peterburgskin domom predvaritelnogo zakliucheniia", *Russkaia starina* 121 (janeiro-março de 1905), p. 71; Glagol, "Protsess," p. 147.
40. Glagol, "Protsess", p. 147; Gertsenshtein, "Tridsat let", p. 240.
41. Kropotkin, *In Russian and French Prisons*, pp. 60-61; Fedorov, "Iz vospominanii", p. 63; Igntiev, *Just Measure*, p. 9; Mayhew e Binney, *Criminal Prisons*, p. 168.

42. Sinegub, "Vospominaniia", p. 49; Glagol, "Protsess", p. 148. Esta forma de comunicação foi designada por várias fontes como um "código internacional de batidinhas" ou "telégrafo elétrico do preso". Frederick Wines dizia que, na verdade, este código de batidinhas foi inventado na Rússia. Ver Mayhew e Binney, *Criminal Prisons*, p. 163; Wines, *Punishment*, p. 165.
43. Sinegub, "Vospominaniia", p. 50; Breshkovskaia, *Hidden Springs*, pp. 137-138.
44. Sinegub, "Vospominaniia", p. 51.
45. Gertsenshtein, "Tridsat let", pp. 239-240.
46. Glagol, "Protsess", pp. 147-148.
47. Sinegub, "Vospominaniia", pp. 51-52; Glagol, "Protsess", pp. 147-148; Breshkovskaia, *Hidden Springs*, p. 138.
48. Sinegub, "Vospominaniia," p. 50; sobre a bandeira, ver Ulam, *Prophets*, p. 239.
49. Glagol, "Protsess", pp. 149-150.
50. Glagol, "Protsess", p. 148.
51. Esta e todas as descrições seguintes sobre o que aconteceu entre Bogoliubov e Trepov foram retiradas das recordações do incidente encontradas em Sinegub, "Vospominaniia", pp. 52-53, e Glagol, "Protsess", pp. 148-149.
52. Glagol, "Protsess", pp. 149-150.
53. A descrição do tumulto feita pelo médico pode ser encontrada em Gertsenshtein, "Tridsat let", pp. 243-246.
54. Fiódor Dostoiévski, *The House of the Dead* (Nova York: Penguin, 1985), p. 239-240 [*Recordações da casa dos mortos*, Editora Nova Alexandria, 2006].
55. A melhor história sobre esta questão está em Abby Schrader, *Languages of the Lash: Corporal Punishment and Identity in Imperial Russia* (De Kalb: Northern Illinois University Press, 2002).
56. Citado em Adams, *Politics of Punishment*, p. 24.
57. A história da abolição da maioria das formas de punição corporal e da transição para o encarceramento é documentada em Adams, *Politics of Punishment*, pp. 12-39.
58. Adams, *Politics of Punishment*, p. 38.
59. Koni, *Vospominaniia*, p. 39.
60. Koni, *Vospominaniia*, pp. 10-11.
61. Koni, *Vospominaniia*, pp. 39, 42-43.
62. Relatório de Fuks, promotor do Supremo Tribunal de São Petersburgo, ao ministro da Justiça, 29 de julho de 1877, no apêndice 5 de Koni, *Vospominaniia*, pp. 366-370. A investigação terminou no dia 18 de julho.

63. Nikitin, *Tiurma*, p. 507.
64. Relatório de Fuks, pp. 370-372; Gertsenshtein, "Tridtsat let", pp. 246-248.
65. A descrição da visita do médico à câmara de isolamento pode ser encontrada em Gertsenshtein, "Tridtsat let", pp. 246-248.
66. Relatório de Fuks, p. 373.
67. Mayhew e Binney, *Criminal Prisons*, pp. 135-136; Gertsenshtein, "Tridtsat let", p. 247.
68. Gertsenshtein, "Tridtsat let", p. 248.
69. "O besporiadkakh v Spb Dome predvaritelnogo zakliucheniia", em GARF, f. 1405, op. 75 (1877), d. 7191, ll. 1-4.
70. Citado em Iu. S. Karpilenko, *"Delo" Very Zasulich: Rossiskoe obshchestvo, samoderzhavie, i sud prisiazhnykh v 1878 godu* (Briansk: Isdatelstvo brianskogo gosudarstvennogo pedagogicheskogo instituta, 1884), p. 14.
71. A discussão anterior sobre a situação de Vera baseia-se em Lev Deich, "Vera Ivanovna Zasulich", em Zasulich, *Revoliutsionery,* pp. 7-8.
72. Embora Aptekman tenha dito que Vera Zasulich foi um dos membros fundadores do Terra e Liberdade, ela declarou que não era filiada ao movimento nessa época. Ver Aptekman, *Obshchestvo*, p. 199; e Zasulich, *Vospominaniia*, p. 74.
73. Breshkovskaia, *Hidden Springs*, p. 156. Essa guinada da concentração no povo para a concentração no Estado é descrita em muitas autobiografias. Ver, por exemplo, Stepaniak, *Underground Russia*, pp. 34-35; Figner, *Memoirs*, pp. 60-61; Vladimir Debagorii-Mokrievich, *Ot buntarstva k terrorismu* (Moscou, 1930), pp. 379-380; e Aptekman, *Obshchestvo*, pp. 193-194.
74. Deich, *Za polveka*, vol. 2, pp. 301-303; Debagorii-Mokrievich, *Ot buntarstva*, p. 378.

9. A justiça

1. A caracterização de Palen baseia-se principalmente em Koni, *Vospominaniia*, pp. 18-19, 26-27, 30, 39-40.
2. Koni, *Vospominaniia*, pp. 40-41.
3. V. I. Smoliarchuk, *A. F. Koni i ego okruzhenie* (Moscou: Iuridicheskaia literatura, 1990), frontispício e p. 5.
4. Smoliarchuk, *Koni*, p. 6 (e retrato no frontispício).
5. Smoliarchuk, *Koni*, pp. 5-6.
6. Koni, *Vospominaniia*, pp. 38-39.

7. Mark G. Pomar, "Anatolii Fedorovich Koni: Liberal Jurist as Moralist", *Carl Beck Papers in Russian and East European Studies*, n.º 1202 (março de 1996), p. 54
8. O encontro com Trepov é descrito em Koni, *Vospominaniia*, pp. 35-41.
9. Citado em Samuel Kucherov, *Courts, Lawyers, and Trials Under the Last Three Tsars* (Nova York: Praeger, 1953), p. 26.
10. Lincoln, *Great Reforms*, p. 115.
11. Lincoln, *Great Reforms*, p. 106.
12. Kucherov, *Courts*, pp. 38-39; N. A. Troitskii, "Russkaia advokatura na politicheskikh protsessakh narodnikov (1871-1890 gg.)", em *Iz istorii obshchestvennogo dvizheniia I obshchestvennoi mysli v Rossii* (Saratov: Izdatel'stvo Saratovskogo Universiteta, 1968), p. 95; Richard Wortman, *The Development of a Russian Legal Consciousness* (Chicago: University of Chicago Press, 1976), p. 259.
13. G. Dzhanshiev, *Osnovy sudebnoi reform: Istoriko-iuridicheskie etiudy* (Moscou: 1891), pp. 126ss.
14. Kucherov, *Courts*, pp. 59-60, 62, 65-67.
15. Sobre o papel educacional das reformas judiciais, ver Wortman, *Development*, pp. 245, 260. Joan Neuberger, "Popular Legal Cultures: The St. Petersburg Mirovoi Sud", em Ben Eklof, John Bushnell e Larissa Zakharova, orgs., *Russia's Great Reforms, 1855-1881* (Bloomington: Indiana University Press, 1994), pp. 231-232.
16. Wortman, *Development*, p. 259.
17. Wortman, *Development*, pp. 270-276.
18. N. A. Troitskii, *Tsarskie sudy protiv revoliutsionnoi Rossii* (Saratov: Izdatelstvo Saratovskogo Universiteta, 1976), pp. 118-119; P. I. Negretov, "K sporam vokrug protssessa Very Zasulich", *Voprosy istorii* 12 (1971), pp. 183-189.
19. Laura Engelstein, "Revolution and the Theater of Public Life in Imperial Russia", em Isser Woloch, org., *Revolution and the Meanings of Freedom in the Nineteenth Century* (Stanford: Stanford University Press, 1996), pp. 340-341.
20. A íntegra da citação pode ser encontrada em Tatishchev, *Aleksandr II*, pp. 549-551; parte da citação e uma outra tradução podem ser encontradas em Venturi, *Roots*, p. 585.
21. "Iz vospominaniia Chudnovskogo o protsesse 193-kh", em M. Kovalenskii, *Russkaia revoliutsiia v sudebnykh protsessakh i memuarakh*, vol. 1: *Protsessy Nechaeva, 50-ti i 193-kh* (Moscou: Izdanie "Mir", 1923), pp. 196-197; Iakimova, "Bolshoi protsess", pp. 24-25.
22. Tatishchev, *Aleksandr II*, pp. 548-549.
23. Tatishchev, *Aleksandr II*, pp. 549-550.

24. Tatishchev, *Aleksandr II*, pp. 550-551.
25. Tatishchev, *Aleksandr II*, pp. 549-551; Troitskii, *Tsarskie sudy*, pp. 158-160, 171.
26. Troitskii, *Tsarskie sudy*, pp. 101-104, 149; Wortman, *Development*, p. 281.
27. Troitskii, *Tsarskie sudy*, pp. 101-104, 149.
28. Wortman, *Development*, p. 280; Negretov, "K sporam", p. 185.
29. Stepniak, *Underground Russia*, pp. 30-31.
30. Troitskii, *Tsarskie sudy*, p. 116.
31. Troitskii, *Tsarskie sudy*, pp. 118-119.
32. V. N. Figner, "Protsess 50-ti", *Katorga i ssylka* 33 (1927), pp. 17-18.
33. "Rech Bardinoi", em Kovalenskii, *Russkaia*, vol. 1, pp. 142-144; Figner, "Protsess 50-ti", p. 16.
34. "Rech Petra Alekseevicha Alekseeva", em Kovalenskii, *Russkaia*, vol. 1, pp. 145-148; Figner, "Protsess 50-ti", p. 17.
35. "Rech Petra Alekseevicha Alekseeva", em Kovalenskii, *Russkaia*, vol. 1, p. 148.
36. Figner, "Protsess 50-ti", p. 17.
37. Figner, "Protsess 50-ti", p. 18.
38. "Iz vospominanii Stepniak Kravchinskogo o dele 50-ti," em Kovalenskii, *Russkaia*, vol. 1, p. 157.
39. Fiódor Dostoiévsky, *Diary of a Writer*, trad. Kenneth Lantz (Evanston: Northwestern University Press, 1994), vol. 1, p. 1002 [*Diário de um escritor*, Editora 34, 2003].
40. B. H. Sumner, *Russia and the Balkans* (Oxford: Clarendon Press, 1937), p. 137.
41. William Fuller, *Strategy and Power in Russia, 1600-1917* (Nova York: Free Press, 1992), pp. 311-317; Dietrich Geyer, *Russian Imperialism* (New Haven: Yale University Press, 1987), pp. 46-47 (citação da p. 47).
42. Louise McReynolds, *The News Under Russia's Old Regime: The Development of a Mass-Circulation Press* (Princeton: Princeton University Press, 1991), p. 81.
43. Edward Thaden, *Conservative Nationalism in Nineteenth-Century Russia* (Seattle: University of Washington Press, 1964); Richard Pipes, "Russian Conservatism in the Second Half of the Nineteenth Century", *Slavic Review* 30, n.º 1 (1971), pp. 120-128; David MacKenzie, *The Serbs and Russian Pan-Slavism, 1875-1878* (Ithaca: Cornell University Press, 1967).
44. Michael Boro Petrovich, *The Emergence of Russian Panslavism, 1856-1870* (Westport, CT: Greenwood Press, 1956), pp. 67-68; Nikolai Danilevskii, "Voina za Bolgariu", em N. Strakhov, org., *Sbornik politicheskikh i ekonomicheskikh*

statei (São Petersburgo: Tipografia Panteleevykh, 1890), p. 44; "Rossiia i Evropa na vostoke", *Russkii Vestnik*, n.º 129 (maio de 1877), p. 146.

45. Konstantin Leontev, *Against the Current*, trad. George Ivask (Nova York: Weybright and Talley, 1969), pp. 180-181, 205; Dostoievski, *Diary of a Writer*, vol. 2, p. 833.
46. Dostoievski, *Diary of a Writer*, vol. 2, pp. 931-932; Leontev, *Against the Current*, p. 208.
47. Citado em Karel Durman, *The Time of the Thunderer* (Boulder, CO: East European Monographs; Nova York: Columbia University Press, 1988), p. 200.
48. McReynolds, *News*, p. 83.
49. McReynolds, *News*, p. 84.
50. David MacKenzie, "Russian Views of the Eastern Crisis," *East European Quarterly* 13, n.º 1 (primavera de 1979), p. 1; Durman, *Time*, pp. 187-189; K. Golovin, *Moi vospominaniia*, vol. 1 (São Petersburgo: Tipografia Kolokol, 1908), pp. 304-305; Elizabeth Narishkin-Kurakin, *Under Three Tsars*, trad. Julia Loesser (Nova York: E. P. Dutton, 1931), pp. 46-47.
51. Richard G. Weeks Jr., "Russia's Decision for War with Turkey, May 1876-April 1877," *East European Quarterly* 24, n.º 3 (setembro de 1990), pp. 327-328; David MacKenzie, "Panslavism in Practice: Chernaiev in Serbia (1876)", *Journal of Modern History* 36 (setembro de 1964), p. 290; Sidney Harcave, org., *Memoirs of Count Witte* (Nova York: M. E. Sharpe, 1990), pp. 45-46; P. A. Valuev, *Dnevnik, 1877-1844*, orgs. V. A. Iakovlev-Bogucharskii e P. E. Shchegolev (Petrogrado: Byloe, 1919), p. 8; Dimitrii A. Miliutin, *Dnevik*, 4 vols. (Moscou: 1950), vol. 2, p. 148.
52. Radzinsky, *Alexander II*, p. 62; "Vnutrennee obozrenie", *Vestnik Evropy* 4 (maio de 1877), p. 375.
53. Dostoiévski, *Diary of a Writer*, vol. 2, p. 934; Radzinsky, *Alexander II*, p. 262.
54. Radzinsky, *Alexander II*, pp. 263-265.
55. MacKenzie, "Russian Views", p. 8; Valuev, *Dnevnik*, p. 10; Miliutin, *Dnevnik*, vol. 3, p. 80; Radzinsky, *Alexander II*, p. 262.
56. Karpilenko, *"Delo" Very Zasulich*, p. 15; Koni, *Vospominaniia*, pp. 50-51.
57. Koni, *Vospominaniia*, pp. 51-52.
58. "Rech Myshkina", em Kovalenskii, *Russkaia*, vol. 1, p. 194.
59. Wortman, *Development*, p. 280; Iakimova, "Bolshoi protsess", p. 24.
60. Iakimova, "Bolshoi protsess", p. 25; "Iz vospominanii Chudnovskogo", p. 197; "Rech Myshkina: Iz vospominanii E. Breshkovskoi", em Kovalenskii, *Russkaia*, vol. 1, p. 204; Breshkovskaia, *Hidden Springs*, p. 149.

61. "Iz obvinitelnogo akta", em Kovalenskii, *Russkaia,* vol. 1, pp. 163-169; "Iz vosp. E. Breshkovskoi", p. 205.
62. Iakimova, "Bolshoi protsess", p. 25; "Iz vospominanii Chudnovskogo", p. 198.
63. Iakimova, "Bolshoi protsess", p. 26; "Iz vospominanii Chudnovskogo", p. 198-199; "O dele 193-kh; Iz vospominanii Sineguba", em Kovalenskii, *Russkaia,* vol. 1, p. 217.
64. "Protest podsudimykh i advokatov", em Kovalenskii, *Russkaia,* vol. 1, pp. 178-180; "Iz vosp. E. Breshkovskoi", pp. 208-209.
65. Breshkovskaia, *Hidden Springs,* p. 157.
66. "Iz vosp. E. Breshkovskoi", pp. 202-203; Iakimova, "Bolshoi protsess", p. 27.
67. "Rech Myshkina", pp. 181-182.
68. "Rech Myshkina", pp. 193-194.
69. "Rech Myshkina", pp. 195-196; Iakimova, "Bolshoi protsess", pp. 27-28.
70. Troitskii, *Tsarskie sudy,* pp. 188-189; Iakimova, "Bolshoi protsess", pp. 27-28; N. S. Tagantsev, "Iz perezhitogo", *Byloe* 9 (1918), pp. 137, 145; Breshkovskaia, *Hidden Springs,* p. 159.
71. Iakimova, "Bolshoi protsess", p. 29; Troitskii, *Tsarskie sudy,* pp. 196-197.
72. Troitskii, *Tsarskie sudy,* pp. 196-197.
73. Stepniak, *Underground Russia,* p. 31.
74. Karpov, "V. I. Zasulich", pp 2-3.
75. Stepniak, *Underground Russia,* pp. 34-35; Iakimova, "Pamiati", p. 184.
76. Karpov, "V. I. Zasulich", p. 3.
77. Debagorii-Mokrievich, *Ot buntarstva,* pp. 376, 381; Zasulich, *Revoliutsionery,* p. 49.
78. Iakimova, "Pamiati," p. 179-180; Debagorii-Mokrievich, *Ot buntarstva,* p. 375.
79. Iakimova, "Pamiati", pp. 183-184.
80. Iakimova, "Pamiati", pp. 184. Há uma discussão sobre o papel das mulheres em movimentos revolucionários em geral, e em atividades terroristas em particular, em Sally A. Boneice, "The Spiridonova Case, 1906: Terror, Myth, and Martyrdom", *Kritika* 4, n.º 3 (verão de 2003), pp. 583-585.
81. Frolenko, *Zapiski,* p. 102; Popov, "Iz moego", p. 297; Frolenko, "Iz vospominaniia", p. 245.
82. Iakimova, "Pamiati", p. 184; Breshkovskaia, *Hidden Springs,* pp. 154-155.
83. RNB, OR, Dom Plekhanova, f. 1098, op. 1, d. 29, l.1; RGASPI, f. 262 (Vera Zasulich), op. 1, d. 4, l. 4; Karpov, "V. I. Zasulich", p. 96; Stepniak, *Underground Russia,* pp. 42-43.

84. RGASPI, f. 262 (Vera Zasulich), op. 1, d. 4, l. 4.
85. M. R. Popov, *Zapiski Zemlevoltsa* (Moscou: Izdatel'stvo Politkatorzhan, 1933), pp. 92-94.

10. O julgamento

1. O trecho a seguir baseia-se em Koni, *Vospominaniia*, pp. 59-60.
2. Olga Liubatovich, "Dalekoe i nedavnee", *Byloe* 5 (1906), p. 210, citado em Karpilenko, *Delo*, p. 21.
3. McReynolds, *News*, p. 93; Karpilenko, *Delo*, p. 20.
4. McReynolds, *News*, pp. 85-86; Weeks Jr., "Russia's Decision for War", pp. 308-309, 312;
5. McKenzie, "Russian Views", pp. 9, 11; Valuev, *Dnevnik*, pp. 19, 22; Koni, *Vospominaniia*, pp. 74-76.
6. Koni, *Vospominaniia*, p. 76.
7. "Pokushenie na zhizn S-Peterburgskogo gradonachalnika F. F. Trepova", *Sankt-Peterburgskie Vedomosti*, n.º 25 (25 de janeiro de 1878), p. 1; *Golos*, n.º 25 (25 de janeiro de 1878), p. 3; *Severnyi Vestnik*, n.º 27 (27 de janeiro de 1878), p. 2; *Moskovskie Vedomosti*, n.º 26 (27 de janeiro de 1878), p. 2; *Nedelia*, nº 5 (29 de janeiro de 1878), pp. 174-175. *Novoe Vremia*, n.º 686 (25 de janeiro de 1878), p. 2, e n.º 687 (26 de janeiro de 1878), p. 3;
8. *Severnyi Vestnik*, nº 27, p. 2; "Vystrel v peterburgskogo gradonachalnika", *Nedelia*, n.º 5 (29 de janeiro de 1878), pp. 174-175; "Kronika", *Novoe Vremia*, n.º 687 (26 de janeiro de 1878), p. 3; *Sankt-Peterburgskie Vedomosti*, n.º 24 (24 de janeiro de 1878), p. 1; Koni, *Vospominaniia*, pp. 64-66.
9. GARF, f. 109, Sekretnyi arkhiv, op. 1, d. 718, ll. 2, 3, 10, 19, 31, 33, 37.
10. "Izvlechenie iz meditsinskogo akta o rane, nanesennoi F. F. Trepovu", *Sankt-Peterburgskie Vedomosti*, n.ºs 25 (25 de janeiro de 1878), 27 (27 de janeiro), 28 (28 de janeiro); *Severnyi Vestnik*, n.º 27 (27 de janeiro de 1878), p. 2; *Golos*, n.ºs 25 (25 de janeiro de 1878), 26 (26 de janeiro), 27 (27 de janeiro).
11. Daly, *Autocracy*, p. 19; Koni, *Vospominaniia*, pp. 64-66; Gertsenshtein, "Tridsat let," pp. 250-251; GARF, f. 109, Sekretnyi arkhiv, op. 1, d. 718, ll. 19, 37.
12. Koni, *Vospominaniia*, p. 64; Gertsenshtein, "Tridsat let", pp. 237-238; GARF, f. 109, op. 1, d. 718, l. 37.
13. Koni, *Vospominaniia*, pp. 76-77; Gertsenshtein, "Tridsat let", p. 237; "A Semi-Political Trial", *Times*, 22 de abril de 1878, p. 8.

14. Breshkovskaia, *Hidden Springs*, p. 165.
15. GARF, f. 109, 3-ia eksp., op. 163 (1878), d. 68.1, ll. 27-30.
16. GARF, f. 109, 3-ia eksp., op. 163 (1878), d. 68.1, l. 1; GARF, f. 109, Sekretnyi arkhiv, op. 1, d. 718, ll. 1-33; GARF, f. 109, 3-ia eksp., op. 163 (1878), d. 68. 1, ll. 27-30.
17. Koni, *Vospominaniia*, pp. 62-63.
18. Negretov, "K sporam", pp. 183-185.
19. Citação em Negretov, "K sporam", p. 184.
20. Citação em Negretov, "K sporam", p. 184.
21. Koni, *Vospominaniia*, pp. 66-67.
22. Koni, *Vospominaniia*, pp. 69-71.
23. Koni, *Vospominaniia*, pp. 89-93.
24. Koni, *Vospominaniia*, p. 86.
25. G. K. Gradovskii, em *Golos*, n.º 92 (2 de abril de 1878), p. 2.
26. Há descrições das multidões em G. K. Gradovskii, "Sud po delu Zasulich", em Kovalenskii, *Russkaia*, vol. 2, p. 133; Maxwell, *Narodniki Women*, p. 4; *Moskovskie Vedomosti*, n.º 85 (2 de abril de 1878), p. 3; "Sudebnaia khronika", *Telegraf*, n.º 73 (1º de abril de 1878), p. 1.
27. Gradovskii em *Golos*, p. 2; Karabchevskii, "Delo Very Zasulich", em Kovalenskii, *Russkaia*, vol. 2, p. 128.
28. Gradovskii, "Sud", p. 132; Glagol, "Protsess", pp. 150-151; "Zasedanie l-ogo otdeleniia peterburgskogo okruzhnogo suda po delu Very Zasulich", *Moskovskie Vedomosti*, nº 86 (3 de abril de 1878), p. 2; "Sudebnaia khronika," *Telegraf*, n.º 73 (1º. de abril de 1878), p. 1.
29. Koni, *Vospominaniia*, p. 96.
30. Há descrições de Vera em Gradovskii, *Golos*, p. 2; Naryshkin-Kurakin, *Under Three Tsars*, p. 54; Glagol, "Protsess", p. 151; Gertsenshtein, "Tridsat let", p. 251; Gradovskii, "Sud", p. 133; e "Delo Very Zasulich", *Nedelia*, n.º 15 (9 de abril de 1878), p. 496.
31. Citação em Karabchevskii, "Delo", p. 128; Maxwell, *Narodniki Women*, pp. 3-4.
32. Koni, *Vospominaniia*, pp. 87-88.
33. Koni, *Vospominaniia*, pp. 83-84; N. P. Karabchevskii, *Okolo pravosudiia* (Tula: Avtograf, 2001), p. 656.
34. RGIA, f. 1405, d. 1141, ll. 4-6; Kantor, "K protsessu V. I. Zasulich", *Byloe* 21 (1923), pp. 89, 91.
35. Koni, *Vospominaniia*, p. 88, 93.

O ANJO DA VINGANÇA 417

36. Koni, *Vospominaniia*, p. 106.
37. A transcrição do julgamento pode ser encontrada em Koni, *Vospominaniia*, pp. 97-210; a acusação de Kessel foi transcrita nas páginas 106-120.
38. N. A. Troitskii, *Advokatura v Rossii i politcheskie protsessy, 1866-1904* (Tula: Avtograf, 2000), p. 71; Glagol, "Protsess", p. 152.
39. Troitskii, *Advokatura*, p. 71; Gertsenshtein, "Tridsat let", pp. 252-253; Glagol, "Protsess", p. 152.
40. Ia. G. Zviagintsev e Iu. G. Orlov, *Samye zanmenitye iuristy Rossii* (Moscou: Veche, 2003), p. 12-13.
41. Zviagintsev e Orlov, *Samye*, p. 13.
42. Zviagintsev e Orlov, *Samye*, pp. 13-14.
43. Zviagintsev e Orlov, *Samye*, p. 15; "Literaturno-zhiteiskie zametki", *Nedelia*, n.º 15 (9 de abril de 1878), pp. 509-510.
44. Karabchevskii, *Okolo pravosudiia*, p. 658.
45. Troitskii, "Russkaia advokatura", p. 95.
46. Kucherov, *Courts*, p. 214.
47. Troitskii, "Russkaia advokatura", pp. 98-101; Kucherov, *Courts*, p. 213.
48. Troitskii, *Tsarskie sudy*, pp. 102-103; Zviagintsev e Orlov, *Samye*, p. 16.
49. GARF, f. 109, Sekretnyi arkhiv, op. 1, d. 717, ll. 16, 19.
50. Troitskii, *Advokatura*, pp. 71-72; Breshkovskaia, *Hidden Springs*, p. 166.
51. N. Kuliabko-Koretskii, "Moi vstrechi s V. I. Zasulich", em L. Deich, *Gruppa "Osvobozhdenie truda"*, vol. 3, pp. 75-76.
52. Breshkovskaia, *Hidden Springs*, p. 160.
53. "Literaturno-zhiteiskie zametki", *Nedelia*, n.º 15 (9 de abril de 1878), p. 509.
54. Naryshkin-Kurakin, *Under Three Tsars*, p. 55; Gradovskii, "Sud", p. 133.
55. Transcrição, em Koni, *Vospominaniia*, pp. 124-126.
56. Transcrição, em Koni, *Vospominaniia*, p p.130-133.
57. Transcrição, em Koni, *Vospominaniia*, pp. 135-137.
58. Gradovskii, "Sud", p. 133; Naryshkin-Kurakin, *Under Three Tsars*, p. 55.
59. Transcrição, em Koni, *Vospominaniia*, p. 137.
60. Gertsenshtein, "Tridsat let", p. 253.
61. Transcrição, em Koni, *Vospominaniia*, pp. 137-138; Gertsenshtein, "Tridsat let", pp. 252-253.
62. Gradovskii, em *Golos*, p. 2.
63. Glagol, "Protsess," p. 151.
64. Transcrição, em Koni, *Vospominaniia*, pp. 138-139; Glagol, "Protsess", p. 151.

65. Glagol, "Protsess", p. 151.
66. Transcrição, em Koni, *Vospominaniia*, p. 144.
67. O trecho que se segue é da transcrição, em Koni, *Vospominaniia*, pp. 144-160.
68. Glagol, "Protsess", p. 151; Gertsenshtein, "Tridsat let", p. 253; Naryshkin-Kurakin, *Under Three Tsars*, p. 55.
69. Transcrição, em Koni, *Vospominaniia*, p. 173.
70. Glagol, "Protsess", p. 152.
71. Transcrição, em Koni, *Vospominaniia*, pp. 160-169.
72. Gradovskii, "Sud", p. 134; Gertsenshtein, "Tridsat let", p. 253.
73. Transcrição, em Koni, *Vospominaniia*, pp. 168-180.
74. Gradovskii, "Sud", p. 134; Gertsenshtein, "Tridsat let", pp. 253-254.
75. Transcrição, em Koni, *Vospominaniia*, p. 180.
76. Transcrição, em Koni, *Vospominaniia*, pp. 180-193.
77. Gradovskii, em *Golos*, p. 2; os mesmos sentimentos foram expressos por Naryshkin-Kurakin em *Under Three Tsars*, p. 55.
78. Glagol, "Protsess", p. 153.
79. Sobre o papel dos juízes no tribunal de júri russo, ver Kucherov, *Courts*, p. 60.
80. Transcrição, em Koni, *Vospominaniia*, pp. 194-210.
81. RGIA, f. 1405, op. 534, d. 1141, l. 12.
82. Koni, *Vospominaniia*, pp. 211-214.
83. Esta descrição e a seguinte do pronunciamento do veredicto baseiam-se em Gradovskii, "Sud", pp. 134-135; Gertsenshtein, "Tridsat let", p. 255; Glagol, "Protsess", pp. 154-155; Koni, *Vospominaniia*, pp. 215-216; e Naryshkin-Kurakin, *Under Three Tsars*, p. 55.
84. Koni, *Vospominaniia*, p. 216.
85. Koni, *Vospominaniia*, pp. 216-217.

11 A guinada para o terrorismo

1. *Severnyi Vestnik*, n.º 89 (1.º de abril de 1878), citado em Kovalenskii, *Russkaia*, vol. 2, p. 70; Gertsenshtein, "Tridsat let", p. 255; memórias de Gradovskii em Kovalenskii, *Russkaia*, vol. 2, pp. 133, 135.
2. Kovalenskii, *Russkaia*, vol. 2, p. 70; Gertsenshtein, "Tridsat let", p. 255.
3. O trecho que se segue é de Koni, *Vospominaniia*, pp. 216-220.
4. Fedorov, "Iz vospominanii", pp. 90-91.
5. Fedorov, "Iz vospominanii", p. 91; Breshkovskaia, *Hidden Springs*, p. 166.
6. Breshkovskaia, *Hidden Springs*, p. 166.

O ANJO DA VINGANÇA   419

7. Há relatos do que aconteceu a Vera durante as manifestações em Kovalenskii, *Russkaia*, vol. 2, pp. 136-137; Glagol, "Protsess", pp. 155-157; e Gertsenshtein, "Tridsat let", pp. 255-257.

8. Há descrições dos tumultos e da morte de Sidoratskii em Gertsenshtein, "Tridsat let", pp. 255-256; Glagol, "Protsess", pp. 157-158; Kovalenskii, *Russkaia*, p. 137; *Telegraf*, n.º 74 (2 de abril de 1878), p. 4; "Khronika", *Sankt-Peterburgskie Vedomosti*, n.º 91 (2 de abril de 1878), p. 2; "Vnuntrennie novosti", *Golos*, n.º 93 (3 de abril de 1878), p. 1; e "Telegrammy", *Moskovskie Vedomosti*, n.º 85 (2 de abril de 1878), p. 3.

9. *Telegraf*, n.º 74 (2 de abril de 1878), p. 4; Tagantsev, "Iz perezhitogo," p. 255; Glagol, "Protsess", pp. 157-158.

10. "Pravitelstvennoe soobshchenie", *Telegraf*, n.º 77 (6 de abril de 1878), p. 4: "Telegrammy", *Sankt-Peterburgskie Vedomosti*, n.º 86 (3 de abril de 1878), p. 1; Gertsenshtein, "Tridsat let", pp. 256-257.

11. *Sankt-Peterburgskie Vedomosti*, n.º 90 (1.º de abril de 1878), p. 1.

12. Demonstratsiia 31-ogo marta okolo zdaniia suda", *Severnyi Vestnik*, n.º 89 (1.º de abril de 1878), p. 1; "Sudebnaia khronika," *Telegraf*, n.º 73 (1.º de abril de 1878), p. 1; *Nedelia*, n.º 15 (9 de abril de 1878), p. 476; "Khronika", *Sankt-Peterburgskie Vedomosti*, n.º 91 (2 de abril de 1878), p. 2; "Sudebnaia khronika", *Golos*, n.º 92 (1.º de abril de 1878), p. 2.

13. Koni, *Vospominaniia*, p. 228; *Sankt-Peterburgskie Vedomosti*, n.º 90 (1.º de abril de 1878), p. 1; *Nedelia*, n.º 15 (9 de abril de 1878), p. 476.

14. *Nedelia*, n.º 15 (9 de abril de 1878), p. 477; *Severnyi Vestnik* citado em Karpilenko, *Delo*, p. 44; "Sudebnaia khronika", *Golos*, n.º 92 (1.º. de abril de 1878), p. 2.

15. "Khronika", *Vestnik Evropy* 13, n.º 5 (maio de 1878), pp. 346-347; "Vnutrennee obozrenie", *Otechestvennyie zapiski* 4 (abril de 1878), p. 314.

16. GARF, f. 109, Sekretnyi arkhiv, op. 1, d. 718, ll. 39, 40, 48, 50, 55.

17. Kovalenski, *Russkaia*, vol. 2, p. 138.

18. *Nedelia*, n.º 15 (9 de abril de 1878), p. 474.

19. RGIA, f. 1405, op. 535, d. 41, l. 1; Karpilenko, *Delo*, p. 53.

20. Koni, *Vospominaniia*, p. 231.

21. Koni, *Vospominaniia*, p. 231.

22. O relato apresentado a seguir baseia-se em Koni, *Vospomonaniia*, pp. 247-261.

23. Naryshkin-Kurakin, *Under Three Tsars*, p. 56; Kantor, "K protsessu", p. 91; Troitskii, *Tsarskie sudy*, p. 218; Koni, *Vospominaniia*, p. 547.

24. Fedorov, "Iz vospominanii", pp. 92-93.

25. Koni, *Vospomonaniia*, p. 277.
26. Troitskii, *Tsarskie sudy*, p. 105; Koni, *Vospominaniia*, pp. 536n, 537n.
27. Naryshkin-Kurakin, *Under Three Tsars*, p. 56; Kantor, "K protsessu", p. 91; Troitskii, *Tsarskie sudy*, p. 218.
28. RGIA, f. 776, op. 1, d. 14, l. 1; RGIA, f. 776, op. 1, d. 18, l. 22.
29. "K istorii ogranicheniia glasnosti sudoproizvodstva", *Byloe* 4 (1907), p. 23.
30. "Vypiski iz pisem", l. 74.
31. Kantor, "K protsessu", pp. 92-93; GARF, f. 109, 3-ia eksp., op. 163 (1878), e. 68.1, ll. 209-211.
32. Durman, *Time of the Thunderer*, pp. 8ss; Michael Katkov, *Sobranie peredovykh statei Moskovskikh Vedomostei, 1863-1887* (Moscou: V. Chicherin, 1897-98), para o ano de 1877, pp. 163, 229.
33. Karpilenko, *Delo*, p. 47.
34. "Stolichnyie novosti", *Telegraf*, n.º 77 (6 de abril de 1878), p. 3; Karpilenko, *Delo*, p. 48.
35. Karpilenko, *Delo*, p. 49.
36. S. M. Stepniak-Kravchinskii, "Smert za smert", em *Grozovaia tucha rossii* (Moscou: Novyi Kliuch, 2001), pp. 13, 14, 17, 20, 21.
37. "K russkomu obshchestvu," em S. S. Volk, org., *Revoliutsionnoe narodnichestvo 70-kh godov XIX veka* (Moscou: Nauka, 1965), vol. 2, p. 53.
38. "K russkomu" e "Letuchii listok" em Volk, *Revoliutsionnoe*, p. 53-54, 56.
39. Letuchii listok", p. 56; "Boinia 31-ogo marta 1878 goda", *Nachalo*, n.º 1, em Kovalenskii, *Russkaia*, vol. 2, p. 142.
40. "Letuchii listok", p. 56; "Boinia," pp. 140, 142.
41. "K russkomu", p. 55; "Letuchii listok", p. 57; "Boinia", p. 142.
42. Zasulich, *Vospominaniia*, pp. 72-73; citação em Meincke, *Zasulich*, p. 335.
43. Zasulich, *Vospominaniia*, pp. 72-73.
44. Camus, *The Rebel* (Nova York: Vintage, 1991), pp. 169-170.
45. Stepniak, *Underground Russia*, pp. 65-66; a história apresentada a seguir continua em Zasulich, *Vospominaniia*, pp. 73-75.
46. Zasulich, *Vospominaniia*, p. 85; Lev Deich, *S. M. Kravchinskii* (Petrogrado: Gosudarstvennoe izdatelstvo, 1919), p. 9.
47. Zasulich, *Vospominaniia*, pp. 85-86; Deich, *Kravchinskii*, p. 7.
48. Zasulich, *Vospominaniia*, p. 86; Deich, *Kravchinskii*, p. 7.
49. Zasulich, *Vospominaniia*, p. 82.
50. Deich, *Kravchinskii*, pp. 24-25

51. Deich, *Kravchinskii*, pp. 10.
52. Deich, *Kravchinskii*, pp. 19-20.
53. Deich, *Kravchinskii*, pp. 26-27.
54. Stepniak, "Smert", em *Grozovaia*, pp. 17-18.
55. Ulam, *Prophets*, pp. 281, 283; Deborah Hardy, *Land and Freedom: The Origins of Russian Terrorism, 1876-1879* (Nova York: Greenwood Press, 1987), p. 62.
56. Ulam, *Prophets*, p. 280.
57. Hardy, *Land*, pp. 80-81; Ulam, *Prophets*, p. 291 (citação).
58. Hardy, *Land*, pp. 82-83.
59. Mikhailov, "A. F.", em *Deiateli*, p. 267.
60. "Ustav organizatsii", em Volk, *Revoliutsionnoe*, p. 35.
61. Hardy, *Land*, p. 84-85.
62. Deich, *Kravchinskii*, pp. 28.
63. Ulam, *Prophets*, pp. 307, 311; "Ubiistvo shpiona Reinshteina", em *Listok Zemli i Voli* (12 de março de 1879), em B. Bazilevskii, *Revoliutsionnaia zhurnalistika semidesiatykh godov* (Rostov na Donu: Donskaia Rech, s.d.), p. 278.
64. Ulam, *Prophets*, p. 313; Hardy, *Land*, p. 84.
65. Hardy, *Land*, pp. 91-92, 94.
66. Hardy, *Land*, pp. 88-89.
67. Radzinsky, *Alexander II*, pp. 292-293; Hardy, *Land*, p. 95.
68. Radzinsky, *Alexander II*, pp. 295-296 (citação da p. 295).
69. Stepniak, *Underground Russia*, pp. 42-45.
70. Stepniak, *Underground Russia*, pp. 42-43.
71. "Iakimova, Anna Vasilievna", em *Deiateli*, p. 638.
72. Stepniak, *Underground Russia*, p. 53; "Pribylev, Aleksandr Vasilievich", em *Deiateli*, p. 356.
73. M. F. Frolenko, "Lipetskii i Voronezhskii s'ezdy", em V. N. Givev *et al.*, *"Narodnaia Volia" i "Chernyi Peredel": Vospominaniia uchastnikov revoliutsionnogo dvizheniia v Peterburge v 1879-1882 gg.* (Leningrado: Lenizdat, 1989), p. 68; "Kornilova-Moroz, Aleksandra Ivanovna", "Figner, Vera Nikolaevna", e "Pribylev, Aleksandr Vasilievich", em *Deiateli*, pp. 222, 467, 356.
74. R. M. Plekhanova, "Stranitsa iz vospominanii o V. I. Zasulich", *Gruppa "Osvobozhdenie truda"*, p. 83; Fedorchencko, "Vera Zasulich", p. 198; "Salova, Neonila Mikhailovna", em *Deiateli*, p. 401; *Literatura sotsialno-revoliutsionnoi partii "Narodnoi voli"* (Tipografia partii Sotsialistov-Revoliutsionerov, 1905), p. 99; "Figner, Vera Nikolaevna," em *Deiateli*, p. 535; Deich, "Osinskii", p. 27.

75. Frolenko, "Lipetskii", pp. 58-60.
76. Meincke, *Zasulich*, p. 346.
77. *Literatura* (...) *"Narodnoi voli"*, p. 162-166.
78. *Literatura* (...) *"Narodnoi voli"*, p. 9.
79. *Literatura* (...) *"Narodnoi voli"*, p. 166.
80. Vera Figner, *Zapechatlennyi trud* (Moscou: Mysl, 1964), vol. 1, pp. 206-207.
81. *Literatura* (...) *"Narodnoi voli"*, p. 287.
82. Figner, *Zapechatlennyi*, vol. 1, p. 179.
83. Ulam, *Prophets*, p. 340; Radzinsky, *Alexander II*, pp. 333-334.
84. Figner, *Zapechatlennyi*, pp. 248-252.
85. Figner, *Zapechatlennyi*, pp. 253-254; Pomper, *Nechaev*, pp. 198-199.
86. E. A. Serebriakov, "Revoliutionnery vo flote", em Givnev *el al.*, *"Narodnaia Volia"*, p. 207; Figner, *Zapechatlennyi*, vol. 1, p. 252.
87. David Footman, *Red Prelude: The Life of the Russian Terrorist Zhelyabov* (New Haven: Yale University Press, 1945), pp. 193-194; Figner, *Zapechatlennyi*, vol. 1, pp. 262-266.
88. Footman, *Red Prelude*, pp. 197-198.
89. Footman, *Red Prelude*, pp. 182-183.
90. Radzinsky, *Alexander II*, p. 423.
91. Footman, *Red Prelude*, pp 224.
92. Figner, *Zapechatlennyi*, vol. 1, pp. 379-382; "Rech Ovchinnikova", *Literatura* (...) *"Narodnoi voli"*, p. 14; Footman, *Red Prelude*, p. 219; "Vittenberg", *Literatura* (...) *"Narodnoi voli"*, p. 11.
93. *Literatura* (...) *"Narodnoi voli,"* p. 534.
94. Stepniak, *Underground Russia*, p. 139

12. Os niilistas no exterior

1. O trecho seguinte foi retirado de Zasulich, *Vospominaniia*, pp. 78-80.
2. G. Valbert (Victor Cherbluiz), "Procès de Vera Zassoulitch", *Revue des Deux Mondes*, 1.º de maio de 1878.
3. Há uma descrição dos eventos que levaram ao Congresso em Misha Glenny, *The Balkans: Nationalism, War and the Great Powers, 1804-1999* (Nova York: Penguin, 2001), pp. 132-143.
4. "Acquittment de Vera Sassoulitch", *Le Temps*, 18 de abril de 1878, p. 2.
5. "The Trial and Acquittal of the Girl Who Shot General Trepov", *Chicago Daily Tribune*, 8 de maio de 1878, p. 1; *Standard*, 15 de abril de 1878, p. 4; *Morning*

Post, 23 de maio de 1878, p. 3; "A Propos de Vera Zassoulitch", *La Presse*, 24 de abril de 1878, p. 1; "A Political Murder in Russia", *New York Times*, 7 de julho de 1878, p. 8.

6. "Vera Sassulitch", *Chicago Daily Tribune*, 12 de maio de 1878, p. 4; "Acquittement de Vera Sassoulitch", *La Presse*, 20 de abril de 1878, p. 2; "Revolution in Russia", *Graphic*, 27 de abril de 1878, p. 406; *Standard*, 15 de abril de 1878, p. 5; "A Semi-Political Trial", *Times* (Londres), 22 de abril de 1878, p. 8.

7. "Trial and Acquittal", *Chicago Daily Tribune*, p. 1; *Graphic*, 4 de maio de 1878, p. 440; *Le Monde Illustré*, 9 de maio de 1878, p. 292.

8. "Vera Sassulitch", *Chicago Daily Tribune*, p. 4; "Nihilism in the Russiam Empire", *New York Times*, 19 de abril de 1878, p. 1; "Acquittement de Vera Sassoulitch", *La Presse*, p. 2; Valbert, "Procès", p. 220.

9. *Times* (Londres), 15 de abril de 1878, p. 5; "Seeds of War in Europe", *New York Times*, 31 de agosto de 1878, p. 10; "L'acquittement de Véra Zassoulitch", *Le Monde Illustré*, 9 de maio de 1878, p. 287.

10. "A Russian Chief of Police: The True Story of the St. Petersburg Affair", *New York Times*, 11 de maio de 1878, p. 5.

11. "L'affaire Vera Zassoulitch", *La Presse*, 24 de abril de 1878, p. 3; "L'acquittement de Véra Zassoulitch", *Le Monde Illustré*, p. 296; Kropotkin, *Memoirs*, p. 388; "Parizhskaia zhizn", *Sankt-Peterburgskie Vedomosti*, n.º 109 (22 de abril de 1878), p. 1.

12. *Morning Post*, 25 de abril de 1878, p. 4; "Vera Sassulitch", *Chicago Daily Tribune*, p. 4; *Nation*, 9 de maio de 1878, p. 301; "Vera Zassoulitch", *Le Bien Public*, 20 de abril de 1878, p. 1.

13. *Morning Post*, 25 de abril de 1878, p. 4; "Nihilism in Russia", *Times* (Londres), 24 de abril de 1878, p. 3.

14. "Vera Zassoulitch", *Le Bien Public*, p. 1. "Nihilism in Russia", *Times* (Londres), p. 3; *Morning Post*, 26 de abril de 1878, p. 4; "Nihilism in the Russiam Empire", *New York Times*, p. 1; "A Warning to Absolutism", *Washington Post*, 19 de abril de 1878, p. 1; "Vera Sassulitch", *Chicago Daily Tribune*, p. 4; "Acquittement de Vera Sassoulitch", *La Presse*, p. 2; *Allgemeine Zeitung*, 17 de abril de 1878, p. 1584.

15. "Vera Zassoulitch", *Le Bien Public*, p. 1; "A Propos de Vera Zassoulitch", *La Presse*, p. 1; *Morning Post*, 25 de abril de 1878, p. 4; "Procès", p. 226.

16. "Nihilism in the Russian Empire", *New York Times*, p. 1; "A Warning to Absolutism", *Washington Post*, p. 1; *Standard*, 15 de abril de 1878, p. 4.

17. Citação em Marie Fleming, *The Anarchist Way to Socialism: Elisée Reclus and Nineteenth-Century European Anarchism* (Londres: Croom Helm, 1979), p. 176.
18. Andrew R. Carlson, *Anarchism in Germany* (Metuchen, NH: Scarecrow Press, 1972), vol. 1, p. 115.
19. *Allgemeine Zeitung*, 16 de maio de 1878, p. 1996.
20. Carlson, *Anarchism*, pp. 139-140.
21. Carlson, *Anarchism*, p. 158.
22. Carlson, *Anarchism*, p. 144; "Politicians and Players", *New York Times*, 10 de junho de 1878, p. 1.
23. Artigo em *Zemlia i Volia* (15 de dezembro de 1878), citado em Bazilevskii, *Revoliutsionnaia*, pp. 103, 107.
24. Martin Miller, "Introduction", em P. A. Kropotkin, *Selected Writings on Anarchism and Revolution*, Martin A. Miller, org., (Cambridge: MIT Press, 1970), p. 6-7, 22-23; Steven G. Marks, *How Russia Shaped the Modern World: From Art to Anti-Semitism, Ballet to Bolshevism* (Princeton: Princeton University Press, 2003), p. 38-57.
25. Kropotkin, *Memoirs*, pp. 387-388; Caroline Cahm, *Kropotkin and the Rise of Revolutionary Anarchism, 1872-1886* (Cambridge: Cambridge University Press, 1989), p. 109.
26. A visita de Vera a Reclus é mencionada em sua carta a A. N. Malinovska em E. Korolchuk, "Iz perepiski V. I. Zasulich", em Nevskii, *Istoriko-revoliutsionnyi sbornik*, p. 340; citação de Fleming, *Anarchist*, p. 171.
27. Fleming, *Anarchist*, p. 172; Carlson, *Anarchism*, p. 250; Kropotkin, "The Spirit of Revolt", em Peter Kropotkin, *Words of a Rebel*, trad. Georg Woodcock (Montreal: Black Rose Books, 1992), p. 186.
28. Fleming, *Anarchist*, pp. 171-172; Carslon, *Anarchism*, pp. 249-250; citação de Miller, "Introduction", em Kropotkin, *Selected Writings*, p. 20n.
29. Carson, *Anarchism*, pp. 251-252.
30. Citação de Miller, "Introduction", em Kropotkin, *Selected Writings*, p. 20; Kropotkin, "Spirit of Revolt", p. 188.
31. Marie Fleming, "Propaganda by the Deed", em Yonah Alexander e Kenneth Myers, orgs., *Terrorism in Europe* (Londres: Croom Helm, 1982), pp. 13-14.
32. Cahm, *Kropotkin*, pp. 123, 142; Kropotkin, "Spirit", p. 191.
33. Cahm, *Kropotkin*, p. 123.
34. Elisée Reclus, *An Anarchist on Anarchy* (Boston: Tucker, 1884), pp. 1-3, 22.
35. Fleming, *Anarchist*, p. 174.

36. Fleming, *Anarchist*, p. 174; "The Trial of Socialists", *Times* (Londres), 10 de janeiro de 1883, p. 5.
37. Citação em Miller, *Kropotkin*, p. 161; "The Trial of Socialists", *Times* (Londres), p. 5.
38. Frederic Trautmann, *The Voice of Terror: A Biography of Johann Most* (Westport, CT: Greenwood Press, 1980), pp. 4-6.
39. Trautmann, *Voice*, pp. 4-8; citação de Paul Avrich, *The Haymarket Tragedy* (Princeton: Princeton University Press, 1984), p. 63.
40. Carlson, *Anarchism*, pp. 181-182.
41. Trautmann, *Voice*, p. 4; Carlson, *Anarchism*, p. 254.
42. Avrich, *Haymarket*, p. 171; Trautmann, *Voice*, pp. 41, 44; Carlson, *Anarchism*, pp. 192.
43. Trautmann, *Voice*, pp. 52-53.
44. Trautmann, *Voice*, pp. 54-55.
45. Trautmann, *Voice*, pp. 68-69, 72.
46. Avrich, *Haymarket*, p. 164.
47. As visões clássicas do caso são as de Avrich, *Haymarket*, e James Green, *Death in the Haymarket* (Nova York: Pantheon, 2006).
48. Trautmann, *Voice*, pp. 138-139; Marks, *How Russia*, p. 15.
49. Avrich, *Haymarket*, pp. 135, 138, 171; Trautmann, *Voice*, p. 92.
50. Marks, *How Russia*, p. 17; H. C. G. Matthew, org., *The Gladstone Diaries*, vol. 3, *1892-1896* (Oxford: Oxford University Press, 1994), p. 336.
51. "The Secret of Nihilism", *Nation*, n.º 767 (11 de março de 1880), p. 189; "The Head-Quarters of Nihilism", *Times* (Londres), 22 de março de 1881, p. 8; "Russian Destroying Angels", *New York Times*, 27 de junho de 1881, p. 3.
52. Deich, *Kravchinskii*, pp. 38-39; James W. Hulse, *Revolutionists in London: A Study of Five Unorthodox Socialists* (Oxford: Clarendon Press, 1970), pp. 30, 33, 34.
53. Stepniak, *Underground Russia*, pp. 11, 35-37.
54. Stepniak, *Underground Russia*, pp. 18, 26, 12-13.
55. Stepniak, *Underground Russia*, pp. 41-44.
56. Stepniak, *Underground Russia*, pp. 116-117, 126-127.
57. Stepniak, *Underground Russia*, pp. 118-119.
58. Stepniak, *Underground Russia*, pp. 120-121, 122.
59. Hulse, *Revolutionists*, pp. 29-30.
60. Lanoe Falconer (Mary Hawker), *Mademoiselle Ixe* (Nova York: Mershon, 1891), pp. 7-8, 17, 36-37, 152-154, 161; Vernon Lee, *Miss Brown: A Novel* (Londres:

William Blackwood and Sons, 1884), pp. 293-299; estes e os outros romances discutidos aqui são analisados por Barbara Arnett Melchiori, *Terrorism in the Late Victorian Novel* (Londres: Croom Helm, 1985). Infelizmente, Melchiori parece não ter tomado conhecimento do caso de Vera Zasulich, ou de seu impacto potencial sobre os romances.

61. Arthur Ropes e Mary Ropes, *On Peter's Island* (Nova York: C. Scribner's Sons, 1901), pp. 82-94, 160, 323-324.
62. Norbert Kohl, *Oscar Wilde: The Works of a Conformist Rebel*, trad. David Henry Wilson (Cambridge: Cambridge University Press, 1980), pp. 21, 34-35. A análise subsequente baseia-se em Oscar Wilde, *Vera or the Nihilists* (Londres: Methuen, 1927), pp. 9-14, 21, 35-36, 72, 135-136.
63. Kohl, *Wilde*, pp. 35-36.
64. Henry James, *Novels, 1886-1890* (Nova York: Literary Classics of the United States, 1989), pp. 143-158, 284-306. Ver também Taylor Stoehr, "Words and Deeds in *The Princess Casamassima*", *ELH* 37, n.º 1 (março de 1970), pp. 95-135, principalmente pp. 117-135; e W. H. Tilley, "The Background of *The Princess Casimassima*", University of Florida Monographs, n.º 5 (outono de 1960).
65. Ver Marks, *How Russia*, p. 22; Sir Arthur Conon Doyle, *The Complete Sherlock Holmes* (Nova York: Garden City Publishing, 1930), pp. 607-621.
66. Schapiro, *Turgenev*, pp. 263-273; Tilley, "Background", pp. 3-5.
67. As similaridades entre Vera e Marianna são discutidas em Bergman, *Zasulich*, pp. 55sn; "Lettres de Russie", *Le Temps*, 27 de abril de 1878, p. 2; e Valbert, "Procès", citação da p. 220. As descrições de Marianna estão em Ivan Turgenieff, *Virgin Soil* (Londres: Ward, Lock, s.d.), pp. 37-38, citação das páginas 94-95 [*Solo virgem*, Editora Futura, Lisboa, 1975]. "The Threshold" ["O umbral"] foi publicado em Ivan Turgenev, *Poems in Prose*, (Londres: Drummond, 1995), pp. 64-65.
68. Stepniak, *Underground Russia*, p. 122.
69. "Civil Plots in Russia", *New York Times*, 5 de maio de 1878, p. 1; "Current Foreign Topics", *New York Times*, 10 de junho de 1878, p. 1; "Miscellaneous Foreign Notes", *New York Times*, 9 de julho de 1878, p. 1; *Le Temps*, 27 de julho de 1878, p. 3; *Le Temps*, 30 de agosto de 1878, p. 4; "Les Arrestations en Russie", *Le Bien Public*, 7 de maio de 1878, p. 1; *Le Bien Public*, 30 de abril de 1878, p. 1.
70. "Trepoff the Terrible", *New York Times*, 26 de dezembro de 1889, p. 4; "Obituary", *Times* (Londres), 14 de dezembro de 1889, p. 6; "M. Trepoff Shot. A Friend of the Allies", *Times* (Londres), 10 de outubro de 1918, p. 5.

O ANJO DA VINGANÇA 427

71. "The Liberator Tsar", *New York Times*, 14 de março de 1881, p. 1; "Alexander II", *Times* (Londres), 14 de março de 1881, p. 10; "The Cause of Colonel Soudaikin's Murder", *Times* (Londres), 29 de janeiro de 1884, p. 5; "Russian Destroying Angels", *New York Times*, 27 de junho de 1881, p. 3.
72. Koretskii, "Moi vstrechi", pp. 70-71; "Vera Zasulich: Iz vospominanii Anri Roshfora", em Kovalenskii, *Russkaia*, vol. 2, pp. 148-150.
73. Zasulich, *Vospominaniia*, pp. 77-78.
74. Korolchuk, "Iz perepiski", p. 342.
75. Korolchuk, "Iz perepiski", p. 338.
76. Korolchu, "Iz perepiski", p. 346.
77. Liubatovich, "Dalekoe", p. 235; Stepniak, *Underground Russia*, p. 119.
78. Liubatovich, "Dalekoe", p. 241; Korolchuk, "Iz perepiski", p. 348.
79. Korolchuk, "Iz perepiski", p. 349.
80. Liubatovich, "Dalekoe", pp. 241-245.
81. Lev Deich, "Vera Ivanovna Zasulich", em Zasulich, *Revoliutsionery*, pp. 10-11.
82. Citação em Maxwell, *Narodniki*, p. 42.
83. Zasulich, *Revoliutsionery*, pp. 48-49; "Vera Zasulich o terrore (1901g)," em Kovalenskii, *Russkaia*, vol. 2, pp. 151, 153.
84. RGASPI, f. 262, op. 1, d. 4, ll. 1, 4, 5.
85. Zasulich, *Revoliutsionery*, p. 48; Bergman, *Zasulich*, p. 78.

Epílogo

1. Meinecke, *Zasulich*, pp. 355-356. Em relação a este capítulo em particular, devo muito às obras de três biógrafos de Zasulich, Evelyn Meinecke, Jay Bergman e Margaret Maxwell. A obra de Meinecke é a que tem as informações mais detalhadas sobre os últimos anos de vida de Vera.
2. A. Brailovskii, "V. I. Zasulich", *Zaria*, n.º 1 (15 de abril de 1922), p. 13; Fedorchenko, "Vera Zasulich", p. 198; Bergman, *Zasulich*, p. 164.
3. V. Zasulich, "Pisma k L. Deichu," em Deich, *Gruppa "Osvobozhdenie truda"*, vol. 4, p. 241.
4. Fedorchenko, "Zasulich", p. 200; V. Veresaev, *Vospominaniia* (Moscou: Gosudarstvennoe izdatelstvo, 1938), pp. 391-392; Deich, "Vera Ivanovna Zasulich", em Zasulich, *Revoliutsionery*, p. 12; citação de Leopold Haimson, *The Making of Three Russian Revolutionaries: Voices from the Menshevik Past* (Cambridge: Cambridge University Press, 1987), p. 110.

5. Bergman, *Zasulich*, pp. 116-117, 150-151.
6. V. I. Zasulich e K. Marks, "Pismo k Marksu i ego otvet", em Deich, *Gruppa "Osvobozhdenie truda"*, vol. 2, pp. 221-224; Meinecke, *Zasulich*, pp. 368-369; Bergman, *Zasulich*, p. 78.
7. Bergman, *Zasulich*, pp. 88-89.
8. Zasulich, *Revoliutsionery*, pp. 49, 59; Bergman, *Zasulich*, p. 99.
9. Meinecke, *Zasulich*, pp. 507-508, 536 (citação).
10. Bergman, *Zasulich*, pp. 180-181; Valentinov, *Encounters*, p. 43; Meinecke, *Zasulich*, pp. 536-538.
11. Bergman, *Zasulich*, pp. 190-191.
12. Meinecke, *Zasulich*, pp. 562-567, 573; Bergman, *Zasulich*, pp. 191-192.
13. Bergman, *Zasulich*, pp. 210-211; Meinecke, *Zasulich*, pp. 587-591, 599-600.
14. RNB, OR, f. 1098, op. 1, d. 87, l. 1; RNB, OR, f. 1097, op. 1, d. 654, l. 18.
15. RNB, OR, f. 1097, op. 1, d. 637, l. 1; RNB, OR, f. 1098, op. 1, d. 213, ll. 1-3.
16. "Vera Sassulitch, Nihilist", *New York Times*, 20 de julho de 1921, p. 12.
17. Citação de Joseph Frank, *Dostoevsky: The Mantle of the Prophet, 1871-1881* (Princeton: Princeton University Press, 2002), p. 727.
18. Fiódor Dostoiévski, *The Brothers Karamazov* (Nova York: Modern Library, 1996), pp. 749-750, 751, 824, 849; ver também Frank, *Dostoevsky: Mantle*, p. 695.
19. Frank, *Dostoevsky: Mantle*, pp. 726-727.
20. Dostoiévski, *Brothers*, pp. 292, 879-880.
21. Frank, *Dostoevsky: Mantle*, p. 712. Uma situação alternativa, em sua maior parte uma hipótese sobre uma espécie de colapso psicológico pode ser encontrada em J. L. Rice, "Dostoevsky's Endgame: The Projected Sequel to *The Brothers Karamazov*", *Russian History* 33 n.º 1 (2006), pp. 45-62.
22. Camus, *Rebel*, pp. 170-174, 164, 169-170, 166.
23. Zasulich, Vospominaníia, p. 15.

Índice

Alekseev, Piotr, 246-247
Alemanha
  anarquistas na, 364-5
  fama de Zasulich na, 23-4, 345-7
  socialismo na, 346, 351-2, 364
  tentativas de assassinato na, 346-8
Alexandre II (tsar da Rússia), 28, 45, 307
  abolição da servidão por, 23, 40-1, 55-7, 65, 223
  conspiração de Chigirin com relação a, 202-3
  críticas da imprensa a, 252, 266
  educação de, 52-3
  Guerra Russo-Turca e, 251-2, 265-6,
  julgamentos de radicais e, 241-2, 310-1, 316
  morte de, 337
  política de *glasnost* de, 54, 66, 138, 238, 242
  reformas russas feitas por, 23, 52-58, 65, 146, 148, 212-5, 223-4, 226, 234-5, 237-41, 242, 243, 291-2, 313
  relação de Trepov com, 268-9
  tentativas de assassinato contra, 103-4, 108-9, 110-113, 119, 121-2, 113-4, 138-9, 268, 269, 330, 335-7, 346, 348, 352, 355, 356, 363, 369-370
Alexandrov, Mikhail, 29
Alexandrov, Piotr, 303, 313, 337
  apresentação do processo de Zasulich por, 277-288
  características pessoais de, 277-8
  história da carreira de, 277-281
  sumário do processo de Zasulich por, 211, 290-7, 358, 377
Alexandrovskaia, Varvara, 157-8
Allgemeine Zeitung (jornal), 345
Alonso XII (rei da Espanha), 346
Ametistov, Evlampii, 118
amor. *Ver também* comunas/coletivos; socialismo utópico
  livre, 82-5, 91-2, 95, 96-7
  Pais e filhos, visões sobre, 71, 92
Ana Karenina (Tolstoi), 79
anarquistas. *Ver também* niilismo; tema da destruição terrorista relacionado a, 347-355
  na Europa, 347-355, 364
  nos Estados Unidos, 354-5
  "propaganda pela ação" dos, 347-356
  relação do niilismo com os, 355-6
  socialismo e os, 347-352
  uso do terrorismo pelos, 347-355
Andreevskii, Sergei, 314, 374
"Aos estudantes da Universidade, Academia e Instituto Tecnológico de São Petersburgo" (Nechaev), 140-1

apocalipse, *Ver também* temas de destruição 244, 370
O que fazer?, referências ao, 105, 113, 122, 130
Aptekman, Osip, 82
  movimento "em direção ao povo" e, 172, 178, 180, 183-4
Armand, Inessa, 97
As prisões penais de Londres (Mayhew/Binney), 207
assassinatos/tentativas de assassinato, *Ver também* terrorismo 328
  Afonso XII, 285
  Alexandre II, 103-4, 108-9, 111-2, 118, 121, 133-6, 137-9, 268, 269, 330, 335-7, 346, 348, 351, 353, 354, 363, 369-370
  Burke, 353
  Cavendish, 353
  Frick, 354
  Guilherme I, 345-6,
  Mezentsev, 325-6
  Trepov, 13-29, 260-2, 340, 341-3, 363, 380
  Umberto I, 346
Associações (falanstérios), 83-4, 393n23
Aveling, Eleanor, 374
Axelrod, Pavel, 180

Babeuf, Gracchus, 147, 148
Bakunin, Mikhail, 43-45, 60-1
  associação de Nechaev com, 127, 130-4, 150, 156, 161, 164, 187-9
  campanha de panfletos de, 130-1, 140-2
  características pessoais de, 346
  "Carta ao tsar" de, 148
  Catecismo do revolucionário e, 151
  emigração de, 62, 127-31, 140-2, 156-7, 178-80
  encarceramento de, 148
  Estatismo e anarquia, de autoria de, 187-8, 192, 210

filosofias revolucionárias de, 127-34, 140-2, 187-90, 194-7, 192
influência da literatura sobre, 81
perspectivas amorosas de, 98
bakuninistas, *Ver também* Bakunin, Mikhail; Rebeldes Sulistas 190-1, 404-5n55
Bardina, Sofia, 246-7
Beginning, The (revista), 320
Beier, Alexandra, 43
Bell, The (revista), 133, 163
Benckendorff, Alexander, 136
Berkman, Alexander, 354-5
Bien Public, Le (jornal), 344
Binney, John, 211
Bismarck, 340, 346, 352
Bogoliubov, Arkhip Petrovich
  açoitamento de, 20, 22-4, 220-4, 226-7, 228, 229, 230-5, 261-3, 275, 280, 81-4, 285, 292-5, 314-6
  fofocas da imprensa ocidental sobre, 340-1
  manifestação da praça Kazan e, 205-8
bolcheviques (grupo político), 376
Boreisho, Sofia, 83
Bósnia-Herzegovina, revoltas da, *Ver também* Império Otomano 225, 248-52, 324
Botev, Christo, 150
Breshto-Breshkovskaia, Ekaterina, 38, 42, 45, 323
  Julgamento dos 238, 256
  movimento "em direção ao povo" e, 173, 175
  movimento Terra e Liberdade e, 231
Büchner, Ludwig, 69-70, 74, 82

cabinet bleu (método de interrogatório), 342
camponeses. *Ver também* servidão
  condições de vida no meio rural, 173-5, 183-4

condições de vida no meio urbano, 175-6, 183-4
história revolucionária dos, 188-9
mitologia do tsar entre os, 184
o movimento "em direção ao povo" e, 170-86, 189, 199, 201, 208
religiosidade dos, 184-5
Camus, Albert, 165, 321-2, 379
Cartas históricas (Lavrov), 82, 170-2
Casa de Detenção Preliminar, *Ver também* prisões russas 201, 275, 312
características da, 211-3, 215-8, 225-7
investigação da, 224-8
presos políticos na, 208, 218-28, 240-242
reforma das prisões e, 212
rotina diária da, 215
tumulto na, 221-6, 282-4
Castelo Lituano, O (prisão), 145-6, 161-2, 236, 290-1
castigo corporal,
dos servos, 40-1
nas prisões, 221-4, 281-4, 289-91
o açoitamento de Bogoliubov e, 22, 24-5, 220-4, 227, 228, 229-31, 231-3, 264-6, 275, 280, 281-3, 288, 291-5, 313
Catarina II (Catarina, a Grande – imperatriz da Rússia), 147, 223
Catecismo do revolucionário (Nechaev), *Ver também* Nechaev, Sergei 157
devoção de Mikhailov ao, 328-9
objetivo do, 151-2, 153
tradução do, 352, 355, 396n21
trechos do, 114, 119, 122, 125, 131, 149-50
Cavendish, Frederick, 353
Charushina, Anna, 284
Chemadurov, Phillip, 158-61
Cherniaev, Mikhail, 252
Chigirin, conspiração de, 197-203, 208
Childhood, Boyhood, Youth (Tolstoi), 33

Chubarov, Sergei, 14
Comitê de Moscou em Favor dos Eslavos, 251
Comitê dos Ministros (Estado russo), 240-1
Comitê Executivo do Partido Socialista Revolucionário Russo, 323
Comitê Revolucionário o, 121
Comuna Inglesa, 256-61, 364
comunas/coletivos operários. *Ver* comunas/coletivos
comunas/coletivos
"associações" como, 83-5, 393n23
declínio da popularidade, 112-3
participação das irmãs Zasulich em, 110-1
socialistas utópicas, 83-4, 90-1, 93-4, 96, 105, 393n23
Confissões (Rousseau), 162
Conspiração dos Iguais (grupo radical), 118
Contemporâneo (revista), 85, 87
Corday, Charlotte, 309, 344
Corpo de Gendarmes, *Ver também* polícia russa 136
Crime e castigo (Dostoiévski), 79, 118

Dan, Lydia, 372
De quem é a culpa? (Herzen), 89-91
Debagorii-Mokrievich, Vladimir
grupo dos Rebeldes Sulistas e, 190-2, 194, 196, 201, 203
movimento "em direção ao povo" e, 173, 176, 183
Deich, Lev, 321
a conspiração de Chigirin e, 196-200
encarceramento de, 200, 258
movimento "em direção ao povo" e, 167-9, 178, 182-3, 184-6
relação de Zasulich com, 191, 196, 201-3, 259, 320, 365, 376
tentativa de assassinato por parte de, 198-200

demônios, Os (Dostoiévski), 63, 165
Deus gerações (Spielhagen), 147-8
Diário de um escritor (Dostoiévski), 247, 250
Dicheskul (preso político), 224-6
Disraeli, Benjamin, 340
Dobroliubov, Nikolai, 67, 179, 181
  "Quando virá o dia da verdade?", de autoria de, 103, 123
  resenha de *Na véspera*, feita por, 113
Dolgorukov, Vladimir, 138
Dolgushin, Alexander, 178
Dostoiévski, Fiódor
  cobertura do julgamento de Zasulich feita por, 271, 298
  Crime e castigo, de, 79, 117-8
  demônios, Os de, 63, 164-5
  Diário de um escritor, de, 247-50
  encarceramento de, 138, 148
  ética e, 369
  influência de Zasulich sobre, 378-9
  influência de, 79
  irmãos Karamazov, Os de, 324, 377-80
  Notas do subsolo, de, 101-2
  perspectivas nacionalistas de, 249, 250-1
  Recordações da casa dos mortos, de, 223
Doyle, sir Arthur Conan, 360-1
Drei, Mikhail, 82
Drenteln, Alexander, 328
Dubroskina, Genrieta, 46
Dumas, Alexandre, 355
Dvorzhitskii, Adrian, 304-6

egoísmo racional, 108
  associação do socialismo com, 89-93
  características/aspectos do, 88-90
  rejeição do, 101-2
  visões de gênero e, 97-100
  visões do amor no, 88-92, 94-6, 97-8

"Ela continua viva, nossa Ucrânia" (música folclórica), 13-5
Emelianov, Aleksei Stefanovich.
Engels, Friedrich, 358, 372
  relação de Zasulich com, 374-6
Esboços do álbum de um caçador (Turguêniev), 65-6
Espanha, 346
Estados Unidos da América (EUA)
  anarquismo nos, 353-5
  fama de Zasulich nos, 22-4, 343, 344-6
  Guerra Civil, 53, 54-5
  terrorismo nos, 353-6
Estatismo e anarquia (Bakunin),. *Ver também* Bakunin, Mikhail 188-90, 209
EUA. *Ver* Estados Unidos da América
exílio de, 160-2
existencialismo, 102

Fedorov, Mikhail, 304-6, 312
Feuerbach, Ludvig, 82-3, 171
Fichte, 81
Figner, Lidia, 247
Figner, Vera, 46, 174-5, 278, 333
  julgamento de, 247-8
  o grupo Vontade do Povo e, 336
Filippeus, Konstantin, 141, 158, 161-2
Filipson, G. I., 51-2
Flaubert, Gustave, 361
Força e matéria (Büchner), 70-4
Fortaleza Pedro e Paulo (prisão), 86, 133-4, 136-9
  história da, 147-8
  Nechaev e, 163-4, 336
  Zasulich e, 147-50, 157-9, 290
Fourier, Charles, 83-5, 94-5, 164, 171
França
  a fama de Zasulich na, 23-4, 341-5, 351
  anarquistas na, 362-4
  terrorismo na, 350-2

Fraternidade Internacional, a (grupo radical), 166
Freiheit (jornal), 352-4, 355
Frick, Henry Clay, 355
Frisch, Eduard, 209
Frolenko, Mikhail, 194-6, 260

Gazetta de Moscou, 250
gênero. *Ver também* mulheres
   egoísmo racional e, 97-100
   julgamentos em tribunais e, 246-7
   movimento radical e, 97-101, 180-1, 338, 352
   niilismo em relação ao, 99, 181
geração russa dos anos 1860. *Ver* radicalismo russo; universidades/escolas russas
Gertsenshtein, Dmitrii, 218, 224-6
Gift, The (Nabokov), 87
Gladstone, William, 352-4
Glagol, Sergei, 221
glasnost, 54, 66, 138
   a relação da *zakonnost* com a, 238, 241
Glinskii, Vladimir, 34
Goethe, 64
Goldman, Emma, 355
Goloushev, Sergei, 281-3, 305-7
Golovina, Nadezhda, 45
Gorchakov, Alexander, 572-5
Gorinovich, Nikolai, 197-9, 210, 252, 328
Government Messenger (revista), 242, 314
Grã-Bretanha
   fama de Zasulich na, 23-4, 341-3, 344
   terrorismo na, 352
Gradovskii, Grigorii, 377
   cobertura do julgamento de Zasulich por, 270, 282-4, 295-7, 298-300, 308-11, 313
Guarda Vermelha, 375
Guerra Civil Norte-Americana, 55-6
Guerra da Criméia (1853-1856), 54, 265

Guerra Russo-Turca (1877-1878), 252, 256, 264, 316
Guilherme I (imperador da Alemanha), 346-48
Guillaume, James, 127

Haskalah, 179
Hasselman, Wilhelm, 351
Hawker, Mary, 357
Hegel, 81
Herzen, Alexander, 55, 314
   ambivalência de, 65-8, 85-6, 390n43
   como pai da Rússia, 64-9, 73-5
   De quem é a culpa?, de, 91-2
   emigração de, 66-7
   exílio de, 137
   perspectivas de destruição de, 66, 69, 131
   perspectivas do nacionalismo de, 250
   relação de Tchernichevski com, 85-7, 95-6
   The Bell, revista de, 133
   visões do amor de, 91-2
Herzen, Natalie, 91, 163
Hodel, Max, 344-6, 348

Iakimova, Aleksandra, 330
Ideais e realidades na literatura russa (Kropotkin), 77
Império Otomano
   Guerra Russo-Turca e, 250-2, 255, 263-5, 315, 342
   insurreição da Bósnia-Herzegovina e, 192, 248-52, 323
"Imprensa Russa Livre", 25
imprensa
   cobertura do julgamento de Zasulich pela, 23-5, 263-5, 273, 295, 307, 308, 311, 315, 316-7, 343-7
   críticas ao tsar na, 253, 265

ocidental, 23-5, 342-7
russa, 264-8, 307, 308-10, 315, 316-7
Inferno (grupo radical) 107-9, 118-9
Inglaterra. *Ver* Grã-Bretanha
insurreição polonesa (1863), 128, 134-5, 140
Invencíveis, os (grupo radical), 354
Irlanda, 354
irmãos Karamazov, Os (Dostoiévski)
    continuação de, 377-9
    paralelos entre Zasulich e, 378-9
    terrorismo e, 327, 379
Ishutin, Nikolai, 122
    exílio de, 109
    formação de, 105
    grupo radical fundado por, 105-8, 110, 134, 179-80
Iskra [A Faísca] (jornal), 375-6
Itália
    anarquismo na, 322
    fama de Zasulich na, 344
    tentativa de assassinato na, 346
Iurgenson, Natalia, 175, 182
Ivanov, Ivan, 155-6, 163, 198, 207
Ivanova, Alexandra, 100-1
Ivanovskaia, Praskovia, 173-4

James, Henry, 360, 362
Joana d'Arc, 310
judeus russos
    antissemitismo e, 179-80
    movimentos radicais, participação de, 178-81
Judite (personagem bíblica), 312-3
"julgamento da primeira terrorista russa, O" (Glagol), 221
julgamento de Zasulich, 263, 278-80
    apelação do promotor depois do, 316
    argumentos finais do, 287-95, 310, 358, 377-8

cobertura da imprensa, 21, 264-6, 273, 294-6, 307, 309-12, 313-4, 315-7, 342-3
deliberações no, 298-301
depoimento de Zasulich durante o, 286-8
estratégias da defesa durante o, 292-6
estratégias do promotor durante o, 268-71, 274-6, 284
financiamento da defesa para, 306
investigação anterior ao, 264-6
opinião pública depois do, 303-10, 314, 315-8
repercussões relacionadas ao Estado depois do, 311-6
tumulto depois do, 303-10
veredicto do, 299
Julgamento dos 193, 247, 252, 259, 268, 281
    o movimento "em direção ao povo" e, 240, 254
    papel de Alexandrov no, 280
    promotor do, 259
    resultado do, 257, 262, 284
    trecho de depoimento do, 254
    tumulto no, 254-8
Julgamento dos Cinquenta, 242-5, 279-80
    mulheres no banco dos réus no, 247-8
Julgamento Monstro. *Ver* Julgamento dos 193
julgamentos-espetáculo, 238

Kabat, Alexander, 21-2
Karakozov, Dmitri
    martírio de, 134-5, 260, 368
    prisão de, 133-5, 147
    tentativa de assassinato por parte de, 103-5, 108-9, 111-1, 118, 133-5, 138-9, 267, 269
Karpov, Evtikhii, 13, 26
Katkov, Mikhail, 73, 314-6
Kessel, Konstantin
    apelação do julgamento de Zasulich, por, 315

O ANJO DA VINGANÇA 435

apresentação do processo de Zasulich, por, 272, 273-7, 282
sumário do processo de Zasulich por, 286-8
Klements, Dmitrii, 318-20, 339-40, 347, 348, 364
Kolenkina, Maria (Masha)
　discriminação de gênero e, 258-61
　grupo dos Rebeldes Sulistas, participação de, 189-91, 194, 203
　ativismo terrorista de, 13-7, 25-6, 257-60
　prisão de, 364-5
　relação de Zasulich com, 13-6, 191-3, 196, 203, 364-5
　tentativa de assassinato por parte de, 13-7, 25-6
Kolochevskaia, Liudmilla, 143-4
Koni, Anatolii Fedorovich, 210, 225, 309
　açoitamento de Bogoliubov e, 220-35
　histórico profissional de, 231, 233-5, 239-40
　perspectivas do nacionalismo de, 249, 265
　repercussões do julgamento de Zasulich sobre, 313-5
　supervisão do julgamento de Zasulich por, 263-5, 268, 269, 274-6, 283-4, 294, 297-301
　tumulto após o julgamento de Zasulich e, 303-5
Korba, Anna, 192
Kornilova, Alexandra, 280
Koshkarov, P. A., 41
Kovalevskaia, Sofia, 97
Kovalevskii, Vladimir, 97
Kozlov, Alexander, 313
Kraevskii, Andrei, 318
Kravchinskii, Sergei. *Ver também livros específicos 247*
　Características pessoais de, 320-2
　exílio de, 355

　história política de, 321-3
　movimento "em direção ao povo", participação de, 169-70, 172, 176-7, 181-2, 324
　mulheres radicais e, 338-9
　"Olho por olho, dente por dente", de autoria de, 316, 324, 327
　relação de Zasulich com, 320-3, 365-6
　Rússia subterrânea, a, de, 13, 27, 169, 242, 257, 331, 355-8
　terrorismo de, 325-6, 327, 328-9, 332-3
Kropotkin, Piotr
　anarquismo de, 348-52
　características pessoais, de, 347
　encarceramento de, 148
　Ideais e realidades na literatura russa, de, 77
　Memórias de um revolucionário, de, 71-2, 147, 182
　movimento "em direção ao povo" e, 173-4, 182
　prisão de, 350
Krupskaia, Nadezhda, 97, 375
Kurneev, Fedor, 275, 284

La Russia Sotteranea. Ver Rússia subterrânea, A
Lavrov, Piotr, 82, 188-9
　Cartas históricas, de, 170-7
　estratégia de julgamento concebida por, 245
Le Monde Illustré (jornal), 342
Lee, Vernon, 358
Lei da Emancipação Russa (1861), 56-7
Lenin, Vladimir, 78, 96, 205
　"Carta ao tsar" (Bakunin), 148
　relação de Zasulich com, 372, 376-8
　táticas radicais de, 376-378
　visões do amor de, 98
literatura (livros/jornais/panfletos)

Ana Karenina, 79
Apocalipse de São João, 107
Cartas históricas, 82, 170-2
Catecismo do revolucionário, 114, 119, 122, 125, 131, 149-50, 151-2, 153, 157, 325-7, 350, 353, 396n21
Childhood, Boyhood, Youth, 33
Confissões, 162
Contemporâneo, O, 85, 87
Crime e castigo, 79, 118
De quem é a culpa? 92
demônios, Os, 63, 164
Diário de um escritor, 248, 252
dos pais da Rússia, 62-74
Duas gerações, 149
Esboços do álbum de um caçador, 65
Estatismo e anarquia, 187-90, 194, 208
Força e matéria, 69-71, 74
Freiheit, 352-4, 355
Gift, The, 87
Government Messenger, 241, 313
Ideais e realidades na literatura russa, 77
irmãos Karamazov, Os 325, 376-8
Iskra, 375-7
"Manifesto Comunista", 371
Memória, 192
Memórias de um revolucionário, 71-2, 147, 182
Miss Brown, 357
movimento "Terra e Liberdade" na década de 1870, O, 172
Na véspera, 113
niilismo e, 62-75, 355-63
Northern Messenger, 310, 315
Notas da Pátria, 311
Notas do subsolo, 101-2
O que fazer? 75, 77-9, 86-102, 104-10, 118, 122, 130, 138, 170, 179, 192, 355
Observações sobre as Profecias de Daniel e o

"Olho por olho, dente por dente", 316, 323, 326
On Peter's Island, 359
Pais e filhos, 62-3, 67-74, 89, 92, 360
princesa Casamassima, A, 360, 362
Princípio da filosofia do futuro, 82
Princípios de economia política, 149
"Programa de Ação Revolucionária", 121
proletariado na França,O, 149
radicalismo influenciado pela, 61-75, 77-102, 104-14, 118-22, 130-2, 133-5, 139-40, 148, 150, 162-63, 164, 188-91, 193, 208, 328-331, 349-351, 374-5
Recordações da casa dos mortos, 227
Regras Gerais da Organização, 152, 154, 327, 353
Revolutionary War Science, 353
Revue des Deux Mondes, 341, 345, 362
Rússia subterrânea, A, 13, 27, 169, 242, 256, 332, 353-5
situação da classe operária na Rússia, A, 149
Solo virgem, 361-2
Telegraph, 308
Teoria dos quatro movimentos, 83-6, 324-6, 349-50, 352-64
Terra e Liberdade, 346-8
terrorismo baseado na, 113-4, 120, 122, 124, 131-2, 149, 150-4, 156-7, 396n21
The Beginning, 316-7
The Bell, 133, 163
The Nihilist, 372
The Voice, 214, 229-31, 250, 271, 280-3, 294, 308-9, 314
Liubatovich, Olga, 263, 366-7
Lobodovskii, Vasilii, 83
Lopukhin, Alexander, 262-4, 269, 280, 289
Luís XVI (rei da França), 139
Lunacharskii, Anatolii, 372

Mademoiselle Ixe (Hawker),358
Malinka, Victor, 198
"Manifesto Comunista" (Marx/Engels), 371
Marat, Jean-Paul, jacobino, 346
martírio, 254
  de Karakozov, 135, 261
  de Tchernichevski, 78-9
  em nome dos trabalhadores, 171, 175-6
  terrorismo e, 331-4, 347, 353, 379-80
  Zasulich e, 24-5, 47-8, 260-2, 285, 302, 311, 379-80
Marx, Karl, 78, 91, 98, 128
  cartas de Zasulich a, 374-5
  visões socialistas de, 190, 373, 374-5
marxismo, 96, 207
  atividades teóricas de Zasulich no, 373-6
  obstáculos ao socialismo via, 374
"Masha" (Zasulich), 60
  temas em, 34-5, 100-1, 150-1, 185-7
  trechos de, 31-2, 49, 58, 145
Mayhew, Henry, 212
"Memórias da prisão e dos anos seguintes" (Breshko-Breshkovskaia), 38
Memórias de um revolucionário (Kropotkin), 71-2, 147, 182
Memóris (Debagorii-Mokrievich), 190
mencheviques (grupo político), 376
Messenger of Europe (jornal), 252, 310, 318
Mezentsev, Nikolai, 264, 321-3, 326-7
mídia. *Ver* imprensa
Mikhailov, Alexander
  fundação da Vontade do Povo por, 333-5
  influência de Nechaev sobre, 330-1
  prisão de, 334
  terrorismo de, 327-31, 333-6
Mill, John Stuart, 149
Ministério da Justiça, *Ver também* sistema jurídico russo 158, 160, 208-12
  assassinato do tsar e, 337

Julgamento dos 193 e, 240, 247, 252-7, 259, 260, 269, 279, 281, 284
Julgamento dos Cinquenta e, 442-5, 279
Miss Brown (Lee), 358
mitologia do tsar, 119-20. *Ver também* Alexandre II
molocã, seita (cristianismo), 167-8, 183
Monacasi, Juan Oliva, 346
"Montanha Alta" (música folclórica), 14
Moreinis, Fanni, 45
Morning Post, 346
Most, Johann
  anarquismo de, 295-8
  Freiheit, fundado por, 296-8, 298-9
  Revolutionary War Science, de 298
movimento "em direção ao povo"
  abordagem populista do, 170-2, 176-9, 180-5, 200, 203, 401-2n3
  agenda socialista do, 167-85, 190, 200, 202, 209
  Cartas históricas e, 170
  contos folclóricos criados pelo, 177-8, 323-4
  fracassos do, 181-6, 190, 203, 328
  Julgamento dos 193 em relação ao, 241, 254
  movimento Terra e Liberdade e, 331
  objetivos missionários do, 170-3
  papel da religiosidade no, 176-7, 183-4
  participação dos judeus no, 178-82
movimento "Terra e Liberdade" na década de 1870, O (Aptekman), 172
movimento revolucionário russo. *Ver também* radicalismo russo; terrorismo; *movimentos específicos*
  a conspiração de Chigirin no, 97-202, 208
  a Vontade do Povo no, 331-9, 349, 367
  anarquistas, ocidentais e, 342-60, 364-5
  ascensão do terrorismo no, 150-65, 257-61, 325-39, 347-56, 366-72

campanha de panfletos e, 130-2, 141-3
Comuna Inglesa no, 258-61, 364-5
correspondência entre Marx e Zasulich sobre, 374-5
envolvimento estudantil no, 107, 113-5, 119-28, 150
estágios do, 122-33, 140-7, 144-66
grupo "a Organização" no, 107-9, 121
grupo "Inferno" no interior do, 105-7, 116
influência de Bakunin sobre, 127-32, 141-2, 187-9, 195, 199
insurreição polonesa e, 128, 135, 139
movimento Terra e Liberdade no, 229-31, 258-61, 320, 325, 328-31, 333-4, 346
organização do, 121-2
papel de Ishutin no, 103-7, 108, 122, 134, 179
papel de Kravchinskii no, 320-7, 330-3
papel de Lenin no, 376-7
papel de Mikhailov no, 325-8, 331-3
papel de Nechaev no, 115-6, 119-31, 133-4, 141-5, 149-66, 179, 200, 326-8, 352, 355, 375-6
Rebeldes Sulistas no, 190-6, 209, 260, 321
Revolução de 1905 e, 376
Revolução de 1917 e, 376
Revolução Dezembrista e, 48, 53, 136, 137-8, 147
Sociedade da Vingança do Povo no, 154, 326
temas de destruição no, 65-70, 72, 74-5, 83, 122, 128-32, 150-3, 187-92, 344, 378-9
mulheres. Ver também gênero; amor
  abuso de servas, 40
  como rés nos tribunais, 247-8
  martírio e, 338
  radicalismo em relação às, 98-101, 181, 340, 354

Muraviev, Mikhail, 133-4
Myshkin, Ippolit, 253, 254-6

Na véspera (Turguêniev), 113
Nabokov, Vladimir, 87
nacionalismo russo, 248-52
Napoleão Bonaparte, 341
Naryshkin, Elizabeth, 285
Nechaev, Anna, 127
Nechaev, Fiona, 118
Nechaev, Sergei. *Ver também livros específicos*
  "Aos estudantes", de, 140-1
  assassinato cometido por, 154-7
  associação de Bakunin com, 127, 129-32, 151, 157, 163, 166, 187-9
  campanha de panfletos de, 130-2, 139-41
  características pessoais de, 114-5
  Catecismo do revolucionário, de, 114, 119, 122, 125, 131, 149-50, 151-2, 153, 157, 328-31, 352, 355
  colaboração com a Vontade do Povo, 336
  emigração de, 127-32, 149-51, 156-8, 162-4
  encarceramento de, 147, 336-7
  formação de, 114-8
  influência sobre os radicais, 114-5, 118-26, 131-2, 139-44, 149-66, 179, 202, 327, 352, 355, 376-7
  prisão de coconspiradores de, 140-50, 209, 242
  prisão de, 164
  Regras Gerais da Organização, de, 152, 154, 324, 352
  relação de Zasulich com, 118-26, 131-2, 142-4, 160-2, 166, 197, 266, 290, 318
  táticas de traição de, 123-4, 154-6
  terrorismo e, 149-66, 259, 352
New Times (jornal), 251, 266, 313-4
New York Times, The, 23, 342, 344-6, 377-8
Newton, Isaac, 109, 113

Nicolau I (tsar da Rússia), 52-5, 65
  sistema jurídico sob, 241
  sistema policial sob, 135, 136-8
niilismo. *Ver também* radicalismo russo 102
  declínio da popularidade do, 199
  em *Força e matéria*, 69-71, 74
  em *Memórias de um revolucionário*, 71-2
  em *Pais e filhos*, 62-4, 67-75, 362-3
  judeu, 179
  literatura ocidental e, 356-60
  relação do anarquismo com o, 355-7
  relação do radicalismo com o, 62-3, 68-75, 89, 111-3, 138-9, 202, 355-401
  russo, chegada à Europa do, 345-7
  tema da destruição no, 68-9, 75, 345
  terrorismo e, 165, 355-401
  The Nihilist e, 373
  visões de gênero no, 98-9
Nikiforov, Ekaterina Zasulich, 31
  ativismo radical de, 110-2, 144-5, 185-7, 203, 230
  cooperativa administrada por, 110-2
  exílio de, 185-7
Nikiforov, Lev, 145-7, 148-9, 203, 230
  exílio de, 186-7
Nikitenko, Alexander, 42
Nikolaevich, Konstantin, 251-2
Nobiling, Karl, 347, 350
Northern messenger (jornal), 309, 314
Notas da Pátria (jornal), 309
Notas do subsolo (Dostoiévski), 101-2

O que fazer? (Tchernichevski), 74, 77, 119. *Ver também* egoísmo racional
  censura e, 86-7, 139
  conceito de egoísmo racional em, 87-96
  crítica literária a, 79-81, 86, 95
  radicalismo influenciado por, 79-81, 95-102, 106-11, 177, 192, 354

referências ao apocalipse em, 108, 113, 122, 131-2
  socialismo influenciado por, 79-81, 95, 102, 112, 177, 192
  temas de, 87-93, 107-9
  trechos em branco em, 108, 122
Obolenski, Lev, 40
Observações sobre as Profecias de Daniel e o Apocalipse de São João (Newton), 107
Ocidente. *Ver também* França; Alemanha; Grã-Bretanha; Itália; Espanha; Estados Unidos da América
  emigração de Bakunin para o, 61, 127-32, 140-2, 156, 188-90
  emigração de Herzen para o, 63-5
  emigração de Nechaev para o, 127-32, 149-51, 156-8, 164-5
  emigração de Zasulich para, 321, 340-2, 348, 362-7
  fascínio por Zasulich no, 343-5, 351
  terrorismo no, 346-53, 354-6
"Olho por olho, dente por dente" (Kravchinskii), 315, 322, 324
On Peter's Island (Ropes/Ropes), 359
Organização, a (grupo radical), 105-7, 118
Orlov, Aleksei, 55
os Rebeldes. *Ver* Rebeldes Sulistas
Osinskii, Valerian, 323-5, 329

pais da Rússia, os 62-5
  ambivalência dos, 70-1, 390*n*43
  influência dos, 71-5
Pais e filhos (Turguêniev), 89
  impacto social de, 71-4
  niilismo inserido em, 62-4, 61-74, 362
  tema de destruição em, 67-70
  visões do amor em, 71, 92
Palácio de Cristal (da Inglaterra), 94-102
Palen, condessa, 24

Palen, Konstantin, 207-11, 267
　açoitamento de presos e, 225, 227-229, 232,235
　julgamento de Zasulich e, 24, 263-5, 269-74, 312-4
　julgamentos de 1877 e, 243, 257
　reforma jurídica e, 239
　relação de Alexandrov com, 277, 278-9
Passante, Giovanni, 346-8
Pedro IV. *Ver* Shuvalov, conde Pedro
Pedro, o Grande (tsar da Rússia), 17, 54, 59, 147
Perovskaia, Sofia, 338, 350, 354, 358
　perseguição a Nechaev por, 162-4
"Perto e longe" (Liubatovich), 264
Petrashevskii, Mikhail, 137
Petropavlovskii, Nikolai, 48-9
Petrov, Anton, 56-7
Pisarev, Dmitrii, 72-4, 82, 147
Platão, 164
Platonov, Stepan, 227-30
Plekhanov, George, 96, 206, 232, 373
Pobedonostsev, Konstantin, 248, 310
pogrom de Odessa, 180
polícia russa. *Ver também* instituições específicas
　associação do Ministério da Justiça com, a, 158, 160, 208-11, 240, 249, 251-6, 259, 260, 269, 275, 276-7, 280, 337
　Corpo de Gendarmes, 136
　Terceira Seção, 113, 123-4, 133-51, 156-7, 160-3, 187, 209, 242, 310-16, 328
Popko, Gregory, 322
Popov, Mikhail, 258
Prelim. *Ver* Casa de Detenção Preliminar
Presse, La (jornal), 343
Priadko, Foma, 196-7
Pribylev, Alexander, 81, 2
Primeira Guerra Mundial (1914-1918), 375

princesa Casamassima, A (James), 357, 358-9
Princípios da filosofia do futuro (Feuerbach), 82
Princípios de economia política (Mill), 149
prisão de Pentonville (Inglaterra), 213-4, 217-9
prisões russas. *Ver também* instituições específicas
　Casa de Detenção Preliminar, 203, 207, 211-2, 217-30, 241-3, 275, 282-4, 312
　Castelo Lituano, 145-7, 161, 236, 291
　conceito de solidão nas, 214-5
　condições nas, 145-9, 213
　Fortaleza Pedro e Paulo, 86, 133-4, 137-8, 147-50, 158-9, 164, 291, 336
　presos políticos nas, 217-30
　punição corporal nas, 181-83, 222-4, 282-5, 291-3
　reforma das, 145, 148-9, 213-5, 227
"Procès de Vera Zassoulitch" (Valbert), 342
"Programa de Ação Revolucionária" (Nechaev), 121
"propaganda pela ação"
　disseminação da, 351-3
　foco da, 347-9
　justificativa da, 349-51
　relação de *Freiheit* com, 350-2
Pryzhov, Ivan, 155-7
Pugachev, Emelian, 196
Pushkin, Alexander, 136-7

"Quando virá o dia da verdade?" (Dobroliubov), 110, 120

radicalismo russo. *Ver também* anarquistas; niilismo; movimento revolucionário russo; terrorismo; *movimentos específicos*
　abordagem populista ao, 169-72, 175-8, 180-6, 406n3

adoção do socialismo pelo, 78-80, 80-5, 90, 95-9, 115, 372
ascensão do terrorismo no interior do, 150-66, 257-62, 324-37, 348-58, 366-70
associação dos advogados com, 279
Comuna Inglesa no, 257-61, 364
demografia dos membros do, 58-9, 178-20, 183-4
envolvimento dos estudantes com, 51-3, 57-64, 67-8, 72-5, 105-6, 111-3, 118-27, 139, 150, 180
fracassos do, 182-6, 189, 202, 325, 366, 367, 372
hipocrisia em relação ao, 229
influência da literatura sobre, 61-75, 77-102, 104-14, 118-22, 130-2, 133-5, 140-1, 148-9, 150-4, 162, 165, 188-91, 194, 197, 329-30, 349, 352-62, 375-77
influência da religião sobre, 43-7, 80-1, 95, 177-8, 182-4, 387n58
influência da revolta da Bósnia sobre o, 193
Julgamento dos 240, 247, 252-7, 259, 260, 269, 279, 281, 284
Julgamento dos Cinquenta e, 244-7, 280
manifestação da praça Kazan e, 204-11, 406n6
movimento "em direção ao povo" no, 167-86, 190, 199, 207, 210-1, 217, 229, 240, 242, 252, 323
movimento Terra e Liberdade e, 231, 258-61, 320, 325, 326, 327, 331-2, 344-7, 410n72
nascimento do, 51-2, 59, 187-90, 193-5, 197
O que fazer? e sua influência sobre, 78-80, 95-102, 104-9, 169-71, 178-80, 191, 350
os Rebeldes Sulistas no, 92-204, 208, 260, 321
país da Rússia 62-75
papel de Bakunin no, 126-32, 140-2

participação dos judeus no, 178-81
perspectivas do sistema jurídico no interior do, 234, 235, 246-8
prisões relacionadas ao, 77, 86, 132-6, 144-50, 157-9, 164, 166, 185-6, 217-9, 231, 240, 331, 336
relação do niilismo com, 62-3, 68-75, 88, 111-2, 138, 202, 353-60
Repartição Negra no, 368
repressão da polícia ao, 112-3, 123, 139
tema da destruição no, 65-71, 72-3, 75, 84, 122, 128-32, 149-53, 187-90, 345, 379-80
visões de gênero relacionadas ao, 97-100, 180-1, 248, 258-60, 339, 354
Razin, Stenka, 197
Rebeldes Sulistas (grupo radical), 260
conspiração de Chigirin dos, 198-203
fundação do grupo, 191-2
organização de revoltas camponesas pelos, 195-8
participação de Zasulich no grupo dos, 193-204, 320
socialismo e, 191-204, 208-9
Reclus, Elisée, 346, 347-50
Recordações da casa dos mortos (Dostoiévski), 222
reforma (na Rússia), 52-4, 58
abolição da servidão e, 23, 40, 54-7, 65-6, 225
prisão, 145, 149, 213-6, 229
punição corporal, 223-5, 296-7
repercussões do julgamento de Zasulich sobre, 313
sistema jurídico, 234-6, 237-43, 246, 247-8
Registro de Moscou, 315
Regras Gerais da Organização (Nechaev), 152, 154, 324, 352

Reino do Céu/Deus na Terra, 81, 93-4, 95, 98, 130-1, 188, 379
Reinshtein, Nikolai, 328
religião
  judeus no movimento radical e, 178-81
  movimento "em direção ao povo" e, 177-9, 183-5
  relação de gênero com, 386-7*n*58
  relação do radicalismo com, 42-7, 80-2, 94, 177-9, 182-4, 245-6, 379-80, 386-7*n*58
  seita molocã e, 167-9, 183
Repartição Negra (grupo radical), 368
revoltas estudantis. *Ver* universidades/escolas russas
Révolté Le, (jornal), 346, 348, 349-50
Revolução de Outubro. *Ver* Revolução Russa de 1917
Revolução Dezembrista (1825), 48, 53, 135-6, 138, 148
Revolução Russa de 1905, 376
Revolução Russa de 1917, 376
Revolutionary War Science (Most), 355
Revue des Deux Mondes (revista), 342, 345, 361
Rochefort, Henri, 364-5
Rogachev, Dmitrii, 145, 173
Ropes, Arthur, 358
Ropes, Mary, 358
Rousseau, 162, 163-4, 372
Rússia subterrâneo, A (Kravchinskii), 355
  niilismo descrito em, 356-7
  trechos de, 13, 27, 170, 244, 256, 331-2
Rússia. *Ver também* prisões russas; radicalismo russo; movimento revolucionário russo; universidades/escolas russas
  conflito na Bósnia-Herzegovina e, 248-54
  Guerra da Crimeia na, 53, 265
  Guerra Russo-Turca e, 251-2, 257, 264-5, 317, 342-3

hierarquias sociais na, 17-9, 23, 24-5, 31, 32-41, 79-81
industrialização da, 376
insurreição polonesa e, 128, 134, 139
marxismo na, 372-7
nacionalismo na, 250-5
pais da, 62-71
Partido Operário Social-Democrata da, 375
reformas de Alexandre II na, 21, 51-8, 65, 144, 148, 213-6, 224, 233, 234, 235-7, 238, 239, 291, 310
Revolução de 1905 na, 377
Revolução de 1917 na, 377
Revolução Dezembrista na, 48, 54, 136, 139, 147
Ryleev, Kondratii, 46-7
Ryleev, Konstantin, 147

São Petersburgo, Rússia
  história de, 17
  incêndios em, 71-3, 113, 139
  moradias de, 24
  niilismo em, 113-5
Schelling, 64, 80
Scott, Walter, 137-8
Segundo Congresso do Partido Operário Social-Democrata Russo, 375-7
  racha do, 377
Serno-Solovievich, Nikolai, 54
servidão,. *Ver também* camponeses 37-9
  abolição da, 22, 41, 54-9, 65, 227
  maus-tratos aos servos, 40
  revoltas dos servos, 40-2
Shaw, George Bernard, 357
Sheremetev, Nikolai, 38-9
Sherlock Holmes, histórias de (Doyle), 359-62
shestidesiatnitsy (mulheres dos anos 1860), 74
Shevyrev, Nikolai, 13-4

Shubina, Maria, 22-3
Shuvalov, conde Pedro (Pedro IV), 139, 156, 160, 208
Sidoratskii, Grigorii, 307-9, 320
Sinegub, Sergei, 96
sistema jurídico russo. *Ver também julgamentos específicos*
  a advocacia como profissão no, 279
  conceito de legalidade no, 242-4
  definições de atos terroristas e, 312-3
  julgamento de Vera Zasulich no, 263-321, 358-9, 377-8
  Julgamento dos 193 no, 242, 247, 251-5, 259, 260, 268, 276, 278, 283
  Julgamento dos Cinquenta no, 242-4, 280
  julgamento por júri, conceito no, 237-9
  julgamentos-espetáculo no, 238-41, 253-9, 260
  procedimentos para julgamentos políticos no, 440
  reforma do, 235-7, 238-42, 243, 244
  tribunais militares no, 312-4
skhodki (assembleias políticas), 57, 123-4
social-democratas alemães, 351-3, 364-5
socialismo utópico. *Ver também egoísmo racional; socialismo; livros específicos*
  adoção pelos radicais, 77-9, 79-88, 96-102, 243
  comunas de trabalhadores no, 85-7, 89-91, 93, 96, 107
  influência de *O que fazer?* sobre, 77-9, 96-102
  visões de gênero relacionadas ao, 98-100
  visões do amor no, 84-7, 90-2, 94-6, 96-7
  adoção pelos radicais, 78-9, 80-5, 87, 96-101, 116, 374-5
  anarquismo e, 348-51

associação do egoísmo racional com, 90-4
  científico dos operários, 373
  conceito de comuna operária no, 85-6, 90-1, 93, 96, 108
  definições nos tribunais do, 244, 245, 247, 250, 257, 259, 261-2, 279-81
  influência de *O que fazer?* sobre, 78-80, 96-100, 112, 171, 177-8, 192
  influência de *Pais e filhos* sobre, 71-4
  movimento "em direção ao povo" e, 169-75, 189, 200
  organização dos Rebeldes Sulistas e, 190-202, 208
  "Programa de Ação Revolucionária" e, 121
  utópico, 78-100, 242
  visão de Bakunin a respeito do, 128-30, 187-90, 194
  visões de gênero relacionadas ao, 98-100
  visões de Marx sobre, 187-8, 371, 373-4
  Zasulich e, 48, 189-92, 194-5, 366, 372-6
Sociedade da Vingança do Povo, 153, 326
Sokratovna, Olga, 92
Sollogub, Vladimir, 211
Solo virgem (Turguêniev), 351-2
Soloviev, Alexander, 330, 350, 366
Spasovich, Vladimir, 280
Spielhagen, Friedrich, 149
St. Petersburg Register, 214, 265
  cobertura do julgamento de Zasulich pelo, 22-3, 308-10
Stasov, Dmitrii, 280
Stefanovich, Iakov, 198-202, 259
Stepniak. *Ver Kravchinskii, Sergei*
Suíça, 323, 339, 340, 347, 363-7

Tarakanova, princesa (da Rússia), 147
Tchernichevski, Nikolai, 279 *Ver também O que fazer?*
  encarceramento de, 77, 86, 147-8, 149

formação de, 79-80
influências literárias sofridas por, 83-6
martírio de, 77
O que fazer?, de autoria de, 75, 77-9, 86-102, 104-11, 113, 118, 122, 130, 138, 170-1, 179, 191, 355
profecia do apocalipse de, 105, 112, 122, 130
Telégrafo (revista), 310
temas de destruição
  em Bakunin, 187-191
  em Herzen, 66, 69, 130
  em *Pais e filhos*, 67-71
  em Turguêniev, 67-71
  no anarquismo, 246-354
  no movimento revolucionário russo, 65-70, 72-3, 75, 84, 122, 128-31, 151, 187-90, 347, 378-80
  no niilismo, 68-70, 75, 343
  no terrorismo, 150-2, 347-55, 378-80
Temps, Le (revista), 24, 341, 355
Teoria dos quatro movimentos (Fourier), 83-5
Terceira Seção (Tribunal Especial Secreto de Sua Majestade), 188
  campanha de panfletos e, 141-3
  censura feita pela, 137, 138
  grupo terrorista de Nechaev e, 149-51, 155-6, 161-4
  Ministério da Justiça, rixa com, 160-1
  origens da, 135-6
  prisões do conspirador Nechaev pela, 141-50, 208, 241-2
  relatório da, 133-4
  repercussões do julgamento de Zasulich e, 309-17
  repressão ao radicalismo pela, 112, 123, 140, 328-9
Terra e Liberdade (revista), 345-6
Terra e Liberdade, movimento, 318-20

associação de Zasulich com, 229-31, 258, 427n72
constituição redigida para, o, 324-5
fundação do, 229-31
terrorismo internacional e, 347-9
terrorismo russo e, 258-62, 325, 327-9, 332-4
"Terror Branco", 134-5
"Terror, o," 380
terrorismo. *Ver também* assassinatos/tentativas de assassinato
  atrativos do, 331-3
  conflitos internos e, 153-5
  definição de, 315-6
  ética e, 322
  fracassos do, 367, 369, 373
  guinada do movimento radical para, 151-66, 259-62, 325-38, 347-56, 366-70
  influência de Zasulich no terrorismo do Ocidente, 344-56, 380
  influência de Zasulich no terrorismo russo, 324-38, 331, 324-5, 380
  literatura associada ao, 114, 119, 122, 125, 131, 150, 151-5, 157, 327-, 348-9, 352-63, 396n21
  movimento Terra e Liberdade e, 258-62, 325, 328-9, 333-4, 346-7
  na Europa, 346-53, 354-5
  nos Estados Unidos, 353-5
  objetivos/motivação do, 152-3, 380
  opiniões de Zasulich sobre, 13-26, 258-62, 286-7, 332-3, 366-70, 379
  organização em células e, 152-3
  Os irmãos Karamazov e, 327, 378
  papel de Kravchinskii no, 325-6, 328, 329, 331-2
  papel de Mikhailov no, 328-30, 329-35
  papel de Osinskii no, 327
  planos de Nechaev para, 149-66, 261, 352

primeiro ato russo de, 103
relação do martírio com, 330-2, 338, 348-9, 354, 379-80
relação do niilismo com, 203, 354-63
Revolutionary War Science e, 353-4
temas de destruição no, 151-3, 347-56, 378-80
tribunais militares relacionados ao, 316-7
uso dos anarquistas do, 347-55
The Graphic (jornal), 342
The Nihilist (jornal), 373
The Times, (Londres), 23, 210, 273, 342
Tolstoi, Leon, 85, 138
  Childhood, Boyhood, Youth, de, 33
  influência de, 77, 78
  visões do trabalho de, 176
Tomilova, Elizaveta, 141-3
Trabalhador, O (jornal), 210
Trepov, Fedor, 139, 207
  carreira profissional de, 266-7
  incidente na prisão/açoitamento e, 21-2, 24-5, 220-4, 226-7, 228, 235-6, 267-8, 275, 280, 282-6, 290, 293-7, 315-6
  julgamento de Zasulich e, 270, 281-302, 315-6
  morte de, 363
  relação do tsar com, 268-9
  tentativa de assassinato contra, 13-26, 261-2, 263-302, 341, 324-3, 362, 370
Trepov, Mikhail, 363
Trotski, Leon, 375
Turguêniev, Ivan
  ambivalência de, 65-8, 85-6
  como pai da Rússia, 63-74
  Esboços do álbum de um caçador, de, 65
  exílio de, 136-7
  formação de, 63-5
  influência de, 76
  Na véspera, de, 113

Pais e filhos, de, 61-2, 67-74, 88-9, 91, 360
relação de Tchernichevski com, 85-6, 95-6
Solo virgem, de, 362-3
temas de destruição em, 68-70
umbral, O", de, 363
visões do nacionalismo de, 249

Umberto I (rei da Itália), 321, 346
"umbral, O" (Turguêniev), 362-3
universidades/escolas russas
  características das, 60-2
  radicalismo associado a, 51-2, 58-65, 66-8, 72-5, 107, 112-4, 119-27, 139, 150, 179
  relação do niilismo com, 72, 75, 112-4
  vigilância das, 209
Uspenskii, Alexandra Zasulich, 36, 47, 110, 158
  a organização de Nechaev e, 142-4, 150, 153-5, 156-7
  cooperativa administrada por, 111-3
  exílio de, 160-2
Uspenskii, Piotr, 150, 153-8

Valbert, G., 340
Ver Bogoliubov, Arkhip Petrovich
Ver também comunas/coletivos
Vera Zasulich (peça de teatro), 345
Vera, ou os niilistas, peça de teatro (Wilde), 358-60
Vetvitskii, Osip, 40
Viardot, Pauline, 63-5
visões europeias da, 342-4
Vítor Emanuel (rei da Itália), 323
Volskii, Nikolai, 76-8
Voltaire, 129, 371-2
Vontade do Povo, a (grupo radical), 367
  assassinato do tsar pela, 334-8
  organização da, 333
  programa/filosofias da, 334-5, 349

Voz, A (revista), 214, 231-3, 250
  cobertura do julgamento de Zasulich por, 271, 284-6, 294-5, 308, 313

Wagner, Richard, 42, 91
Wallace, Donald MacKenzie, 272-3
Week, The, 308
Wilde, Oscar, 358

zakonnost (legalidade), 237-9. *Ver também* sistema jurídico russo
Zasulich, Feoktista, 28-30, 142-3, 158, 185
Zasulich, Ivan, 22, 28-30
Zasulich, Vera. *Ver também* julgamento de Zasulich
  "A propósito dos últimos contecimentos", de, 367-8
  A Russia subterrânea, retrato em, 357-9
  açoitamento de Bogoliubov e, 21, 22-4, 230-2, 270, 277, 279-81, 288, 290-2, 313-5
  antecedentes familiares de, 26-8, 383*n*5
  ativismo na Comuna Inglesa, 258, 264
  características pessoais de, 25-6
  cartas de Marx a, 372-4
  condição de celebridade de, 22-4, 303-10, 317-9, 341, 363-4, 372, 375-6
  cooperativa administrada por, 111-3
  depressão de, 364-7
  discriminação de gêneros e, 259-61
  emigração de, 320, 336-8, 341, 362-6
  encarceramento de, 133, 144-50, 156-8, 167, 185, 229, 290-2
  execução da revolução e, 122-7, 131-2
  exílios de, 133, 158-61, 185-91, 229, 291
  fascínio do Ocidente por, 23-4, 341-6, 351
  formação da Repartição Negra por, 366
  infância de, 30-8, 41, 45-9
  influência da desigualdade de classes sobre, 41-3, 386*n*47
  influência da escola sobre, 58-9, 60-1, 74-5, 97-8
  influência da literatura sobre, 23, 27, 98-100, 113-4, 119, 147, 187-91, 193
  influência da religião sobre, 42, 44-7
  influência de *O que fazer?* sobre, 97-100, 192-3
  martírio e, 22-3, 74-6, 260-2, 271, 294, 320, 333, 378-80
  "Masha", de, 28-30, 34-6, 51, 57, 59, 100, 145, 185-6
  memórias de, 376
  morte de, 375-6
  movimento Terra e Liberdade e, 229-31, 258, 410*n*72
  niilismo e, 73-4, 345-7
  organização da revolução e, 118-22
  paralelos de Dostoiévski com, 377-8
  participação no grupo Rebeldes Sulistas,
  prisão pós-absolvição de, 317-9
  relação de Deich com, 191, 196, 201-3, 259, 365-6
  relação de Engels com, 374-5
  relação de Klements com, 318-20, 339-41, 347, 364
  relação de Kolenkina com, 13-5, 189-91, 194, 202, 364-6
  relação de Kravchinskii com, 321-3, 365
  relação de Lenin com, 371, 374-6
  relação de Nechaev com, 118-26, 131-3, 142-3, 159-61, 164, 187, 266, 290, 319
  tentativa de assassinato por parte de, 13-25, 260-1, 263-300, 342, 343-4, 363, 380
  teorização marxista por parte de, 372-6
  terrorismo ocidental influenciado por, 344-56, 380
  terrorismo russo influenciado por, 324-38, 361, 366-8, 379-80

textos escritos por, 30-2, 34-6, 49, 59, 60, 101, 145, 185-6, 367-70, 376
vigilância sobre, 188, 192-3, 363
visões do socialismo de, 48, 188-90, 366-8, 371-6
visões do terrorismo de, 13-25, 258-63, 286-8, 332-3, 366-70, 379

Zhelekhovskii, Feliks, 254, 256
Zhelekhovskii, Vladislav, 14, 25-6
Zheliabov, Andrei, 338
Zhukovskii, Vasilii, 53
Zhukovskii, Vladimir, 274, 314
Zundulevich, Aron, 178

Este livro foi composto na tipologia Minion Pro
Regular, em corpo 11/15, e impresso em papel
off-white no Sistema Cameron da Divisão
Gráfica da Distribuidora Record.